Paramahansa Yogananda
(1893–1952)

"Mejda"

Paramahansa Yoganandan
varhaiset vuodet

Sananda Lal Ghosh

Englanninkielinen alkuteos:
"Mejda"
The Family and the Early Life of Paramahansa Yogananda
julkaissut *Self-Realization Fellowship*, Los Angeles, Kalifornia

ISBN-13: 978-0-87612-265-5
ISBN-10: 0-87612-265-9

Suomentanut Self-Realization Fellowship

Copyright © 2017 Self-Realization Fellowship

Kaikki oikeudet pidätetään. Lukuun ottamatta lyhyitä kirja-arvioinneissa käytettäviä lainauksia mitään osaa kirjasta *"Mejda" – Paramahansa Yoganandan varhaiset vuodet (*"Mejda"*: The Family and the Early Life of Paramahansa Yogananda)* ei saa jäljentää, varastoida, välittää tai esittää missään muodossa eikä millään nykyään tunnetulla tai myöhemmin käyttöön otettavalla menetelmällä (sähköisesti, mekaanisesti tai muuten) – mukaan lukien valokopiointi, äänittäminen, tietojen tallennus- ja tulostusmenetelmät – ilman ennalta pyydettyä lupaa osoitteesta: Self-Realization Fellowship, 3880 San Rafael Avenue, Los Angeles, California 90065–3219, U.S.A.

Self-Realization Fellowship -järjestön kansainvälisen julkaisuneuvoston hyväksymä

Self-Realization Fellowship -nimi ja yllä nähtävä tunnus esiintyvät kaikissa SRF:n kirjoissa, äänitteissä ja muissa julkaisuissa varmistamassa, että ne ovat Paramahansa Yoganandan perustaman järjestön tuottamia ja seuraavat uskollisesti hänen opetuksiaan.

Ensimmäinen suomenkielinen painos 2017
First edition in Finnish 2017

Tämä painatus: 2017
This printing: 2017

ISBN-13: 978-0-87612-807-7
ISBN-10: 0-87612-807-X

1822-J3414

OMISTUS
Isälleni, Bhagabati Charan Ghoshille

Isä,
Täytit kotimme
hurskautesi säteilyllä.
Pohjaton rakkautesi
auttoi meitä kärsimään vähemmän
menettämämme äidin kaipuusta.
Oi kiihkoton stoalainen,
kaipuusta ja kiintymyksestä luopunut,
jumalalliseen rakkauteen vihkiytynyt,
elämäsi oli pyhän homan lailla
uhrituli, puhdas ja tosi,
Jumalalle pyhitetty.
Vaikka satojen velvollisuuksien sitoma,
olit silti aina vapaa
palvelemaan väsymättä, palkkiota etsimättä.
Luonteesi oli kuin ikivanhan banianpuun –
kuinka monet onnettomat sydämet löysivätkään
  lohdun
viisautesi suojaavasta varjosta
ja ystävällisyytesi rauhoittavasta tuulahduksesta.
Kuten suuri virta ravitsee rantojaan,
niin sinä muutit elämän karuuden
kukoistavaksi hedelmien ja kukkien maaksi.
Sinä olet lähtenyt.
Siunaa meitä taivaasta; vahvista sydäntämme.
Olkoon elämäsi jälki
meidän matkaeväämme.

Sinua aina rakastava
Sananda (Gora)

SISÄLLYS

Kuvaluettelo.. xi
Esipuhe, tri Ashutosh Das........................... xv
Julkaisijan tiedonanto.............................. xxi
Johdanto... xxii

LUKU

1. **Isän vaatimaton syntyperä**..................... 1
   Ichapurin perintökotimme......................... 1
   Perhe huollettavana 6
   Isän avioituminen ja palveluvuodet Rangoonissa... 8
   Lahiri Mahasaya antaa vihkimyksen vanhemmilleni.. 12
   Sukumme jumalat.................................. 15

2. **Mejdan syntymä ja poikavuodet Gorakhpurissa**... 19
   Mejdan syntymä on siunattu....................... 19
   Hurskas pikku Mejda 21
   Kultakalatragedia................................ 24
   Kirje Jumalalle.................................. 26
   Jumala rankaisee raivostunutta miestä 29
   Muslimitohtorin ihmeelliset parannuskeinot....... 30
   Mejdan sanojen voima 33

3. **Mejda Lahoressa**............................... 35
   Kaksi leijaa Jumalalliselta Äidiltä 35
   Tahto, jota ei voitu lannistaa................... 41
   Pikkuveljemme ja kattoikkunan tapaus............. 41

4. **Äitimme** 43
   Hänen rakkautensa, taiteellisuutensa ja anteliaisuutensa . 43
   Rakastava kurinpito.............................. 46

Kuolema vie meiltä äidin 47
Hyväenteinen viesti Mejdalle 49

5. **Perheen elämä äidin kuoleman jälkeen** 53
   Jhima – uskollinen ja äidillinen 53
   Isän omistautuminen palvelemiseen 54
   Isän myötäsyntyinen tietämys luonnonlääkkeistä 57
   Poimintoja isän viisaudesta 60
   Stoalainen kiinnittymättömyys 61
   Askeetin ankara pidättyvyys 67

6. **Bareillyn aikamme** 70
   Mejdan suru äidin kuolemasta 70
   Uskollisuus ahimsaa kohtaan 72
   Järkähtämätön omistautuminen totuudelle 73

7. **Chittagong** 77
   Merkittävä kohtaaminen 77
   Tyranni on kukistettu 80
   Paperiveneet tyynnyttävät myrskyn 82

8. **Kalkutan ensimmäiset vuodet** 84
   Mejda urheilijana ja painijana 84
   Mejdalle uusi hengellinen ystävä 88
   Pako Himalajalle 91
   Svami Kebalananda, Mejdan sanskritin opettaja 100
   Kertomus Lahiri Mahasayasta 102
   Mejdan rakkaus musiikkiin 103
   Lannistumaton päättäväisyys ja rohkeus 106
   Mejdan myötätunto 109
   "Rama hei!" – Herran nimen lausuminen turhaan 110

9. **Mejda tutkii mielen ja hengen maailmoja** 114
   Samadhi Dakshineswarissa 114
   Epäaidot ja todelliset pyhimykset 115
   Mejda löytää mielen voimat 117
   Huoleton "nagasadhu" 123

Sisällys

Näky Herra Krishnasta 125
Hengellisen näyn siirtäminen 129
Äidin astraaliruumiin näyttäytyminen................ 132
Kalin – Jumalallisen Äidin – symbolien tulkintaa........ 134
Mejdan viimeinen Kali-puja 138
Mukunda ottaa selkoa tantrisista palvontamenoista...... 139
Pilaantunutta viljaa vai riisipuuroa?.................. 140
Sadhana-mandirin ja Sarasvatin kirjaston perustaminen.. 142

10. Mejdan guru ja yliopistovuodet................. 145

Mejda kohtaa gurudevansa, Swami Sri Yukteswarin...... 145
Vastustusta yliopistokoulutusta kohtaan 149
Mejdan ensimmäinen julkinen puhe 151
"Kuoleman varjon laaksossa" 152
Mejda esittelee samadhin tilan...................... 156
Luokkatoverista tulee Mejdan oppilas................. 161
Mejda valokuvaajana ja taiteilijana................... 163
Mejdalle moottoripyörä 164
Ensimmäinen darshanini Swami Sri Yukteswarin kanssa.. 166
Muistiinpanoja Swami Sri Yukteswarin esitelmistä 168
Moskiittoja ja lihattomia ruokia Seramporen ashramissa . 172
Mejda auttaa minua voittamaan huonon tavan 174

11. Sannyas ja maailmanlaajuinen missio 177

Mejda torjuu työpaikan ja morsiamen................. 177
Anantan kuolema 179
Yogoda Satsanga Brahmacharya Vidyalayan perustaminen.. 182
Mejda lähtee Amerikkaan.......................... 186

12. Paluu Intiaan vuonna 1935 190

Kotiintulo.. 190
Ensimmäinen vierailu Ranchiin..................... 191
Luja taloudellinen perusta Ranchin koululle........... 193
Richard Wright 196
Kriya-vihkimys Kalkutassa ja julkinen satsanga Ranchissa .. 199
Anandamoyee Ma vierailee Ranchissa................ 202
Auto kulkee ilman bensiiniä........................ 206

Allahabadin kumbhamela 210
Iloinen matka takaisin Kalkuttaan 214
Swami Sri Yukteswarin mahasamadhi 216

13. Viimeiset vuodet ja kehittyvä missio 220
Kalkutan Yogoda-keskuksen perustaminen 220
Samadhi-mandir Swami Sri Yukteswarille 221
Paramahansa Yoganandan mahasamadhi 225
Sri Sri Daya Mata 227

LIITTEET

Elämäkerrallisia merkintöjä Mejdan veljistä ja sisarista ... 232
Perheen päiväkirjoista otettuja tarinoita Mejdasta 243
Paramahansa Yoganandan kirjeitä tekijälle 249
Otteita Paramahansa Yoganandan esitelmistä 281
Paramahansajin vastauksia kysymyksiin 312
Sukukaavio 326

KUVALUETTELO

Seuraten sivua

Paramahansa Yoagananda *(esiökuva)*

Gyana Prabha Ghosh, äitimme 8

Bhagabati Charan Ghosh, isämme 8

Sarada Prasad Ghosh, isän nuorempi veli 8

Satish Chandra Ghosh, isän nuorin veli 8

Sri ja Srimati Govinda Chandra Bose,
    äidin puoleiset isovanhempamme 8

Perheemme koti Gorakhpurissa 35

Gorakhnath, 10. vuosisadan pyhimys 35

Gorakhpurin Gorakhnatille omistettuja temppeleitä 35

Mejda kuusivuotiaana 38

Gorakhpurin St. Andrewin koulu 38

Jumalatar Kali 38

Isä jooga-asennossa 70

Jhima ("palvelusäiti"), isä ja isän sisar 73

Mejda kuusitoistavuotiaana 95

Garpar Road 4, kotimme Kalkutassa 97

Mejda oppikoulua käyvänä nuorena 127

Shastri Mahasaya (svami Kebalananda),
    Mejdan sanskritinopettaja 130

Swami Sri Yukteswar Giri, Mejdan guru 152

Serampore College 152

Sarada-sedän Seramporen talon huone, jossa Mejda
    toisinaan majaili opiskeluvuosinaan 152

Swami Sri Yukteswar, "Bengalin Leijona" 158

Rai Ghat -kylpypaikka Gangesin varrella Seramporessa 158

Mejdan passikuva 1916 158

Isä istuu Mejdan tekemässä tuolissa....................	158
Sadhana-mandir, Mejdan ensimmäinen ashram...........	193
Yogoda Satsanga Brahmacharya Vidyalayan ensimmäinen toimipiste, Dihika.....................	193
Svami Yogananda Shastri Mahasayan, maharadža Manindra Chandra Nundyn sekä Brahmacharya Vidyalayan oppilaiden ja opettajien kanssa.......................	197
Mejdan saapuminen Kalkuttaan 1935...................	206
Mejda ja seurue Allahabadin kumbhamelassa 1936.........	206
Mejda ja seurue 1935 vierailemassa vanhalla kotipaikalla Bareillyssa.............................	206
Mejda 1935 perheen sukutilalla Ichapurissa...............	206
Sri Sri Daya Mata ja Sri Ananda Mata, Kalkutta 1958.........	221
Sri Sri Daya Mata meditaatiossa, Kalkutta 1958............	221
Tekijä, Sananda Lal Ghosh.............................	225
Tekijä sisarensa Thamun kanssa........................	225

Kuvaliite sivun 256 jälkeen

Ananta Lal Ghosh, vanhin veljemme.....................	1
Roma Shashi, vanhin sisaremme........................	2
Satish Chandra Bose, Roman aviomies...................	2
Uma Shashi, toinen sisaremme nuorena tyttönä............	3
Satya Charan Basu Mullick, Uman aviomies................	3
Nalini Sundari, kolmas sisaremme.......................	4
Tri Panchanon Bose, Nalinin aviomies....................	4
Purnamoyee (Thamu), nuorin sisaremme.................	5
Arindam Sarkar, Thamun aviomies......................	5
Bishnu Charan Ghosh, nuorin veljemme..................	6
Tekijä ja vaimo Parul.................................	6
Mahavatar Babaji, Lahiri Mahasayan guru................	7
Lahiri Mahasaya.....................................	7
Lahiri Mahasaya nuorena miehenä......................	8

Kuvaluettelo

Tincouri Lahiri, Lahiri Mahasayan poika	8
Ducouri Lahiri, Lahiri Mahasayan poika	8
Satyacharan Lahiri, Lahiri Mahasayan pojanpoika	8
Sri Yukteswarji nuorena miehenä	9
Sri Yukteswar Giriji samadhi-meditaatiossa	9
Lahiri Mahasayalle pyhitetty temppeli, Bhagalpur, Bihar	10
Bhupendra Nath Sanyal, Lahiri Mahasayan oppilas	10
Trailanga Swami	10
Mejda, Anandamoyee Ma, Bholanath	11
Mejda kuusivuotiaana, tekijän maalauksesta	12
Mejda jooga-asennossa, 1916	12
Alttari suvun Ichapurin kodissa	12
Mejdan makuuhuone Kalkutan-kodissamme	13
Oviaukko Mejdan huoneeseen, minne Mahavatar Babaji tuli siunaamaan Mejdaa	13
Laatta Kalkutan-kotimme seinässä	13
Sri Yukteswar ja tekijä Mejdan moottoripyörän kyydissä	14
Mejda, N. N. Das ja Tulsi Bose moottoripyöräilemässä, 1916	14
Tekijä perheineen	15
Yogoda Meditation Center Garpar Road 4:ssä, Kalkutta	15
Tekijä, Sananda Lal Ghosh, maalaamassa muotokuvaa Mejdasta	16

ESIPUHE

Tri Ashutosh Das, filosofian maisteri (kaksinkertainen), filosofian tohtori, kirjallisuustieteen tohtori (Kalkutta), vidya-vachaspati, sahitya-shastri, tantrayoga-siddhantabagish, Royal Asiatic Societyn jäsen (Lontoo), prachavidya-maharnava, professori, Kalkutan yliopisto

Käsillä olevan teoksen, *"Mejda"– Paramahansa Yoganandan varhaiset vuodet*,[1] on kirjoittanut Paramahansajin nuorempi veli, Sri Sananda Lal Ghosh. Kysymyksessä on suuren gurun arvokas elämäkerta. Erinomaisena täydennyksenä Paramahansajin *Joogin omaelämäkerralle* se esittää Paramahansa Yoganandan lapsuuden perheestä ja Intiassa vietetystä nuoruudesta monia tapahtumia, jotka eivät sisälly hänen omaelämäkertaansa.

Joogin omaelämäkertaa on pidetty uuden ajan *upanishadina*.[2] Tämä kuudellatoista kielellä julkaistu teos on tyydyttänyt satojen tuhansien totuudenetsijöiden hengellisen janon kaikkialla maailmassa. Me Intiassa olemme seuranneet ihmetellen ja ihastuksissamme tämän Intian pyhimyksistä ja filosofiasta kirjoitetun kirjan suosion ilmiömäistä leviämistä. Olemme tunteneet suurta tyydytystä ja ylpeyttä siitä, että Intian *sanatan dharman*, ikuisten totuuden lakien, kuolematon nektari on säilötty *Joogin omaelämäkerran* kultaiseen maljaan.

Paramahansa Yoganandan elämä ja työ ovat kiehtovia. Hän oli hindu-uskonnon todellinen julistaja ja hengellinen pioneeri, joka oli jumalallisesti valittu kylvämään *kriya*-joogaa maailmanlaajuisesti. Paramahansajin maine on levinnyt kuin sulotuoksu Kalkutan kodista Garpar Road 4:stä, hänen opastajansa Swami Sri Yukteswar Girin Seramporen ashramista ja

---

1 *Mejda* tarkoittaa toiseksi vanhinta veljeä, mikä oli Paramahansa Yoganandan suhde tekijään, Sananda Lal Ghoshiin. (*Julkaisijan huomautus*)

2 Historiallisesti on olemassa 108 *upanishadia*, jotka sisältävät neljän *vedan* sisimmän olemuksen. *Upanishadeja* nimitettiin "viisauskirjoituksiksi".

Ranchin Brahmacharya Vidyalayasta[3] Amerikkaan ja maailman ääriin saakka. Hän perusti lukuisia meditaatiokeskuksia moniin maihin Yogoda Satsanga Society of India / Self-Realization Fellowshipin[4] lipun alla. Ashramit, temppelit ja hänen työnsä keskukset ovat pyhiä paikkoja Intian suuren joogatieteen harjoittamiseksi.

Paramahansajin oppilaat ovat monista maista vierailleet gurudevansa kodissa Kalkutassa ja ovat liikuttuneina kuunnelleet Paramahansajin veljen kertomuksia hänen lapsuudestaan ja nuoruudenaikaisesta elämästään Intiassa. "Mejda" on työnä suuri suoritus, joka jakaa laajemmalle yleisölle nämä kertomukset hengellisesti tavattoman vaikuttavasta askeetista. Niistä moniakaan Paramahansa Yogananda ei ole ottanut omaelämäkertaansa, koska hän on ollut luonnostaan pidättyväinen kohdistamaan huomiota itseensä.

Oli kovin odottamatonta, että tekijä pyysi minua kirjoittamaan tämän kirjan esipuheen. Vaikka mieleeni nousee kysymys pätevyydestäni, olen suostunut pyyntöön, koska tunnen tehtävän suureksi etuoikeudeksi. Kuulin Paramahansa Yoganandan loistavasta elämästä kesälomalla vuonna 1938 erään askeetin luostarissa Chotanagporen kukkulalla, ja minut valtasi suuri kunnioitus. Myöhemmin olin Bhawaniporen Chakrebarian alueella etsimässä Jiwan Moitran "Padma Puranin" käsikirjoitusta työni puitteissa. Menin silloin erään hurskaan henkilön kotiin katsomaan Herra Krishnan hyvin kunnioitettua valkoista kuvapatsasta. Yllätyin tavatessani kaksi amerikkalaista Paramahansa Yoganandan oppilasta, jotka olivat tulleet hänen Ranchin ashramistaan katsomaan kaunista pyhäinkuvaa.

Sitten Sri Sananda Lal Ghosh kutsui minut eräänä päivänä luokseen vierailulle. Keskustellessamme kuulin, että

---

3 Paramahansa Yoganandan pojille perustama koulu.

4 Self-Realization Fellowship tarkoittaa kirjaimellisesti "Itse-oivalluksen yhteisö". Paramahansa Yogananda on selittänyt, että Self-Realization Fellowship -nimi merkitsee yhteyttä Jumalan kanssa Itse-oivalluksen avulla ja ystävyyttä kaikkien totuutta etsivien sielujen kanssa.

Esipuhe

Paramahansaji oli löytänyt Jumalan tässä talossa, Garpar Road 4:ssä. Nousin ullakkohuoneeseen, jonka suuren joogin *sadhana* oli pyhittänyt, kumarsin ja istuuduin joksikin aikaa meditoimaan. Paramahansaji sanoi yhdessä kirjeessään veljelleen: "Tämä on minun pyhä *pithini* [sijani, paikkani], missä löysin Jumalan." Oli hyvää onneani saada tilaisuus osoittaa kunnioitusta tässä pyhässä temppelissä – kallisarvoinen hetki tavallisen elämäni lomassa. En voinut olla pohtimatta, oliko Paramahansaji jumalallisen voimansa välityksellä hyväksynyt askeetin luostarissa Chotanagporen kukkulalla osoittamani nöyrän kunnioituksen ja siunannut minua armollaan, niin että sain käydä hänen ullakkohuoneessaan, jossa hän harjoitti *sadhanaansa*. Pohdin, annettiinko minulle juuri vierailuni ansiosta tilaisuus kirjoittaa tämän kirjan esipuhe.

Tänä modernina aikakautena on suurenmoista, että lännen materialismista huolimatta lukemattomat sikäläiset ihmiset ovat osoittaneet sellaista kiinnostusta Paramahansa Yoganandan, idän joogin, saavutuksia kohtaan. Sri Ramakrishna Paramahansan jumalallinen voima on laajalti tunnettu. Kaikki hengellisesti suuntautuneet ihmiset kunnioittavat häntä palvovasti kautta Intian ja monet ulkomaillakin. Suurten pyhimysten mystiikalla on syvä vetovoima ja toivon lupaus raskautetulle ihmismielelle. Niinpä Paramahansa Yoganandan elämä on samalla tavoin innoittanut monia, ja Yogoda/Self-Realizationin jäsenet ovat kaikkialta maailmasta tulleet hänen lapsuuskotiinsa kuulemaan ensikäden kertomuksia hänen nuoruudestaan hänen veljeltään, Sananda Lal Ghoshilta. Tämä oli Paramahansajin seuraaja, oppilas ja kumppani suuren joogin lapsuuden vuosina. Ja nyt, elämänsä myöhempinä vuosina, Sananda Lal Ghosh on ottanut suorittaakseen tämän kirjan kirjoittamisen, jakaakseen kaikkien etsijöiden kanssa nämä hengellisesti rikkaat tapahtumat Paramahansa Devan elämän varrelta. Suoritus kruunaa tekijänsä kunnialla. Hänen työllään on merkittävää historiallista arvoa, koska monet kirjaan viedyt tapahtumat sattuivat hänen läsnä ollessaan.

Paramahansa Yogananda syntyi hyveellisten joogien perheeseen. Hänen isänsä oli tosi askeetti, vaikka samalla täytti ihailtavasti velvollisuutensa perhettään kohtaan. Hänen äitinsä oli jumalattaren kaltainen. Yogiraj[5] Lahiri Mahasaya oli antanut Paramahansajin vanhemmille joogavihkimyksen. Mukunda Lal Ghoshina syntyneellä Paramahansa Yoganandalla oli kolme veljeä ja neljä sisarta, jotka kaikki kasvoivat hengellisessä ympäristössä.

Kukin veljeksistä saavutti huomattavan menestyksen omalla alallaan. Vanhin, Ananta Lal, oli hyvin pätevä työssään kirjanpitäjänä ja erittäin arvostettu. Hän saavutti korkean luokan virkailijan[6] aseman nauttien runsasta palkkaa jo nuorena miehenä. Hänen hellä huolenpitonsa veljistä ja sisarista oli esimerkillistä. Hän oli säästäväinen, tavoiltaan kohtuullinen, ystävällinen ja hyväntahtoinen. Alkujaan hänen uskonsa oli heikko. Anantan koko elämänkatsomus muuttui nuoremman veljen, Mukundan, hengellisestä vaikutuksesta, ja hän vastaanotti joogavihkimyksen Mukundalta. Ananta Lal kuoli 31-vuotiaana. Paramahansaji on rakastavasti kuvannut hänen elämäänsä *Joogin omaelämäkerrassa*.

Sri Sananda Lal Ghosh on itse etevä joogi. Hän on täyteläisessä elämässään yhdistänyt taiteilijan, muusikon, arkkitehdin, mekaanikon ja Jumalan palvelijan ominaisuuksia. Sananda Lal Ghoshin Paramahansa Yoganandasta tekemät maalaukset ovat erittäin suosittuja. Hänen maalauksensa Rabindranath Tagoresta, verrattomasta intialaisesta runoilijasta, on saanut maailmanlaajuista tunnustusta. Tämä kuva riippuu Intian monien koulujen ja yliopistojen seinällä. Rabindranath itse koki, että se oli paras seisoma-asentoinen kuva, mitä hänestä oli koskaan maalattu. Hän kiitti Sanandaa henkilökohtaisesti lähettämällä todistuksen tästä vaikutelmasta. New Delhin Assembly

---

5 "Kuninkaallinen" tai "majesteetillinen" joogi; sellainen, joka on hankkinut joogatieteen korkeimman taidon. (*Julkaisijan huomautus*)

6 Hallituksen yleisten töiden ministeriön johtava tilintarkastaja.

Esipuhe [xix]

Halliin sijoitettu Tagoren marmoripatsas on muotoiltu Sanandan maalauksen pohjalta.

Edesmennyt Bishnu Ghosh, perheen nuorin lapsi, ansaitsi kansallista ja kansainvälistä mainetta ruumiinkulttuurin alueella. Hän oli ensimmäinen ja ainoa intialainen tuomari Lontoossa pidetyssä Mr. Universum -kilvassa. Hän otti aikansa ensimmäisenä intialaisena käyttöön ja teki suosituksi *hatha*-joogajärjestelmän, joka vetosi kovasti suureen yleisöön. Hän toi muinaisen *hatha*-joogan tieteen ashrameista kotien pihoille ja kylien kentille. Olin ihastunut tavatessani Bishnun. Hänestä pursui lämmintä persoonallisuutta, lujuutta, rohkeutta, vilpittömyyttä ja ylevämielisyyttä. Hän oli Jumalan palvoja, kuten myös nero *hatha*-joogan ja ruumiinkulttuurin piirissä. Hän oli Intian kaunistus, ja hänet tullaan aina muistamaan joogaharjoitusten tuomisesta suurille massoille.

Paramahansa Yogananda oli *yogeshwar* (joogien Herra). Hänelle joogan hallinta tuli luontevana perintönä. Maineikas Lahiri Mahasaya oli Paramahansajin vanhempien guru, ja hänen gurunsa, Swami Sri Yukteswar Girin, guru. Maailmalle totuutta tuoneiden valaistuneiden mestarien historiallisessa ja traditionaalisessa jatkumossa Paramahansaji oli neljäs Yogoda/Self-Realizationin suurten gurujen[7] sarjassa. Paramahansajin missio johti hänet julistamaan joogaelämän taitoa ja tiedettä Amerikkaan, Eurooppaan ja kaikkialle maailmaan.

Aikaisemmin ajateltiin yleisesti, että vain metsiin ja vuoriluoliin eristäytyneet askeetit harjoittivat sellaista sieluntiedettä kuin *kriya*-jooga. Paramahansa Yoganandan missiona oli osoittaa, että tavallista perhe-elämää viettävä henkilö voi missä

---

7 Mahavatar Babaji, Lahiri Mahasaya, Swami Sri Yutkteswar ja Paramahansa Yogananda. Paramahansajin työtä, Self-Realization Fellowship / Yogoda Satsanga Society of India -järjestön työtä, jatkavat hänen suuntaviivojensa mukaisesti hänen hengelliset perillisensä, jotka palvelevat SRF:n / YSS:n presidenttinä. Ensimmäinen oli Sri Rajarsi Janakananda, joka palveli vuosina 1952–1955. Häntä seurasi Sri Daya Mata, jonka – samoin kuin Rajarsin – Paramahansa Yogananda henkilökohtaisesti harjaannutti ja nimitti tähän asemaan. (*Julkaisijan huomautus*)

päin maailmaa tahansa vastaanottaa *kriya*-joogan ja edistyä hengellisesti mitä suurimmassa määrin sen harjoittamisesta. Hän on tehnyt ylivertaisen palvelun ihmiskunnalle tuomalla joogatieteen ja *kriya*-joogatekniikan jokapäiväiseen käyttöön. Ihmiset saavat Intiassa ja maailmanlaajuisesti suotuisia tuloksia opettelemalla *kriya*-joogaa niin kuin Paramahansa Yogananda sitä opetti.

"*Mejda*" on jalo lahja, joka valaisee *kriya*-joogan maailmanlaajuisen leviämisen tietä.

JULKAISIJAN TIEDONANTO

Kerromme täten murheellisina "Mejdan" tekijän kuolemasta. Sri Sananda Lal Ghosh siirtyi pois 81 vuoden ikäisenä Kalkutassa 10. lokakuuta 1979. Olemme todellakin kiitollisia hänelle näiden muistojen kirjaamisesta vanhemman veljensä perheestä ja nuoruuspäivistä; hänen "Mejdaksi" kutsumansa veli tunnetaan nykyisin maailmalla Paramahansa Yoganandana, *Joogin omaelämäkerran* tekijänä sekä Self-Realization Fellowship / Yogoda Satsanga Society of Indian perustajana. Sri Ghosh antoi myös monia valokuvia teokseen; muut ovat Self-Realization Fellowshipin arkistoista.

Meillä oli onni voida neuvotella tekijän kanssa monien käsikirjoituksen kohtien selventämisestä ja varmistamisesta. Tähän palvelukseen hän antautui väsymättömästi aina viimeisiin päiviinsä asti. Vaikka hän ei kyennytkään suorittamaan tätä tehtävää loppuun asti, muilta perheenjäseniltä ja ystäviltä saatiin korvaamatonta apua. "Mejda" on merkittävä kertomus, ja suremme syvästi, ettei Sri Ghosh ehtinyt nähdä sen julkaisemista eläessään. Hän on jättänyt meille arvokasta tietoa sisältävän kirjoituksen yhdestä maailman suurimmista hengellisistä opettajista.

SELF-REALIZATION FELLOWSHIP

Los Angeles, Kalifornia
27. lokakuuta 1980

JOHDANTO

Kirjoittaessaan *Joogin omaelämäkertaa* Paramahansa Yogananda – jota kutsun kunnioittavasti "Mejdaksi", toiseksi vanhimmaksi veljeksi – jätti pois useita paljastavia tapauksia elämänsä varhaisvaiheilta. Uskoakseni hän teki niin tarkoituksellisesti. Jos hän olisi kertonut kaiken, hän olisi kohonnut monien aikalaistensa yläpuolelle, joita hän ylisti. Jotkut olisivat voineet ajatella, että joogi Maharaj[1] antoi kunnian itselleen. Päinvastoin hänen tapanaan oli aina asettaa itsensä taka-alalle ja työntää muut etualalle. Niinpä minusta oli pitkään tuntunut, että ollakseen perinpohjainen Mejdan elämän kuvauksena *Joogin omaelämäkerta* tarvitsisi jatko-osan, jossa tuotaisiin julki monia hänen nuoruusikänsä tapahtumia. Tätä varten olen uurastanut useita vuosia. Toiveeni verso on nyt kasvanut mittaansa. Jos en olisi saanut oikeaan aikaan innoitusta ja apua, olosuhteet olisivat tuhonneet toiveeni taimen. Olisin poistunut tästä maailmasta raskas velka maksamattomana. Mejda oli lapsuuden kumppanini ja ystäväni sekä nuoruuteni johdattava valo. Muistojeni arvokkaimmat aarteet ovat tapahtumia viisaan opettajani Yogeshwar[2] Yoganandan kanssa viettämiltäni varhaisilta vuosilta.

Joogin omaelämäkerran innoittamina monet Yogoda Satsanga / Self-Realization Fellowshipin oppilaat ovat tulleet eri puolilta maailmaa pyhiinvaellusmatkalle gurunsa rakkaaseen Intiaan. Monet olivat tavallisista oloista, joten heidän oli säästettävä vuosia tehdäkseen matkansa. Jokaisena vuodenaikana heitä on vieraillut Mejdan lapsuuskodissa, hänen *sadhanansa*[3]

---

1 Joogien kuningas.
2 Sekä Shivalle että Krishnalle annettu nimitys, joka tarkoittaa joogien Herraa sekä sellaista, joka on saavuttanut yksyeden Jumalan, Ishwaran, kanssa joogan avulla.
3 Hengellinen etsintä.

Johdanto

pyhällä paikalla Garpar Road 4:ssä, Kalkutassa. He ovat kunnioituksesta Yogeshwaria kohtaan pitäneet hänen kotiaan erityisenä pyhiinvaelluskohteena ja kumartaneet hartaina saapuessaan. Noustessaan portaita ylempiin kerroksiin he ovat usein kunnioituksesta ripotelleet jalanjälkiensä pölyä päähänsä[4] muistaessaan, että Paramahansaj kiipesi näitä portaita monet kerrat. Pyhiinvaeltajat käyvät huoneessa, jossa hän nukkui, ja olohuoneessa, jossa hän keskusteli Mahavatar Babajin kanssa. Varsinkin he pyytävät lupaa mietiskellä pienessä ullakkohuoneessa, jossa heidän gurunsa meditoi päivittäin ja joka todisti hänen hengellisen heräämisensä aamunkoiton.

He ovat olleet hyvin kiitollisia tavatessaan Mejdan lähiperheen jäseniä ja kuullessaan kertomuksia hänen poikavuosiltaan. Kaikki ovat innokkaasti vaatineet, että julkaisisin nämä kertomukset, koska olin hänen kumppaninsa ja olin vain viisi vuotta häntä nuorempi sekä monien hänen nuoruusikänsä kokemusten silminnäkijä.

Näitä kertomuksia esitettäessä ovat jotkin maininnat minusta itsestäni olleet väistämättömiä. Toiveenani ei ole antaa itselleni näkyvää asemaa. Olen esittänyt mainintoja itsestäni vain vahvistaakseni näiden epätavallisten tapahtumien todenperäisyyden Mejdan elämässä.

On yksi asia kirjoittaa kirja ja toinen julkaista se. Kirjanpainamisen salat ovat minulle tuntemattomia, ja aikani ja energiani ovat rajallisia. Useat ystävät tarjosivat apua ja rohkaisua. Juuri heidän avullaan tästä kirjasta tuli totta. Kiitän heitä kaikkia vilpittömästi, sydämeni pohjasta asti, ja kiitollisena mainitsen tässä heidän nimensä:

Tri Ashutosh Das, filosofian maisteri (kaksinkertainen), filosofian tohtori, kirjallisuustieteen tohtori (Kalkutta), Royal Asiatic Societyn jäsen (Lontoo), filosofian ja kirjallisuuden professori Kalkutan yliopistossa, erityisesti rohkaisi ja tuki

---

[4] Hurskas ele, jossa joku koskettaa lattiaa ja sitten päätänsä, vertauskuvallisesti ottaen siunauksen valaistuneelta sielulta, joka oli kävellyt paikalla.

tämän kirjan julkaisemista. Hänen kaksi poikaansa, Sri Prem Sundar Das, fil. maist. (kaksinkertainen), luonnont. kand., oikeust. kand., ja Sri Dibya Sundar Das, kauppat. maist., oikeust. kand., antoivat arvokasta apua tämän kirjan kirjoittamisessa. Työn vieminen päätökseen ei olisi ollut mahdollista ilman heidän apuaan. Naapurini Sri Binay Das avusti minua ilman korvausta. Pojanpoikani Somnath Ghosh oli pystyvä ja innokas auttaja. Vaimoni Parul auttoi minua paljon; se oli hänen viimeisiä uhrauksiaan tässä maanpäällisessä maailmassa. Menetin hänen vuosikausien uskollisen kumppanuutensa, kun hän kuoli 3. syyskuuta 1978. Ilmaisen tässä kullekin heistä lämpimän arvostukseni.

"MEJDA"

LUKU 1

Isän vaatimaton syntyperä

Ichapurin perintökotimme

Paramahansa Yoganandan vanhemmiltaan saama nimi oli Mukunda Lal Ghosh. Vanhempamme kutsuivat häntä lempinimellä Mukun tai Moko, mutta meille nuorille hän oli Mejda, "toiseksi vanhin veli".[1]

Meitä oli neljä veljestä ja neljä sisarta. Vanhin oli veljemme Ananta Lal, kutsumanimeltään Nantu. Toinen oli vanhin sisaremme Roma Shashi, lempinimeltään Tuni. Kolmas lapsi oli toiseksi vanhin sisaremme Uma Shashi, jota vanhempamme kutsuivat Muniksi. Neljäntenä tuli Mejda. Viides oli kolmas sisaremme Nalini Sundari, kutsumanimeltään Nali. Kuudentena olin minä, Sananda Lal, Goraksi kutsuttu. Seitsemäs lapsi oli nuorin sisaremme Purnamoyee, lempinimeltään Thamu. Ja kahdeksas ja viimeinen lapsi oli nuorin veljemme Bishnu Charan, kutsumanimeltään Bistu. Neljästä veljeksestä ja neljästä sisaresta vain minä yksin olen enää elossa.[2]

Ymmärtääkseen Mejdan lapsuuden henkistä ilmapiiriä on välttämätöntä tuntea jossain määrin hurskaiden vanhempiemme, äitimme ja isämme, ihanteellista elämää; heillehän

1 Perheen veljesten järjestys määritellään bengalin kielen sanastossa nimityksillä *Bara* (vanhin), *Meja* (toinen), *Seja* (kolmas) jne. *Dada* merkitsee vanhempaa veljeä. Niinpä Meja-dada tai arkikielessä lyhyemmin Mejda olisi jonkun toiseksi vanhin veli. Vanhinta veljestä kutsuttaisiin Bara-dadaksi tai Bardaksi, ja niin edelleen. Vanhemmasta sisaresta puhuttaessa lisättäisiin *didi*, joka merkitsee vanhempaa sisarta, esim. Bara-didi tai Bardi, Meja-didi tai Mejdi, Seja-didi tai Sejdi.

2 Tämän kirjoittamisen jälkeen Sri Sananda Lal Ghosh jätti ruumiinsa 10. lokakuuta 1979 Kalkutassa (ks. s. xxi). (*Julkaisijan huomautus*)

syntyi sangen suuri joogi. Kirjoitukset toteavat, että "viisauden saavuttanut voi syntyä valaistuneiden joogien perheeseen". Vanhempamme olivat *kriya*-joogeja[3], ja saaneet siihen vihkimyksen yogavatar Sri Sri Lahiri Mahasayalta. Äiti oli Mejdan elämässä vahva hengellinen voima, ja isä antoi pitkään vaimonsa kuoleman jälkeen Mejdalle apua tämän hengellisen kohtalontien kulkemisessa. Hän antoi Mejdalle kymmenen vuoden ajan taloudellista tukea Amerikan missiota varten, *kriya*-joogan ja jumaluuden levittämiseen kaikkialle maailmaan.

Isän suvun kotipaikka oli Ichapur. Kylä sijaitsi Bengalissa, 24-Parganasin piirikunnan Barrackporen alueella. Tänne asettui asumaan esi-isämme Dayaram Ghosh. Me olemme Länsi-Bengalin *kayasthoja*.[4] Sukuperämme on jäljitettävissä Makaranda Ghoshiin, joka asettui Bengaliin 11. vuosisadalla Bengalin kuninkaan Adisurin pyynnöstä.[5] Makarandan neljännen polven poika Nishapati Ghosh asettui Balin kylään Bengalin Hooghlyn piirikunnan Arambaghin alueelle. Maapalstan lahjoitti kuningas Ballal Sen edellyttäen kuninkaan nimissä tehtävää yhteiskunnallista palvelutyötä. Dayaram Ghosh muutti sukumme Ichapuriin 18. vuosisadalla, Maharashtrasta tulleiden rikollisten *bargien* aiheuttaman sekasorron kauden aikana. He hyökkäsivät aika-ajoin niemimaan poikki ryöstämään kyliä. Mutta koska heidän oli vaikea ylittää Ganges-virtaa, he tavallisesti kääntyivät takaisin päästyään siihen asti. Ghoshin perhe asui kuitenkin Gangesin länsipuolella ja oli alttiina näille hyökkäyksille. Niinpä Dayaram Ghosh päätti

---

3 *Kriya*-jooga on meditointitekniikka, jolla tyynnytetään aistimusten kuohut ja tajunta kohotetaan Jumala-tietoisuuden tilaan. *Kriya*-jooga otettiin nykyaikana uudelleen käyttöön muinaisen alkuperänsä pohjalta Self-Realization / Yogoda Satsanga Society of Indian gurujen, Mahavatar Babajin, Lahiri Mahasayan, Swami Sri Yukteswarin ja Paramahansa Yoganandan myötä. Johdatus tähän pyhään tieteeseen on saatavilla Paramahansajin teoksessa *Joogin omaelämäkerta*.

4 *Kshatriyojen* ryhmä: perinteisesti hallitsijoiden ja soturien kasti.

5 Lue lisätietoja Ghoshin suvun alkuperästä Sukukaavio-liitteestä. (*Julkaisijan huomautus*)

Isän vaatimaton syntyperä

siirtää perheen Gangesin yli Ichapuriin ja turvaan joen itäpuolelle. Hän hankki muuttoa varten ison maapalstan, jolla kasvoi paljon arvokkaita puita.

Paikkamme tunnettiin Ichapurissa "Ghoshin talona *gab*-puun alla", sillä kotimme edustalla oli vanha *gab*-puu (mangostani) – jonka ikää ei kukaan osannut arvioida.

Isoisä Ishan Chandra Ghosh oli kyläkoulun opettaja. Hänellä oli kaksi tytärtä ja kolme poikaa. Hänen tyttärensä, meidän tätimme, olivat nimiltään Beni Nandi ja Harimati. Isoisän vanhin poika oli meidän isämme, Bhagabati Charan. Toiseksi vanhin poika oli Sarada Prasad ja nuorin poika Satish Chandra.

Opetustehtävän lisäksi Ishan Chandra elätti perhettään myymällä puutarhansa vihanneksia ja lehmänsä maitoa. Eräässä vaiheessa hän lainasi kaukaiselta sukulaiselta 50 rupiaa hankkiakseen tiiliuunin talon rakentamista varten. Isoisä kuitenkin kuoli ennen talon rakennustöiden alkamista.

Isoisä oli tuntenut suurta hellyyttä naapuruston pientä lasta kohtaan. Myös lapsi oli kiintynyt häneen. Kun tuo pieni tyttö sitten sairastui isorokkoon, isoisä valmisti erityisen lääkkeen, joka viimein paransi hänet. Hän istui sairauden aikana ahdistuneen lapsen luona aina kun häneltä liikeni aikaa. Sairauden kymmenennen päivän iltana lapsi havahtui hereille nähtyään pahaa unta. Hän hyppäsi herätessään pystyyn ja kietoutui isoisän suojaaville käsivarsille. Tauti oli yhä hyvin tarttuvassa vaiheessa, mutta isoisä ei voinut olla lohduttamatta häntä. Sitten isoisä meni suoraa päätä Ganges-virralle peseytymään pyhässä vedessä. Mutta seuraavana aamuna hän sairastui pelättyyn tautiin. Hän oli liian heikko ja kuumeinen noustakseen vuoteeltaan valmistamaan itselleen lisää lääkettä, joka oli pelastanut hänen pienen ystävänsä, eikä kukaan muu tuntenut lääkkeen reseptiä. Hän kuoli muutaman päivän sisällä.

Isäni, Bhagabati Charan Ghoshin, harteita painoi raskas velvollisuus huolehtia leskeksi jääneestä äidistä ja nuoremmista sisaruksista. Viidenkymmenen rupian lainaa ei saatu maksetuksi takaisin. Lainan antanut sukulainen otti tiilet uunista, mutta väitti, etteivät ne riittäneet lainan maksuksi.

Isoäidin ainoa arvokas omaisuus oli hopeiset rannerenkaat, mutta nekään eivät riittäneet peittämään lainasummaa. Sitten sukulaisemme käytti hyväkseen perheen hätää ja nöyryytti leskeksi jäänyttä isoäitiämme. Isoäidin itku ja hänen kasvojensa epätoivoinen ilme sai isämme ja tämän veljet ja sisaret kokemaan syvää avuttomuutta ja pelkoa.

Kun isäni taloudellinen tila parani vuosia myöhemmin, hän maksoi takaisin koko lainan korkoineen kuolleen lainanantajan jäljellä oleville sukulaisille. Mutta hän ei koskaan unohtanut tätä traagista elämänsä vaihetta. Kun tämän jälkeen esitettiin mitä tahansa tarpeetonta kulunkia, isä muistutti meitä niistä vaikeuksista, joita oli kokenut nuorena.

Uutterien ponnistelujen ja henkilökohtaisten ansioiden tuloksena oli, että isä sai koulumaksut kattavan stipendin Hooghly Collegiate Schooliin. Hän käveli päivittäin koulutunneille Ichapurista. Isän vanhempi serkku oli hyvin toimeentuleva, muttei kovinkaan suopea. Hän antoi silloin tällöin isälle paisan keskipäivän välipalaa varten. Tällä kolikolla isä pystyi ostamaan kahdeksan pientä pisankia (banaania). Hän sai hedelmät riittämään koko päiväksi. Kun serkku ei antanut paisaa, isä etsi tien varrelta guavapuita. Jos hedelmiä ei löytynyt, hän paastosi.

On lukemattomia tarinoita isän lapsuutta varjostaneesta ahdingosta. Hänen kengänpohjansa ommel ratkesi eräänä päivänä koulumatkalla. Miten se saataisiin ommelluksi, kun rahaa ei ollut edes ruokaan? Hän käytti käsillä ollutta nuoraa ja sitoi anturan kengän päälliseen kiinni niin lujasti kuin pystyi. Säästyäkseen hämmennykseltä koulussa hän tapasi riisua kenkänsä ja piilottaa ne pensaan taakse portinvartijan huoneen lähelle. Koulutunneille hän meni paljasjaloin.

Kun ei ollut varoja koulukirjojen hankintaan, hän lainasi tekstit opettajilta ja luokkatovereilta ja kopioi ne käsin. Vaikka tämä vaivalloinen työ vei runsaasti aikaa, hän saavutti luokkansa korkeimmat kouluarvosanat tunnollisten ponnistelujensa ansiosta. Päivittäisinä opiskelutuokioina kotona ollessaan isä istui *gab*-puun alla kotinsa edustalla ja kirjoitti läksynsä kuivatetuille

Isän vaatimaton syntyperä

pisankien lehdille ruo'olla. Hän valmisti mustetta saviruukussa, käyttäen aineksena öljylampun nokea. Hänen imupaperinaan oli maasta otettu hienojakoinen hiekka tai pöly. Silloin tällöin syrjäiseen kyläämme eksyi englanninkielinen sanomalehti. Isä tutki joka sivun tarkasti ja yritti opetella englantia. Hän kysyi koulussa opettajilta niiden sanojen merkityksiä, joita ei ymmärtänyt, eikä hän milloinkaan unohtanut saamiaan vastauksia. Monet ystävät ja opettajat olivat hämmästyneitä hänen kielenhallinnastaan. He pohtivat, kuinka hän köyhän kylän poikana pystyi hallitsemaan vieraan sanaston ja lauseopin. Eräässä vaiheessa isä pääsi ensimmäiselle sijalle koko Intian englanninkielisessä kirjeenkirjoituskilpailussa. Aikuisiällä hänen englannin taitonsa oli virheetöntä. Hän oli painanut muistiinsa kokonaisen englannin sanakirjan, joka oli ollut pitkään hänen hallussaan! Hän pystyi kysyttäessä antamaan oikean vastauksen minkä tahansa sanan merkitykseen sekä tiesi myös sivun numeron ja kohdan sivulla, jolla merkitys ilmoitettiin.

Opiskelijoiden oli isän aikoina hankittava oma paperi vuosittaisia kuulusteluja varten. Isä ei pystynyt rahanpuutteessaan hankkimaan tarvittavaa paperimäärää. Matematiikan opettaja huomasi hänen ahdinkonsa ja antoi hänelle tukon vanhentuneita painettuja kirjelomakkeita. Isä irrotti huolellisesti joka arkista painetun osuuden ja ratkaisi koetehtävät paperin jäljelle jääneen osuuden molemmille puolille. Hän sai täydet pisteet matematiikassa. Siitä huolimatta että keinot olivat rajalliset ja vaikeudet monet, hän läpäisi ansiokkaasti korkeakoulun pääsytutkinnot.[6]

Isän palavana haluna oli suorittaa korkeampi koulutuksensa valmiiksi yliopistossa, mutta hänellä ei ollut varoja suorittaa lukukausimaksua. Hän pyysi monilta taloudellista tukea – sananmukaisesti kerjäsi sitä – mutta vain harvoilta liikeni

---

6 Oppikoulun päättökokeet katsottiin sisäänpääsykokeiksi, koska opiskelijan piti läpäistä ne voidakseen kirjoittautua korkeakouluun tai yliopistoon.

pientäkään rahallista apua. Kun hän kokosi kaikki varansa, hänellä ei ollut tarvittavaa summaa. Hän pyysi varakasta tuomaria lahjoittamaan yhden rupian kuukaudessa, mutta tuomari kieltäytyi. Hän kääntyi toiveikkaana muiden puoleen, mutta turhaan. Lopulta hän tunnusti sen musertavan tosiasian, ettei pystynyt jatkamaan opiskeluaan. Hän vannoi siinä paikassa tekevänsä kaiken voitavansa, jotta hänen nuoremmat veljensä eivät tulisi samalla tavoin torjutuiksi.

Siinä vaiheessa isä etsi työtä yksityisopettajana. Tässä toimessaan ansaitsemillaan pienillä summilla hän onnistui rahoittamaan nuorempien veljiensä koulutuksen ja kattamaan perheen kulut.

Perhe huollettavana

Isä muutti Kalkuttaan kahdeksantoista täytettyään. Muuan ystävällinen naapuri yritti hankkia hänelle työpaikan toimistosta, jossa itse työskenteli. Mutta surkuhupaisaa kyllä, kun isä tapasi englantilaisen esimiehen ja haki paikkaa, tämä vastasi: "Sinä olet liian nuori, poika. Sinun tulisi olla yliopistossa." Turhaan isä yritti saada miehen vakuuttumaan kyvyistään ja epätoivoisesta työpaikan tarpeestaan.

Tämä torjuminen sai isän tuntemaan äärimmäistä avuttomuutta ja johti terveydentilan huononemiseen. Hänen tavoitteensa näyttivät kaukaisilta kangastuksilta, joita ei voisi milloinkaan saavuttaa. Hän harkitsi suruissaan Ichapuriin palaamista, mutta ajatus ei luvannut hänelle minkäänlaista tulevaisuutta. Hän sai sisäisen päättäväisyytensä syttymään uudelleen, ja hän jäi Kalkuttaan lannistumattomin mielin.

Isälle annettiin suopean naapurin ja erään toisen herrasmiehen ponnistuksien ansiosta katto pään päälle pienestä huoneesta tallin yläkerroksesta. Paikka sijaitsi Beadon Streetin läheisellä kujalla Chitpurin alueella. Huone oli niin pieni, ettei hän voinut ojentautua suoraksi maatessaan, vaikka olikin lyhytkasvuinen. Hän nukkui rikkinäisellä matolla, peitteenään

Isän vaatimaton syntyperä

halpa, paikattu matto. Huopaa ei ollut. Pieni tinarasia palveli pieluksena.

Etsittyään uutterasti jonkinlaista työtä isä sai lopulta toimen yksityisopettajana. Eräässä kodissa hänelle annettiin vain päivittäinen ateria palkkioksi kahdesta oppitunnista. Mutta olosuhteista huolimatta isä ei tunnustanut tappiota. Itse asiassa hän koki eräänä päivänä sellaista innostusta ja voittoisaa rohkeutta, että toimi mielijohteesta ja toi toisen veljensä Sarada Prasadin Kalkuttaan kirjoittautumaan yliopistoon.

Isän oli kuljettava Kalkutasta Chitpuriin johtavan tien yli päivittäin. Tie oli kiveämätön, ja sadekausina sen yleensä tomuinen pinta muuttui mutavelliksi ja lätäköiksi. Isä osti kolmella rupialla Fort Williamista käytöstä poistetut sotilassaappaat päästäkseen kahlaamaan mudan läpi pitkinä monsuuniaikoina.

Vesijohtoja ei ollut vielä vedetty alueelle, joten isän oli käveltävä joka päivä 800 metriä Heduaan[7] juomavettä hakemaan. Hän kantoi veden kotiin saviruukussa.

Ajan mittaan isä sai paremman toimen valtion palveluksessa. Hän siirtyi apulaiskirjanpitäjäksi Intian hallituksen yleisten töiden ministeriöön, ja hänet määrättiin 31. joulukuuta 1873 Deogharin Baidyanath Dhamiin, Keski-Biharin itäosaan.[8]

Isän veli (setämme Sarada, jota kutsuimme *Nakakaksi*[9]) halusi päästä lakia opiskelemaan suoritettuaan kandidaatin tutkintonsa. Isä oli kovin murheissaan, koska ei pystynyt kustantamaan lukukausimaksua. Juuri näihin aikoihin isä tutustui bengalilaiseen mieheen, jonka asuinpaikka oli Rangoonissa. Mies rohkaisi isää ottamaan vastaan toimen brittiläisen Burman yleisten töiden ministeriön keskustoimistolta

---

7 Tunnetaan nyt nimellä Azad Hind Bagh.

8 Tämä ja myöhemmät isän työuran ajat ja paikat hallituksen palveluksessa aina vuoteen 1907 on otettu lähteestä *"History of Services of the Officers of the Engineer and Accounts Establishment", Government of India, Public Works Department.*

9 Hellittelynimitys sanasta *kaka* eli jonkun setä.

Rangoonista.[10] Koska sikäläinen toimi oli tarpeeksi hyvin palkattu Sarada Prasadin lakiopintoja ajatellen, isä suostui muuttamaan Burmaan. Mutta tietäen perheen ankarasti vastustavan sinne menoa hän lähti Kalkutasta melkein vaivihkaa. Rangoonissa[11] hän käytti palkkarahojaan vain niukasti omaan ruokaansa ja asumiseensa ja lähetti enimmän osan rahoista Sarada Prasadille ja nuorimmalle veljelleen Satish Chandralle Ichapuriin. Heikon terveytensä vuoksi Satish Chandra ei kuitenkaan kyennyt pääsemään pitkälle opiskeluissaan.

Isän avioituminen ja palveluvuodet Rangoonissa

Kun isä meni Rangooniin, kaupungissa oli vain neljä bengalilaista. Isä oli nuorimpana viides. Vanhemmat neljä juopottelivat usein toistensa seurassa. Yksi heistä löi isää päihtyneenä tarkoituksella pakottaa hänet juomaan, mutta isä piti lujasti kiinni periaatteistaan. Toinen ryhmän miehistä oli ystävällinen ja asettui riidassa isän puolelle. Pian nuo neljä päättivät lopettaa nuoremman toverinsa kiusaamisen ja väkivaltaisen taivuttelun.

Isä sai Rangooniin karvaan uutisen rakkaan äitinsä poismenosta. Hän palasi seuraavana vuonna Kalkuttaan. Siellä hän nai Gyana Prabhan, Govinda Chandra Bosen kolmannen tyttären. Tämän isä oli Rajidpurin (Barasatin lähellä 24-Parganasin piirikunnassa) korkea viranomainen. Tapojen mukaisesti morsiamen suku oli tutkinut tulevan sulhasen terveyden, työpaikan sekä hänen perheensä aseman. Isä oli täyttänyt kaikki ehdot helposti.

Isä palasi naimisiin menonsa jälkeen Rangooniin. Morsian jäi joksikin aikaa perheen luo Ichapuriin ja liittyi myöhemmin isän seuraan Rangoonissa. Heidän ensimmäinen lapsensa – Ananta – syntyi siellä.

10 Tuohon aikaan ja aina vuoteen 1935 Burma oli Intian maakunta, jota hallinnoi oma brittikuvernöörinsä.
11 Isä aloitti palveluksensa Burmassa 16. huhtikuuta 1875 ja työskenteli siellä kymmenen vuotta.

Gyana Prabha Ghosh (1868–1904)
Äitimme

Bhagabati Charan Ghosh (1853–1942)
Isämme

Sarada Prasad Ghosh
Isän nuorempi veli

Satish Chandra Ghosh
Isän nuorin veli

Sri ja Srimati Govinda Chandra Bose
Äidin puoleiset isovanhempamme

Isän vaatimaton syntyperä

Sarada Prasad kirjoitti isälle Rangooniin ja pyysi lisää rahaa lakitutkintojensa maksuihin. Isällä ei kuitenkaan ollut ainoatakaan rupiaa jäljellä. Hän oli lähettänyt koko palkkansa kotiin vähennettyään siitä pienen osuuden omaa toimeentuloaan varten. Niinpä hän lähetti veljelleen villaisen saalin, jonka oli saanut häälahjana apeltaan. Setä myi saalin ja suoritti tutkintomaksut.

Isän virkatoverit tiesivät hänen ahdingostaan. Isä vastaanotti kohteliaasti vuolaita ja hyvää tarkoittavia neuvoja ja pani ne vaieten syrjään. Yhdessä käytännön ohjeessa isä kuitenkin näki tilanteensa perustavanlaatuisen kudoslangan: "Bhagabati, ei ole oikein, että lähetät koko palkkasi kotiin. Sinä olet vieraassa maassa. Kuka auttaa sinua hädän tullen? Sinun pitäisi säästää vähän hoitokuluja varten, jos satut vaikka sairastumaan." Isä pani neuvon korvansa taakse. Hänen apunsa varassa olevat kärsisivät, jos hänelle tapahtuisi jotain, niin ettei hän pystyisi enää töihin. Hän alkoi säästää pikku summan jokaisesta tilipussistaan. Hän säilytti tämän käytännön läpi elämänsä. Säästöjensä turvin hän kykeni selviytymään hätätilanteista ja huolehtimaan kaikista lapsistaan. Hän auttoi poikiaan pääsemään alkuun ja pystyi tarjoamaan tyttärilleen avioliiton hyvin arvostettujen sukujen piiristä. Hän avusti Mejdaa maksamalla tämän matkan Amerikkaan, ja hän lähetti kymmenen vuoden ajan Mejdalle varoja tämän sikäläisiä elinkustannuksia varten. Hän antoi apuaan myös monille sukulaisilleen näiden lapsien koulutuksessa ja avioliittojärjestelyissä. Hän ei milloinkaan käännyttänyt pois ketään, joka pyysi hänen apuaan.

Isä suoritti kirjanpidon tutkinnon Rangoonissa ollessaan. Hänet siirrettiin vähän sen jälkeen rautateiden tilien hallituksen tarkastajaksi yleisten töiden ministeriön konttoriin, joka sijaitsi Saharanpurissa, Intian Yhtyneissä Maakunnissa (nykyään Uttar Pradesh, U.P.). Hän oli Shahdara-Saharanpurin rautatien palveluksessa. Isä vei perheensä mukanaan Saharanpuriin. Hänen työnsä siellä alkoi 7. huhtikuuta 1885. Oltuaan noin puolitoista vuotta siellä hän sai siirron

Biharin Muzaffarpuriin.[12] Täällä syntyivät kaksi vanhempaa sisartamme, Roma ja Uma.

LAHIRI MAHASAYA ANTAA VIHKIMYKSEN VANHEMMILLENI

Kun isäni oli ollut neljä vuotta Muzaffarpurissa, hänet siirrettiin Yhtyneiden Maakuntien Gorakhpuriin, missä hän palveli rautateiden tilien valtiollisessa tarkastuskonttorissa, joka käsitteli Bengalin ja North-Western -rautateiden sekä Tirhootin rataosuuden asioita. Hän työskenteli siellä 16. lokakuuta 1890 alkaen.[13]

Abinash oli isän alainen Gorakhpurissa. Eräänä päivänä Abinash anoi viikon vapaata. Isä torjui pyynnön; tämä oli jo aikaisemmin ottanut useita viidestä seitsemään päivän vapaita. Eiväthän työt sujuneet, jos työntekijät ottivat tarpeettomia vapaita. Keskustellessaan Abinashin kanssa asiasta isä kysyi, mihin tämä meni näinä vapaa-aikoinaan.

"Menen Benaresiin tapaamaan guruani", Abinash vastasi.

Isä nuhteli Abinashia: "Aiot siis yrittää hankkiutua hurskaaksi. Kertoisitko minulle, mitä uskonto todellisuudessa on? Kansakuntamme on turmeltu uskonnon nimissä. Hyvä mies, siinä ei ole mitään. Älä rupea kiihkoilijaksi. Jos haluat päästä elämässä eteenpäin, tee työtä. Työskentele, niin varmasti pärjäät ajan mittaan."

Isä ei ollut tarkoituksella töykeä. Hänen sarkasminsa heijasteli pinnan alla kytevää haavoittavaa turhautumista hänen

---

12 Muzaffarpurissa isä työskenteli rautateiden tilien tarkastajana hallituksen tarkastuskonttorissa ja tarkasti Tirhootin ja Nalhatin valtionrautateiden tilejä 10. lokakuuta 1886 lähtien.

13 Isä aloitti palveluksen Gorakhpurissa toisen palkkaluokan kirjanpitäjänä. Hänet ylennettiin ensimmäiseen palkkaluokkaan, rautateiden kirjanpidon apulaistarkastajaksi. Hän toimi pitkiä aikoja hallituksen rautateiden tilintarkastustoimiston johdossa Bengalin ja North-Western -rautateillä ja Tirhootin rataosuudella ajanjaksona, joka alkoi 10. syyskuuta 1899 ja kesti lokakuuhun 1902, sekä Bengal-Nagpur-rautateillä (jonka pääkonttori oli Kalkutassa) 9. huhtikuuta – 7. heinäkuuta 1900.

Isän vaatimaton syntyperä

omaan epätyydyttävään suhteeseensa uskontoon. Kohta hän katui, että oli puhunut niin terävästi. "Loppujen lopuksi", hän järkeili itsekseen, "jokaisen on tehtävä omat elämänvalintansa. Vasta sitten pystyy sanomaan varmasti, olivatko ratkaisut hyviä vai huonoja. Joka tapauksessa karkeus on sopimatonta." Isä päätti jutella jatkossa Abinashin kanssa.

Tuona iltapäivänä isä tapasi Abinashin matkallaan toimistosta kotiin. Hän nousi kantotuolistaan ja käveli Abinashin kanssa yrittäen selittää ajatustenjuoksuaan. Abinash pysyi vaiti. Isä huomasi, että hän oli murheissaan ja myös hämmentynyt heidän erilaisen virallisen työasemansa vuoksi. Nuoremman virkailijan ei ollut määrä kiistellä asioista ylempänsä kanssa. Sillä hetkellä isä ei tiennyt, että Abinash rukoili palavasti guruaan!

Tien vartta reunustivat isot, varjostavat puut. Niiden oksien lehvästö kietoutui ylhäällä yhteen ja muodosti luonnon suojakatoksen. Näissä seesteisissä puitteissa ei ollut vaikeaa kokea jumalallisen Arkkitehdin läsnäoloa. Astuttuaan mahtavan puuriviston läpi he tulivat laajalle vainiolle, missä laineina väreilevä ruohosto oli muuttumassa kullanruskeaksi laskevan auringon loimussa. Niin ylimaallista näkymää he eivät olleet koskaan kokeneet. Heidän sydämensä täytti ilon väristys, ja molemmat tunsivat vastustamatonta halua samaistua tuohon kauneuteen.

Isä oli hiljaa, liikkumatta ja tämän suuren luonnonnäytelmän lumoissa. Silloin ilmestyi vain muutaman metrin päässä äkkiä näkyviin seesteisen oloinen ihminen. Abinash huudahti: "Hän on Lahiri Mahasaya, guruni!"

Sekä isä että Abinash olivat hämmästyneitä kuullessaan Lahiri Mahasayan hiljaisen nuhteen: "Bhagabati Babu, sinä olet liian ankara alaistasi kohtaan." Hetkeä myöhemmin Lahiri Mahasaya oli kadonnut. Vaikka he etsivät alueelta, mestaria ei löytynyt mistään. Abinash heittäytyi maahan kyynelten vuotaessa.

Isä oli kunnioituksen valtaama. Polvistuen hän kosketti hellästi Abinashia ja sanoi rakastavasti: "Abinash, varmasti annan sinulle vapaata. Ja minäkin haluan lähteä Benaresiin.

Veisitkö minut gurusi luo? Se joka pystyy ilmestymään auttaakseen seuraajaansa, on varmasti jalo olento – yhtä maailmankaikkeuden Kaitsijan kanssa! Vaimoni ja minä haluamme häneltä vihkimyksen, ja tahdomme etsiä hänen johdatustaan *sadhanallemme*." Abinash oli suunniltaan ilosta.

Isä ja äiti, joka odotti neljättä lastaan, Mejdaa, lähtivät Benaresiin seuraavan päivän iltana Abinashin seurassa. He saapuivat perille seuraavana aamuna ja hakeutuivat Lahiri Mahasayan vaatimattomalle asunnolle kapeaa kujaa pitkin. Guru oli vastaanottohuoneessa, asettuneena mietiskelyyn lootusasennossa. He kumartuivat hänen eteensä.

Avattuaan puolittain suljetut silmänsä Lahiri Mahasaya katsoi isää läpitunkevasti ja sanoi samalla äänellä, jonka he olivat kuulleet vainiolla kaksi päivää aiemmin: "Bhagabati Babu, sinä olet liian ankara alaistasi kohtaan." Isä vapisi sydänjuuriaan myöten. Hän laski päänsä nöyrästi. Kukaan muu ei ollut koskaan ennen kurittanut häntä.

Voimaperäisen tauon jälkeen suuri joogi jatkoi: "Mutta tänään olet tehnyt minut hyvin iloiseksi. Et ole vain antanut Abinashille vapaata tulla tänne, vaan olet myös itse tullut vaimoinesi vastaanottamaan vihkimyksen." Tarpeetonta sanoakaan, että isä säpsähti kuullessaan Lahiri Mahasayan ilmaisevan hänen mielensä ajatukset.

Kriya-joogavihkimyksen jälkeen isästä ja Abinashista tuli veljesoppilaita ja läheisiä ystäviä. He olivat koko elämänsä ajan vilpittömästi omistautuneet toisilleen.

Lahiri Mahasaya osoitti paljon huomiota Mejdan tulevaa syntymää kohtaan. Annettuaan äidille vihkimyksen hän lausui: "Tyttäreni, Jumalan armosta poikasi tulee olemaan profeetta. Hän on näyttävä ihmiskunnalle tien Jumalan oivaltamiseen. Monet ihmiset hylkäävät hänen elämänsä ja opetustensa ansiosta tämän maailman harhat ja löytävät pelastuksen. Te saavuitte tänne junalla. Näitte totta kai, kuinka veturi kiskoi vaunuja. Samalla tavoin poikasi on vetävä sieluja maallisuudesta jumalallisiin sfääreihin."[14] Näin Mejdan elämä liittyi suuren gurun elämään ja kantoi todistusta Lahiri Mahasayan ennustuksen todenperäisyydestä.

SUKUMME JUMALAT

Vanhempieni kohdattua Lahiri Mahasayan suotuisissa merkeissä Benaresissa he menivät lyhyelle käynnille esivanhempiemme kotiin Ichapuriin. Äiti näki yöllä unta, että äitijumala Chandi ilmestyi *puja*-huoneessa.[15] Uni oli outo, sillä Chandia ei tavallisesti palvottu siellä. Sitä vastoin päivittäistä *pujaamme* varten alttarille oli asetettu perhejumalamme, Herra Narayanin[16], kuva. Se oli pieni Narayan Shila, erityinen musta kivi, johon oli kaiverrettuna Narayanin symboliset kasvonpiirteet.

Äiti nousi välittömästi ylös. Hän otti lyhdyn ja ryntäsi *puja*-huoneeseen. Hän huomasi siellä halkeaman pohjoisseinässä, ja reiästä hän näki jumalatar Chandin patsaan kasvot.

---

14 Kenties juuri tähän tapahtumaan viitaten Paramahansajin äiti oli kertonut pojalleen: "Vähän ennen syntymääsi hän [Lahiri Mahasaya] ilmoitti minulle, että sinä seuraisit hänen polkuaan." Ennustus Paramahansajin jumalallisesta tehtävästä toistui, kun Lahiri Mahasaya siunasi hänet pienokaisena. Paramahansajin äidin sanat on kerrottu *Joogin omaelämäkerrassa* näin: "Ensimmäisen kerran sain kuulla tulevasta tiestäsi, kun vein sinut sylilapsena guruni kotiin Benaresiin – – Lahiri Mahasaya otti sinut syliinsä istumaan ja asetti kätensä otsallesi antaen sinulle hengellisen kasteen. 'Pieni äiti, pojastasi tulee joogi. Hän on oleva hengellinen veturi, joka kuljettaa suuren joukon sieluja Jumalan valtakuntaan.'" Ks. luku 4, "Hyväenteinen viesti Mejdalle". *(Julkaisijan huomautus)*

15 *Puja*, hindujen rituaalinen palvontamuoto.

16 Toinen nimitys Vishnulle, maailmankaikkeuden suojelijalle ja ylläpitäjälle. Hän on yksi hindujen kolmesta jumalasta, joihin kuuluvat myös Brahma, luoja, ja Shiva, tuhoaja, joka uudistaa luomakuntaa jumalallisella hävitysvoimalla purkaen vanhan antamaan tilaa uudelle. Hindulaisuudessa on perinteisesti 108 nimeä Jumalalle, joista kukin ilmentää tiettyä Ikuisen Hengen puolta. Niinpä esimerkiksi Chandi on yksi nimi Jumalan ominaisuudelle kaiken luomakunnan kosmisena äitinä. *(Julkaisijan huomautus)*

Äiti kutsui isää ilosta hurmioituneena. He poistivat yhdessä kunnioittavasti jumalankuvan sen entisestä salaisesta pyhätöstä. Veistos oli tehty kahdeksasta metallista: kullasta, hopeasta, kuparista, tinasta, lyijystä, raudasta, sinkistä ja elohopeasta. Seuraavana päivänä he vihkivät jumaluuden ja tekivät päivittäisen palvonnan suorittamista varten valmisteluja perheen papin, Thakur-dan,[17] kanssa – jota he kutsuivat Anukuliksi, "siksi, joka uskoo". Niin sitten Chandia palvottiin Narayanin ohella kodissamme Ichapurissa vuosien ajan.

Sukumme alkuperäisessä talossa oli vain kaksi makuuhuonetta. Perhe asui hyvin ahtaissa oloissa, koska tuohon aikaan kodin jakoivat isän nuorin veli ja kaksi sisarta. Niinpä äiti suunnitteli rakennettavaksi uuden kaksikerroksisen asunnon vanhan talon länsisivustalle. Isä valvoi rakennustöitä. Perustuksen pohjalle hän levitytti maakerroksen, jonka ainekset oli otettu tontin luoteiskulmalla sijaitsevasta lammikosta. Sen myötä myös lampi laajeni ja syveni. Uusi talo oli tuota pikaa valmis. Äiti oli ottanut erityisesti tehtäväkseen *puja*-huoneen suunnittelun ja koristelun. Meistä oli aina hienoa tulla Ichapuriin. Tapasimme lojua vuoteillamme ja katsella ison talon ikkunoista, kuinka valo ja varjo leikkivät lammen karehtivalla pinnalla. Kuinka se olikaan kaunista!

Isän sukukoti sijaitsi Ichapurin kylän luoteiskulmalla. Alue ei ollut koskaan ollut *zamindarin*[18] toimivallan alaisena. Kun isästä tuli menestyvä mies, monet seudun ihmiset kadehtivat häntä. Heidän yllytyksensä herätti erään häikäilemättömän vuokraisännän ahneuden. Hän ilmoittautui valheellisesti isän tiluksien omistajaksi ja nosti oikeusjutun. Isä sai haasteen, jossa syytettiin maan oikeudettomasta omistamisesta. Tuo *zamindar* ei kuitenkaan pystynyt esittämään ainuttakaan väitettään

---

17 Puhuttelumuodon kohteliaisuusliite *da* (sanasta *dada*, vanhempi veli) lisätään usein sen henkilön nimen loppuun, jota arvostetaan vanhempana veljenä. *(Julkaisijan huomautus)*

18 Vuokraisäntä. *Zamindarit* omistivat isoja maa-alueita – toisinaan kokonaisia kyliä. Heidän maillaan asuvat perheet maksoivat vuokraa omistajalle tai toimivat tämän vuokraviljelijöinä. *(Julkaisijan huomautus)*

tukevaa todistetta. Oikeushallinto velvoitti hänet pyytämään isältä anteeksi epäoikeudenmukaista kiusantekoaan.

Brittihallinto lunasti isän maat vuonna 1918 Ichapurin asetehtaan laajennuksen tarpeisiin. Isä jakoi saamansa korvausrahat tasapuolisesti nuoremmille sisaruksilleen, jotka tuolloin vielä asuivat lapsuuskodissaan, pitämättä itsellään mitään. Hän hankki rautatien itäpuolelta tontin ja rakennutti sille pienen olkikattoisen temppelin perheen uskonnollisten toimien pyhätöksi. Ma Chandin ja Narayanin jumalankuvat siirrettiin vanhasta kotipaikasta uuteen.[19]

Kun perhepappimme Anukul Thakur kuoli, isä rakennutti jalomielisesti pienen talon hänen leskelleen ja lapsilleen. Hän pyysi heitä varaamaan toisen papin suorittamaan päivittäisiä palvontamenoja perhepyhätössä ja tarjosi papille kuukausittaisen avustuksen hänen palveluksistaan ja *puja*-kulungeista.

Vähän sen jälkeen kun uusi pappi oli otettu palvelukseen, tämä myi isän maan ja temppelin meiltä kysymättä ja lähti ystävänsä kanssa asumaan Kashiin[20] ottaen mukaansa perheemme jumalankuvat. Pappi kirjoitti isälle Kashista ja pyysi, että kuukausiavustus lähetettäisiin hänelle sinne. Isä tajusi, että jotain oli vialla. Tiedusteluja tehtyään hän sai kuulla, että maa oli myyty laittomasti ja että pappi oli käyttänyt väärin tarkoituksiin hänen *pujaa* varten lähettämänsä avustukset. Kaiken päälle pappi oli jättänyt vaimonsa ja lapsensa ilman mitään elatusta.

Isän mielestä tuosta laiminlyönnistä olisi pitänyt rangaista ankarasti, mutta sukulaiset taivuttelivat isän päästämään miehen nuhteluilla. Vähän myöhemmin saimme tiedon siltä ystävältä, jonka luona pappi oli majaillut, että hän oli kuollut. Perheen jumalankuvat saatiin takaisin Kashista

---

19 Sarada Ghoshin nuorimman pojan, tri Prakash Ghoshin, ystävällisesti antaman tiedon mukaan tuo muutto tapahtui Prabhas Chandra Ghoshin suoran valvonnan alaisena. Prabhas Chandra Ghosh oli Sarada Ghoshin toinen poika ja Jatinda Ghoshin serkku; Jatinda Ghosh rahoitti avokätisesti temppelin pystytystä. (*Julkaisijan huomautus*)

20 Benares.

ja asetettiin Sarada-setämme vanhimman pojan, Prabhas Chandra Ghoshin, kotiin, joka sijaitsi Allenby Roadin varrella Kalkutassa. Varsinkin Prabhasdan vaimo oli riemuissaan saadessaan kotiinsa suvun pyhät esineet. Prabhasda muutti eläkkeelle jäätyään Allenby Roadilta edesmenneen isänsä taloon Seramporeen, missä hän asui yhdessä nuoremman veljensä, tri Prakash Ghoshin, ja tämän perheen kanssa. Ma Chandin ja Narayanin jumalankuvia säilytettiin uskollisesti kodin toisen kerroksen *puja*-huoneessa. Koko suku osallistui *pujan* harjoittamisen vuosittaisiin kustannuksiin.[21]

---

[21] Prabhas Chandra Ghosh kuoli vuonna 1975. Perheen jumalankuvat ovat nyt tri Prakash Ghoshin ja hänen perheensä luona Madrasissa. *(Julkaisijan huomautus)*

LUKU 2

Mejdan syntymä ja poikavuodet Gorakhpurissa

Mejdan syntymä on siunattu

Gorakhpurin kaupunki on merkittävän historiallinen. Se sijaitsee Uttar Pradeshissa, 160 kilometriä pohjoiseen Benaresista. Suuri Jumalan mies Gorakhnath[1] asui siellä vuosisatoja sitten. Temppeli, jossa hän palvoi Jumalaa ja saavutti vapautumisen, on vielä tänäkin päivänä pystyssä. Pyhimyksen seuraajat pitävät temppelissä yllä ikuista pyhää tulta. Pyhiinvaeltajia saapuu kaukaakin vastaanottamaan *vibhutin*, tuliseremonian pyhän tuhkan. Nyttemmin hänen seuraajansa ovat rakentaneet luostarin ja ison temppelin alkuperäisen viereen.

Yogiraj Gorakhnathin syntymä aloitti uuden aikakauden hindulaisuudessa. Intiassa ei ollut sitten Adi Shankaracharyan[2] jälleensyntynyt niin suurta sielua. Gorakhnathia pidetään kymmenennen ja yhdennentoista vuosisadan huomattavimpana uskonnollisena opettajana. Monien mielestä hän ylittää jopa opettajansa Matsyendranathin.

Perimätieto kertoo meille, että Gorakhnathin äiti rukoili saavansa yhtä pyhän pojan kuin Herra Shiva. Herra ilmestyi hänelle eräänä päivänä ja opasti häntä syömään *belin* lehdistä

---

1 Tässä esitetty kertomus Gorakhnathin elämästä on otettu Sri Shankar Nath Royn teoksesta *Bharater Sadhak*, II osa, Bengali.

2 Intian suurin filosofi. Harvinainen yhdistelmä pyhimystä ja tutkijaa. Muinainen svamien sääntökunta on nykypäivänä olemassa samassa muodossa, johon hän sen järjesti. Länsimaiden historioitsijat ajoittavat Shankaran kahdeksannelle vuosisadalle jKr.

saatavaa *vibhutia*. Vuoden päästä tämä Herra Shivan uskollinen seuraaja synnytti jumalallisen lapsen, Gorakhnathin.

Gorakhnathin äiti oli köyhä, usein ahdinkoon saakka. Monina päivinä heillä oli vain niukasti syötävää. Kun Gorakhnath oli 12-vuotias, hän auttoi erään kerran äitiään valmistamaan lehmänlannasta kakkuja polttoaineeksi ruoanlaittoa varten. Kakut oli määrä myydä seuraavana päivänä basaarissa, jotta äiti pystyisi ostamaan vähäiset tarvikkeet heidän omaa toimeentuloaan varten. Vaeltava kerjäläismunkki, jolla oli harmaa ja takkuinen tukka, tuli äidin luo ja pysähtyi hänen eteensä.

"Sinun poikasi lähtee pian kotoa ja hänestä tulee *sannyas*",[3] munkki sanoi. "Poika, jonka näet nyt leikkivän, on ylevä askeetti. Äiti, älä itke! Ylläsi lepäävät suuret Jumalan siunaukset. Itse Jumalallisen Äidin ominaisuudet ovat inkarnoituneet sinussa. Tulet olemaan ylpeä pojastasi, sillä hän saavuttaa loistavan maineen pyhien tekojensa ansiosta."

Heti seuraavana päivänä, äidin vielä nukkuessa, Gorakhnath lähti kotoa aloittaakseen Jumalan etsintänsä. Hän oli irrottautunut kaikista haluista ja kiinnikkeistä jo ennen kuin olisi tullut kiedotuksi tämän maailman lumoihin. Äiti ei osannut kuvitellakaan, että pyhimyksen sanat kävisivät toteen niin pian, sillä hän ei ollut täysin sisäistänyt nuoren poikansa hengellistä suuruutta.

Gorakhnath opetti uusia rukous- ja jumalanpalveluskäytäntöjä. Hän puhui kasteihin ja uskonoppeihin perustuvia erotteluja vastaan. Hänen mukaansa kuka tahansa antaumuksellinen voisi noudattaa hänen opetustaan ja tulla pyhäksi, elämän ja kuoleman herraksi. Gorakhnath oli *Gorak-panthien* askeettiryhmän perustaja. Yhdessä muiden samaa polkua kulkevien askeettien kanssa heidät tunnetaan myös *kankata*-joogeina.[4]

3 Maailmasta luopunut.

4 *Kankata* tulee sanoista *kan*, korva, ja *kata*, lävistää. Oikean korvan lävistyksessä on pieni vaskirengas koulukuntaan kuulumisen merkkinä.

Mejdan syntymä ja poikavuodet Gorakhpurissa

Gorakhpur on siis saanut nimensä Gorakhnathin mukaan. Tämän jumalallisen viisaan muistolle omistettua kaupunkia pidetään yhä yhtenä Intian pyhimmistä paikoista.

Mejda syntyi Gorakhpurissa. Kotitalomme sijaitsi poliisiaseman lähellä Police Office Roadin varrella. Lähistöllä oli myös Nakhasin risteys ja suurin basaari. Kotimme ja poliisiaseman välisellä alueella oli kaivo, josta saatiin vesi perheellemme, poliisille ja muillekin naapureille. Leikkikenttänämme oli viljelemätön pelto talomme edustalla.

Mejda syntyi 5. tammikuuta 1893. Lapsivuoteen paikkana palveli kotimme toisen kerroksen huone. Mejda syntyi siinä huoneessa. Myös minä synnyin samassa huoneessa viisi vuotta myöhemmin, 13. maaliskuuta 1898. Mejda ristittiin Mukundaksi, jolla nimellä Krishna-lapsi tunnetaan. Minulle annettiin nimi Gorakhnath-pyhimyksen mukaan; vanhempani kutsuivat minua Goraksi.

Mejdan synnytyksessä läsnä olleet sanoivat, että äidillä oli kovat synnytyspoltot. Hän huusi palavasti Lahiri Mahasayan puoleen. Äkkiä huoneen täytti ylimaallinen valo, ja sen voimakkaiden säteiden keskellä ilmestyi Lahiri Mahasayan hahmo. Äidin poltot lakkasivat välittömästi. Jumalallinen valo hohti huoneeseen siihen asti kun Mejda syntyi.

HURSKAS PIKKU MEJDA

Jo pienestä pitäen Mejdaa vetivät puoleensa hiljaiset ja yksinäiset paikat. Hän alkoi päivä päivältä selvästikin käyttäytyä toisin kuin tavallinen lapsi. Aina tilaisuuden tullen hän istui syrjäisessä paikassa ja asettautui silmät puoliksi suljettuina joogien mietiskelyasentoon. Toisinaan hänen kuultiin kuiskailevan jotakin, ikään kuin hän olisi ollut rukouksessa tai keskustelussa.

Äiti osoitti kunnioitustaan Lahiri Mahasayalle toimittamalla *pujan* hänen valokuvansa edessä, joka oli asetettu hienosti kehystettynä rukoushuoneeseen. Mejda istui usein äidin luona, kun tämä suoritti perinteisiä uhreja aineksinaan kukat, santelipuutahna, suitsuke ja kamferi sekä toimitti *aratin* (palavien lamppujen kierrätyksen pyhäinkuvan edessä).

Vanhempamme ottivat tavallisesti Mejdan mukaansa Gorakhnathin temppeliin palvomaan Jumalaa joka sunnuntai ja pyhäpäivisin. Eräänä sunnuntaina he eivät kuitenkaan lähteneet temppeliin, koska kodissamme järjestettiin uskonnollinen juhlatilaisuus. Monia ihmisiä tuli paikalle, ja juhlallisuudet jatkuivat myöhään yöhön. Kun vieraat olivat lähdössä, äiti tajusi, ettei ollut nähnyt Mejdaa tuntikausiin. Etsittiin kodista ja naapureista, mutta häntä ei löydetty. Äiti tunsi hyvin poikansa luonnon, ja otettuaan viimein tämän seikan lukuun hän sanoi isälle: "Mehän menemme joka sunnuntai Gorakhnathin temppeliin palvomaan Jumalaa, mutta emme menneet tänään. Mukun on ehkä siellä."

Isä ja muutamat vieraat lähtivät suoraa päätä temppelille. Kuten äiti oli otaksunut, Mejda oli siellä. Hän istui kuin pieni viisas mietiskelyyn vaipuneena. Perheen viettäessä juhlaa hän oli ääneti pujahtanut ulos talosta, tehdäkseen tavanomaisen sunnuntaivierailun temppeliin – yli kilometrin päähän. Se oli iso välimatka niin pienelle lapselle.

Yksi isää seuranneista vieraista oli vähällä kutsua Mejdaa, mutta isä antoi merkin olla hiljaa. Kaikki odottivat. Viimein jotkut kävivät kärsimättömiksi ja puhuivat keskenään kuiskaillen:

"Mistä moinen lempeys?"

"Jos tätä tottelematonta lasta ei rangaista, niin mikähän hänestä tulee?"

"Hän ei saa kunnollista kasvatusta."

Puheen kohteena ollut lapsi pysyi autuaan tietämättömänä heistä kaikista.

Aamu alkoi sarastaa, ja monet isän seurassa olleet halusivat lähteä kotiinsa. Vihdoin Mejda avasi silmänsä ja oli aluksi hämmästyksissään nähdessään niin monia ihmisiä kerääntyneinä ympärilleen. Sitten hän tajusi, missä oli ja miksi kaikki olivat hänestä niin huolissaan. Hän katsoi isää vienosti hymyillen ja painoi sitten päänsä oivaltaessaan aiheuttamansa huolen. Isä puhutteli häntä vakavalla äänellä: "Tule nyt kotiin. On myöhä. Olimme sinusta huolissamme."

Äiti kannusti Mejdan hengellisiä pyrkimyksiä kaikin tavoin. Hän valmisti Mejdalle omin käsin hienon Jumalallisen Äidin, Kalin[5], kuvan, joka oli lähes puolen metrin korkuinen. Mejda asetti sen matalalle jakkaralle kuin alttarille ja uhrasi joka päivä kukkia, hedelmiä ja suitsuketta seremoniallisessa hartaudessa. Sitten hän meditoi pyhän kuvan edessä. Hän eristi itsensä palvonnan ajaksi muusta perheestä ripustamalla okranvärisen verhon alttarin ympärille. Mejdan, Sejdin ja minun koko päivän osuutemme maitoa, makeisia ja hedelmiä uhrattiin rituaalisesti Jumalalliselle Äidille.

Sejdi ja minä tapasimme katsella verhon raosta, kuinka Mejda toimitti *pujaa*. Kun uhri oli suoritettu ja hän oli lopettanut mietiskelynsä, me kaikki osallistuimme *prasadin*[6] nauttimiseen. Vaikka olin tuolloin vasta pienokainen, nuo tapahtumat jättivät lähtemättömän vaikutelman mieleeni, ja pystyn palauttamaan muistiini noiden päivien onnellisuuden.

Shyama-puja, Äiti Kalin palvontameno, on yksi tärkeimpiä Bengalin hinduyhteisön juhlista. Käytännöistä riippuen joissain paikoin järjestetään eläinten uhraamista. Rituaalissa uhrataan joskus puhveli tai vuohia – palvojan varallisuuden ehdoilla. Eläinten surmaamista karsastavat uhraavat hedelmiä symbolisena uhrina. On esitetty monia perusteluja näiden uhritoimitusten tarkoituksen ja merkityksen puolesta ja niitä vastaan. Minusta kaikkein järkevin ja yleismaailmallisesti hyväksyttävin käsitys lähtee siitä, että animaalinen vaisto toimii muodossa tai toisessa jokaisen ihmisen mielessä. Rituaalinen uhraaminen symboloi näiden ihmismielen epäjalojen vaistojen uhraamista eli tuhoamista, ja jos ihminen vakavissaan ajattelee tai rukoilee jotakin, tuo toive kantaa hedelmää.

Mejda suoritti joka vuosi Äiti Kalin palvonnan loisteliaasti. Eläimen asemesta uhrattiin kurkkua. Ja hänen rukouksensa

5 Katso luku 4.
6 Rituaalisesti Jumalalle uhrattu ruoka.

Jumalalliselle Äidille kuului näin: "Oi Äiti, tee meistä synnittömiä. Hävitä pahat halumme."

KULTAKALATRAGEDIA

Naapurissamme asui herttainen bengalinainen, jota me kutsuimme "Tätikullaksi". Hän rakasti meitä kaikkia ja osoitti usein kiintymystään. Meillä oli tapana mennä hänen kotiinsa leikkimään hänen taloustavaroillaan. Aiheutimme hänelle harmia rikkoessamme vahingossa muutamia tavaroita. Hän ei koskaan torunut meitä. Hän päinvastoin opetti meitä ja sanoi: "Huomaatteko, tämä on nyt rikki ja mennyttä. Ette voi enää leikkiä sillä." Rikottuamme joskus jotain arvokasta emme menneet hänen luokseen moneen päivään. Äiti kävi uteliaaksi ja kysyi naapurilta, mitä oli tapahtunut. Hän tapasi vastata: "Mitäs sanoisin? Olen nähnyt hyvin harvoja niin rakkaudellisia, rauhallisia ja iloisia lapsia. Älä saata minua siihen noloon asemaan, että sanoisin heidän tehneen jotain väärää."

Meistä tuntui aina, että hän piti eniten Mejdasta. Erään kerran hän antoi Mejdalle punaisen kultakalan, jonka tämä laski varovasti talomme vesisäiliöön. Palvelustyttö, palvelija ja kokki nostivat tästä säiliöstä veden kotitalouden tarpeisiin. Mejdaa huolestutti, että hänen pikku kalansa voisi kuolla, kun he kauhoivat sangoillaan vettä säiliöstä. Hän pitikin tarkasti silmällä, ettei hänen lemmikkinsä ollut vahingoittunut. Hän katseli mielellään pikku kalan leikittelyä säiliössä, ja Ananta ja Roma liittyivät toisinaan hänen seuraansa. Kaikki me pidimme Mejdan punaisesta kalasta.

Roma näki eräänä yönä painajaisen ja heräsi varhain. On olemassa bengalilainen sananlasku, että jos joku puhuu itsekseen pahasta unesta veden lähellä, tuo uni ei silloin käy toteen. Painajaisensa ahdistamana Roma nousi ylös ja meni vesisäiliön luo puhumaan unestaan – vain siltä varalta, että tuossa taikauskossa olisi perää. Hänen huomionsa kiintyi hetkeksi muualle ja hän etsi katseellaan säiliöstä Mejdan kalaa. Se oli poissa! Hän hieroi varmuuden vuoksi unisia silmiään. Sitten hän katsahti lattialle, ja siinä hän näki pienen punaisen kalan makaamassa aivan liikkumatta. Hän tarkasteli sitä lähemmin ja huomasi sen kuolleeksi.

Hän huusi kovalla äänellä: "Äiti! Äiti! Mokon kala on kuollut!"

Roman parkaisu herätti talonväen, ja me kaikki tulimme juosten alakertaan. Isä kysyi palvelijoilta, tiesivätkö he, kuinka onnettomuus oli tapahtunut. Viimein Nitu myönsi: "Kun nostin vettä säiliöstä, en nähnyt kalan joutuneen ämpäriin. Kun vesi kaadettiin pihalattialle pesemistä varten, kala oli kuollut säikäykseen. En yrittänyt poimia sitä, koska pelkäsin."

Kukaan ei ollut hälinän keskellä huomannut, että Mejda oli tullut huoneeseen. Kyyneleet silmissä hän tarttui Nituun molemmin käsin ja ravisti tätä huutaen: "Miksi olet tappanut kultakalani? Miksi?" Kaikki yrittivät lohduttaa Mejdaa, mutta tämä itki edelleen: "Miksi hän tappoi kalan? Eikö se ollut minkään arvoinen, koska se oli vain kala?" Sen sanottuaan hän katseli Nitua hetken ja sitten meitä kaikkia. Sitten hän kääntyi ja juoksi nyyhkyttäen yläkertaan.

Mejda itki koko aamun. Hän istui portailla terassin oven vieressä, nojasi päätään seinää vasten ja itki. Hänen nyyhkytyksensä oli niin äänekästä, että se kuului alakertaan asti. Isä käski meitä jättämään hänet rauhaan. Mutta ennen toimistoonsa lähtöä hän kutsui Nitua ja sanoi kuulomatkan päässä Mejdasta kovalla äänellä: "Nitu, ota rahasi. Olet erotettu palveluksesta tästä päivästä lukien." Huolimattoman palvelijan erottaminen ei kuitenkaan lohduttanut Mejdaa. Hän itki, kunnes silmät olivat punaiset ja turvonneet. Hän kieltäytyi päättäväisesti käymästä kylvyssä tai tulemasta alakertaan syömään. Kun Ananta oli lähtenyt kouluun, Roma meni katsomaan, voisiko taivutella Mejdan alakertaan, mutta tämä kieltäytyi myöntymästä hänen kehotuksiinsa.

Päivä kului. Mejdan suru oli yhä hillitön; hän ei tullut alakertaan. Äitikään ei mennyt hänen luokseen, koska tiesi, että Mejda itkisi vain kovemmin. Myöhään iltapäivällä Roma etsi itkusilmäisen pikkuveljen käsiinsä ja pyysi häntä syömään. Hän kuitenkin edelleen kieltäytyi myöntymästä. Kun Roma yritti nostaa hänet ylös, hän juoksi pois ja kätkeytyi. Roma juoksi perässä ja sai hänet lopulta kiinni. Sisar nosti Mejdan hellästi pystyyn, suuteli häntä otsalle ja sanoi: "Kuuntele minua." Mutta Mejda yritti vetäytyä pois.

"Moko! Sinä rakastat äitiä hyvin paljon. Näinkö osoitat rakkauttasi hänelle, antamalla hänen kärsiä?"

Mejda katsoi Romaa turvonneilla silmillään ja sanoi: "En minä ole antanut äidin kärsiä."

"Etkö ole aiheuttanut hänelle murhetta, kun olet pidättänyt häntä koko päivän syömästä? Hän ei halunnut koskeakaan ruokaan, ellet sinäkin söisi." Mejda lopetti itkunsa, kun Roma jatkoi: "Tule äkkiä minun kanssani ja pyydä äitiä syömään. Ota niskastani ote molemmilla käsillä."

Mejda asetti vain toisen kätensä Roman niskan ympäri. "Käytä molempia käsiäsi", sisar toisti. "Et kai tahdo meidän putoavan alas portaita, ethän?"

Kun Mejda yhä epäröi, Roma huomasi, että hän puristi jotain tiukasti nyrkkiinsä. Äkkiä veli vei kätensä selkänsä taakse. Sisar sai otteen hänen kädestään ja taivutti sormillaan nyrkin auki. Mejda oli kätkenyt nyrkkiinsä pienen lyijykynän ja pikkuruisen muistilehtiön, johon oli kirjoittanut englanniksi:

"minun
punainen kalani kuolleena."

Mejdan ensimmäinen runo!

Kirje Jumalalle

Mejdan koulunkäynti alkoi Gorakhpurissa. Hänet merkittiin oppilaaksi St. Andrewin kouluun (josta tuli myöhemmin korkeakoulu). Koulu sijaitsi noin 800 metrin päässä kodistamme. Isä vei Mejdan sinne kantotuolissaan matkallaan toimistoonsa, ja Mejda palasi koulun jälkeen kotiin kantotuolissa, palvelija seuranaan.

Juuri näihin aikoihin Mejda joutui kamppailuun Jumalan kanssa. Kotiin tuli usein isälle tai äidille osoitettuja kirjeitä. Vanhimman veljemme Anantan ystävät olivat hänen kanssaan ajoittain kirjeenvaihdossa. Kun vanhempamme tai vanhin veljemme lukivat kirjeitään, Mejda seisoi usein lähettyvillä ja kysyi tilaisuuden tullen, kuka oli kirjoittanut, mistä kirje oli lähetetty ja miksi tuo henkilö oli kirjoittanut. Vanhempamme vastailivat kärsivällisesti kysymyksiin, mutta Anantalla oli tapana kiusoitella Mejdaa ja sanoa: "Huomaatko, kuinka monta ystävää minulla on? He kirjoittavat minulle kaukaa ja läheltä. Kirjoittaako kukaan sinulle? Oi voi! Sinulla ei ole yhtään ystävää, ja niinpä et saa kirjeitä." Mejdaa Anantan pilkalliset huomautukset loukkasivat.

Ajan mittaan Mejdan alakulo lisääntyi. Hän tapasi kiivetä suruissaan äidin syliin, koskettaa äidin poskea huomiota saadakseen ja kysyä sitten, miksei kukaan kirjoittanut hänelle. Silloin äiti hymyili ja sanoi isälle: "Kuulitko, mitä poikasi sanoi? Kerro hänelle, miksei kukaan lähetä hänelle kirjeitä." Tämä saattoi saada yleensä varautuneen oloisen isän nauramaan. Sitten isä raapi teennäisen vakavana päätään ja vastasi: "Onpas omituista! Kukaan ei kirjoita Mukundalle."

Tällöin Meida tuijotti kiinteästi isää ja äitiä ja yritti ymmärtää. Ja äiti tapasi sanoa: "Sinun täytyy ensin varttua, ja sitten näet, miten monet ihmiset lähettävät sinulle kirjeitä. Sinulla ei ole ehkä aikaakaan lukea niitä kaikkia. Menepä nyt leikkimään sisariesi kanssa."

Mutta Mejda ei ollut tyytyväinen, eikä kukaan saanut häntä ymmärtämään. Ajoittain hän suorastaan masentui. Hän pohti, oliko vanhempi veli jotenkin erinomaisempi kuin hän. Eivätkö kaikki pitäneetkin häntä liian pienenä tekemään mitään mainittavaa? Jumalakin tuntui olevan julmasti hiljaa. Mejda kysyi, miksei Jumala lähettänyt hänelle kirjettä. Jos Jumala oli kerran luonut hänet, eikö Jumala ymmärtänyt hänen sisintään ja hänen kaipaustaan saada kirje? Hän päätti kirjoittaa Jumalalle ja pyytää Jumalaa lähettämään kirje. Hän kirjoitti huolellisesti paperiarkille:

Bhagavanilleni, Teidän kauniille
lootusjaloillenne,
Miten Te voitte? Oletteko sairas? Puhun Teille
joka päivä ja pyydän Teitä lähettämään minulle
kirjeen. Olettekohan unohtanut pyyntöni? Olen
hyvin loukkaantunut. Tiedättehän, että isälleni
ja äidilleni ja vanhimmalle veljelleni tulee monia kirjeitä, mutta kukaan ei lähetä kirjettä minulle. Varmastikin Te lähetätte minulle kirjeen.
Olkaa hyvä ja kirjoittakaa pian. Älkää unohtako
sitä. Mitä minä vielä kirjoittaisin? Isä ja äiti voivat
hyvin.

Näin kumartaen
Mukunda

Kirje oli huolellisesti taiteltu ja pantu kirjekuoreen, joka oli liimattu kiinni. Hän kirjoitti osoitteeksi: "Ylhäinen Jumala, Taivas". Sitten hän postitti kirjeen.

Kului kymmenen päivää, eikä Jumalalta tullut vastausta. Mejda alkoi huolestua. Hän pohti: "Ehkä Jumala ei saanut kirjettäni." Joka päivä postiljoonin saapuessa ovellemme Mejda kysyi, olisiko hänelle kirjettä. Postimies vastasi aina: "Eipä ole, pikkuinen, yhtään kirjettä ei ole vielä tullut. Jos tulee, annan sen sinulle enkä kenellekään muulle. Ja siitä hyvästä sinun on annettava minulle iso tippi."

Päivät vierivät, eikä vieläkään tullut vastausta Jumalalta. Mejda ei tiennyt, että postitoimiston virkailijat olivat kirjeen osoitteen huomatessaan heittäneet sen pois. He ajattelivat sen olevan hullun kirjoittama. Mejda rukoili kärsimättömänä: "Onko niin vaikeaa johtaa maailmaa, ettei Teillä ole aikaa kirjoittaa minulle paria sanaa?" Lapsen vihanpuuskassaan Mejda päätti olla kirjoittamatta enää yhtään kirjettä Jumalalle. Mutta hän jatkoi palavia rukouksiaan: "Miksi Te olette niin julmasti hiljaa? Puhun Teille joka päivä ja lähetin Teille kirjeen, mutta Te ette vastaa."

Vaikka kului lisää päiviä ilman vastausta, Mejda ei lopettanut yksipuolista keskusteluaan Jumalan kanssa. Eräänä yönä Mejda heräsi äkisti kirkkaan valon tulviessa huoneeseen. Jumala vastasi hänen kirjeeseensä tuolla taivaallisella valolla! Mejda oli ylionnellinen. Hän kutsui äitiä ja kertoi tälle ihmeellisestä kokemuksesta. Äiti halasi häntä ja sanoi: "Tiedän sen, Mukunda. Jumala ei voi pysytellä kaukana sellaisesta palvojastaan kuin sinä. Hänen vastauksensa kirjeeseesi oli varmasti tuleva."

JUMALA RANKAISEE RAIVOSTUNUTTA MIESTÄ

Painijat tulivat usein aamuharjoitustensa jälkeen peseytymään kotimme lähellä olevalle kaivolle. Yksi heistä joutui eräänä päivänä tuntemattomasta syystä sanaharkkaan katukaupustelijan kanssa. Kiistelyn tuoksinassa painija heitti kaupustelijan maahan, istuutui hänen rintansa päälle ja alkoi hakata hänen kasvojaan ja kaulaansa kovin iskuin. Kaikki kävi niin pikaisesti, ettei kaupustelija ensin tajunnut, mitä tapahtui. Sitten hän alkoi huutaa hädissään apua. Hänen vaatteensa olivat repeytyneet, ja hänen kasvonsa alkoivat turvota yhtämittaisista iskuista. Hänen suustaan pulppusi verta.

Tapahtumapaikalle kerääntyneet ihmiset huusivat painijan seuralaisille ja käskivät lopettamaan hakkaamisen, mutta painija sen kun löi uhriaan. Kaupustelija makasi kohta liikkumatta, ja hänen päänsä heilahteli sivulta toiselle jokaisen lyönnin voimasta. Raivoisa painija oli joutunut tappamisvietin valtaan, eikä kellään ollut rohkeutta vetää häntä pois onnettoman miehen päältä. Näytti siltä kuin muut olisivat tutisseet pelosta sisimmässään.

Lähistöllä seissyt Mejda ei voinut pidätellä itseään. Hän huusi kovalla äänellä: "Jumala rankaisee sinua! Jumala tuomitsee sinut, koska olet vahvempana lyömässä avutonta miestä! Jos hän kuolee, sinäkin saat osaksesi julman kuoleman."

Juuri silloin poliisiasemalta tuli juosten kolme neljä vankkarakenteista konstaapelia, jotka alkoivat lyödä painijaa pampuillaan. Monet painijan seuralaisista pakenivat, mutta muutamat otettiin kiinni ja pidätettiin. Poliisi vei painijan tajuttoman uhrin kantotuolilla sairaalaan.

Luullakseni kaupustelijan henki saatiin pelastetuksi. Mutta kun me näimme painijan kuuden kuukauden päästä, hänen pitkä vartalonsa oli köyryssä ja hänen luja terveytensä oli murtunut. Häneen oli iskenyt luuvalo, ja hän pystyi kävelemään vain jos joku sääliväinen auttoi häntä. Muussa tapauksessa hän makasi avuttomana sängyssä. Kärpäset surisivat hänen ympärillään hänen pienen huoneensa kosteassa ja tunkkaisessa ilmassa. Usein hän huusi tuskasta ja mumisi katumustaan siitä mitä oli tehnyt. Hän toivoi kuumeisesti tapaavansa taas kaupustelijan pyytääkseen anteeksi, mutta en tiedä, saiko hän siihen koskaan tilaisuutta. Osa isän viisaudenperintöä syöpyi mieleemme, kun hän sanoi Mejdalle: "Pane merkille Jumalan rangaistus vahvoille heikkojen sortamisesta."

MUSLIMITOHTORIN IHMEELLISET PARANNUSKEINOT

Mejda sairastui malariaan ja keltatautiin vieraillessamme Ichapurissa. Hänen maksansa tulehtui. Vaikka hän toipui nopeasti, hän sairastui uudelleen vakavasti. Meidän oli pakko palata Gorakhpuriin, jonne isä oli jäänyt tekemään töitään. Talomme edessä olevan kentän oikeassa kulmauksessa oli maja, jossa asui *hakim* eli muslimilääkäri. Hänen onnistui diagnostisoida ja parantaa potilaita ihmeellisellä menestyksellä. Sykettä kokeilemalla kän kykeni täsmällisesti kertomaan, mistä vaivasta potilas kärsi, mutta myös sen, kuinka pitkään potilas oli sairastanut. Hänen mustanpuhuvien pillerien muodossa otettavat yrttilääkkeensä tehosivat varmasti. Mejdan tapaus ei ollut poikkeus. Mejda parani kohta malariastaan ja keltataudistaan.

Gorakhpuriin oli rakennettu muutamia vuosia aikaisemmin sairaala, joka sijaitsi lähellä muslimitohtorin vaatimatonta asumusta. Kuitenkin sairaalaan hakeutui vain harvoja potilaita. Sen sijaan heitä parveili *hakimin* asunnolla, vaikka tämä ei koskaan mainostanut itseään. Määrittääkseen heidän tautinsa hän vain avasi ikkunan suojuksen ja kurottautui ulos tunnustelemaan kunkin potilaan pulssia.

Sairaalan englantilainen kirurgi ei voinut sietää sellaista menoa. Hän lähetti noutamaan muslimilääkärin yrittääkseen puhua tälle järkeä:

"Et voi hoitaa kaikkia sairauksia tällä tavalla. Jos menetelmäsi olisi tieteellinen, en puuttuisi asiaan. Voisitko lopettaa hoitosi. Sinulla ei ole oikeutta leikkiä ihmisten hengellä. Myönnän kyllä, että pillerisi ovat parantaneet monia, mutta epäilen, että toipuminen saattaa olla vain tilapäistä. Voitko sanoa parantaneesi jokaisen potilaan menestyksellisesti? Kuka tietää, etteikö sairaus uusiudu, kun olet poistunut etkä kykene enää auttamaan. Minun sairaalaani ollaan sulkemassa potilaiden puutteessa. Mikä on potilaittesi kohtalo sinun kuolemasi jälkeen, jos ei ole sairaalaa, minne mennä?"

Hakim vastasi nöyrästi: "Onko Jumalaa voimallisempaa lääkäriä?" Tähän englantilainen lääkäri ei osannut vastata.

Muslimi jatkoi: "Lupaan olla ottamatta ainuttakaan potilasta päiväsaikaan, niin että en häiritse sairaalanne toimintaa."

Tämä ei kuitenkaan pysäyttänyt muslimitohtorin luo tulevaa potilasvirtaa. He tulivat yksinkertaisesti yöllä. Heitä tuli kaukaa kantotuoleissa, härkävankkureilla ja muiden harteillaan kantamina. Talon edustalla oli toisinaan tungokseen asti potilaita. Tohtori avasi aina ikkunaluukkunsa poikkeuksetta kello neljä aamulla. Vaikkei hänellä ollut taskukelloa eikä mitään muutakaan ajannäyttäjää, hän ei ollut milloinkaan myöhässä. Hänen palkkionsa olivat lähinnä symbolisia: kymmenen paisaa hänen majalleen tulleilta ja 50 paisaa kotikäynniltä.

Eräänä päivänä englantilaislääkärin poika sairastui vakavasti. Lääkäri ei pystynyt parantamaan poikaansa, vaikka kokeili kaikkia reseptejä, jotka vain pystyi loihtimaan esiin taitojensa ja tietämyksensä kätköistä. Poika kävi päivä päivältä huonommaksi. Tohtorin vanha, luotettu palvelija rakasti poikaa kuin omaansa. Hän aneli isännältään: "Herra, *hakim* on saanut aikaan monia parantumisia. Olisitko niin hyvä, että ottaisit vaarin pyynnöstäni ja neuvottelisit hänen kanssaan. Antaisitko hänelle mahdollisuuden parantaa poikasi." Englantilaislääkäri järkyttyi palvelijan julkeudesta. Hän sanoi närkästyneellä äänensävyllä: "Mitä sinä sanoit? Haluat minun menevän sen puoskarin luokse? Muista paikkasi. Sinulla ei ole oikeutta neuvoa minua. Juuri sinun kaltaistesi ihmisten tietämättömyyden vuoksi meidän englantilaisten ei ollut lainkaan vaikeaa valloittaa maatanne. Eikä meillä ole ongelmia valtamme ylläpitämisessäkään. Sinun puoskarilääkärisi on huijari. Hän ansaitsee rahaa pettämällä muita."

Tämä mielenpurkaus yllätti palvelijan. Miksi hänen isäntänsä oli niin vihainen ja syyti solvauksia, kun hän oli vain tarjonnut parhaan tietämänsä neuvon? Raivostunut englantilaislääkäri jatkoi: "Jos mainitsetkaan tästä asiasta uudelleen, minun on pakko erottaa sinut."

Kun lapsen tila huononi, palvelija ei voinut kauempaa sietää hänen kärsimystään. Hän meni isäntänsä luo, kosketti nöyrästi tämän jalkoja ja sanoi: "Herra, ole hyvä ja erota minut. Tämä poika on minulle yhtä rakas kuin oma poika. On kestämätöntä nähdä hänen kuolevan hitaasti ja tuskallisesti. Sinä olet hänen isänsä, mutta minä olen kasvattanut hänet. Eikö se merkitse mitään? En halua jäädä sellaisen isän luo, joka järjettömässä itsepäisyydessään sallii poikansa kuolla. Ole hyvä ja karkota minut. Minäkin olen isä. Minullakin on poika."

Englantilainen ei ollut koskaan ennen kohdannut niin suurta kiintymystä toista kohtaan, joka ei ollut oma lapsi. Hänen mieleensä ei ollut tullut, että intialaisilla palvelijoilla olisi mielenlujuutta, joka pystyi vastustamaan oikeudettomuutta ilman vihaa tai huolta omasta kohtalosta. Palvelijan vilpittömyys kosketti häntä syvästi. Kyyneleet valuivat hänen silmistään, ja hän unohti asemansa. Hän syleili palvelijaa ja lähetti tämän saman tien muslimitohtorin luo.

Hakimin pikkuruinen musta pilleri paransi lapsen. Englantilainen lääkäri oli täysin valmis myöntämään, että kaikki tieto tulee Jumalalta ja että yksin Hänellä on voima ylläpitää elämää.

Muslimitohtori ei välittänyt salaperäistä parantamisen taitoaan kenellekään, ei edes omalle pojalleenkaan. "Ei, minä en luovuta sinulle tietoja parantamistaidostani, koska sinä saattaisit uhrata potilaittesi hyvinvoinnin rahanahneutesi vuoksi." Hän tiesi ahneuden vallan, kun se kerran oli päässyt pesiytymään ihmisten sisimpään. Hänestä tuntui, ettei hänen poikansa pystyisi vastustamaan kiusausta käyttää tätä ainutlaatuista parantavaa voimaa rikkauksien tavoitteluun.

MEJDAN SANOJEN VOIMA

Vanhempi sisaremme Uma opetti kerran Mejdaa puutarhassamme Gorakhpurissa neempuun alla. Papukaijat rähisivät heidän yläpuolellaan puun oksilla. Uman jalkaan oli puhjennut paise. Perhelääkärimme oli neuvonut lääkkeeksi käytettävän voiteen. Uma keskeytti opetuksensa noutaakseen lääkepullon. Kun hän hoiti paisettaan, Mejdakin hieroi vähän voidetta käsivarteensa. Uma oli närkästynyt. "Mitä sinä teet, Moko? Miksi sivelet voidetta paikkaan, missä ei ole paisetta?"

Mejda vastasi: "Minusta tuntuu, että juuri tähän kohtaan puhkeaa huomenaamuna paise, joten käytän lääkettä jo ennakolta."

Sisar nauroi. Hän sanoi nuhtelevasti: "Moko, et ole vain veijari, vaan myös valehtelija."

Mejda sanoi tuohtuneena: "Älä sano minua valehtelijaksi, paitsi jos et näe huomisaamuna käsivarressani paisetta."

Uma jatkoi väittelyä kiusoittelevasti. Lopulta Mejda puhui hitaasti ja painokkaasti: "Sanoilla on jumalallinen voima. Minä sanon tämän minussa olevan voiman vaikutuksesta, että huomenaamulla tulet näkemään paiseen tässä kohtaa käsivarressani, ja sinun jalassasi oleva paise on *kaksi* kertaa isompi kuin nyt!"

Kun Uma heräsi aamulla, hän huomasi, että jalassa oleva paise oli tosiaankin kooltaan kaksi kertaa isompi. Hän herätti Mejdan ja tarkasteli tämän käsivartta. Siinä oli se luvattu äkämä! Hän juoksi äidin luo ja huusi: "Moko on noita!"

Kun äiti oli kuullut tarinan, hän puhui Mejdalle vakavasti. "Mukunda, älä milloinkaan käytä sanojen voimaa muiden vahingoittamiseen. Sellaisten tekojen pahuus palaa aina takaisin tekijälle."

Omituista kyllä, mikään lääke tai voide ei pienentänyt Mejdan paisetta. Se oli lopulta leikattava. Mejda kantoi elämänsä loppuun asti oikeassa käsivarressaan arpea todistuksena ihmisen sanan voimasta.

LUKU 3

Mejda Lahoressa

Kaksi leijaa Jumalalliselta Äidiltä

Isä sai siirron Gorakhpurista Lahoreen.[1] Kun olimme päässeet perille ja laskeutuneet vaunuista, jokainen kiiruhti tarkastamaan ison talon huoneita ja vilpoloita. Mejdan kiinnostuksella oli muuan tarkoitus: löytää sopiva sijoituspaikka Äiti Kalin kuvalle. Seurailin häntä talossa. Lopulta hän pitkällisen harkinnan jälkeen sijoitti patsaan hellästi yläkerran parvekkeen nurkkaukseen. Yksityisyyden suojaksi ripustettiin verho. Lahoressa asuessamme Mejda palvoi uskollisesti Jumalallista Äitiä tässä yksinkertaisessa ja pikaisesti valmistetussa temppelissä.

Roma rakasti Mejdaa ja osoitti tätä kohtaan syvää kiintymystä. Mutta hän myös kiusoitteli veljeään armottomasti. Kun hän toisinaan huomasi veljensä olevan syvissä mietteissä opintoihin keskittymisen sijaan, hän tapasi hiipiä lähelle ja huutaa sitten tämän korvaan: "Senkin Moko!" Kun veli katsoi häntä säikähtäneenä, hän saattoi sanoa: "Menen kertomaan äidille, että sinä et opiskele, vaan unelmoit." Ja sitten hän ehkä jatkoi liioitellun vakavasti: "Ooh, millainen ylhäisyys on tullut taloomme. Hän näyttää siltä kuin koko maailman huolet olisi kuormattu hänen mieleensä." Sen jälkeen hän palasi todellisuuteen: "Ota kirjasi ja rupea joutuin lukemaan! Muuten väännän sinua korvasta." Toisinaan sisar kiusoittelun jälkeen tai ilman mitään erityistä syytäkään halasi veljeään hellästi.

[1] North-Western Railwayn pääkonttori sijaitsi Punjabin Lahoressa. Isän palvelusaika apulaistarkastajana rautateiden tilintarkastuksen hallituksen asettamien tarkastajien toimistossa oli 24. marraskuuta 1902 – huhtikuu 1904.

Osittain rekonstruoitu rakennus, joka on ollut Gorakhpurin kotimme – Mejdan syntymäpaikka – Police Office Roadilla

Poliisiaseman ja kotimme välillä sijaitseva kaivo, josta me ja naapuriperheet haimme talousveden

Poliisiaseman alueen sisäänkäynti

Gorakhnath, kymmenennen vuosisadan pyhimys, jonka mukaan Gorakhpurin kaupunki sai nimensä

(Yllä) Gorakhpurin muinainen temppeli, jossa palvottiin Gorakhnathia
(Oikealla) Myöhäisempi Gorakhnathille omistettu temppeli

Minua vaivasi usein, kun Roma teki näin, koska hän ei milloinkaan hyväillyt minua niin kuin Mejdaa.

Samoin Uma oli Mejdaa kohtaan sekä leikkisä että rakastava. Eräänä aamuna Mejda oli uppoutunut ajatuksiinsa seisoessaan yläkerran seinämän pyhäkköalkovin lähellä. Hänestä tuntui siltä, että jos lausuisi tässä yksinkertaisessa temppelissä rukouksen Jumalalliselle Äidille kaikesta sydämestään ja mielestään, se varmasti toteutuisi. Uma tuli paikalle juuri silloin, kosketti hänen poskeaan hellästi ja sanoi: "Voi äänetön pikku veljemme, sinä olet niin hiljainen. Mikä suunnitelma on hautumassa mielessäsi?"

Mejda vastasi: "Tiedätkö, Mejdi,[2] mitä mietin?"

"Sanomattakin on selvää, mitä ajattelet. Mietit, kuinka antaisit minulle kunnon opetuksen, jotta en enää kiusaisi sinua. Eikö niin?"

Mejda sanoi: "Ajattelin, että haluanpa Jumalalliselta Äidiltä mitä tahansa, hän antaa sen minulle."

Uma kivahti ilkkuvasti: "Tiedätkös, mitä minä haluan?" Hän osoitti leijoja, joita kaksi poikaa lennätti kujalla jonkin matkan päässä, ja jatkoi: "Haluaisin, että hankit minulle nuo molemmat leijat Äidin suosiollisella avulla."

Mejda oli pettynyt. "Vain tällaista? Sinun pitäisi pyytää jotakin arvokkaampaa. Sinä olet lukenut minulle kaikista noista kirjoistamme, että Hän on luonut tämän maailman. Miksi et siis..."

Mutta Uma keskeytti Mejdan töykeästi. "En tullut tänne kuuntelemaan saarnojasi!"

Mitään vastaamatta Mejda katseli noita kahta leijaa ja rukoili ääneti Jumalallista Äitiä. Äkkiä molemmat leijat iskivät yhteen, ja toisen leijan naru katkesi. Se leijaili parvekettamme kohti. Tuuli tyyntyi juuri kun leija lensi vastapäisen talon yläpuolella. Leijan naru takertui talon katolla kasvavaan kaktukseen sillä tavoin, että Mejdan ei tarvinnut kuin ojentaa kätensä siepatakseen sen. Uma kuitenkin uskoi, että kysymyksessä oli

2 Jonkun toiseksi vanhin sisar.

Mejda kuusivuotiaana

Gorakhpurin St. Andrew, Mejdan ensimmäinen koulu

Äitijumala Kali, joka symboloi sekä kosmisen luonnon suotuisia että pelottavia puolia *(ks. s. 134)*

sattuma. "Luuletko, että sinun rukouksesi toivat leijan sinulle? Voi ei! Tuuli puhalsi tällä tavalla vain sattumalta."

Mejda ei vieläkään sanonut mitään. Hän katsoi toista leijaa ja jatkoi Äidin rukoilemista. Vähän ajan päästä toinenkin leija putosi ja takertui kaktukseen, ja sen naru ajautui Mejdan ulottuville. Mejda tarttui siihen ja kääntyi antamaan molemmat leijat Umalle. Mutta tämä juoksi sisälle kuin pelästynyt peura.

Tahto, jota ei voitu lannistaa

Nuoruudenpäivinämme Tikkar Singh ja Kalu olivat kuuluisia painijoita. Rummunlyöjät ja ilmoitukset kuuluttivat kadun varrella heidän tulevasta ohjelmastaan. Mejda pyysi isää viemään hänet painiotteluun, mutta luonnollisestikaan vanhempamme eivät halunneet meidän näkevän raakalaismaista kamppailua, jonka jälkiseurauksena oli usein rähinöitä. Mejda oli järkähtämättömällä kannalla. Lopulta äiti suostui, mutta isä ja Ananta eivät olleet samaa mieltä. Mejda juoksi isän huoneeseen ja salpasi oven sisäpuolelta. Hän kieltäytyi tulemasta ulos tai laskemasta ketään sisään. "Haluan nähdä painijat", hän intti.

Isä ei voinut lähteä töihin, koska hänen toimistovaatteensa olivat tuossa huoneessa. Kaikki hänen sovitut tapaamisensa oli peruutettava. Mejda pysytteli huoneessa vuorokauden, vaikka jäi ilman aterioita. Se ei häntä kuitenkaan haitannut. Loppujen lopuksi isän oli annettava suostumuksensa. Mejda avasi lukon ja astui huoneesta sen näköisenä kuin olisi valloittanut maailman! Hänessä ei ollut merkkiäkään väsymyksestä. Vaikka isä oli hyvin vakavan oloinen, me lapset olimme riemuissamme. Mejdaa moitittiin uppiniskaisuudesta, mutta tämä pieni tapahtuma ilmensi hänen lannistumatonta mielenlaatuaan ja päättäväisyyttään. Ne olivat varhaisia merkkejä siitä suuresta ihmisestä, joka hänestä oli tuleva.

Pikkuveljemme ja kattoikkunan tapaus

Yöt olivat Lahoressa yhtä kuumia kuin päivät. Me nukuimme kesäkuukausina ulkosalla, talon katolla, kangassuikaleista punotuissa riippumatoissa. Katon päälle kaadettiin joka ilta vettä viilentämään sitä. Mejda ja minä autoimme palvelijoita siinä tehtävässä.

Nuorin veljemme Bishnu syntyi Lahoressa 24. kesäkuuta 1903. Olin katolla nukkumassa, kun Mejda herätti minut. "Gora, nouse. Tule katsomaan meidän uutta pikkuveljeämme." Avasin silmäni ja huomasin, että aurinko oli jo korkealla taivaalla. Oli hyvin kuuma. Kaikki muut olivat jo aikaa sitten lähteneet kattovuoteiltaan. Hyppäsin pystyyn ja juoksin alakertaan.

Tapasin äidin huoneen ulkopuolella eteishallissa Sejdin, kolmannen sisaremme Nalinin. Hän ja minä tanssimme rinkiä ja kiljuimme: "Veljemme syntyi! Veljemme syntyi!"

Äkkiä Ananta tarttui meitä korvista ja lopetti lyhyeen riehakkaan ilonpitomme. Hän hoputti meidät viereiseen huoneeseen ja lukitsi oven. "Pidätte liikaa meteliä. Äidillä on huono olo synnytyksen jälkeen." Tuon korvien väännön muistan erittäin elävästi.

Muutaman päivän kuluttua äiti istui aulassa uusi pikkuveljemme Bishnu sylissään. Lähistöllä ollut Mejda pyysi appelsiinia. Hänen sinnikkäät pyyntönsä olivat kiusallisia. Äiti pyysi Mejdaa hakemaan itse appelsiinin, mutta Mejda vaati, että äidin piti hakea se hänelle, *nyt heti!* Äiti lähti kimpaantuneena noutamaan appelsiinia. Siinä samassa yläpuolella oleva kattoikkuna särkyi ja lasinpalasia satoi juuri siihen kohtaan, missä hän oli istunut Bishnun kanssa. Hän ja Bishnu olivat pelastuneet vakavalta vahingolta, koska Mejda oli itsepintaisesti vaatinut äitiä noutamaan appelsiinin hänelle.

Minä olin oikukkaasti ja tuhmasti mennyt katolle kokeilemaan rohkeuttani ja taitojani kävelemällä kattoikkunan päällä. Se antoi periksi. Pelkäsin kuin uhrattavaksi aiottu vuohi ja piilouduin salanurkkaukseen. Ananta ryntäsi katolle ja huomasi verta kattoikkunan vieressä. Hän löysi minut lymypaikastani. En ollut huomannut, että jalkani oli pahasti haavoittunut. Haavassa oli vieläkin takertuneena lasinpala. Jalassani oleva arpi on pysyvä muistutus kattoikkunan välikohtauksesta.

LUKU 4

Äitimme

HÄNEN RAKKAUTENSA, TAITEELLISUUTENSA JA ANTELIAISUUTENSA

Me kaikki koimme, että äiti oli "sydänten kuningatar" – Mejdan sanoin. Emme koskaan unohda hänen mutkattomia ja kauniita luonteenpiirteitään. Rakkautensa ja kiintymyksenä avulla hän aina innoitti meitä olemaan hyviä ja elämään rehellisesti. Hän antoi meille ensi koulutuksen ja opetti meille tapoja ja hyveitä muinaisten kirjallisten eepostemme, *Ramayanan* ja *Mahabharatan*, kertomusten välityksellä. Hän siirsi niiden ajattomat henkiset periaatteet jokapäiväisiin toimiimme. Niiden myötä rakkaus ja kuri kulkivat käsi kädessä.

Äiti oli taiteilija. Muistan sen Kalin kuvan, jonka hän teki Mejdalle, kun asuimme Gorakhpurissa. Luomistyö valtasi hänen mielensä niin, ettei hän huomannut läsnäoloani, kun menin kerran hänen luokseen. Hän tajusi minun seisovan vieressä vasta kun sanoin hiljaa: "Äiti!" Hän muistutti minulle kärsivällisesti: "Teen Äiti Kalin patsasta Mokolle, joka on niin hellittämättä pyytänyt sitä. Istu nyt hiljaa ja katsele."

Kuva oli kaunis. Pystyn yhä näkemään sen sieluni silmin: lähes puoli metriä korkea ja virheetöntä laatua, aivan kuin ammattimaisten kuvanveistäjien tekemä. Äidin muista jumalista tekemät patsaat olivat yhtä täydellisiä. Ne olisi voitu sijoittaa Krishnanagarissa tehtyjen maailmankuulujen savisten jumalapatsaiden rinnalle.

Hänen taitavuutensa tuli esiin myös keittotaidoissa. Nykyään näkemämme monenlaiset makeiset eivät olleet kovin yleisiä lapsuutemme päivinä. Talon naiset valmistivat kotona herkullisia mehukkaita makeisia, joita perhe ja vieraat pitivät suuressa arvossa. Konvehdit muotoiltiin hienosti kaiverretuissa savimuoteissa.

Äiti laittoi mielellään ruokaa perheelle. Hän ei koskaan antanut meidän syödä torilta ostettuja makeisia. Levättyään hieman lounaan jälkeen hän tapasi valmistaa meille monenlaisia makeisia. Hän oli itse kaivertanut niiden muotoilemiseksi virheettömiä savimuotteja. Minulla on yhä omistuksessani muutamia noista muoteista. Kun nyt katselen niitä, hämmästelen niiden muototaidetta. Sukulaiset ottivat äidin kuoltua monia muotteja, mutta onnistuin myöhemmin keräämään ja pelastamaan niistä muutamia. Ihastelen hänen kädentaitoaan, joka niin hienosti kuvaa hänen taiteentuntemustaan. Hän oli vertaansa vailla. Tiedän varmasti, että äidin herkät kädet ja hänen taiteellinen havaintokykynsä vaikuttivat paljon siihen, että myöhempinä vuosinani valitsin taiteilijan kutsumustyön.

Antaessaan perusopetusta lapsilleen äiti ei epäröinyt opettaa meille soveliasta miehen ja vaimon välistä suhdetta. Tuolloin hän mainitsi vanhimmalle sisarelleni, että hän ja isä elivät miehenä ja vaimona vain kerran vuodessa, tarkoituksenaan hankkia lapsia.

Kuumat tuulet puhaltelevat Gorakhpurissa kesäaikaan. Kesän edetessä kuumuus ja tuulet vain lisääntyvät. Eräänä läkähdyttävänä sunnuntaina isä työskenteli huoneessaan keskipäivän koittaessa. Kotiimme saapui köyhä *bramiini*. Roma jutteli hänen kanssaan ja sai tietää, että hänen rasituksenaan oli velvollisuus rahoittaa tyttärensä avioliitto, ja hän odotti taloudellista tukea meiltä. Äiti pyysi Romaa noutamaan isältä kymmenen rupiaa ja kutsui *bramiinin* sisälle. Sitten äiti meni keittiöön laittamaan hänelle kylmää virvoketta.

Asiasta kuultuaan isä kutsui äidin ja sanoi: "Miksi kymmenen rupiaa? Anna hänelle yksi rupia ja pyydä häntä lähtemään." Äiti ei tyytynyt tähän. Loppujen lopuksi isä antoi nuo kymmenen rupiaa.

Äidin hyväntekeväisyys oli suhteutettuna perheen kuluihin. Mutta kerran hän käytti parissa viikossa enemmän kuin isän kuukausipalkan. Isä sanoi hänelle: "Voisitko ystävällisesti pitää laupeudentyösi kohtuuden rajoissa, muuten suistat perheemme taloudellisiin vaikeuksiin."

Tämä satutti äitiä syvästi. Mitään vastaamatta hän tilasi vaunukyydin ja sanoi meille: "Lähden enonne luo." Äidin pahaenteiset sanat kuristivat kurkkuamme. Aloimme itkeä. Enomme saapuikin meille juuri oikeaan aikaan. Hän näki välittömästi tilanteen ja sanoi jotain isälle kahden kesken. Isän kasvoille virisi hymynhäive, joka välähteli näkyviin kuin salamoina. Hän meni äidin luo ja sanoi tälle jotakin. En pysty tänäkään päivänä kuvailemaan sitä suloista hymyä, joka levisi äidin kasvoille. Me lapset olimme riemuissamme, kun kuulimme hänen lähettäneen vaunut pois.

Isä siirrettiin vähän tämän tapahtuman jälkeen Lahoreen, missä syntyi samantapainen tilanne. Äiti tuli aamulla isän luo ja sanoi: "Alakerran salissa on onneton tyttö, joka on suuressa ahdingossa. Voisitko antaa hänelle kymmenen rupiaa?" Isä ei ollut sanonut mitään armeliaisuudesta Gorakhpurin episodin jälkeen. Tänä päivänä hänen luonnollinen taipumuksensa säästäväisyyteen nousi kuitenkin pinnalle. "Miksi kymmenen rupiaa? Eikö yksikin riittäisi? Tiedäthän, miten puutteenalaista lapsuuteni ja nuoruuteni oli. Lähdin kouluun melkein vailla ruokaa ja kävelin kilometritolkulla jalkapatikassa. En pystynyt osallistumaan yliopistossa aineopintojen tutkintoon yhden ainoan rupian puuttuessa. Kysyn siis sinulta, eikö rupia riittäisi?"

Äiti itki. "Muisto tuosta yhdestä rupiasta on elätellyt mielessäsi tuskallisia lapsuuskokemuksiasi. Haluatko sinä pakottaa tämän tytön muistamaan ainiaan hätänsä, koska sinä kielsit häneltä kymmenen rupiaa? Sinulla on nyt hyvä palkka, mutta menestyksestäsi huolimatta sinä yhä takerrut varhemman varattomuutesi sietämättömään painajaiseen. Tulevatko myötätunto, rakkaus ja sympatia katoamaan yhteiskunnastamme, koska puuttuu aito välittäminen köyhistä ja kärsimyksestä?"

Isältä ei löytynyt vastaväitettä. Tappion kärsineen elein hän avasi kukkaronsa ja otti sieltä kymmenen rupian setelin. "Sinä voitit!" hän sanoi. "Ota tämä siunaukseni saattelemana ja anna se itse hänelle. Muista kuitenkin, ettet pane omaan pussiisi sitä osuutta tytön siunauksista ja hyvistä toiveista, joka on tarkoitettu minulle!" Isä hymyili. Äiti vastasi hänen hymyynsä ja lähti kymmenen rupian kanssa.

RAKASTAVA KURINPITO

Muistan tapauksen, joka kuvaa sitä, miten äiti kasvatti meitä lapsia. Se sattui Lahoressa asuessamme. Perheemme oli kutsuttu teelle erääseen bengalikotiin. Lähelläni istuva pikkutyttö pelasi hienonvärisillä kuvakorteilla, joita sai vain savukepakkauksista. Tuijotin kiinteästi kirkasvärisiä kortteja ja suunnittelin, kuinka saisin ne itselleni. Äiti vaistosi aikomukseni ja katsoi minua syrjäsilmin vieraiden päiden yli. Minut oli keksitty! Ryhdistäydyin välittömästi. Mutta onneksi sain yhden kortin aivan sattumalta. Kun pikkutyttö lähti, hän huomaamattaan pudotti yhden kuvakortin. Minä poimin sen nopeasti ja panin taskuuni.

Kotiin palattuamme valmistauduin menemään vuoteeseen sillä aikaa kun äiti harjasi ja järjesteli käyttämiämme vaatteita. Äkkiä muistin taskussani olevan kuvan ja tiesin, että äidin oli pakko löytää se. "Äiti!" huusin. Mutta oli jo liian myöhäistä. Hän otti kuvan taskusta, mutta ei sanonut mitään sillä hetkellä, koska isä oli huoneessa. Hyppäsin äkkiä vuoteeseen ja suljin silmäni tiukasti, teeskennellen nukkuvaa. Äiti tietenkin tiesi sen ja kutsui minua hiljaa nimeltä. Mutta olin niin peloissani, etten saanut sanaa suustani.

Silloin hän sanoi: "Enkö ole lukenut sinulle kirjoituksista, että jonkin ottaminen ilman omistajan lupaa on varastamista? Miksi toit kuvan kotiin kysymättä? Hyvin monet asiat ovat tässä maailmassa hetkellisesti ilman silmälläpitoa. Haluatko siepata nekin? Älä koskaan enää tee näin. Muistatko tämän?"

Nyökkäsin silmät yhä tiukasti kiinni. Tunsin oudon kihelmöivän virtauksen kulkevan läpi selkäpiini.

Seuraavana aamuna äiti lähetti kuvan ja makeisia tytön äidille. Hän liitti mukaan kirjeen, jossa oli anteeksipyyntö siitä mitä olin tehnyt. Hän oli kirjoittanut nöyrästi: "Poikani on syyllistynyt suureen rikkomukseen. Antakaa minulle anteeksi hänen käytöksensä."

Toisen kerran olimme menneet setä Sarada Prasadin kotiin Seramporiin. Huoneemme oli yläkerrassa, portaikon edessä. Sedän huone oli oikealla puolella. Koska olin lapsi, minun kuitenkin sallittiin kierrellä vapaasti talon kaikissa huoneissa. Uteliaisuuttani tartuin kaikkeen käden ulottuvilla olevaan, ja kohta kaadoin ja särjin sedän huoneessa olevan lasipullon. Pakenin rikospaikalta.

Koska setä oli tunnettu ja menestyvä hallituksen lakimies Seramporessa, kuvittelin joutuvani muitta mutkitta vedetyksi hänen oikeutensa eteen. Kun setä huomasi lattialle levinneet lasinpalaset, hän alkoi huutaa.

Äiti kuuli sen toisaalla talossa ja etsi minut nopeasti käsiinsä. Olin piiloutunut huoneemme oven taakse, mutta äiti löysi minut välittömästi. Hän katsoi minua kiinteästi ja sanoi hiljaa, mutta lujasti: "Tällainen piiloutuminen osoittaa sinun tehneen jotain pahaa. En sano nyt enempää, mutta älä tee tällaista uudestaan." Hänen sanansa upposivat syvälle. Pullon rikkominen oli väärin, mutta puolta pahempaa oli olla rehdisti myöntämättä sitä. En olisi ehkä muistanut tätä tapahtumaa enkä sen opetusta, jos äiti olisi pelkästään löylyttänyt minut.

Kuolema vie meiltä äidin

Kun Mejda oli noin yhdentoista ikäinen, isä sai Lahoresta siirron Bareillyyn.[1] Matkalla pysähdyimme Delhissä ennen menoa Kalkuttaan suorittamaan viimeisiä järjestelyjä vanhimman veljemme Anantan häitä varten. Isä ja Mejda jatkoivat tällä välin Bareillyyn. Tätimme (toisen enomme vaimo) tuli Delhissä lapsineen meitä vastaanottamaan rautatieasemalle. Hänen vanhin poikansa Jnanada oli samanikäinen kuin Ananta. Hän

---

1 Isä palveli Uttar Pradeshin Bareillyssa apulaistarkastajana rautateiden tilintarkastuksen hallituksen asettamien tarkastajien toimistossa Rohilkundin ja Kumaon rautateillä ja aloitti virallisesti 26. huhtikuuta 1904. Tämä on myös se päivä, jona rakas äitimme kuoli.

halusi tulla kanssamme Kalkuttaan, sillä hän ei ollut koskaan käynyt siellä.

Laajamittaiset häävalmistelut olivat alkaneet siihen mennessä kun saavuimme Kalkuttaan. Sukulaisia saapui kaukaisilta seuduilta. Olimme vuokranneet talon Amherst Street 50:stä, missä sijaitsee nykyisin Hindu Academy. Kun pääsimme talon portille, äiti vaistosi huonon enteen ja huomautti, että rakennus näytti voivan tuhota meidät. Hän ei silti sanonut mitään, koska monet olivat olleet suunnittelemassa hääjuhlaa. Järjestelyihin kuuluivat kantotuoli, värivaloketjut, paperista tehdyt elefantit ja kamelit sekä intialainen, englantilainen ja skotlantilainen soittokunta.

Äidin saattoi morsiamen taloon hänen neljäs sisarensa. Äiti oli sonnustautunut yksinkertaiseen käsin kudottuun sariin, jossa oli musta reunus. Hänellä ei ollut koruja, koska hän oli lainannut ne sisarelleen. Kaupungissa ikänsä asunut tätimme oli tyylikkäästi pukeutunut ja kantoi äidin koruja. Ymmärrettävästi morsiamen sukulaiset luulivat hänen olevan sulhasen äiti ja suuntasivat suurimman huomion häneen äidin asemesta. Kun he huomasivat erehdyksensä, he olivat kovin vaivautuneita siitä, etteivät heti tunnistaneet tätimme seurassa ollutta vaatimatonta, ystävällistä ja pidättyväistä naista sulhasen äidiksi.

Ananta ja Jnanada lähtivät seuraavana päivänä torille tekemään ostoksia häitä varten. Jnanada oli kuolemansairas, kun he palasivat. Hänet vietiin yläkertaan, missä äiti hoiti häntä tunnollisesti ja rakastavasti. Jnanadan henkeä ei kuitenkaan voitu enää pelastaa. Hän kuoli pelättyyn aasialaiseen koleraan.

Koska äiti oli joutunut läheiseen kosketukseen Jnanadan kanssa tätä hoitaessaan, hänkin sairastui koleraan. Ananta lähetti pikasähkösanoman isälle. Juuri sinä yönä, ennen kuin sähke saapui isälle Bareillyyn, Mejda näki unta, että äiti kutsui häntä: "Mukunda! Nouse ylös! Herätä isä ja tulkaa Kalkuttaan, jos tahdotte nähdä minut elossa. Tulkaa heti!" Yhä unessa oleva Mejda puhkesi kyyneliin. Hänen itkunsa ääni herätti isän, ja isä kysyi, miksi Mejda itki. Mejda kertoi hänelle kummallisesta unestaan, mutta isä sivuutti asian. "Se on vain sinun mielikuvitustasi. Äiti voi hyvin."

Mejda tiuskaisi vastaan surullisena ja ahdistuneena: "Jos minun uneni on totta, isä, en anna sinulle anteeksi."

Anantan sähkösanoma saapui aamulla. "Äiti vakavasti sairas. Häät lykätty. Tulkaa heti." Isä ja Mejda lähtivät Bareillysta Kalkuttaan välittömästi. Isä pohti perin pohjin Mejdan unen ja Anantan sähkeen kummallista yhteensattumaa.

Isä ja Mejda eivät ehtineet Kalkuttaan ennen äidin kuolemaa. Mejdalla oli outo ennakkoaavistus, kun he tulivat taloon Amherst Streetillä. Hän huusi: "Äiti, äiti, me olemme tulleet!" Sitten hän kysyi kiihkeästi: "Missä hän on?" Eteisaulassa olleet murtuivat ja alkoivat valittaa. Hurjistunut Mejda lähti syöksymään ulos ja huusi: "Minä haen hänet. Tuon hänet takaisin!" Ananta tarttui häneen ja piteli häntä rintaansa vasten. Mejda huusi: "Päästä irti! Päästä irti!" Sitten hän kaatui tiedottomana.

Isä seisoi mykkänä katsellen Mejdaa, tolaltaan äidin kuolemasta ja Mejdan ennakkoaavistuksesta.

Äiti kuoli tiistaina, 26. huhtikuuta 1904. Se oli meille korvaamaton menetys. Hän oli kaikkein rakkain kumppanimme. Hänen hellät, tyynet ja kauniit silmänsä olivat lapsuusaikanamme suojana kaikelta kärsimykseltä. Monet sukulaisistamme itkivät jopa vuosien päästä hänen kuolemansa jälkeenkin, kun hänen nimensä mainittiin. Hän ei ollut ainoastaan sivistynyt ja hurskas nainen, vaan myös myötätuntoinen ja ymmärtävä. Aina kun menimme Ichapuriin tapaamaan sukulaisiamme, hän piti huolta siitä, että kävimme ensin vähätuloisten luona, siltä varalta jos he tarvitsisivat jotakin. Hän tuntui aina tietävän etukäteen, mitä kukin tarvitsi, ja otti mukaansa tarpeellista apua. Sitä en tiedä, miten hänellä oli sellainen ennakkotieto.

Hyväenteinen viesti Mejdalle

Ananta antoi Mejdalle pienen laatikon 14 kuukautta äidin kuoleman jälkeen. Hän oli kirjoittanut paperiarkille äidin viimeiset sanat Mejdalle ja oli säilyttänyt paperin rasiassa.

Äiti oli pyytänyt, että laatikko ja viesti annettaisiin Mejdalle vuoden sisällä hänen kuolemastaan, mutta Ananta pelkäsi, että äidin sanat ajaisivat Mejdan pakomatkalle Himalajalle. Niinpä hän viivytteli ajatellen, että Mejdan suunnitelmat kaikesta luopumisesta muuttuisivat hänen varttuessaan. Anantan häitä järjestettiin kuitenkin uudelleen Kalkutassa, joten hänen oli pakko kertoa Mejdalle laatikosta ja äidin viimeisistä sanoista. Koska juuri Ananta oli äidin vierellä tämän viimeisinä hetkinä, äiti oli uskonut hänelle salaisen viestin luovuttamisen Mejdalle:

"Nämä sanat olkoot viimeinen siunaukseni, rakas poikani Mukunda! Ensimmäisen kerran sain kuulla tulevasta tiestäsi, kun olit sylilapsena käsivarsillani. Vein sinut silloin guruni kotiin Benaresiin.

"Lahiri Mahasaya otti sinut syliinsä istumaan ja asetti kätensä otsallesi antaen sinulle siten hengellisen kasteen.

"'Pieni äiti, pojastasi tulee joogi. Hän on oleva hengellinen veturi, joka kuljettaa suuren joukon sieluja Jumalan valtakuntaan.'

"Hän oli kertonut minulle jo vähän ennen syntymääsi, että tulisit seuraamaan hänen tietään.

"Myöhemmin, poikani, minä ja sisaresi Roma saimme tietää Suuren Valon näystäsi. Seurasimme sinua viereisestä huoneesta: olit liikkumattomana vuoteellasi, pikku kasvosi hehkuivat ja äänessäsi kuului rautainen päättäväisyys, kun sanoit lähteväsi Himalajalle etsimään Jumalaa.

"Näillä eri tavoilla, rakas poikani, tulin ymmärtämään, että sinun tiesi on kulkeva kaukana maallisista päämääristä. Elämäni ainutlaatuisin tapahtuma vahvisti asian, tapahtuma, jonka vuoksi jätän nyt tätä viimeistä viestiäni sinulle.

"Se oli erään punjabilaisen viisaan tapaaminen Lahoressa asuessamme. Eräänä aamuna palvelija tuli huoneeseeni.

"'Rouva, ovella on outo sadhu. Hän vaatii saada "tavata Mukundan äidin".'

"Nuo yksinkertaiset sanat koskettivat sieluni syvyyksiä, ja menin heti tervehtimään tulijaa. Kumartuessani maahan saakka hänen edessään tunsin, että hän oli todellinen Jumalan mies.

"'Äiti', hän sanoi, 'suuret mestarit haluavat sinun tietävän, että maallinen elämäsi ei jatku enää pitkään. Seuraava sairautesi on oleva viimeinen.' Sanoja seuranneen hiljaisuuden aikana en tuntenut pelkoa, ainoastaan syvää rauhaa. Viimein hän puhui minulle jälleen:

"'Saat haltuusi hopeisen amuletin. En anna sitä sinulle nyt; osoittaakseen sanojeni totuuden se aineellistuu käsiisi huomenna meditaatiosi aikana. Kuolinvuoteellasi sinun on käskettävä vanhinta poikaasi Anantaa pitämään amulettia vuoden ajan ja antamaan se sitten toiseksi vanhimmalle pojallesi. Mukunda on ymmärtävä mestareilta tulleen amuletin merkityksen. Hänen tulisi saada se niihin aikoihin, kun hän on valmis luopumaan kaikista maallisista toiveista ja aloittamaan elintärkeän Jumalan etsintänsä. Kun amuletti on ollut hänellä joitain vuosia ja täyttänyt tehtävänsä, se katoaa. Pidettiinpä sitä miten salaisessa paikassa tahansa, se palaa sinne mistä tuli.'

"Tarjosin pyhimykselle almuja ja kumarsin suuren kunnioituksen vallassa hänen edessään. Hän siunasi minut ja poistui ottamatta almuja. Kun seuraavana iltana istuin meditoimassa kädet ristissä, tunsin hopeisen amuletin aineellistuvan kylmänä ja sileänä kämmenteni väliin, aivan kuten sadhu oli luvannut. Olen vartioinut sitä tarkasti yli kaksi vuotta, ja annan sen nyt Anantan haltuun. Älä sure minua, sillä suuri guruni on ohjannut minut Äärettömän syliin. Jää hyvästi, lapseni. Kosminen Äiti suojelee sinua."

Amulettiin oli kirjoitettu sanskritinkielisiä symboleja, luultavasti sen ylimaallisen voiman merkiksi, joka oli ohjaava Mejdan kohtaloa. Viimein amuletti hävisi Mejdan huolellisesti valitsemasta kätköpaikasta täytettyään jumalallisen tarkoituksensa.

Kun sain kuulla, kuinka Lahiri Mahasaya oli siunannut Mejdan ja ennustanut hänen hengellisen kohtalontiensä, ymmärsin, miksi äiti oli niin huolellisesti tehnyt hänelle Äiti Kalin kuvan Gorakhpurissa asuessamme. Äiti koki jumalalliseksi velvollisuudekseen tukea Mejdan kaikkia hengellisiä taipumuksia.

LUKU 5

Perheen elämä äidin kuoleman jälkeen

Jhima — uskollinen ja äidillinen

Jhima oli kuin perheemme kaitsija. Hän tuli talouteemme isoisän kuoleman jälkeen, kun isän perheessä oli taloudellisten vaikeuksien lisäksi puute kokeneesta henkilöstä, joka auttaisi selviytymään kotiaskareista. Vaikka isän sukulaiset tiesivät tilanteen, kukaan ei tarjonnut apuaan. Juuri tuona vaikeana aikana köyhä leski Jhima – joka oli yksin maailmassa – liittyi perheeseen palvelijana. Hän oli kuin raikas tuulahdus kuhmuisen perheveneen repaleisiin purjeisiin. Hän huolehti koko loppuelämänsä ajan uskollisesti isästä ja sedistämme ja osoitti äidillistä kiintymystä. Ja samalla tavalla hän kaitsi meitä lapsia, kun äiti oli siirtynyt pois.

Jhima tuli töihin perheeseen kolmen rupian kuukausipalkalla. Hän suoritti innokkaasti kaikenlaiset talousaskareet – ja teki enemmänkin. Isän lapsuusaikana Ichapurissa Jhima auttoi toimeentulossa. Hän kulki talosta taloon myymässä perheen puutarhan hedelmiä ja vihanneksia sekä lehmän maitoa. Kun isä ei pystynyt kustantamaan perheen kuluja, enomme sopi antavansa heille kymmenen rupiaa kuussa sekä 80 kiloa riisiä kotitilaltaan Jasaran kylästä. Isällä ei ollut joka kuukausi rahaa vuokrata kärryjä riisin kuljetukseen, joten Jhima kantoi vähän kerrallaan riisiä selässään, tehden useita matkoja. Suurelta osin juuri Jhiman uhrautuvaisuuden ansiosta isä pystyi hankkimaan elannon kuudelle hengelle.

Myöhemmin, äitimme kuoltua, Jhima otti hoidettavakseen kotimme ylläpidon. Hänen rakastava, väsymätön kädenjälkensä oli nähtävissä kaikkialla. Siitä syystä rupesimme sanomaan häntä "Jhimaksi"[1] eli "palvelusäidiksi". Vaikka Mejda usein sai tahtonsa läpi muihin nähden, hänen oli toteltava aina kun Jhima antoi määräyksen. Niinpä Jhima palveli uskollisesti perheen suojelijana monen monta vuotta. Jhima seurasi mukana aina kun isän työ vei hänet toiselle seudulle ja perhe muutti. Omistautumisensa ansiosta hänestä tuli kuin perheenjäsen.

Jhima siirtyi tuonpuoleiseen asuessamme Garpar Road 4:ssä Kalkutassa. Aina siitä lähtien kun isä pystyi ansaitsemaan tarpeeksi perheen tarpeiden peittämiseksi, hän piti huolta myös Jhiman tarpeista ja kustansi tämän ruoan ja vaatetuksen. Lisäksi isä antoi Jhimalle taskurahaa. Tämä pani säästöön melkein koko summan joka kuukausi. Hänen kuolemaansa mennessä rahaa oli kertynyt sievoinen määrä. Vaikka hän ja Mejda kinastelivat paljon Mejdan itsenäisen luonteen vuoksi, hän rakasti Mejdaa syvästi. Ja kun hän oli kuollut, löydettiin muistilappu, jossa hän esitti toiveensa, että hänen säästönsä annettaisiin Mukundalle tämän hengellisiä harjoituksia varten.

Isän omistautuminen palvelemiseen

Kun äiti oli kuollut Kalkutassa, palasimme kotiimme Bareillyyn. Eräät ystävät ja sukulaiset neuvoivat Anantaa olemaan naimatta tyttöä, jonka kanssa hän oli kihlautunut, sillä avioliiton tielle oli tullut niin traagisia ja pahaenteisiä esteitä. Ananta kuitenkin sanoi, että koska äiti oli valinnut morsiamen, hän naisi tämän eikä ketään muuta. Kun sitten oli vietetty säädetty yhden vuoden määräaika suremista ja tavanomaisia uskonnollisia menoja varten, Ananta lähti isän ja Mejdan kanssa setä Saradan luo Seramporeen järjestelemään häitä. Muu perhe jäi Bareillyyn.

Hääseremonia suoritettiin vuokratussa talossa lähellä Shyambazarin risteystä Kalkutassa. Vihkimisen jälkeinen hääjuhla pidettiin Sarada-sedän talossa Seramporessa. Ananta ja

[1] *Jhi*, palvelustyttö; *ma*, äiti.

hänen morsiamensa palasivat juhlallisuuksien jälkeen Bareillyyn asumaan. Isä sai huhtikuussa 1906 siirron Chittagongiin, ja koko perhe muutti sinne. Kahden kuukauden päästä isä siirrettiin Chittagongista Kalkuttaan, jonne hän asettui pysyvästi.[2]

Olimme olleet Kalkutassa vasta muutaman päivän, kun isä – työskennellessään rautateiden tilintarkastajana – huomasi vakavia ristiriitoja Bengal-Nagpurin rautatieyhtiön tilikirjoissa. Ne olivat aiheuttaneet melkoisia vuosittaisia menetyksiä yhtiölle. Hän kiinnitti esimiehensä huomion asiaan. Isän raportti vahvistettiin. Asiamies ja yhtiön pääjohtaja pani merkille isän erinomaisen kyvykkyyden ja asioihin paneutumisen. Hän hankki rautatiehallitukselta Lontoosta päätöksen, jonka mukaan isä nimitettiin hänen toiseksi henkilökohtaiseksi avustajakseen.

Vaikka isä jäi hallituksen palveluksesta eläkkeelle vuonna 1907, hän meni uudestaan töihin Bengal-Nagpurin rautateille, mutta tällä kertaa yksityisenä kansalaisena. Rautateiden työpaikkansa lisäksi isä oli perustamassa Kalkutan Urban Bankia[3], työskennellen yhdessä eräiden muiden rautatien vanhempien virkailijoiden kanssa. Pankkitoiminta aloitettiin rautatiehallituksen pyynnöstä. Tarkoituksena oli kannustaa keskiluokkaisia työntekijöitä säästämään säännöllisesti osuuden tuloistaan. Isä valvoi perustamiskirjan laadintaa ja kirjoitti säännöt ja ohjeet, jotka tarjosivat yhtäläiset mahdollisuudet ja pankkipalvelut kaikille. Hän toimi hallituksen puheenjohtajana, mutta ei perinyt pankilta palkkiota palveluksistaan.

2 Anantan päiväkirjamerkintöjen mukaan perhe lähti Bareillysta 3. huhtikuuta 1906, asettui Chittagongiin 3. toukokuuta 1906 ja saapui Kalkuttaan 2. heinäkuuta 1906. Isä palveli hallituksen rautateiden tilintarkastustoimistossa Bengal-Nagpur-rataosalla Kalkutassa heinäkuusta 1906 kesäkuun 19. päivään 1907, jolloin hän virallisesti jäi eläkkeelle Intian hallituksen palveluksesta, yleisten töiden ministeriön tilintarkastuslaitoksen virkailijan toimesta. Lyhyen eläkkeellä olon jälkeen hän kuitenkin otti toimen yksityisenä kansalaisena Bengal-Nagpurin rautateiltä asiamiehen henkilökohtaisena avustajana. Hän työskenteli yhtiön pääkonttorissa Kalkutassa 11,5 vuotta, joulukuun 23. päivään 1920.

3 The Bengal-Nagpur Railway Employees Urban Bank.

Isä työskenteli keskeytyksettä yksitoista ja puoli vuotta palvellen sekä rautateiden konttoria että pankkia, mutta hän ei milloinkaan vaikuttanut väsyneeltä. Hän sai voimansa meditaatioistaan ja Lahiri Mahasayan opettamista henkisistä tekniikoista. Myös hänen arkielämänsä spartalaisuus ja yksinkertaisuus antoivat mielenlujuutta töihin.

Isä inhosi imartelua ja kaihtoi kehuja. Hän vetäytyi virallisesti eläkkeelle Bengal-Nagpurin rautateiltä 23. joulukuuta 1920. Rautateiden viranomaiset halusivat välttämättä järjestää eläkkeelle siirtymisen johdosta loisteliaat jäähyväisjuhlat hänen kunniakseen. Hänelle luovutettiin iso hopealautanen ja hopeinen malja sekä hopealla silattu bambukäärö, jossa oli kopio häntä ylistävästä jäähyväispuheesta. Isä oli kiitollinen, mutta rehellisesti puhuen hän ei nähnyt mitään mieltä pitää niin suurta melua palvelusvuosistaan. Hän sanoi muutaman sanan nöyrän hyväksymisensä merkiksi: "Palkkioni on ollut ilo työskennellä antautuneesti, uskollisesti ja rehellisesti. Se on antanut täydellisimmän tyydytyksen sisimpääni ja ansainnut kaikkien teidän hyvät toivotuksenne. Huomenna en ole enää keskuudessanne. Ettehän tekään halua jäädä ilman sitä iloa, tyytyväisyyttä ja niitä hyviä toivotuksia, joita saatte osaksenne hyvin tehdyn työn ansiosta."

Asiamies ja pääjohtaja Godfrey sanoi isälle tämän vetäytyessä eläkkeelle Bengal-Nagpurin rautatieyhtiöstä: "Bhagabati, kun olette nyt lähdössä eläkkeelle, tulonne luonnollisesti vähentyvät. Tuokaa tänne poikanne. Haluan nimittää hänet rautatieyhtiön apulaisliikennetarkastajaksi." Isän varhaisemmat vaikeudet olivat istuttaneet häneen syvälle itsenäisyyden tunnon sekä periaatteen työskennellä ansion saavuttamiseksi. Tämä teki hänestä vastahakoisen hyväksymään muiden suosionosoituksia. Godfrey kuitenkin piti isästä suuresti ja suostutteli häntä sinnikkäästi viikkokausia. Lopulta isä ehdotti asiaa Mejdalle, joka torjui tarjouksen, koska hänellä oli korkeampi kutsumus. Työpaikka annettiin sitten serkullemme. Kertomus tästä esitetään myöhemmässä luvussa.

ISÄN MYÖTÄSYNTYINEN TIETÄMYS LUONNONLÄÄKKEISTÄ

Sairastuin kerran vakavasti ollessani vielä pikkulapsi. Kukaan sukulaisistamme ei käynyt luonamme tuona päivänä, eikä kukaan huomannut, etten koko päivänä lähtenyt huoneestani, en edes syömään. Isä oli lähtenyt toimistoonsa tavalliseen tapaan, ja kun hän palasi, kukaan ei vieläkään tiennyt, että makasin vuoteenomana kuumeessa.

Keskiyön maissa nousin parvekkeelle haukkaamaan vähän raitista ilmaa. Kun palasin huoneeseeni, jalkani tärisivät heikkoudesta. Minua huimasi, ja siinä samassa kaaduin tajuttomana. Sitä en tiedä, kuinka isä sai tietää tilanteestani, mutta juuri hän herätti minut ja kysyi: "Oletko syönyt mitään tänään?" Kerroin, etten ollut.

"Älä liiku", hän sanoi. "Tulen kohta takaisin." Tunsin kohta tulen tuoksun ja näin isän valmistavan saagoa. Intuitiivinen tuntemus ja tietämys olivat isälle luontaisia. Pian hän syötti minulle puolikypsää saagoa, ja silloin koin elämän palaavan kehooni. Vajosin syvään uneen.

Yleensä olisi kutsuttu lääkäri ja olisi noussut kovaa meteliä ja itkua. Mutta isä oli määrittänyt sairauteni ja heikkouteni syyn hiljaisen tehokkaalla tavalla, joka oli luonteenomaista kaikille hänen toimilleen.

Toisella kertaa sisaremme Nalinin mies, tri Panchanon Bose sairastui vakavasti. Hänellä oli korkea kuume ja raastavat kivut. Hänen kehonsa ikään kuin halvaantui osittain. Tunnetut kalkuttalaiset lääkärit tutkivat hänet, mutta ei löytynyt lääkettä eikä helpotusta. Menin usein isän kanssa tri Bosen kotiin. Erään kerran satuin kuulemaan, kun lääkärit keskustelivat hänen tapauksestaan. Koska olin niin nuori, he eivät kiinnittäneet huomiota läsnäolooni. He olivat luopuneet toivosta pelastaa Bosen henki, ja he sanoivat: "Korvaamaton elämä luisuu pois käsistämme, emmekä voi tehdä mitään."

Juoksin järkyttyneenä isän luo ja kerroin hänelle. Isä kysyi lääkäreiltä: "Jos te ette siis pysty tekemään enempää, voinko minä valmistaa hänelle yrttilääkkeen?" Niissä olosuhteissa lääkärit eivät voineet muuta kuin vastahakoisesti suostua. Palasimme kotiin, ja isä valmisti rohdoksen, jonka hän oli oppinut Lahiri Mahasayalta. Sisareni mies parani muutamassa päivässä siitä kun isä oli antanut hänelle yrttijuoman.

Tri Bose oli ollut hyvin epäileväinen luonnonlääkkeiden käytön suhteen. Hän jopa vitsaili niiden kustannuksella. Mutta kun isä oli parantanut hänet, hänestä tuli niiden kannattaja, ja hän oppi isältä valmistamaan monia yrttirohdoksia itsekin, muun muassa erittäin hyvän lääkkeen punatautia vastaan. Hän pystyi parantamaan rohdoillaan jopa kroonisia sairauksia.

Kun luin yliopiston keskitason kurssien aineita, olin heikkona sairaudesta ja olin saanut kylmäntaudin rintaani ja päähäni. Nielurisani turposivat, ja minulla oli koko joukko kipuja ympäri kehoa. Tuntui kuin jopa hiuksiinkin olisi sattunut! Kutsuttiin lääkäri. Hän määräsi lääkettä sekä rokotuksen.

Äkkiä isä kysyi minulta: "Ulostatko säännöllisin välein?"

"En", minä vastasin. "Joinain päivinä tulee pelkkää limaa."

"Miksi? Mitä olet syönyt?"

"Kurkkuni oli kiheä ja hellä, joten join paljon teetä, joka oli ostettu teekojusta, ja kurlasin kuumalla vedellä."

Isän luontainen tietämys pääsi taas oikeuksiinsa. Hän sanoi lääkärille: "Hänelle ei ole tarpeen antaa lääkettä. Hänen vilustumissairautensa on melkein ohi. Vedessä vaahdoksi vatkattua vanhaa puhdistettua voita hierotaan päähän ja annetaan kristallisokerista ja aniksensiemenistä tehty lääke. Ne parantavat hänet. Hän on tottumaton teehen, ja sen ylenmääräinen juonti on tulehduttanut suolet ja aiheuttanut punataudin." Isän rohto tepsi. Olin viikon päästä täysin terve.

Mejda kärsi akuutista ruoansulatushäiriöstä, jota pahensivat hänen epäsäännölliset päiväjärjestyksensä ja syömistottumuksensa sekä liika teen juonti. Hän hankki teetä tavallisesti matkan varrella käydessään päivittäisellä vierailullaan Sri Yukteswarjin luona. Erään kerran hän oli vuoteenomana ja kivuissa kaksi päivää. Isä paransi hänet hieromalla hänen vatsaansa vaahdotetun kookosöljyn ja veden sekoitusta. Kodissamme juotiin teetä vain satunnaisesti. Mejdan sairauden jälkeen teen juonti kiellettiin kokonaan.

Toinen sisaremme Uma oli eräässä vaiheessa sairas. Isä ja minä lähdimme hänen kotiinsa katsomaan häntä. Järkytykseksemme saimme tietää, että hän oli ollut kaksi päivää koomassa. Lääkärit eivät kyenneet saamaan häntä tajuihinsa. Isä asetti kätensä hänen vatsalleen ja diagnostisoi ilmavaivan. Hän hieroi Uman vatsaa vuoron perään kookosöljyllä ja kylmällä vedellä puolen tunnin ajan. Vähitellen vatsa tyhjeni kaasusta ja Uma avasi silmänsä. Isä selitti, että vatsassa oleva paine oli aiheuttanut tiettyihin hermoihin reaktion, joka laukaisi tajuttomuuden. Vatsan hieromisen avulla kaasut poistuivat ja tajunta palasi. Myöhemmin minäkin käytin tätä menetelmää ja autoin monia samassa tilassa olevia ihmisiä.

Kerran isällä oli kutinaa ja turvotusta kaikkialla kehossaan. Tri Bose kokeili monia lääkkeitä, mutta mikään ei auttanut. Sitten isä hakeutui tunnetun *ayurveda*-parantaja Shital Kavirajin hoitoon. Lähdin isän mukana tämän taloon, ja siitä lähtien hain säännöllisesti lääkkeitä. Viimein Sri Kaviraj kertoi isälle, ettei ongelmaan ollut mitään erityistä syytä. Kysymyksessä oli vain vanhuuteen kuuluva kehon solujen kuivuminen, mistä aiheutui turvotusta ja kutinaa. Tätä taudinmääritystä isä ei hyväksynyt. Hän palasi kotiin ja valmisti lääkkeen Lahiri Mahasayalta saamansa reseptin mukaan. Kutina ja turvotus laantuivat muutamassa päivässä. Isä oli parantunut.

Lopetin tietysti lääkkeiden hakemisen Sri Kavirajin kotoa. Kun isä ja minä eräänä päivänä kävelimme kadulla parantajan talon ohi, näimme tämän istuvan verannalla vesipiippua polttamassa. Nähtyään isän mies kysyi häneltä: "Oletteko päässyt eroon vaivastanne?"

"Olen", isä vastasi.

Hetken päästä Sri Kaviraj kysyi: "Millä tavoin paranitte?"

Isä vastasi: "Syömällä *bel*-hedelmävalmistetta."

Parantajalla ei ollut siihen mitään lisättävää. Kenties hän oli haluton lisäkysymysten myötä paljastamaan tietämättömyytensä rohdosta, joka oli selvästi tepsinyt siinä missä hänen valmisteensa olivat osoittautuneet tehottomiksi.

Poimintoja isän viisaudesta

Isä pyysi meitä opettelemaan ulkoa kaikki *Mohamudgarin*[4] *slokat* ja varsinkin muistamaan seuraavat:

"Kuka on sinun vaimosi? Kuka on sinun poikasi? Maailma on täynnä salaisuuksia. Mietiskele, kuka olet ja mistä olet tullut."

"Älä ylpeile rikkauksilla, vallalla tai nuoruudella – sillä Herra Shiva (ajan hallitsija) voi ottaa kaikki nämä pois silmänräpäyksessä."

"Elämä on aina turvatonta ja häilyvää, kuin vesipisara lootuksen lehdellä. Jumalallisen henkilön seura voi hetkellisenäkin pelastaa ja vapahtaa meidät."

Isällä oli kolme muuta suosikkimietelmää:

1) Älä tuhlaa; älä ole tarvitsevainen.

2) Ihminen tunnetaan seurastaan.

3) Muinaiset *rishit*[5] vertasivat ihmisen kehoa vaunuihin. Sielu on matkustaja. Puhdas äly (arvostelukyky) on ajomies. Kymmenen aistia (viisi havaitsemisen ja viisi toiminnan aistia) ovat vaunuja vetävät oriit. Ja tahdonvoima on ohjakset, jotka ohjaavat oriita. Valvomattomina aistit vievät harhaan. Mutta älyn lujan johdatuksen alaisina aistiratsut vetävät vaunuja elämässä turvallisesti oikeaa tietä pitkin.

---

4 *Moha*, maailmallisuus, harhaluulo; *mudgar,* nuija. Swami Shankaran (ks. alaviite sivulla 19) tutkielma maailman harhoista, jotka moukaroivat ihmistä jälleensyntymä toisensa jälkeen.

5 Valaistuneet viisaat.

Perheen elämä äidin kuoleman jälkeen

STOALAINEN KIINNITTYMÄTTÖMYYS

Isä eli leskenä 35 vuotta. Vaikka hänellä oli monia tilaisuuksia toiseen avioliittoon, hän ei edes harkinnut sellaista mahdollisuutta. Hänen päällimmäisenä huolenaan äidin kuoleman jälkeen oli tuoda iloa surevaan perheeseemme Anantan naimisiinmenon välityksellä. Hän arvioi aina vaistonvaraisesti oikein perheen tilanteen ja ohjasi meidät hiljaa ja vankasti oikealle kurssille. Kun mietiskelen hänen viisauttaan, olen rakastavan ihmetyksen vallassa.

Panin merkille, että isä meni toimistosta kotiin palattuaan suoraan huoneeseensa. Noina eristyneisyyden hetkinä hän meditoi ja harjoitti *kriya*-joogan *pranayamaa* sellaisena kuin hänen gurunsa Lahiri Mahasaya oli opettanut. Mejda oli huolissaan, että isän ankara aikataulu ja spartalainen elämä voisivat rasittaa hänen terveyttään. Kauan äidin kuoleman jälkeen hän yritti kerran pestata englantilaisen hoitajan, joka pitäisi huolta isästä ja tämän henkilökohtaisista tavaroista sekä tarvittaessa suojelisi häntä perhe-elämän pyörteiltä. Mutta isä kieltäytyi. Hän sanoi luoden rakastavan katseen äidin valokuvaan: "Miten voisin hyväksyä toisen naisen palveluita oltuani niin monta vuotta äitinne huolenpidon ja hellyyden kohteena? Elän yhäti niiden avioliiton pyhien rakkaus- ja uskollisuusvalojen sitomana, jotka lausuimme toisillemme. Niitä ei voi mikään elinehdoilla perustelu tehdä tyhjiksi. Minulle ei tule koskaan olemaan toista naista, ei edes palvelemaan yksinkertaisimpia tarpeitani." Isän syvä tunne paljasti, kuinka täysin äitimme muisto täytti hänen sydämensä.

Muistamme yhä, miten äidillä oli tapana pukea meidät joka päivä isän toimistosta paluuta varten. Meidän tuli seisoa uljaasti verannalla häntä vastaanottamassa. Se oli yksi monista tavoista, joita äiti keksi ilmaistakseen vaimon kunnioitusta ja omistautumista isää kohtaan. Äiti nukkui pois isän aineellisen menestymisen huippuhetkenä ja juuri isän virkaylennyksen aikoihin. Vaikka isän sielullisen tuskan taakka ei ollut mitattavissa, on varmaa, että äidin kuolema toi mukanaan hänen hengellisen kasvunsa nopeutumisen.

Isä huolehti pikkutarkkuuteen asti kaikkien töiden suorittamisesta, eikä hänen perhevelvollisuutensa tehnyt tässä poikkeusta. Hän teki parhaansa täyttääkseen äidin kuoleman jättämän aukon. Hän kylvetti ja ruokki meidät. Hän ompeli nappeja takkeihimme ja housuihimme. Hän leikkasi kyntemme. Hän kursi repeytyneistä vaatteista paikkoja sateenvarjoihimme (joskaan ei kovin taitavasti). Hän auttoi meitä keräämään kirjamme kouluun lähtiessä joka päivä. Hän huolehti meistä niin uhrautuvasti, että koimme hänessä usein äitimme läsnäolon. Äidin tavoin isä aina tajusi tarpeemme ja toiveemme ja sen, miten ne tyydytettiin. Tähän päivään asti olen ihaillut hänen herkkyyttään ymmärtää lapsia.

Vaatimattomuus oli isälle luontaista, mutta hänen pidättyvyytensä aineellisiin asioihin nähden ja hänen välinpitämättömyytensä rahan suhteen hämmästyttivät hänen sukuaan ja ystäviään.

Isän eläkkeelle jäämisen jälkeen rautatiehallituksen johtajana Englannissa toiminut hra Winney tuli Lontoon pääkonttorista Kalkuttaan tarkastamaan Bengal-Nagpur-rautateiden tilejä. Hän tutki työntekijöiden ansiolistat yksityiskohtaisen tarkasti. Hän pani merkille isän kiitettävän myötävaikutuksen ison Bengal-Nagpur Railway Urban Bankin perustamisessa. Häneen teki suuren vaikutuksen isän tunnontarkka omistautuminen velvollisuuksilleen. Isä ei ollut ottanut päivänkään ylimääräistä vapaata yhdentoista ja puolen vuoden palvelusaikanaan rautateillä. Hän oli jopa mennyt Anantan kuolinpäivänäkin tavalliseen tapaan toimistoon.

Vaikka isä oli asiamiehen toisen henkilökohtaisen avustajan asemassa, hän oli saanut palkkaa vähemmän kuin kolmas henkilökohtainen avustaja, koska hän oli intialainen. Winney oli ihmeissään, kun hänen tilintarkastuksensa paljasti isän työn määrän ja laadun sekä sen, ettei isä ollut ottanut palkkaa tai etuisuuksia asemastaan Urban Bankin perustajana ja puheenjohtajana. Winney myönsi isälle hänen Bengal-Nagpurin rautateiden työvuosiltaan kuuluvat bonukset, joita hän ei ollut koskaan yrittänyt vaatia itselleen. Korvauksen määrä kohosi 125 000 rupiaan – tuon ajan talousoloissa hyvin merkittävään summaan. Tästä huolimatta me emme huomanneet vähintäkään muutosta isän käytöksessä. Itse asiassa hän ei maininnutkaan koko tapahtumasta.

Nuorin veljemme Bishnu huomasi jonkin ajan päästä pankin tiliotteessa ison talletuksen. Bishnu kysyi asiasta isältä, mutta tämä vastasi vain filosofisin sanakääntein:

"Älä anna maallisen hyödyn tai menetyksen vaikuttaa itseesi. Tällä elämällä on paljon muuta tarkoitusta kuin onnellisuuden tai surun, voiton tai tappion tuoma kiihtymys. Todella merkitsevää on ihmisen luonteenlaatu. Ihmisen tulisi olla rauhallinen ja Hengen muuttumattomuuteen ankkuroitunut. Hengen autuuden piirissä ei ole *mayan*, harhan, suhteellisuuksia. Kaikki aineellisen omaisuuden kaipuu häviää Jumalaa tavoitellessa. Aivan samoin kuin ihmisellä ei ole mitään syntyessään, hän ei vie paisaakaan mukanaan tästä maailmasta kuollessaan. Päämääränäsi olkoon Jumalan tuntemisen järkkymättömän ilon saavuttaminen. Rikkaus, köyhyys, perhe, ystävät, viholliset: kaikki ne ovat tilapäisiä Hänen alati muuttuvassa näytelmässään. Ja sinä olet täällä vain todistamassa Hänen kosmista *lilaansa* (näytelmäänsä). Ihmiset eivät tietämättömyytensä takia näe taidokkuutta, jolla Herra toteuttaa tahtonsa näyttelijöidensä välityksellä."

Kuulimme lopulta koko tarinan isälle suoritetuista korvauksista maisteri Sri Arindam Sarkarilta, nuorimman sisaremme Thamun mieheltä. Emme olisi saaneet tietää koko asiasta, jollei Arindam olisi ollut yrityksen johdossa ja käsitellyt B.N:n rautateiden tilejä ja palkkalistoja rautatieasiamiehen ja pääjohtajan henkilökohtaisena avustajana.

Kerran näin isän katselevan taloutemme tilejä ja hymyilevän. Koska sellaiset hymyt olivat harvassa, kysyin häneltä, miksi hän noin hymyili. Hän vastasi: "Tiedätkö, 50 000 rupiaa on käytetty. Oikein hyvä! Kun Jumala osoittaa suosiotaan jollekulle, hän vapauttaa tämän huolehtimasta maallisesta kirjanpidosta.

Minä olen vapautunut vastuullisuudesta tähän rahaan hankkimalla talomme ja Bishnun haluaman Packard-auton. Käytetty raha on sellaista rahaa, joka ei enää vie aikaani vaatimalla siitä huolehtimista!" Isän terveys ei kuitenkaan ollut tuolloin hyvä. Yksi sukulaisemme tuli katsomaan häntä, ja heidän keskustelunsa aikana nousi aiheeksi Bishnun auton hankkiminen. Sukulainen arvosteli Bishnua, sillä meillä oli jo kaksi autoa ja kolme moottoripyörää. (Siitä huolimatta isä itse ei koskaan käyttänyt niistä yhtäkään.) Isä sanoi tuolle sukulaiselle: "Luuletko, että Bishnu olisi kyennyt ostamaan auton, jos en olisi antanut hänelle rahaa siihen? Entäs jos kuolen tänään? Bishnu olisi voinut pian ostaa auton perintörahoillaan. Mitä hyötyä minulle on huolehtia rahasta? Minun oli ansaittava palkkani huolehtiakseni lapsista ja kouluttaakseni ja kasvattaakseni heidät elämää varten. Sen olen saattanut päätökseen. Jos lapset eivät arvosta rahaa nyt, heille tulee siihen tilaisuus tulevaisuudessa! Minä en ole enää silloin elossa; heidän on pärjättävä omillaan. Annan heidän siis toistaiseksi tehdä tahtonsa mukaan, kunhan se ei vahingoita ketään. Minäkin saan iloa heidän onnestaan." Näiden isän sanojen opetuksesta tuli tärkeä osa ymmärryksemme laajenevaa aarteistoa. Tämän viisauden arvo on ollut viaticumimme[6] matkallamme halki elämän.

Edes Anantan kuolema ei sortanut isää inhimillisten tunteiden kurimukseen. Vaikka olin pysytellyt Bardan[7] vuoteen vierellä koko tämän sairausajan, en ollut tietoinen hänen lähtönsä hetkestä. Olin mennyt keittiöön hakemaan jäitä Bardan kuumeen alentamiseksi ja olin juuri palannut vuoteen ääreen, kun omissa tiloissaan ollut isä avasi Bardan huoneen oven ja sanoi: "Se on päättynyt." Kello oli noin kaksi aamuyöstä.

Isä seisoi ääneti Anantan elottoman ruumiin äärellä hetken ja sanoi sitten: "Ruumis olisi nyt otettava sängystä ja

---

6 Matkaeväämme.

7 Kunnioittava nimitys jonkun vanhimmasta veljestä, bengalin sanoista *Bara* (ensimmäinen eli vanhin veli) ja *dada* (ks. alaviite s. 17).

Perheen elämä äidin kuoleman jälkeen 65

laskettava peitteen päälle lattialle." Seurasin huomaamattani isää huoneesta ja näin hänen palaavan omaan huoneeseensa, missä hän istuutui meditoimaan ja harjoittamaan *kriya*-joogaa.

Ennen kuin ruumis vietiin polttohautauspaikalle, se sijoitettiin myöhemmin päivällä talon ulkopuolelle jalkakäytävällä olevaan vuoteeseen lähelle sisäänkäyntiä, niin että kaikki voisivat katsoa sitä viimeisen kerran. Isä nojautui ylhäältä parvekkeelta ja sanoi: "Odottakaa." Hän tuli alas ja pyysi meitä poistamaan suojuksen Anantan kasvoilta. Hän tuijotti pitkään lasta, jonka oli kasvattanut mieheksi ja jolle oli antanut niin paljon rakkautta ja hellyyttä.

Isä luotti Anantaan suuresti ja neuvotteli usein tämän kanssa, ennen kuin teki päätöksiä. Niinpä me luonnollisesti odotimme isältä jonkinlaista syvää tunnereaktiota Anantan kuoleman takia. Mutta tosiasiassa emme nähneet mitään muutosta hänen käyttäytymisessään. Hän meni toimistolle tavalliseen tapaan ja palasi päivittäisiin rutiineihinsa kotona normaaliin, hiljaiseen tyyliinsä. Hän oli yhtä tyyni ja rauhallinen sinä päivänä kuin aina muulloinkin. Emme käsittäneet hänen hallussaan olevaa voimaa, joka soi hänelle kyvyn säilyä seesteisenä keskellä elämän kriittisiä muutoksia. Näin paljon pääsin ymmärtämään: Äidin ja Anantan kuolemantapausten yhteydessä isä oivalsi syvemmin tämän maailman väliaikaisuuden. Ja hänen vastuunalaisuutensa elämässä oli ainoastaan täyttää Jumalan antamat velvollisuudet parhaan kykynsä mukaan.

Isän huoneessa ei ollut peiliä. Hän sanoi usein: "Jos jatkuvasti katselee kehoaan, antaa sille liikaa huomiota ja kiinnittyneisyys siihen lisääntyy. Jos kehoon kiinnittyminen taas näin helpolla tavalla poistetaan, hengen vapahdus käy nopeasti. Muussa tapauksessa harha aiheuttaa ihmiselle paljon kärsimystä, ennen kuin kuolema hänet vapauttaa."

Isän mieltymys eristäytymiseen ja hänen irrallisuutensa päivittäisten toimien jännityksistä eivät koskaan olleet niin ilmeisiä kuin Bishnun naimisiinmenon aikoihin. Tällaiseen juhlavaan tilaisuuteenhan kaikki perheenjäsenet osallistuivat yleensä iloisissa merkeissä. Ystäviä ja sukulaisia oli tullut läheltä ja kaukaa. Niin monen ihmisen kiihkeä rupattelu talossa oli häiritsevää. Lopulta isä saapui huoneestaan pyytämään hiljaisuutta, mutta nähdessään juhlaisan mielialan hän pidättyi kommentoimasta ja palasi huomaamattomasti yksinäisyyteensä. Hän ei ollut joutunut osallistumaan Bishnun avioliittojärjestelyihin, eikä hän liioin ottanut osaa juhlallisuuksiinkaan. Hän pysytteli huoneessaan meditoimassa. Vasta hääpäivänä hän lähinnä kaikkien perheenjäsenten vaatimuksesta astui ulos eristyksestään – ja silloinkin vain hetkeksi. Hän tuli antamaan isällisen siunauksensa Bishnulle ja tervehtimään vieraita.

Aivan kuin Anantankin tapauksessa, isä osoitti samaa stoalaisuutta, kun vanhin sisaremme Roma joitakin vuosia myöhemmin yhtäkkiä eräänä yönä siirtyi tuonpuoleiseen.[8] Hänen miehensä soitti meille ja kertoi suru-uutisen. Bishnu ja minä lähdimme heidän kotiinsa. Lankomme sanoi, ettei sallisi ruumista vietävän polttohautauspaikalle ennen kuin isä saisi katsoa Roman fyysistä kehoa vielä viimeisen kerran. Roman kotoa lähtiessämme päivä oli jo melkein valjennut. Pysähdyimme kolmannen sisaremme Nalinin, Sejdin, taloon, ja pyysimme häntä tulemaan mukaan kertomaan uutiset isälle.

Tiesimme isän heräävän aina varhain, joten päätimme olla häiritsemättä häntä ja odottaa, kunnes hän tulisi huoneestaan. Hetken päästä hän avasi oven, ja kun hän näki Nalinin itkevän, hän kysyi: "Mitä on tapahtunut?"

Kerroimme hänelle mahdollisimman hienovaraisesti Roman poismenosta. Luonteenomaisen tyyneen tapaansa hän kysyi meiltä, mihin aikaan Roma oli kuollut. Kerroimme hänelle, että se tapahtui yön aikana, kello 23.30. "Onko ruumis

---

8 Tuon päivän aamuna Roma oli pukeutunut hienoon hääpukuunsa ja sanonut aviomiehelleen: "Palvelen sinua maan päällä tänään viimeistä kertaa." Kun hän myöhemmin samana päivänä sai sydänkohtauksen, hän kielsi poikaansa hakemasta lääkäriä. Hän kuoli muutaman minuutin päästä. (Katso Roman elämäkertatietoja liitteistä. Katso myös kertomusta teoksessa *Joogin omaelämäkerta*, luvusta "Kivisen kuvan sydän".
– *Julkaisijan huomautus*)

sitten jo tuhkattu?" Kerroimme lankomme toiveesta, että isä voisi nähdä ensin Roman ruumiin.

"Soita Satishille ja käske häntä viemään ruumis heti polttohautauspaikalle", isä vastasi. "Tuo keho ei merkitse minulle mitään nyt eikä liioin Romalle." Näine sanoineen hän käveli pois.

Olimme hämmästyneitä. Isä oli aina ollut huolissaan, kun me olimme sairaana, eikä hän koskaan levännyt ennen kuin parannuimme. Nyt hän oli yhtä stoalaisen tunteeton kuin oli ollut Anantan kuoltua. Kummassakaan tapauksessa ei ollut surun sanoja eikä murehtimisen ilmauksia. Kuolema oli hänelle yhtä odotettu ja luonnollinen kuin mikä tahansa muu normaali elämän tapahtuma.

Askeetin ankara pidättyvyys

Isä jatkoi samaa ja yhtä yksinkertaista ruokavaliota, jonka turvin hän oli selviytynyt köyhien vuosiensa läpi. Hän sanoi meille, että oli tottunut tähän ruokaan lapsuudesta lähtien ja ettei nyt ollut mitään syytä muutoksiin. Hänen lounaansa käsitti toimistolla vain tapiokaa ja palan kandisokeria. Emme muista isän koskaan ottaneen vastaan kutsua syödä ulkona. Tavallisesti hän pyysi kohteliaasti anteeksi ja sanoi olevansa huonovointinen tai liian väsynyt toimistotyön jälkeen.

Isän palkka olisi riittänyt auton ostamiseen, ja hän olisi voinut ajaa sillä työhön, mutta hänen raudanluja elämäntapansa oli välttää ylellisyyttä. Hän katsoi auton tarpeettomaksi. Päästäkseen toimistolle Garpar Roadin kodistamme isä käveli Upper Circular Roadia (nykyisin Acharya Prafulla Chandra Road)[9] Sukia Streetille (nykyään Mahendra Srimani Street ja Kailash Bose Street) ja sitten Cornwallis Streetiä (nykyään Bidhan Sarani), mistä hän ajoi raitiovaunulla High Courtille. High Courtilta hän matkusti Bengal-Nagpur-rautateiden

---

[9] Intian itsenäistyttyä brittivallan alta monet kadut nimettiin uudelleen kuuluisien intialaisten mukaan, kuten valtiomiesten, pyhimysten ja runoilijoiden.

jokiveneellä toimistolleen Garden Reachille. Kotiin hän palasi samaa reittiä päinvastaisessa järjestyksessä.

Isän puvusto käsitti kesäkuukausina kaksi tavallisesta karkeasta puuvillasta tehtyä paitaa, kaksi korkeakauluksista puuvillatakkia, kaksi housuparia ja pyöreän hindustanilaisen päähineen. Talvisin tuli lisäksi korkeakauluksinen päällystakki, joka oli raidallista laivastonsinistä kangasta. Hän käytti Meerutin kenkiä, jotka maksoivat kolme rupiaa. Toimistossa hän pani jalkaansa huokeammat tohvelit, koska hänestä tuntui, että jatkuva nauhakenkien pitäminen oli epäterveellistä.

Äiti oli kerran antanut isälle kultakehyksiset silmälasit käytettäviksi arkipäiväisten teräskehyksisten asemesta. "Isän asemassa olevan ihmisen pitäisi käyttää sellaisia laseja", äiti oli sanonut. Isä kuitenkin kieltäytyi käyttämästä niitä. Hän piti yksinkertaisia laseja parempina. Kun kysyimme syytä siihen, hän sanoi: "Kun nuorin setänne oli tilapäistöissä Ichapurin postitoimistossa, hän osti itselleen kultakehyksiset silmälasit, koska oli nähnyt minun lasini. Eräänä päivänä hän jätti ne pöydälleen ja meni toiseen toimistoon. Kun hän palasi, lasit olivat poissa. Hän harmitteli kovasti menetystään ja syytti itseään huolimattomuudesta. Huokeampien lasien menetys olisi kirpaissut vähemmän. Kalliit esineet ovat pelkkää näytöstavaraa, ja niistä huolehtiminen lisää ihmisen murhetta. Miksi kasata tarpeetonta huolta jo kannettavana olevan taakan päälle?" Minulla on yhä hallussani isän käyttämättömät kultakehyksiset lasit.

Isä ei sallinut meidän asentaa edes sähköjohtoa huoneeseensa. Hän piti parempina luonnon välineitä, sellaisia kuin risiiniöljylamppu. Hän ei ikinä mennyt teatteriin eikä katsonut elokuvia. Perusteluna oli, että elokuvat rasittivat silmiä, aiheuttivat tarpeetonta mielen levottomuutta ja olivat haitallisia terveydelle, koska suljetuista, täpötäysistä huoneista puuttui kunnollinen tuuletus.

Isä suosi yksinäisyyttä vapaahetkinään, eikä mikään saanut häntä muuttamaan tapojaan. Työt lopetettuaan hän meni huoneeseensa lukemaan pyhiä kirjoja ja meditoimaan niin kuin Lahiri Mahasaya oli häntä opettanut.

Isä ei milloinkaan lainannut keneltäkään. Lapsuuden kokemukset hänen isänsä veloista olivat elinikäisesti muistossa. Mutta vaikka hänen omat tapansa olivat spartalaisia, hän oli muita kohtaan avarasydäminen. Äidin anteliaisuus oli vaikuttanut häneen suuresti. Äidin kuoleman jälkeen kukaan ystävä, sukulainen tai muukaan ei koskaan lähtenyt pois tyhjin käsin käännyttyään isän puoleen avuntarpeessaan.

Rakas isämme oli syntynyt 12. huhtikuuta 1853, ja hän nukkui pois 1. elokuuta 1942 89 vuoden ikäisenä. Äidin kuoleman jälkeen hän ei halunnut kenenkään muun palveluksia. Vaikka muilla perheenjäsenillä oli palvelijoita apunaan, isä teki kaiken itse aina elämänsä loppuun asti.

LUKU 6

Bareillyn aikamme

Mejdan suru äidin kuolemasta

Meida oli pitkään äidin kuoleman jälkeen lohduton. Bareillyn talomme viereisen nurmikentän keskellä kasvoi iso *sheoli*-puu. Mejda istui usein tämän puun alla vajonneena mietiskelemään äitiämme ja Jumalallista Äitiä. Hän rukoili jatkuvasti: "Milloin voin olla lähellä Sinua, kuten äitimme on nyt?" Isää huolestutti Mejdan alakulo. Hän kirjoitutti Mejdan koulun oppilaaksi Bareillyyn saadakseen tämän lopettamaan ajatusten hautomisen. Juuri näihin aikoihin serkkumme Dhirajda tuli asumaan luoksemme. Hän oli Anantaa vanhempi ja oli nähnyt monia erakoita, viisaita ja askeetteja Himalajan retkillään. Kuultuaan hänen kertomuksiaan pyhimysten elämästä ja pyhien vuorten hengellisestä ilmapiiristä Mejda tunsi suurta halua lähteä Himalajalle. Hän päätti mielessään karata ja liittyä Himalajan joogeihin saadakseen hengellistä opastusta Jumalan löytämiseksi. Suunnattomassa innossaan hän paljasti eräänä päivänä suunnitelmansa Dwarka Prasadille, vuokraisäntämme pojalle ja perheystävälle. Dwarka yritti hillitä Mejdaa. Hän kertoi myös Anantalle Mejdan suunnitelmista. Ananta piti siitä lähtien tarkasti silmällä Mejdaa. Hän kiusasi Mejdaa armottomasti kutsuen tätä usein "lilliputiksi" Intian viisaiden suurten jättiläisten joukossa. Myös Dwarka Prasad kiusoitteli Mejdaa. Mutta heidän pilkkansa vain lietsoi Mejdan kaipauksen hehkuvaa hiillosta. Hän halusi etsiä Jumalaa Himalajan yksinäisyydessä. Intian kerjäläismunkkien ikiaikaisesta asusta, okranvärisestä kaavusta, tuli Mejdalle hänen elämäntoiveensa symboli.

Isä jooga-asennossa vanhuusvuosinaan

Ananta tiesi, että Mejda jonain päivänä yrittäisi karata kotoa, joten hän oli aina varuillaan. Kun Mejda yritti sellaista pakoa eräänä iltapäivänä, Ananta seurasi häntä etäältä. Hän katkaisi Mejdan matkan Nainitalissa ja sai tämän palaamaan kotiin.

Masentunut Mejda istui aamuin ja illoin *sheoli*-puun alla. Näin hänet usein syventyneenä mietiskelyyn ympäristönsä unohtaneena. Hänen mielensä kohosi korkeuksiin yhtyen jumaluuteen. Sellaisissa tilanteissa hänen silmistään tipahtelivat Jumalallisen Äidin kaipuun kyyneleet. Toisinaan hän saattoi itkeä ja rukoilla: "Voi, Äiti, rakas Äitini, he eivät salli minun tulla Sinun luoksesi." Hänen näkemisensä tässä tilassa nosti kyyneleet silmiini ja herätti minussa suuttumusta Anantaa kohtaan. Miksi? Miksi Bardamme kohteli Mejdaa näin?

USKOLLISUUS AHIMSAA KOHTAAN [1]

Dwarka Prasadin toinen veli Madho Prasad oli suuri metsästäjä. Me pidimme hänen metsästysasustaan. Minä ihailin häntä niin kovasti, että halusin myös suureksi metsästäjäksi isona – jopa suuremmaksi kuin Madho. Koko maailma kuulisi minusta! Villieläimet pakenisivat saatuaan minusta vainun! Koska Ananta ja Madho olivat läheiset ystävät, perheemme sai usein vastaanottaa Madhon pyytämiä riistalintuja. Liha

1 Vahingoittamisesta pidättyminen, väkivallattomuus. Suuri viisas, Patanjali, on kirjoittanut *Joogasutrissa* (II:35) seuraavasti: "*Ahimsassa* (väkivallattomuudessa) täydellistyneen ollessa läsnä vihamielisyys ei herää [missään olennossa]." Swami Sri Yukteswar selittää *Joogin omaelämäkerrassa*: "Patanjali tarkoitti *ahimsalla* tappamisen *halun* hävittämistä. Tämä maailma ei sovellu kovin hyvin *ahimsan* kirjaimelliseen noudattamiseen. Ihminen saattaa joutua lopettamaan vahingollisia eläimiä. Mutta hänellä ei ole samanlaista pakkoa tuntea suuttumusta tai vihaa. Kaikilla elämänmuodoilla on sama oikeus elää tässä *mayan* maailmassa. Pyhimys, joka löytää ratkaisun elämän arvoitukseen, elää sopusoinnussa luonnon lukemattomien hämmentävien ilmenemismuotojen kanssa. Kuka tahansa voi ymmärtää tämän totuuden voittamalla tuhoamishalunsa." – Paramahansa Yogananda: *Joogin omaelämäkerta*, "Vuodet mestarini ashramissa". (*Julkaisijan huomautus*)

valmistettiin ruoaksi ja syötiin suurella ruokahalulla. Mutta Mejda ei siihen koskenutkaan. Vaikka kaikki istuuduimmekin yhdessä aterioimaan, Mejda söi vain riisiä ja vihanneksia. Ananta sijoitti minut usein istumaan Mejdan viereen herkullisine riistalautasineen vain kiusatakseen häntä. Mejda kuitenkin söi oman ruokansa nopeasti ja ääneti, mistään välittämättä. Sitten hän pyysi anteeksi ja lähti huoneesta.

Kun Mejda veti minut sivuun näiden tilanteiden jälkeen, hän saattoi torua minua: "Sinä olet himokas, kun osallistut sellaisen ruoan syömiseen. On synti ampua viattomia lintuja. Niiden lihaa syövät osallistuvat tuohon syntiin. On helppoa kerätä syntiä, mutta on hyvin vaikeaa ansaita hyvettä. Kaikkien ihmisten on vastattava elämänsä teoista kuoleman jälkeen. Niinpä sinun tuleekin *ajatella* ennen kuin teet mitään. Häntä, joka ei osaa erottaa oikeaa ja väärää, oikeudenmukaisuutta ja oikeudettomuutta, väkivaltaa ja väkivallattomuutta, voidaan kutsua miksi tahansa – mutta ei ihmiseksi!"

JÄRKÄHTÄMÄTÖN OMISTAUTUMINEN TOTUUDELLE

Vanhin veljemme Ananta – eli Barda, kuten me häntä kutsuimme – oli ankara kurinpitäjä. Koska hän itse oli niin periaatteellinen, hän ei suvainnut muiden huonoa käytöstä. Totta kai hän toisinaan erehtyi arvioinneissaan ja hänen mielipiteensä olivat joskus äärimmäisen yksipuolisia. Kaikesta huolimatta hänen vahvasti periaatteellinen luonteensa teki meihin kaikkiin vaikutuksen, varsinkin Mejdaan. Mutta vaikka Mejda kunnioittikin Bardaa, hän ei kaihtanut totuuden puolustamista, jos Barda (tai kuka tahansa muu) oli väärässä.

Manudi[2] oli leskeksi jäänyt sukulainen, joka oli tullut talouteemme pitämään meistä huolta. Hän yritti kouluttaa ja ohjailla meitä monin tavoin – joista jotkin olivat epäreiluja. Hän kiusasi meitä tarpeettomasti käyttäytymisestämme, jopa sellaisista asioista kuin kylpeminen, syöminen ja nukkuminen.

---

2 Manudi oli serkkumme Jatindan vanhin sisar. Heidän isänsä oli Sri Phanindra Nath Ghosh, yksi isämme serkuista.

Jhima ("palvelusäiti"), isä ja isän sisar

Urhoollinen Mejdamme kieltäytyi noudattamasta monia hänen järjettömiä ohjeitaan, mutta hänen kieltäytymisensä teki Manudin yhä päättäväisemmäksi määräysvaltansa harjoittamisessa. Mejdan sanattomat protestit eivät olleet epätavallisia, ja hän teki usein juuri päinvastoin kuin mitä nainen vaati. Kun hän viimein huomasi, ettei pystynyt alistamaan Mejdaa, hän esitti Anantalle väärän syytöksen Mejdaa vastaan. Tämä otti valheellisen tiedon vastaan hyvässä uskossa ja käski Mejdaa pyytämään naiselta anteeksi. Mejda kieltäytyi. "Miksi? En ole tehnyt mitään väärää. Miksi minun pitäisi väheksyä minussa olevaa Jumalaa pyytämällä anteeksi sellaista, mitä en tee? Sellainen teko väheksyisi minuakin!"

Ananta koki Mejdan sanat nenäkkäiksi. "Sinun *täytyy* pyytää anteeksi! Et voi väittää olevasi ainut totuutta rakastava henkilö tässä talossa. Tee niin kuin sanon", hän komensi. "Sinun tulee oppia kunnioittamaan vanhempiesi sanaa."

Mejda kieltäytyi taipumasta. Silloin Ananta suuttui kovasti. Hän sieppasi puisen viivoittimen ja alkoi hakata Mejdaa käsiin ja päähän. Punaisia juomuja alkoi ilmaantua lyöntikohtiin. Pian koko Mejdan vartalo oli turvoksissa. Minä itkin ja vapisin pelosta. "Mejda käyttäytyy hullun lailla", ajattelin. "Olisi ollut niin yksinkertaista vain pyytää anteeksi. Silloin tämäkin asia olisi ollut poissa päiväjärjestyksestä ilman lyömistä!" Vaikka Ananta kuinka yritti, hän ei saanut Mejdaa pyytämään anteeksi. Mitä enemmän Ananta Mejdaa löi, sitä vahvempi vastarinta tässä heräsi. Hänen kyyneletön, hiljainen vastalauseensa oli kuin terästä. Viimein viivoitin katkesi. Ananta huusi vihasta ja lähti huoneesta. Mejda seisoi yhä suorana kuin himalajansetri.

Ananta puhui myöhemmin sinä iltana sisarellemme Nalinille ja sai tietää, että syytös oli väärä. Hän tuli tunnontuskiin ja tajusi, että Mejdan hiljainen ja päättäväinen vastarinta oli suurin mahdollinen todiste totuuden puolesta. Barda meni Mejdan huoneeseen, halasi tätä ja pyysi anteeksi käyttämäänsä väkivaltaa. Hän vei Mejdan Manudin huoneeseen ja nuhteli naista ankarasti.

Tuo vanha leski oli kauhuissaan Anantan Mejdalle antamasta ankarasta rangaistuksesta ja itki myöhemmin avoimesti Mejdan edessä. "Veli", hän anoi, "anna anteeksi tälle ilkeälle naiselle. Olen suuresti erehtynyt arvioidessani sinua. Tekemästäni synnistä ei ole pakotietä. Minulla ei ole pelastusta, jos sinä et suo anteeksiantoasi. Kerro minulle, veli, annatko minulle anteeksi." Tämän sanottuaan hän itki katkerasti. Mejda ja minä yritimme lohduttaa häntä. Lopulta hän lakkasi itkemästä, ja Mejda katsoi häntä myötätuntoisesti hymyillen.

"Minulta sinun ei tarvitse pyytää anteeksi", Mejda sanoi ystävällisesti. "Pyydä Jumalalta anteeksi. Hän varmasti armahtaa sinua."

Kun vielä asuimme Bareillyssa, Mejda kertoi minulle, että upottaisi äidin tekemän jumalatar Kalin kuvan.[3] Minä esitin vastalauseeni. Mejda ei aluksi paljastanut syytä ratkaisuunsa. Lopulta hän kertoi vaientaakseen vastustukseni: "Sain jumalallisen kehotuksen unessa. Minun täytyy upottaa kuvapatsas." Vaikka selitys oli aika arvoituksellinen, en kyseenalaistanut tuota "jumalallista kehotusta". Tämä Kalin kuva oli viimeinen äitimme tekemistä.

---

3 Kuvat ovat ainoastaan Äärettömän Hengen edustajia. Palvoja kutsuu vertauskuvallisesti jumaluuden ilmenemään kuvassa, niin että Absoluuttia voidaan palvella uskovaiselle käsitettävässä muodossa. Kuvat on usein valmistettu savesta, jotta ne voidaan palvonnan jälkeen upottaa veteen, kuten jokeen tai lampeen. Kuvan hahmo palaa perusaineisiin, joista se oli tehty, symboloiden Hengen paluuta äärellisestä Äärettömään. Jumala nähdään näin sekä persoonallisena että persoonattomana, immanenttina ja transsendenttina. (*Julkaisijan huomautus*)

LUKU 7

Chittagong

Merkittävä kohtaaminen

Anantan päiväkirjan mukaan muutimme Bareillysta Chittagongiin 3. toukokuuta 1906. Täällä Mejdalla oli tapana ottaa minut mukaansa naapuritalojen pihoille poimimaan puista hedelmiä. Erään talon pihalla oli muutama kaunis, iso joutsen. Mejda päätti tehdä sulkakynän, joten hän kiskaisi sulan yhdestä viehkeästä linnusta. Omistaja sai sen selville ja valitti Anantalle. Barda halusi panna pisteen Mejdan kurittomuudelle ja päätti, että paras keino oli rajoittaa hänen menojaan päivän mittaan. Niinpä hän vei henkilökohtaisesti Mejdan ja minut paikalliseen kouluun sisäänkirjoitettaviksi. Mejda menestyi hyvin pääsykokeessa, minun paperini juuri ja juuri läpäisivät.

Anantan tapana oli rajoittaa liikkumistamme estelevin määräyksin: "Älkää tehkö tätä! Älkää tehkö tuota! Älkää menkö sinne! Ihmiset eivät pidä teistä, jos ette ole kunnolla!" Chittagongin päivämme olivat täynnä loputtomia rajoituksia. Mutta tämä teki Mejdasta vain uppiniskaisemman. Perusteettoman rajoituksen kohdatessaan hän teki yhä päättäväisemmin niin kuin halusi.

Erään kerran Mejdalle ja minulle sanottiin: "Älkää menkö sataman suunnalle. Pysykää kaukana joen suulta."

Minä ajattelin: "Mejda ei kyllä tottele tätä. Tämä on juuri sellaista, mitä vastaan hän kapinoi." Tietenkään ei mennyt kauaa, kun hän jo otti minut mukaansa joen suulle.

Ananta oli määrännyt meitä kaikkia lapsia olemaan kotona joka päivä varhain illalla peseytymistä varten ja aloittamaan kotitehtävämme kello kuusi. Chittagongin satamaan oli noin neljä kilometriä kodistamme. Me emme siis koulusta palaamisen ja välipalan jälkeen pystyisi kävelemään kahdeksan kilometrin kierrosta ja olemaan takaisin säädetyssä ajassa. Niinpä me juoksimme koko matkan satamaan, katselimme hetken laivoja ja juoksimme takaisin kotiin. Kaiken tällaisen juoksun jälkeen Mejdasta tuli etevä urheilija. Minustakin tuli kohtalaisen hyvä mutta ei läheskään sellaista kuin Mejda.

Joen suulle johtava tie seurasi useita matalia kukkuloita. Matkan varrella puista roikkui runsaasti hedelmiä. Eräänä päivänä Mejda sanoi: "Kuule, kun palaamme tänä iltana, poimimme muutaman *litsin*. Kukaan ei huomaa meitä hämärissä."

Sanoista tekoihin! Mejda oli poimimassa herkullisia, makeita *litsejä*, kun kuulimme jonkun kutsuvan häntä nimeltä. Säikähtynyt Mejda seisoi hiirenhiljaa. Kaikki seikkailun tuntu hävisi hetkessä! Liikuimme varovasti suuntaan, josta ääni oli tullut. Päivänvalo oli nopeasti hupenemassa, emmekä nähneet pitkälle varjoihin, mutta pian erotimme valkopukuisen miehen. Kun mies näki, että olimme vähän peloissamme, hän viittoili meitä ystävällisin elein lähemmäs. Jos hän oli täällä vartijana, miten hän tiesi Mejdan nimen?

Lähestyimme hitaasti tuota ystävällistä ja hymyilevää henkilöä. Hänen hahmonsa näytti loistavan ihmeellistä valoa. Katselin ympärilleni nähdäkseni, mistä valo oli peräisin. Äkkiä Mejda kumartui pyhimyksen eteen ja kosketti hänen jalkojaan. Pyhimys syleili Mejdaa ja suuteli hänen päätään. Minäkin kumarruin pyhän hahmon eteen. Hän lausui meille siunaavin elein: "Jaiastu!"[1] Sitten hän puhui Mejdalle:

"Mukunda, on Jumalan tahto, että tulen luoksesi tänään. Muista, mitä sanon sinulle. Olet tullut maan päälle Jumalan edustajana täyttämään hänen toiveitaan. Kehosi on Hänen temppelinsä, rukouksella ja meditaatiolla pyhitetty. Älä juokse aineellisten nautintojen tai tyydykkeiden perässä. Sinä tulet osoittamaan tien, joka johtaa tosi onnellisuuteen. Ja sinä vapautat hengellisen tietämyksesi turvin ne, jotka kärsivät

---

[1] "Voitto olkoon myötäsi!"

tietämättömyydessä. Älä koskaan unohda, että olet yhtä *Maha Purushan*[2] kanssa, minkä saavuttavat vain ne, jotka ovat ylivertaisen menestyneitä mietiskelyssä. Sinun kehosi, mielesi ja elämäsi ei pidä koskaan poiketa ajattelemasta Jumalaa, ei hetkeksikään. Äärettömän Isän siunaukset ovat ylläsi. Uskosi Häneen tulee olla ehdoton. Hän varjelee sinua kaikilta vaaroilta. Tässä maailmassa vain Hän on ikuinen; kaikki muu on tilapäistä ja epäluotettavaa. Sinun joogaihanteesi tulevat innoittamaan eräänä päivänä koko ihmiskuntaa. Mukunda, käy eteenpäin!"

Olin levoton, sillä aika kului ja pimeys peitti meidät. Meillä oli pitkä matka kotiin. Isän torut ja Anantan lyönnit olisivat väistämättömiä. Pyhimys huomasi ajatukseni ja sanoi: "Älkää olko levottomia. Menkää vapaasti kotiin. Kukaan ei huomaa, että olette myöhässä."

Lähdimme kotia kohti. Kun olimme kävelleet vähän matkaa, katsoimme taaksemme ja näimme pyhimyksen siunaavan meitä kohotetuin käsin. Sitten hän katosi. Käännyin Mejdan puoleen puhumaan, mutta hän ei kuunnellut. Hän käveli pää alaspäin syvissä mietteissään. Kun pääsimme kotiin, Mejda meni suoraan rukoushuoneeseensa. Tiedustelin, missä isä ja Ananta olivat. Sain kuulla, että Barda oli kutsuttu ystävän kotiin ja että isä ei ollut vielä palannut tärkeästä kokouksesta toimistolta. Mikä riemu! He eivät tienneet myöhäisestä paluustamme. Juoksin rukoushuoneeseen kertomaan Mejdalle.

Mutta Mejda olikin tulossa hakemaan minua. Hän tarttui käteeni ja johdatti minut valokuvan luo, joka riippui seinällä. Seisoimme hetken sen edessä, ja sitten hän kysyi: "Tunnistatko hänet? Eikö hän ole se, joka puhui meille?"

Olin mykistynyt. *Hän* se oli – juuri sama hymy. Mutta hänhän oli kuollut jo aikoja sitten. Kuinka hän olisi voinut tulla luoksemme nyt? Miten olisimme voineet puhua jonkun sellaisen kanssa, joka oli ollut kuolleena kaikki nämä vuodet? Hän oli siunannut meidät, syleillyt Mejdaa ja suudellut hänen päätään. Olin pakahtumaisillani kunnioittavasta pelosta

---

2 "Suuri Sielu", korkeimman Hengen nimitys.

enkä pystynyt puhumaan. Katsoin vain Mejdaa. Asiasta ei ollut epäilystäkään. Mejda ja minä olimme nähneet suuren Lahiri Mahasayan ja puhuneet hänen kanssaan! Tämän pyhimyksen johdatusta etsivät niin perheenpäät kuin viisaatkin kautta Intian. Tämän opettajan luo oli kansa tullut loputtomana virtana vastaanottamaan siunauksia ja hengellistä ohjausta. Mejdan kanssa olin nähnyt Yogavatarin omin silmin ja puhunut hänen kanssaan. Aina tähän päivään saakka minua on sykähdyttänyt tuon ihmeellisen kokemuksen muisto. Se on syöpynyt ikuisesti muistiini. Minä olen siunattu: hänen loputon armonsa, hänen palkitseva suosionsa on ylläni. Kiitollisuuteni ei tunne rajoja.

TYRANNI ON KUKISTETTU

Mejdan luokalle tuli koulun lukukauden alussa vanttera pojanroikale. Hän kiusasi pienempiä ja nuorempia poikia aina tilaisuuden tullen. Hän juoksutti heitä asioillaan ja teetätti itselleen palveluksia. Jos he kieltäytyivät, hän pieksi heitä.

Erään kerran tämä uhkaileva tyranni hyökkäsi Mejdan pienen luokkatoverin kimppuun. Mejda ei sietänyt katsoa kooltaan ja voimiltaan niin erilaisen parin epäreilua koitosta. Hän haastoi isomman pojan: "Jos sinulla on niin suuri halu tapella, niin taistele minun kanssani! Katsotaan, kumpi on vahvempi."

Muut lähistöllä seisseet pojat tyrmistyivät Mejdan sanoista. He pelkäsivät hänen henkensä puolesta. Räyhääjä tiuskaisi ylimielisesti: "No, pikku nappula, mikäs sinua niin ottaa päähän? Etkö tiedä, kuka minä olen?" Sen sanottuaan hän hyppäsi Mejdan kimppuun kuin haavoittunut tiikeri. He kaatuivat samassa maahan ja pyöriskelivät ympäri tomussa. Äkkiä he olivat taas pystyssä, ja tuo lihaksikas korsto nappasi Mejdan, nosti hänet päänsä päälle ja paiskasi maahan. Mejdan iskeytyessä tantereeseen kuului räsähtävä tömäys, ikään kuin hänen selkänsä olisi katkennut. Olin suunniltani ja yritin murtautua tappelijoita ympäröivien poikien ringin läpi, mutta en saanut heitä hievahtamaankaan. Aloin huutaa. Mejda näytti niin kalpealta – luulin hänen olevan tuhon oma.

Pojanroikale kumartui tarttumaan Mejdaan uudelleen, mutta kun hän teki sen, Mejda kietoi kätensä hyökkääjän niskan ympäri. Roikale säikähti: hän ei ollut varautunut tuohon siirtoon. Hän yritti tuloksetta irrottaa Meidan otetta. Epäonnistuttuaan hän sai otteen Mejdan päästä ja tömäytti sen lujaa maata vasten – yhä uudestaan. Mejda ei luopunut kuristusotteestaan, vaikka oli melkein tajuttomana iskujen jäljiltä. Korsto haukkoi henkeään. Hänen kasvonsa alkoivat punottaa. Mejda sanoi lujasti äänellä, joka kuului tulevan jostain kaukaa: "Sano, ettet enää koskaan kiusaa ketään."

Vaikka isompi poika oli tukehtumaisillaan, hän kiroili Mejdalle ja tarttui uudestaan tämän päähän, iskien sitä maata vasten. Jollain tavalla Mejda säilyi tajuissaan. Hän huudahti: "Jos et myönnä tappiotasi, en vapauta sinua."

Tässä vaiheessa korston silmät jo olivat pullistumassa ulos kuopistaan. Hän tiesi, ettei pystynyt jatkamaan. "Hyvä on", hän kähisi. "Sinä olet voittanut minut. Lopeta!"

Mejda hellitti otteensa. Molemmat pojat läähättivät ja tutisivat noustuaan pystyyn. Juoksin Mejdan luo ja näin, että hänen takaraivonsa oli mustelmilla ja vuoti verta. Mutta Mejda ei tuntunut välittävän siitä. Hänen sydämensä paisui saavutetusta voitosta.

Tuo roikale ei silti pystynyt tyytymään tappioonsa. Hän kääntyi äkkiä ja hyökkäsi taas Mejdan kimppuun. Mutta tällä kertaa kaikki pojat tulivat väliin. "Mukunda löi sinut oikeutetusti", he huusivat. "Jos teet hänelle nyt jotakin, joudut tappelemaan meidän kaikkien kanssa. Ja jos niin käy, annamme sinulle sellaisen löylytyksen, että makaat sängyssä lopun ikääsi!" Nähtyään poikien yhdistyneen rintaman korsto vetäytyi askel askeleelta. Sitten hän kääntyi pakosalle.

Mejda tuli tunnetuksi heikkojen suojelijana. Myöhemmin hän tosin katui sitä suuttumusta, joka oli vetänyt hänet mukaan tappeluun. Kun hänelle valkeni, että tuo suuttumus oli ollut hallitsematonta, hänen omantuntonsa kirvely oli pahempaa kuin ruumiillinen kipu. Hän tiesi, että vihalle ei ole sijaa Jumalaan uskovan elämässä, sillä viha pyyhkii pois itse

Jumalan tuntemisen. Hän päätti olla enää koskaan antamatta periksi vihalle. Myöhemmin näin muiden monesti loukkaavan häntä, mutta hän ei milloinkaan osoittanut suuttumusta tai menettänyt malttiaan. Kun hänen ystävänsä olivat väärässä, hän nuhteli heitä lujasti – ja tarvittaessa toistuvasti – mutta kaikki tapahtui mitä suurimman kärsivällisyyden ja sisäisen tyyneyden ilmapiirissä.

PAPERIVENEET TYYNNYTTÄVÄT MYRSKYN

Asuimme Chittagongissa noin kaksi kuukautta. Sitten isä sai siirron Kalkuttaan. Muuton aikaiset tapahtumat olivat tosi kummallisia. Isän oli siirryttävä Kalkuttaan vain seitsemän päivän varoitusajalla. Pyörremyrsky iski alueellemme juuri tuohon aikaan ja toi mukanaan rankkasateen. Paikallisten asukkaiden mukaan myrsky kestäisi vähintään 15 päivää, ja samanlaisia raportteja näkyi myös sanomalehdissä. Pelkäsimme, ettemme pääsisi Kalkuttaan ajoissa.

Mejda odotti kärsimättömänä lähtöä ja kysyi isältä, olisiko meidän odotettava myrskyn laantumiseen asti. Kun isä näytti huolestuneelta, Mejda sanoi Nalinille: "Miksi kaikki ovat peloissaan? Tulettepa näkemään: minä pysäytän tämän hirmuisen sateen." Kun kotiväki kuuli Mejdan hullunkurisen väitteen, kaikki nauroivat.

Mejda meni päättäväisesti keittiöön ja avasi pihamaalle johtavan oven. Hän istahti hetkiseksi portaille katselemaan taivaalta virtaavaa hellittämätöntä sadetta. Minulle hän sanoi: "Tuopa muutamia sanomalehtiä." Aloin kerätä lehtiä. Nalini tuli ääneti mukaan auttamaan. Kasattuamme lehdet pinoon Mejdan viereen kävimme odottamaan, mitä hän tekisi seuraavaksi.

Mejda alkoi kyhätä pieniä paperiveneitä. Hän heitteli niitä yhden kerrallaan vesilätäkköön, joka oli muodostunut pihamaalle. Kuulimme hänen kutakin venettä lähettäessään sanovan jotakin tai lausuvan rukouksen, mutta sanoista emme saaneet selvää.

Kun oli kulunut puolisen tuntia, esitimme epäilyksemme siitä, että Mejda pystyisi mitenkään vaikuttamaan raivokkaaseen myrskyyn. Hän katsahti meitä mutta ei sanonut mitään. Hän teki vain uusia paperiveneitä ja viskeli niitä veteen rukousten vahvistamina. Tätä hän jatkoi tunnin verran taukoa pitämättä. Sitten tapahtui ihmeitten ihme: sade taukosi! Pilvet vetäytyivät pois, ja iltataivaalle levisi kaunis auringonlasku. Kukaan perheemme jäsenistä ei ollut nähnyt tämänkaltaista ihmettä. Kaikki suhtautuivat Mejdaan hämmästyneen kunnioittavasti. Aloitimme matkan Kalkuttaan seuraavana päivänä.

Kun ylitimme Padmajokea isolla höyrylaivalla, Mejda kysyi minulta: "Mistä kulkuvälineestä pidät eniten?" Minä en pitänyt laivasta. Se oli kamala! Kerroin hänelle, että matkustaisin paljon mieluummin junalla.

Mejda vastasi: "Minä pidän höyrylaivalla matkustamisesta. Katso, kuinka se keinuu puolelta toiselle. Silti monet matkustajat voivat pahoin ja pelkäävät! Tuletpa näkemään: jonain päivänä minä matkustan hyvin kaukaiseen maahan isolla laivalla."

Saavuimme Chittagongista Kalkuttaan 2. heinäkuuta 1906.

LUKU 8

Kalkutan ensimmäiset vuodet

MEJDA URHEILIJANA JA PAINIJANA

Kalkuttaan päästyämme asetuimme isän sisaren luo Sitaram Ghosh Streetin varrelle. Sitten vuokrasimme vuodeksi talon Champatalasta. Sen jälkeen muuan kaukainen sukulainen kertoi isälle Garpar Road 4:ssä sijaitsevasta toisesta talosta, jota tarjottiin vuokralle 40 rupian kuukausimaksusta. Muutimme siihen, koska talo oli meille sopivampi. Omistaja päätti vuosia myöhemmin myydä talon 17 000 rupialla. Niinpä isä osti sen 25. heinäkuuta 1919. Rakennus oli silloin kaksikerroksinen, mutta lisäsin siihen myöhemmin kolmannen kerroksen. Garpar Road oli tuolloin hyvin kapea kuja, jolla autojen oli melkein mahdotonta ohittaa toisiaan. Kadun toisella puolella oli Kalkutan kuuromykkien koulu, jonka ympärillä oli korkea aita.

Mejda ja minä kävimme hindukoulua Champatalan asunnostamme käsin. Mejda oli kahdeksannella ja minä kolmannella luokalla. Me molemmat suoritimme ylioppilastutkintomme tässä koulussa. Täällä tapasimme myös Sri Satyendra Nath Basun, joka myöhemmin niitti mainetta tunnettuna tiedemiehenä ja sai kansallisprofessorin arvonimen.[1] Satyendrada kävi usein Garparin kodissamme, ja hänestä tuli yksi läheisimmistä ystävistämme. Mejda ja hän tapasivat istua parvekkeella keskustelemassa iltaisin.

[1] Intian hallituksen yliopistokomission välityksellä myöntämä kunnianosoitus huomattaville emeritusprofessoreille. He saavat tämän tavoitellun arvonimen ja stipendin opetuksen hyväksi tekemästään merkittävästä työstä. Käytäntö on ollut voimassa Intian itsenäistymisestä lähtien. Brittihallinnon aikana kuuluisia professoreita aateloitiin. Kansallisprofessorin (National Professor) arvonimi merkitsee samanlaista kunniaa.

Mejda rakasti urheilua. Hän liittyi NMKY:n College Street -osastoon. Kaiken ikäiset pojat saivat liittyä. Kuukausimaksu oli vain neljä annaa (neljännesrupiaa). Katselimme myös usein toisen kerroksen parvekkeeltamme pelejä, joita pelattiin kuuromykkien koulun kentällä. Sitten koulurakennukseen lisättiin yksi kerros ja näköalamme sulkeutui. Mejda tapasi pian sen jälkeen Manomohan Mazumdarin, Kalkutan kuuromykkien koulun perustajiin kuuluvan miehen pojan. (Myöhempinä vuosina Mejda vihki Manomohandan *sannyasiksi* ja tästä tuli kunnioitettu svami Satyananda.) Tavattuamme Manomohandan hän kutsui Mejdan ja minut koulun pelikentälle ja antoi käytettäviksemme sen urheiluvälineet. Harjoittelimme säännöllisesti koulun poikien kanssa, ja meillä oli monia tilaisuuksia kilpailla koulun peleissä. Voitimme usein palkintoja.

Kotimme lähellä sijaitsi myös Greer Park -puisto. Puiston vieressä oli Greer Club, joka oli majoittunut Lakshmibilas-öljyn valmistajan tiloihin. Kun kerhon jäsenet lopettivat pelinsä puistossa, Mejda vei minut ja monia muita poikia juoksuharjoituksiin juoksemaan lyhyitä matkoja sekä pitempiä välejä kentän ympäri. Kilpailun jälkeen juoksimme kaikki kymmenen tai viisitoista kierrosta kehittääksemme hengitystämme. Mejda hallitsi aina kenttää.

Mejda kilpaili myös NMKY:n kisoissa Marcus Squarella ja voitti monta palkintoa. Yhden erityisen tapahtuman muistan elävästi. Istuin kentän reunalla ja pitelin Mejdan takkia ja kenkiä. Muut kisoissa kilpailevat urheilijat juoksivat radalla lämmittelykierroksia. Heillä oli juoksukengät ja shortsit. Mejda oli paljain jaloin ja yllään neulepaitansa sekä *dhoti*-housut, jotka hän oli laskostanut tiukasti polviensa yläpuolelle.

Mejda oli ilmoittautunut kahteen tapahtumaan: 440 jaardin ja puolen mailin kilpaan. Hän hämmästytti kaikki voittamalla 440 jaardin juoksun. Puoli mailia oli sijoitettu myöhempään iltapäivään. Kilpailun alussa Mejda jäi jälkeen kolmesta tai neljästä kokeneemmasta juoksijasta. Mutta hän sai vähitellen heidät kiinni yksi toisensa jälkeen. Ja viimeisellä kierroksella hän työntyi kärkeen ja voitti kisan.

Katsojat hurrasivat ja taputtivat. Kaikki ihmettelivät: "Kuka tämä uusi juoksija oikein on?" Mejda vilkaisi minua ja hymyili onnellisena. Kilpailun järjestäjät olivat yllättyneitä, mutta edellisten vuosien kisojen voittajat olivat masentuneita ja mykistyneitä! "Kuinka tämä täysin tuntematon juoksija pystyi lyömään heidät?" Mejda sai 440 jaardin juoksustaan ensimmäisenä palkintona ilmakiväärin ja puolen mailin kilpailusta kauniin parin kristallisia mustepulloja. (Kun hän myöhemmin harjoitteli ilmakiväärillä tarkkuusammuntaa, varpunen sai vahingossa surmansa. Mejda oli niin murheellinen, että särki aseen. Bishnu ja minä pyysimme häntä antamaan kiväärin meille, mutta Mejda halusi olla varma siitä, ettei aseesta koituisi enää lisää vahinkoa.)

Mejda tuli laajalti tunnetuksi pikajuoksijana. Monet olivat kateellisia. Entiset voittajat järjestivät Greer Parkiin kilpailun suunnitellen kukistavansa uuden sankarin. Vaikka minä olin hyvin nuori, heidän kaavailunsa näytti jopa minusta naurettavalta. Mejda peittosi heidät kaikki perin pohjin ja juoksi jopa nopeammin kuin edellisissä kisoissa. Oli surullista, että hänen haastajansa halusivat olla urheilijoita mutta heillä ei ollut vastaavaa urheiluhenkeä.

Mejdan menestys kannusti Bishnua ja minua harjoittelemaan sinnikkäästi. Uutterien ponnistelujemme ansiosta voitimme monia palkintoja hindukoulun vuosittaisissa kilpailuissa – itse asiassa niin monia, että palvelijan piti auttaa meitä niiden kotiin kantamisessa.

Mejda järjesti itsekin urheilukilpailun Greer Parkissa. Hän yritti luoda puolueettoman ilmapiirin, joka edistäisi reiluutta ja todellista urheiluhenkeä. Hänen suunnittelunsa ja ohjelman laadintansa olivat ammattimaisia. Hän järjesti kolme sarjaa: yhden pikkupojille, yhden keskitason pojille ja yhden varttuneemmille pojille. Kaikki osanottajat – ja katsojat yhtä lailla – olivat kovin ihastuneita.

Monet pyysivät Mejdaa järjestämään samanlaisia kilpailuja joka vuosi, ja Mejda oli miettinyt pitkään luovansa vuosittaiset mallikelpoiset kilpailut. Mutta hän kohtasi suurta vastustusta niiden taholta, jotka jo olivat vakiinnuttaneet asemansa urheilukilpailujen eri lajeissa. Häntä loukkasi, että ne, jotka olivat vastuussa urheilun vaalimisesta, eivät tukeneet hänen ponnistuksiaan eivätkä olleet aina edes puolueettomia. Hän ei halunnut ruveta kahnauksiin näiden ryhmien kanssa, joten hän lopetti yrityksensä.

Mejdan kiinnostus kääntyi painin suuntaan. Läheisen Atheneum Institutionin portinvartijalla – joka oli varsinainen jätti miehekseen – oli painiopisto Garpar Roadilla, lähellä kotiamme. Monet nuorukaiset harjoittelivat siellä. Mejda otti joitakuita meistä mukaansa salille joka aamu. Me seisoimme piirissä katselemassa lumoutuneina. Kun joku painijoista joutui toisinaan vaikeaan asentoon, Mejda saattoi sanoa hänelle, mitä olisi tehtävä. Noudatettuaan sivusta annettuja ohjeita painija sai yleensä hyötyä ja voitti vastustajansa. Jälkeenpäin Mejdalle tarjottiin *jalebia* (kirpeä, mehukas makeinen) ja kuumaa *chola dalia* (idätettyjä garbanzopapuja). Kun ystävyys kasvoi, Mejda uskaltautui eräänä päivänä kysymään, opettaisivatko he hänelle painia.

Miehet yllättyivät kuullessaan tämän pyynnön niin kultivoituneelta pojalta. "Sinä lasket leikkiä, eikö niin?" he nauroivat. Mejda vakuutti olevansa tosissaan. Silloin yksi nuorista miehistä sanoi hindin ja bengalin kieliä sekaisin murtaen: "Kaikella kunnioituksella, kaveri, sinä kummastutat meitä. Ilmeisesti olet jonkun herran poika etkä tunnu sopivalta tämäntyyppiseen urheiluun, vaikka tunnetkin monet otteista. Sinähän jopa valmennat meitä. Sinä et näytä painijalta, joskin urheilu vaikuttaa olevan sinulle tuttua. Kerropa itsestäsi."

Mejdalta vaadittiin paljon selitystä nuorten miesten vakuuttamiseksi siitä, ettei hän tiennyt mitään painista. Hänen antamansa valmennusohjeet tulivat vain spontaanisti hänen mieleensä. Lopulta miehet päättivät opettaa häntä. Ja aikaa myöten Mejda salli minunkin saada ohjausta.

Mejdan ystävä Shishir tuli pyytämään apua parin viikon päästä siitä kun Mejda aloitti harjoittelun. Häneen oli iskenyt luuvalo, ja hän oli läpikäynyt monia hoitoja, mutta mikään ei ollut kohentanut hänen tilaansa. Hän ei pystynyt edes kävelemään. Hän oli yöllä ennen Mejdan luo tuloaan nähnyt unen Mejdasta ja kuullut äänen: "Mene huomenna Mukundan luo. Hän kykenee parantamaan sinut." Mejda opetti Shishirille aluksi isältä oppimansa Lahiri Mahasayan *kriya*-joogatekniikan ja käski tämän harjoittaa sitä säännöllisesti. Shishirin kunto alkoi parantua. Sitten Mejda vei hänet painisalille harjoituksiin. Mejda opetti hänelle erityisen lihasharjoitusten sarjan verenkierron voimistamiseksi. Muutaman kuukauden päästä Shishir oli täysin terve.

Shishir uskoutui vähän parantumisensa jälkeen Meijdalle: "Mukunda, jos en olisi nähnyt sinua unessa tuona yönä ja kuullut ääntä, joka käski minua hakemaan apuasi, olisin luultavasti tehnyt itsemurhan. Olisi ollut sietämätöntä joutua invalidiksi ja taakaksi muille koko loppuelämäksi."

MEJDALLE UUSI HENGELLINEN YSTÄVÄ

Mejdan urheilukerhoon junailemat pojat, minä mukaan lukien, olivat eräänä marraskuun iltapäivänä valmistelemassa jalkapallo-ottelua toisen joukkueen kanssa. Jalkapallo oli tyhjentynyt, ja meidän ainut pumppumme sanoi työsopimuksensa irti, ennen kuin olimme saaneet pallon täytetyksi. Olimme tosi pulassa, koska pelin alkamisaika oli jo melkein käsillä. Mejda kysyi minulta, tiesinkö ketään, jolla olisi pumppu, sillä lähettyvillä ei ollut yhtään polkupyöräliikettäkään. Tiesin muutaman pojan, mutta he kieltäytyivät auttamasta, koska eivät kuuluneet meidän joukkueeseemme. Mejda hyväksyi joukkueeseen vain hyvän luonteenlaadun omaavia poikia, ja nämä oli katsottu sopimattomiksi. Kalinath Sarkar oli ystävämme, joka asui Parsi Bagan Lanen varrella lähellä Science Collegea ja oli myös joukkueemme jäsen. Hän ehdotti, että kokeilisimme saada apua Kalkutan kuuromykkien koulusta. "Olen Manomohan Mazumdarin ystävä. Hän on koulun perustajiin kuuluvan Mohini Mohan Mazumbarin vanhin poika."

Lähdimme kaikki joukolla koululle. Manomohan seisoi portilla. Kalinathda sanoi: "Mano, on hienoa nähdä sinut täällä."

Manomohan kysyi: "Mitä te oikein teette tässä paahtavassa helteessä? Oletteko tosiaan menossa pelaamaan?"

"Kyllä olemme", Kalinathda vastasi ja lisäsi Mejdaa osoittaen: "Tämä on meidän kapteenimme Mukunda Lal Ghosh. Sukia Streetin pojat ovat haastaneet meidät kilpaan ja kerskuneet, että he kukistavat meidät perin pohjin. Mukunda on sanonut heille: 'Lupaan nimeni kautta, että päihitämme teidät mennen tullen.'"

Mejda ja Manomohan katsoivat toisiaan sävähtäen. Vaikka Manomohan oli noin kolme tai neljä vuotta Mejdaa nuorempi, heidän välilleen syntyi siinä paikassa ystävyys, joka ylitti heidän ikäeronsa. He kokivat sisimpänsä puhtaan rakkauden magneettista vetovoimaa toisiaan kohtaan.

Kalinath puhkesi puhumaan noita kahta katsellen: "Jalkapallomme pumppu meni rikki. Voisimmeko lainata koulun pumppua? Maineemme on vaakalaudalla."

Manomohan vastasi Mejdaa kiinteästi katsoen: "Jäisikö hänen toiveensa täyttämättä? Ei ikinä. Tulkaa minun kanssani." Sen sanottuaan hän johdatti meidät koulurakennukseen ja antoi meille tehokkaan pumpun.

Mejda ja Manomohanda olivat siitä päivästä lähtien ystävät. Kun eräänä iltana palasimme kotiin pelikentältä, useimmat pelitoverit olivat jo menneet edellämme. Manomohan, hänen toinen veljensä Mukul ja Mejda sekä minä kävelimme yhdessä. Polku johti radan vartta Upper Circular Roadin itäpuolella. Laskevan auringon viimeiset säteet olivat värittäneet kauniisti lännen taivaan. Pilvet olivat muotoutuneet kukkuloiksi, eläimiksi ja kirkkaanpunaisen merenrannan aalloiksi. Mejdan mielenkiinto ei kuitenkaan kohdistunut niihin – se suuntautui Himalajalle. Hän sanoi Manomohanille: "Kuvittelepa, kuinka pyhimykset juuri nyt mietiskelevät luolissaan Himalajalla. He ovat kaikkina aikoina kohottaneet ihmisten sielut *mayan* pimeydestä. Näen Himalajan hengellisten korkeuksien kohoavan äärettömään ja sulautuvan *Aumiin*.[2] Tunnen, kuinka pyhien vuorten haltioittava kauneus vetää minua puoleensa."

Mejda jatkoi hetken tauon jälkeen: "Tule! Seuratkaamme askeettien jalanjälkiä. Opetan sinulle tuon *sadhanan*. Mutta tie ei ole helppo. Se on lastattu niiden pilkanteolla ja väärinymmärryksillä, jotka eivät usko maallisesta luopumisen polkuun. On monia kompastuskiviä. Sinun on opittava pitämään mielesi kiinnittyneenä yksin jumalalliseen päämäärään, jopa sulkien kodin sen ulkopuolelle."

Seuraavana päivänä Mejda opetti Manomohanille meditointitekniikan pyhän *Aum*-äänen kuulemiseksi ja jumalallisen valon näkemiseksi. Sisimmässään Manomohanda omaksui Mejdan gurukseen. Heidät nähtiin säännöllisesti meditoimassa yhdessä – Garpar Roadin kodin salissa, Kalin temppelissä ja Belur Mathissa Dakshineswarissa sekä uudenkuun aikaan öisin polttohautauspaikoilla. Heidän antaumuksensa kohdistui Jumalalliseen Äitiin Kalina.

Me kolme teimme Äiti Kalin kuvan. Kuuromykkien koulun perustaja ja rehtori Sri Kamini Mohan Banerjee järjesti *pujan* koulun kentällä. Palveluksen jälkeen hän tarjosi *prasadia* kaikille osanottajille.

Manomohan ja minä kaivoimme Mejdan kannustamina ja innoittamina luolan mietiskelyä varten lammikon töyrääseen koulualueen sisäpuolelle. Siinä meni kauan, sillä meidän oli salattava yrityksemme. Pystyimme työskentelemään vasta kun koulupojat olivat lopettaneet iltapäivällä pelinsä. Teimme luolan samannäköiseksi kuin Himalajan joogeilla. Kenenkään näkemättä aloimme meditoida salaisessa luolassamme. Ennen pitkää koulun virkailijat kuitenkin keksivät meidät ja häätivät meidät äkillisesti "Himalajan" pyhäköstämme.

2 Kosmisen luovan värähtelyn ääni; kristillisissä kirjoituksissa "Amen" ja "Sana".

PAKO HIMALAJALLE

En uneksinutkaan, että Mejda harkitsisi vakavissaan pakenemista Himalajalle asuakseen siellä pyhimysten kanssa ja etsiäkseen guruaan. Hän suunnitteli matkan jokaisen yksityiskohdan täysin salassa. Paon toteuttamishetkeksi valittuna päivänä hän jäi koulusta kotiin teeskennellen huonoa vointia. Hän vietti koko aamun rukoushuoneessaan. Huomasimme vasta kolmelta iltapäivällä, että hän oli karannut.

Ananta lähti Mejdan kouluun kysymään hänen ystäviltään, tiesivätkö he hänen olinpaikastaan. Hän sai kuulla, ettei myöskään Mejdan ystävä Amar ollut tullut kouluun sinä päivänä. Ananta kyseli seuraavana aamuna Amarin kotiväeltä. Amarilta oli jäänyt kotiin juna-aikataulu, johon oli merkitty junanvaihtoasemat reitillä Hardwariin, Himalajan juurella sijaitsevaan muinaiseen pyhiinvaelluspaikkaan. Kun Ananta oli lähdössä, hän sattui kuulemaan, kuinka Amarin isä keskusteli kuljettajan kanssa, joka tavallisesti vei hänet töihin ja samalla jätti Amarin koulun luona pois kyydistä. Kun ajomies kysyi, missä Amar oli, hänen isänsä vastasi surullisesti, että Amar oli karannut. Silloin vaununkuljettaja paljasti, että toinen ajaja oli kertonut vieneensä Amarin ja kaksi muuta poikaa – kaikki eurooppalaisittain pukeutuneita – Howrahin rautatieasemalle.

Kun Ananta kuuli tämän, hän tiesi, että Mejda, Amar ja joku ystävä olivat muuntautuneet eurooppalaisiksi ja lähteneet Kalkutasta junalla. Ottaen huomioon merkityn aikataulun Ananta lähetti sähkeitä poliisille ja asemapäälliköille aikatauluun merkittyihin pysähdyspaikkoihin. Sähkeessä pyydettiin apua kolmen bengalilaisen pojan kiinni ottamisessa. Pojat olivat pukeutuneet eurooppalaisiksi ja matkasivat Moghal Sarain kautta Hardwariin. "Tulen korvaamaan apunne runsain mitoin", sähkeessä luvattiin. Ananta lähetti myös kaapelisähkeen ystävällemme Dwarka Prasadille Bareillyyn, joka oli yksi aikataulussa alleviivatuista pysähdyspaikoista.

Pian tämän jälkeen kuulimme sukulaisiltamme, että serkku Jatinda oli ollut poissa kotoa edellisillasta saakka mutta oli juuri palannut – eurooppalaisittain pukeutuneena. Ananta tarttui nopeasti tilaisuuteen ja kutsui hänet lounaalle kotiimme saadakseen tilaisuuden selvittää Jatindalta, mitä oli tapahtunut. Jatinda saapui puolenpäivän aikaan. Ananta oli itse valvonut ruoan suunnittelun ja valmistuksen niin, että se oli varsinainen juhla-ateria! Syödessään halukkaasti herkkuja ruokalajin toisensa perään Jatinda ei lainkaan aavistanut, että Anantalla oli juoni mielessään. Jatindan saama ruhtinaallinen kohtelu sokaisi hänen arvostelukykynsä. Häneltä jäi huomaamatta se seikka, että Anantan ylikohtelias käyttäytyminen oli täysin poikkeavaa.

Ananta ehdotti yltäkylläisen aterian jälkeen: "Jatin, lähdetäänpä kävelylle." Pahaa aavistamaton Jatinda suostui, ollenkaan huomaamatta sitä, että Ananta oli suunnitellut kävelyreitin kulkemaan poliisiaseman kautta. Ananta vei hänet suoraan asemalle, missä kunnioitusta herättävät, tuimakatseiset poliisiupseerit olivat erityisesti Anantan valitsemia tämän salajuonen rooleihin. He mittelivät onnetonta Jatindaa syyttävin katsein. Jatinda murtui tapahtumien äkillisen käänteen säikäyttämänä ja julmannäköisten poliisien uhkan alla. Hän tunnusti kaiken.

"Halusimme vain mennä Himalajalle etsimään gurua", hän itki. "Amar tilasi vuokravaunut Mukundan talon luo." (Kun Mukunda kuuli vaunujen lähestyvän, hän heitti pienen matkanyyttinsä yläkerran rukoushuoneestaan alas kujalle Amarille. Nyytissä oli Bhagavadgita, Lahiri Mahasayan kuva, rukousnauha, kaksi lannevaatetta ja peite. Sitten hän juoksi ulos etuovesta ja nousi odottaviin vaunuihin.) "Amar ja Mukunda ottivat minut kyytiin matkan varrelta pyrkiessämme rautatieasemalle. Ajoimme ensin Chandni Chaukin liikekeskukseen ostamaan matkavaatteita. Meidän oli ostettava kangaskengät, sillä kartoimme kaikkia nahasta tehtyjä tuotteita. Puimme myös eurooppalaiset asusteet yllemme valepuvuiksi. Nousimme junaan Howrahissa ja ajoimme Burdwaniin matkallamme kohti Hardwaria.

"Junan päästyä vauhtiin Mukunda sanoi: 'Kuvitelkaa, millaisen ilon saamme osaksemme, kun vastaanotamme mestarilta vihkimyksen. Hengellinen voima lataa kehomme sellaisella magnetismilla, että pystymme kesyttämään Himalajan villieläimet. Jopa luoksemme tulevat tiikerit käyttäytyvät kuin kotikissat!'

"Vaikka Mukundan sanat täyttivät Amarin innostuksella, minua pelotti. Tiesin, että jos joutuisin vastatusten tiikerin kanssa, päätyisin sen vatsan täytteeksi. Työnsin pääni ulos vaunun ikkunasta ja toivoin, että raitis ilma elvyttäisi mielialaani. Mutta pelko kuristi kurkkuani niin, etten pystynyt puhumaan loppumatkalla Burdwaniin. Päätin silloin luopua hengellisestä matkastani.

"Ehdotin, että jakaisimme matkakassamme kolmeen osaan, jotta kukin meistä voisi ostaa oman lippunsa Burdwanissa. Silloin emme herättäisi viranomaisten uteliaisuutta. Mukunda ja Amar suostuivat. Kun laskeuduimme junasta asemalle ja erkaannuimme lippuja ostamaan, kätkeydyin asemalle ja ostin sitten lipun Kalkuttaan. Näin minä saavuin takaisin kotiin."

Mejda kertoi meille myöhemmin: "Kun olimme odotelleet Jatindaa jonkin aikaa, minusta tuntui, että hän oli hylännyt meidät. Me etsimme häntä asemalta ja laiturilta, mutta tiesin hänen palanneen kotiin. Kerroin Amarille, että tämä oli huono enne. Matkamme oli tuomittu epäonnistumaan. Lannistuneena ehdotin, että meidänkin olisi palattava Kalkuttaan. Amar ei kuitenkaan myöntänyt tappiota niin helposti. Hänen luottavaiset ja rohkaisevat sanansa vakuuttivat minut siitä, että tämä oli jumalallinen koetus.

"Kello ilmoitti junan lähdöstä. Kun olimme nousemassa vaunuun, Amar pyysi minua olemaan vastaamatta, jos joku kysyisi meiltä jotain. Juuri silloin englantilainen junailija tuli laiturilla juosten ja sähkösanomaa heiluttaen. Hän katsoi meitä hetken epäluuloisena ja kysyi sitten, olimmeko karanneet kotoa. Hänen kysymyksensä muotoilu salli meidän vastata kieltävästi. Hän kysyi uudestaan, missä kolmas poika oli. Sitten hän kysyi nimiämme. Amar puhui hyvin varman oloisesti puoliksi eurooppalaisesta syntyperästämme. Konduktööri tulikin täysin vakuuttuneeksi, ettemme olleet sähkeessä kuvattuja karkulaisia. Hän sanoi: 'Tulkaa mukaani. Ei teidän pitäisi nousta tähän täkäläisten osastoon. Vien teidät ensimmäisen luokan vaunuun, muiden eurooppalaisten seuraan. Jos joku häiritsee teitä, kertokaa hänelle, kuka minä olen ja että minä olen sijoittanut teidät tähän osastoon. Palaan pian.'

"Oli kummallista, ettei hän kertonut meille nimeään eikä palannut luoksemme. Koska olimme osastossa yksin, aloimme taas puhua bengalia. Toruin Amaria: 'Miksi jätit merkityn aikataulun kotiisi? Ananta on varmasti löytänyt sen.'

"Kun saavuimme Bareillyyn, Dwarka Prasad oli aseman laiturilla odottamassa. Tajusin, että Ananta oli sähköttänyt hänellekin ja pyytänyt häntä pysäyttämään meidät. Kutsuin Dwarkaa liittymään meihin pyhälle matkallemme. En tiedä, mitä hän ajatteli, mutta ainakaan hän ei luovuttanut meitä poliisille. Hän sanoi minulle vain: 'Lähde kotiin, Mukunda. Koko perheesi on sinusta huolissaan.' En vastannut mitään, ja palasin junaan.

"Matkamme seuraava etappi oli Hardwar. Aavistelimme, että Anantan seuraava sähkösanoma oli askeleen meitä edellä, ja suunnittelimme, kuinka välttelisimme täällä viranomaisia. Päätimme jatkaa välittömästi Rishikeshiin. Mutta poliisi nappasi meidät Hardwarissa. Hän pidätteli meitä kotonaan kolme päivää, kunnes Ananta ja Amarin veli saapuivat."

Ananta ei peitellyt tyrmistystään. Hän sanoi Mejdalle: "Jos tosiaan haluat liittyä pyhimyksiin, etsi sitten sellainen, joka tuntee Jumalan. Ymmärrän kaipuusi, mutta jatkuva kotoa karkaaminen huolestuttaa meitä kaikkia. Emme saa huoleltamme kunnolla syötyä tai nukuttuakaan. Saat meidät tuntemaan, että pahoitamme mielesi.

"Te etsitte umpimähkäisesti opettajaa, mutta minä tunnen Benaresissa asuvan valaistuneen mestarin, joka voi lopullisesti sammuttaa jumaljanonne. Pysähdymme paluumatkalla siellä häntä tapaamassa. Kun kohtaatte hänet, näette hänen hahmossaan Jumalan. Häneltä tulette oppimaan, kuinka Jumala on saavutettavissa."[3]

Kun he saapuivat Benaresiin, Ananta vei Mejdan pyhimyksen luo. Pyhän miehen ympärille oli kokoontunut suuri joukko oppilaita. He näyttivät ylenmääräisen innokkailta olemaan mieliksi gurulle, jonka he uskoivat olevan Jumalan inkarnaatio. Huone oli tulvillaan kalliin suitsukkeen tuoksua, ja joka nurkassa olevat vaskiruukut sisälsivät hajustettua vettä. Samanlainen astia oli sijoitettu pyhimyksen eteen. Hänen opetuslapsensa ottivat tästä kulhosta vettä ja joivat sitä sekä pirskottivat sitä päähänsä. He kokivat sen siunatuksi, koska se oli koskettanut pyhimyksen jalkoja.

Kalliisiin vaatteisiin pukeutunut pyhimys makasi puolittain nojallaan, tukenaan iso pielus, joka oli taidokkaasti päällystetty okranvärisellä silkillä ja reunustettu hopeapunoksin ja paljetein. Hänen silmänsä olivat kiinni, ikään kuin hän olisi vetäytynyt toiseen ulottuvuuteen. Ajoittain hän avasi raskaat silmäluomensa ja moitti opetuslapsiaan liian äänekkäästä palvonnasta: he häiritsivät hänen sisäistä seesteisyyttään.

Jonkin ajan kuluttua hän puhui alentuvasti: "Jos tahdotte palvoa minua, tehkää niin. Mutta älkää pitäkö siitä niin suurta melua. Minä olen *sisäisesti* teissä. Te saatte ajallaan myötätuntoni ja siunaukseni."

Anantan paikalle tunkeutuminen ei ollut tervetullutta. Pyhimyksen opetuslapset kieltäytyivät päästämästä häntä lähelle loikoilevaa jumalolentoaan. "Mitä sinä haluat? Etkö näe, että hän lepää. Hän vihastuu *kovasti*, jos häntä häiritään."

3 Paramahansa Yogananda kirjoitti *Joogin omaelämäkerrassa* ovelasta juonesta, jonka Ananta oli suunnitellut Benaresissa erään oppineen kanssa. Tämä oli suostunut yritykseen saada Mukunda luopumaan kieltäymyksen polulta. Tuo tapaus on eri kuin Sananda Lal Ghoshin tässä kertoma. Ananta yritti kaikin mahdollisin keinoin estää intomielistä nuorempaa veljeään lähtemästä kotoa. Kuten *"Mejdan"* johdannossa huomautetaan, Paramahansaji tarkoituksellisesti jätti omaelämäkerrastaan pois joitakin itseään koskevia kertomuksia. *(Julkaisijan huomautus)*

Mejda 16-vuotiaana

Ananta epäröi, sillä hänellä ei ollut kovin paljon kokemusta pyhimyksistä. Mutta päästyään näinkin pitkälle hän silti päätti toteuttaa suunnitelmansa. Hän tarttui Mejdaa kädestä ja tunkeutui palvojien joukon läpi. Ne, jotka näkivät Mejdan kasvojen kunnioittavan ilmeen, antoivat auliisti tietä. Kohta Ananta ja Mejda istutettiin tuon korkean olennon lähelle.

Ananta puhutteli sadhua kunnioittavasti: "Teidän pyhyytenne, suvaitkaa armollisesti katsoa meihin. Olen tuonut veljeni vastaanottamaan siunauksenne." Mejda kumarsi nöyrästi. Pyhimys avasi silmänsä ja tuijotti Mejdan rauhallisia, seesteisiä kasvoja.

Pyhimyksen oppilaat ihmettelivät sitä, että Mejda oli vanginnut gurun huomion, kun kaikki heidän palvelunsa ja palvontansa oli näköjään jäänyt huomiotta. Mitä hän oli uhrannut? Kuinka hänen pelkkä kumarruksensa oli kirvoittanut tämän reaktion? Mutta pyhimyksen kimakka ääni särki tämän kunnioittavan hetken tunnelman: "Nuori mies! Etsitkö sinä Jumalaa? Etsintäsi on päättynyt: *minä* olen Jumala!"

Mejdan kasvoilta kuvastui säikähdys.

"Huomaan, että et tunnista minua", pyhimys puhisi. "Olet yhä harhan ja perhe-elämän vetovoiman sokaisema."

Mejda oli tyyni, kun hän sanoi syvästi vakuuttuneena: "Kunnioitettu sielu, älä koskaan sano, että *sinä* olet Jumala."

Pyhimyksen kasvoille levisi närkästyksen ilme. Ne muuttuivat tummiksi, ikään kuin hänen ylleen olisi kaadettu mustetta. Häntä suututti tämän nuoren pojan häpeämättömyys. Hänen rintansa nousi ja paisui. Hänen kasvonsa vääristyivät suuttumuksesta. Mejda otti olkalaukustaan pienen peilin ja piteli sitä sadhun edessä.

"Katso itseäsi! Ovatko nämä Jumalan kasvot? Minä olen etsinyt päivin ja öin, kuukausi ja vuosi toisensa perään rakkauden ja kauneuden Jumalaa. Voisivatko hänen kasvonsa olla tällaiset? Ei! Jumala ei ole ahne. Hän ei petä palvojiaan tarkoituksella saada seuraajia ja näiden tuomia lahjoja. Hän osoittaa palvojilleen valaistumisen polun. Enempää Jumalaa

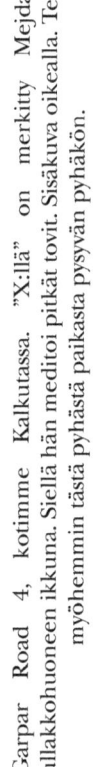

Garpar Road 4, kotimme Kalkutassa. "X:llä" on merkitty Mejdan ullakkohuoneen ikkuna. Siellä hän meditoi pitkät tovit. Sisäkuva oikealla. Tein myöhemmin tästä pyhästä paikasta pysyvän pyhäkön.

kuin totuuttakaan ei saavuteta vilpillä. Jollei ihminen luovu egotietoisuudestaan, hän ei pysty saavuttamaan vapautta.

"Sinä johdatat oppilaasi suurempaan tietämättömyyteen imartelemalla egoasi ja heidän egoaan. Näytä heille sen sijaan vapauttavan totuuden polku. Anna heille tietämys, jonka turvin he saavat kokea harhasta vapautumisen ilon. Auta heitä ymmärtämään maanpäällisen elämän hetkellisyys verrattuna Jumalassa elämisen ikuisuuteen. Me leikimme vain kuvitteluleikkiä sen ajan, kun olemme lihallisissa asuissamme. Me tulemme tähän maailmaan alastomina ja ilman omaisuutta. Ja kun taas sulaudumme Hänen suuruuteensa, jätämme kaiken taaksemme. Ei ole mitään, mitä voisimme väittää omaksemme. Kaikki ja jokainen kuuluu Jumalalle; Hän *on* kaikki. Auta oppilaitasi tajuamaan tämä totuus. Tai jos sinä et pysty opastamaan heitä oikein, anna heidän etsiä oma polkunsa Jumalan luo. Kaikki on hyödytöntä, minkä puolesta he kiistelevät ja taistelevat. Se häviää ajallaan. Avaa heidän silmänsä sille tosi tiedolle, että vapautus voi tulla vain, kun olemme vapauttaneet sielumme aistisyntyisten halujen ja toiveiden painolastista.

"Valaise palvojiasi! Opasta heitä tajuamaan, että tämä maailmankaikkeus – planeetat, aurinko, kuu, maa, avaruus, savi ja vesi, päivä ja yö, elämä ja kuolema, Hänen siunauksensa alaisuus ja harhaluulot – kulkee ajan ja tilan läpi yksin Hänen tahdostaan.

"Elämän ensimmäinen välttämättömyys on luopua aiheuttamasta tuskaa ja kurjuutta toisille ja etsiä tasapainoa mielen ja sielun yksdessä, kun luovutamme kaiken maallisen Hänelle. Hän on Totuus. Meidän tulee hylätä kaikki etsiessämme Hänen tuntemistaan. Mitään maallista ei voi verrata sen arvoon. Elämämme tulee noudattaa Hänen tahtoaan vastaanottaaksemme tämän tietämyksen. Todellinen guru on vain se, joka pystyy levittämään jumalallista viisautta toisille ja osoittamaan heille tien Jumalan luo."

Tämän sanottuaan Mejda nousi ja kääntyi lähtemään huoneesta. Ananta seurasi.

Pyhimys oli ällikällä lyöty. Tuhoisa maanjäristyskään ei olisi voinut järkyttää häntä enempää kuin Mejdan sanat järisyttivät hänen egokeskeistä asennettaan. Hänen kasvonsa kalpenivat vähitellen hämmästyksestä. Ennen kuin Mejda ehti ovelle, nöyryytetty pyhimys tuli juosten perässä ja huusi: "Seis! Seis!" Hän seisahtui Mejdan eteen. "Nuori herra", hän sopersi, "olet tänään vapauttanut minut suuresta harhasta. En ymmärtänyt tietämättömyyttäni ennen kuin sinä puhuit. Vaikka olet paljon minua nuorempi, kumarran sinulle kiitollisena, sillä sinä olet valaissut minua."

"Voi Sadhuji!" Mejda vastasi. "Sinulla on todella jalo sydän, sillä ethän olisi muuten myöntänyt heikkouttasi oppilaittesi edessä. Kukaan ihminen ei voi koskaan sanoa: 'Minä olen Jumala.' Valtameren aalto ei voi sanoa: 'Minä olen valtameri.' Se voi sanoa vain: 'Valtameri on tullut aalloksi.' Jumala on valon valtameri, josta ovat tulleet ihmishahmojen laineet. Voisiko ihminen sulkea sisäänsä äärettömän valtameren ruumiillisen kehonsa äärellisessä laineessa? Inhimillisten rajoitustemme vallassa emme pysty edes ymmärtämään – saati omistamaan – Hänen suuruuttaan, joka täyttää universumin jokaisen atomin. Voimme puhua jumalallisin valtuuksin vasta kun olemme saavuttaneet Totuuden oivalluksen."

Mejda kertoi myöhemmin, että tuo sadhu tosiaan heräsi itsekkäistä harhaluuloistaan ja hänestä tuli todellinen suuri pyhimys.

Svami Kebalananda, Mejdan sanskritin opettaja

Mejdan vaellushaluista luontoa ruokki hänen kyltymätön halunsa löytää gurunsa sekä viettää aikaansa pyhissä paikoissa ja pyhimysten seurassa. Tästä oli seurauksena opintojen vakava laiminlyöminen. Isä oli asiasta huolestunut ja puhui siitä Anantalle. He päättivät palkata ohjaajan, joka olisi hengellisesti suuntautunut. He toivoivat tämän valmentavan Mejdaa opinnoissa sekä auttavan häntä sammuttamaan hengellisen janonsa ja kenties siten kääntämään lapsen huomion pois

Himalajan pyhimysten etsinnästä. Isä pestasi Sri Ashutosh Chatterjin, hurskaan ja erittäin arvostetun sanskritin tutkijan. Hänet tunnettiin kunnianimellä Shastri Mahasaya.[4] Tuo yksityisohjaaja osoittautui epätavalliseksi opettajaksi. Hän oli Lahiri Mahasayan edistynyt oppilas, mitä isä ei tiennyt. Kun isä kuuli asiasta vähän myöhemmin ja sai myös tietää, että Lahiri Mahasaya kutsui häntä usein *rishiksi,* valaistuneeksi viisaaksi, isä oli yllättynyt ja pyysi pyhimykseltä anteeksi, mikäli ei ollut jollain tapaa osoittanut hänelle asiaan kuuluvaa kunnioitusta.

Shastri Mahasaya ja Mejda kokivat intuitiivisesti hengenheimolaisuutta ja kiintyivät toisiinsa hetkessä ja syvällisesti. He vertailivat meditatiivisia harjoituksiaan ja kokemuksiaan. Mejda kertoi Shastrijille *Aum-* (pyhän Sanan) meditoinnistaan äänenä ja valona. He keskustelivat Intian muinaisten kirjoitusten, *vedojen* ja *puranoiden,* eri näkökohdista. Kunnianarvoisa opettaja jakoi Mejdalle tietämyksensä Intian suurten pyhimysten elämästä ja innosti häntä oppimaan kaiken mahdollisen heidän ylevistä esikuvistaan. Mejdan ullakkohuoneeseen vetäytyneinä opettaja ja oppilas omistivat useimmat opintojaksot *kriya-*joogameditaatiolle. Hän ohjasi Mejdaa Lahiri Mahasayan *kriya-*joogaharjoituksissa (mukaan luettuina *mahamudra* ja *jyotimudra*), jotka Mejda oli jo oppinut isältään. Hurskas opinnonohjaaja lisäsi oppilaansa ymmärrystä *pranayamasta,* elämänenergian hallinnasta. Hän opetti, kuinka elämä ja tietoisuus ovat syvässä joogameditaatiossa vetäytyneet aisteista, hermoista ja selkäytimestä *sushumnaan* eli astraaliseen selkäytimeen sen jumalallisen heräämisen hengellisine keskuksineen.

*Kriya-*jooga toimii sillä periaatteella, että hengitys ja elämä liittyvät läheisesti toisiinsa. *Kriya* hallitsee hengitystä ja muuttaa sen puhtaaksi *pranaksi,* hienoksi energiaksi, joka ylläpitää elämää ihmiskehossa. Jos tämä "elämänenergia" lopettaa toimintansa, seurauksena on välitön kuolema. Elämänvirta on tavallisella ihmisellä rauhatonta ja kytköksissä hengitykseen sekä

---

4 Arvonimi *shastri* ilmaisee arvonantoa sille, joka on perehtynyt Intian *shastroihin* eli pyhiin kirjoituksiin. Uskonnollinen nimitys *mahasaya* tarkoittaa suurisieluista.

aistien loputtomiin havaintoihin. *Kriya*-harjoituksen avulla opitaan elämänvoiman ja mielen hallintaa luonnollisin keinoin, ja tuloksena on ajan mittaan hengittämättömyyden hengellisesti ylevöitynyt tila. Tätä kehityskulkua kutsutaan "joogaksi", ja sen lopputuloksena on, kuten itse sanasta käy ilmi, sielun "yhdistyminen" Jumalan kanssa. Levoton tietoisuus ankkuroituu Hengen värähtelemättömään, ykseydelliseen maailmaan.

Tuloksena oleva mielen tasapaino tuottaa puhtaimman ilon kokemisen. Tätä iloa ei tunne mieli, jonka aineelliset nautinnot ovat tehneet levottomaksi. Tarvitaan sellainen menetelmä kuin *kriya*-jooga, jotta ruumis ja mieli voitaisiin saada avoimeksi kosmisen tietoisuuden ilolle. Kosminen tietoisuus on yhteyttä Jumalaan ainaisena, alati tietoisena, aina uutena autuutena. Guru näyttää tien tämän autuuden saavuttamiseen.

Jumalan autuus herättää universaalin rakkauden. Se karkottaa kuolemanpelon. Se kyllästää ihmisen elämän rauhalla ja ilolla ja vitaalisuudella. Niinpä oppilas hankkii *kriyan* vaikutuksesta elämänvirtoihin terveyttä ja hyvinvointia sekä mielen tasapainon ja korkeinta onnea, jotka vapauttavat hänet levottomuudesta ja surusta – tavalliselle ihmiselle näköjään väistämättömästä tilasta.

Mejda edistyi merkittävästi hengellisessä tiedossa ja kokemisessa Shastri Mahasayan ohjeiden ja kohottavan seuran myötä. Tuo rakastettu Shastrij vihkiytyi muutama vuosi myöhemmin *sannyasiksi* ja liittyi siten maailmasta luopuneiden svamien veljeskuntaan; hän tuli tunnetuksi svami Kebalanandana.

Kertomus Lahiri Mahasayasta

Suuren joogin on joka hetki pidettävä voimansa "eristettynä", muuten hänen piilevä voimansa aiheuttaa ylireagoinnin tässä karkeampien energioiden maailmassa. Shastri Mahasaya kertoi minulle seuraavan tapahtuman Lahiri Mahasayan elämästä:

Swami Sri Yukteswar, Shastri Mahasaya ja Lahiri Mahasayan kaksi poikaa, Tincouri ja Ducouri, olivat syömässä lounasta suuren mestarin kanssa. Talon kissa istui Lahiri Mahasayan oikealla puolella noin metrin päässä. Sillä oli ilmeinen aikomus saada vähän ruokaa hänen lautaseltaan. Lahiri Mahasaya heilautti ajattelemattaan kättään lempein elein ilmassa ja käski kissaa pysymään loitolla. Vaikka Lahiri Mahasayan käsi ei läheskään koskettanut kissaa, eläin nytkähti ja kaatui tajuttomana lattialle.

Tapahtuneesta säikähtäneenä Lahiri Mahasaya kaatoi maitoa lautaselleen ja sekoitti siihen vähän riisiä. Sitten hän meni nostamaan tajuttoman eläimen syliinsä ja silitti hellästi sen turkkia. Kissa virkosi välittömästi, ja Lahiri Mahasaya antoi sille ruokaa lautaseltaan. Kun kissa oli syönyt itsensä kylläiseksi, se palasi tyytyväisenä aikaisemmalle paikalleen Lahiri Mahasayan vierelle.

Lahiri Mahasayalle tuotiin toinen ruokalautanen, ja hän jatkoi ateriaansa hiljaisena ja pää kumarassa. Hän koki nöyrästi syyllistyneensä vahingontekoon.

Mejdan rakkaus musiikkiin

Mejdalla oli luontainen kyky oppia sävelmä. Jos hän kuuli laulun kerran, hän pystyi esittämään sen uudelleen. Hän rakasti laulamista. Hänen äänensä oli ihastuttava ja musikaalinen. Niinpä hänen ystävänsä usein pyysivätkin häntä laulamaan heille. Hän saattoi laulaa kiihkeällä innolla lauluja "Kali-kirtan" ja "Shyama-Sangeet" (antaumuksellisia lauluja Jumalalliselle Äidille) tai Tagoren *bhajaneita*.

Mejdan ystävät moittivat häntä toisinaan hänen ehdottomasta omistautumisestaan Jumalan rakkaudelle, jopa lauluissakin. "Elämä on niin lyhyt", he saattoivat huomauttaa. "Jos me omistamme kaiken aikamme Jumalan rakastamiseen jo heti nuoruusiästä lähtien, milloin me saisimme nauttia tästä maailmasta?"

Mejda tapasi naurahtaa kuullessaan heidän puhuvan semmoisia, mutta heidän tietämättömyytensä kalvoi häntä. "Pimeässä huoneessa ollut ihminen ei näe kunnolla astuessaan kirkkaaseen päivänvaloon. Samoin teidän keskittymisenne tämän maailman katoaviin kohteisiin on sokaissut teidän silmänne."

"Mukunda!" ystävät protestoivat yhteen ääneen. "Älä taas saarnaa meille!"

"Hyvä on, veljeni", Mejda vastasi silloin. "Mutta muistakaa tämä. Etäältä katsoen kauniilta näyttävät asiat eivät aina osoittaudu niin kauniiksi, kun pääsee lähemmäksi. Mikään maallinen kohde ei ole kestävä, eikä sillä ole todellista arvoa, sillä se ei voi itsessään tuottaa onnea. Koetelkaa mielihyvänne lähteet, niin näette, voivatko ne antaa teille pysyvää iloa."

Mejdan ystävät vaativat häntä etsimään hyvän musiikinopettajan ja ottamaan tältä tunteja sen sijaan että kehittäisi vain luontaisia kykyjään. Silloin myös hänen laulujensa kuuntelemisesta saisi suurempaa nautintoa. Mejda harkitsi heidän ehdotustaan ja tajusi, että hänhän tunsi vain muutamia hartaita lauluja eikä osannut soittaa mitään instrumenttia. Niinpä hän osti *esrajin* (kielisoittimen), harmonin (käsin pumpattavan ruokolehtisoittimen) ja *tablat* (rummut). Hän palkkasi pätevän opettajan.

Yksi Mejdan suosikkilauluista oli Rabindranath Tagoren "Mandire mamo ke" ("Kuka on minun temppelissäni?"). Myöhemmin Mejda käänsi tämän laulun sanat englanniksi länsimaisia oppilaitaan varten. Minulla oli etuoikeus opettaa Mejdalle tämä laulu, jonka olin oppinut koulutoveriltani Kishen Chand Baralilta, edesmenneen kuuluisan muusikon Lal Chand Baralin vanhimmalta pojalta.

Laulaakseen intialaisia *bhajaneita* oikeaoppisesti täytyy pystyä yhdistämään vaistonvarainen tunne sävelmän modulaatioihin. Mejda oli siinä niin mestarillinen, että hänen antaumuksellisia laulujaan kuunnelleet hurmioituivat.

Kun Mejda harjoitteli, minä istuin usein hänen vieressään ja hyräilin mielessäni sävelmää. Hän piti aina harmoniaan lukittuna, sillä hän ajatteli, että minä olin liian nuori soittamaan sitä oikein ja voisin rikkoa sen. Mutta eräänä päivänä hän unohti lukita sen. Yritin laskeskella, kauanko hän olisi poissa, ja tulin siihen tulokseen, että minulla oli riittävästi aikaa soittaa hänen harmoniaan. Silmät kiinni ammattimuusikon tapaan ja huojuen edes taas soitin hurmioituneena muutamia niistä lauluista, joita Mejda opetteli. En huomannut, että Mejda oli tullut taakseni. Hän kuunteli jonkin aikaa ja yskähti sitten hiljaa, herättääkseen huomioni. Hyppäsin pystyyn kuin itse teosta yllätetty varas. "Missä olet oppinut soittamaan harmonia?" hän kysyi matalalla, vakavalla äänellä.

"Katselin, kun sinä harjoittelit. Ja sitten piirsin koskettimiston paperille ja harjoittelin sillä tavoin sormitusta."

Yritykseni vilpittömyys miellytti häntä kovasti, ja hän sanoi: "Sinulla on kaunis ääni. Huomisesta alkaen harjoittelemme yhdessä." Innostus laulaa hänen kanssaan ja hänen antamansa rohkaisu tekivät minusta harjaantuneen antaumuksellisten laulujen esittäjän, ja olen laulanut niitä mielelläni koko ikäni.

Mejdan musiikinopettajan veli tuli erään kerran kotiimme ja sanoi: "Mejda ottaa osaa musiikkijuhlaan. Häntä on pyydetty laulamaan muutamia lauluja Jumalallisen Äidin ylistykseksi, joten hän pyysi minua hakemaan *esrajinsa*."

Uskoin poikaa ja annoin hänelle instrumentin. Tyhmyyksissäni en kysynyt kotiväen mielipidettä. Kun Mejda palasi kotiin, hän oli hämmästynyt kuultuaan tapauksesta, sillä poika ei ollut puhunut sanaakaan totta.

Mejda lähti suoraa päätä musiikinopettajan asunnolle, mutta väärille poluille hairahtunut veli ei ollut kotona. Kun Mejdalle ei herunut opettajalta enempää myötätuntoa kuin apuakaan, opettajan ja oppilaan välinen sydämellinen suhde särkyi. Mejda palasi kotiin masentuneena. Hänen synkkä katsantonsa kohdistui hetkeksi minuun, ja sitten hän meni suoraan meditaatiohuoneeseensa.

Ananta nuhteli minua, mutta vahinko oli jo tapahtunut enkä voinut sitä muuksi muuttaa. Yhä tänä päivänäkin tunnen katumusta tyhmästä teostani, mutta opin silloin hyvän läksyn.

Olin noin kymmenen vuotta myöhemmin perheen asioilla. Menin Bosen apteekkiin ostamaan lääkettä. Se oli tuohon aikaan seudun ainoa allopaattinen apteekki ja sijaitsi Sukia Streetin ja Cornwallisin risteyksessä. Kotiin palatessani kuulin miehen soittavan *esrajia* läheisen talon terassilla. Hänen ympärilleen oli kerääntynyt useita poikia. Minä liityin joukkoon. Suureksi hämmästyksekseni näin miehen soittavan Mejdan *esrajia*! Juoksin kotiin melkein ilosta pakahtuneena ja kerroin uutisen Anantalle ja Mejdalle. Me kolme palasimme paikalle. Kuitenkin mies vasta melko uhkaavansävyisen keskustelun jälkeen lopulta myönsi, että Mejdan musiikinopettajan veli oli pantannut *esrajin* kymmenestä rupiasta. Mejda juoksi kotiin, sai rahat isältä ja osti takaisin *esrajinsa*. Hän oli niin iloinen omistaessaan sen taas, että painoi soittimen otsaansa vasten ja antoi sille ison suukon. Hän antoi myös kaksi ylimääräistä rupiaa miehelle, jotta tämä ostaisi makeisia ystävilleen – noihin aikoihin kahdella rupialla sai kosolti makeisia!

Lannistumaton päättäväisyys ja rohkeus

Vietimme yhden kesäloman sukumme kodissa Ichapurissa. Kaikki oli muuttunut. Koko kylä näytti meistä uudenlaiselta. Monet pojista pitivät Mejdasta. He ihailivat hänen tyyntä, kunnioitusta herättävää käyttäytymistään. Mutta useat muut ärsyyntyivät hänen suosiostaan ja kokivat, että hän oli tunkeutunut heidän alueelleen. Mejda ei halunnut tulla vedetyksi taas sellaiseen taisteluun kuin mitä oli tapahtunut Chittagongissa. Niinpä hän sanoi ryhmälle häntä seuranneita poikia, etteivät nämä kokonaan hylkäisi vanhoja ystäviään: "He saattavat suuttua ja jopa ajatella, että minä olen pyytänyt teitä olemaan enää seurustelematta heidän kanssaan."

Jotkut pojista vastasivat: "Älä heistä huolehdi. Eivät he koskaan olleet meidän todellisia ystäviämme. He ovat taipuvaisia pahantekoon. Etkö tiedä, miksi he eivät pidä sinusta? Syynä on se, että he menettävät monia joukkiostaan, kun taas meidän ryhmämme kasvaa. He eivät ole ajattelemisen arvoisia. Tule, lähdetään istumaan puun alle, ja kerro meille lisää tarinoita!"

He pitivät tavasta, jolla Mejda pystyi kertomaan tarinan.

Niinpä he kuuntelivat hyvin innokkaasti. Jälkeenpäin pojat tapasivat pommittaa häntä kaikenlaisilla kysymyksillä. Mejda pursui hilpeyttä, ja hänellä riitti aina leikkisiä vastauksia. Pojat nauroivat vedet silmissä.

Voimakas lounaismyrsky oli pyyhkäissyt Ichapurin yli kolme viikkoa ennen tuloamme. Nyt lammet, purot ja vesisäiliöt olivat kesäauringon paahteessa jo lähes kuivuneet, ja maaperä oli kovettunutta ja halkeilevaa. Kaikki elämä näytti kuihtuvan luonnon sulatusuunin korvennuksessa.

Pysyttelimme talon suojissa päivän kuumuuden ajan, varsinkin keskipäivällä, sillä armoton kuumuus olisi läkähdyttänyt meidät. Mutta Mejdaa se ei haitannut. "Haluan koetella mieltäni nähdäkseni, pystynkö meditoimaan ulkosalla. Haluan nähdä, onko Jumala minulle tärkeämpi kuin korventavan auringon tuoma kiusa." Niinpä hän lähti ulos keskipäivälläkin mietiskelemään. Kotiväki varoitti häntä, että hän romahtaisi. Hän vain hymyili ja sanoi: "Vaikka murhe ja kärsimys olisivat ainoita matkakumppaneitani, minä en luovu päättäväisyydestäni."

Mejda asettui mietiskelyasentoon avoimelle riisipellolle. Aurinko paahtoi suoraan ylhäältä. Korventavat iltapäivän tunnit lientyivät viimein vääjäämättä illaksi, ja niiden raivo kului loppuun ennen Mejdan lannistumatonta tahtoa. Ilta laskeutui painuvan auringon kannoilla. Viimein Mejda nousi meditointiasennostaan, tunteakseen iholiaan iltatuulen viileän kosketuksen ja nähdäkseen kuun pehmeän, hopeisen kajon. Hän koki meditoinnin laajentaman mielensä ulottuvan hiljaisuudessa läpi tähtikirkkaan taivaan. Hän lähti hitaasti palaamaan kohti taloa.

Hän näki jo etäältä poikajoukon tulevan häntä kohti. Ryhmässä täytyi olla ainakin kolmekymmentä poikaa. Kun he lähestyivät, hän tunnisti ne riitapukarit, jotka olivat osoittaneet pahansuopaisuutensa häntä kohtaan. Joukon saavutettua hänet hän näki poikien silmien kiiluvan metsästysvietin voimasta. He olivat löytäneet saaliinsa. Yksi pojista sanoi: "Viimeinkin saimme sinut! Missä ystäväsi nyt ovat? Pystyykö kukaan auttamaan sinua?"

Toinen yhtyi joukkoon: "Katsokaa, kuinka mitättömältä hän näyttää nyt kun on yksin. Ehkä hän tiesi, että halusimme tasoittaa pisteet tänään, ja pakeni tänne pellolle piiloon kuin pelkuri."

Joku muu pilkkasi: "Se olikin kovin älykästä, eikö?"

Liikahtamaton Mejda sanoi lujasti: "Miksi sanotte minua pelkuriksi? Teitähän on noin paljon, ja minä olen yksin."

Poikien johtaja sanoi murhaavasti: "Entäs sitten! Me voisimme haudata sinut tähän peltoon, eikä kukaan löytäisi sinusta jälkeäkään." Sen sanottuaan hän yritti työntää Mejdaa taaksepäin.

Mejda seisoi paikoillaan kuin kallio. Hän ei liikahtanut senttiäkään. Hänen silmänsä loistivat sisäisen voiman tulta. Hän syttyi ja karjaisi kuin leijona: "Kenellä teistä on rohkeutta taistella minua vastaan? Tulkaa! Nyt! Olen valmis!" Kukaan pojista ei uskaltanut ottaa vastaan haastetta.

Johtaja oli peräytynyt harkitsemaan ja sanoi: "Hei! Oletko sinä vihainen? Emmehän me ole tosissamme. Me laskimme vain leikkiä. Tosiasiassa me haluamme olla ystäviäsi. Ollaan ystäviä tästä päivästä lähtien."

Mejda vastasi ystävyyden tarjoukseen välittömästi. "Tulkaa sitten kanssani meille. Syömme herkkuja niin paljon kuin vatsa kestää."

Mejda ei koskaan horjunut vääryyden edessä. Hänen uskonsa kaikkeuden perusvoimaan ja hänen jumalallinen sisäinen lujuutensa kyllästivät hänen opetuksensa, jotka ovat innoittaneet vaikeuksissa kamppailevaa ihmiskuntaa maailmanlaajuisesti. Hän opetti: "Sellaisellakin ihmisellä, joka viljelee *ahimsaa*, väkivallattomuutta, on oikeus 'sähistä'. Puolusta sitä, mikä on oikein, koko ajan tiedostaen, että rakkaus on luomakunnan suurin voima."

Kalkutan ensimmäiset vuodet

Mejdan myötätunto

Mejda etsi aina hiljaisia, yksinäisiä paikkoja mietiskelyä varten. Kerran hän vei minut Nababidhan Brahma Samajin temppeliin. Tapasimme siellä edesmenneen Jnananjan Neogin, josta tuli myöhemmin läheinen perheystävä. Toisella kertaa vierailimme myös Parasnathin temppelissä Gauri Beriassa sekä Eden Gardensin pagodissa. Manomohanda tuli monesti mukaan meditoimaan. Yhden meditointituokion jälkeen Mejda ja Manomohan päättivät kerätä varoja köyhien auttamiseksi. He suunnittelivat jakavansa tuotot puutteenalaisille Kalighatin temppelillä seuraavan sopivan juhlan, *Ardhodaya-yogan*, aikana.

Juhlapäivänä lähdin heidän mukaansa Kalighatin temppelille jakamaan rahat. Tuo pyyteetön teko kohotti mieltämme. Kun olimme palaamassa raitiopysäkille ajaaksemme kotiin, satuimme tapaamaan säälittäviä spitaalisia, jotka pyysivät muutamaa paisaa. Meillä oli taskuissamme enää raitiovaunun lipun hinta, mutta Mejda antoi kaiken heille. Kävelimme noin kymmenen kilometrin matkan kotiin. Olin silloin vuonna 1908 vasta hyvin nuori poika, mutta en tuntenut lainkaan väsymystä. Kävelin urhoollisesti koko välin ajatellen olevani kelpo sotilas, joka marssii jalon asian puolesta.

Juttelin isän kanssa eräänä joulukuisena iltana noin kahdeksan maissa parvekkeella hänen huoneensa edessä, kun kuulin askeleita alhaalta käytävästä. Isä sanoi: "Tuon täytyy olla Mukun." Käännyin ja näin hänen nousevan portaita yllään vain *dhotinsa* ja kengät. Hänen koko ylävartalonsa oli paljas. Hänellä ei ollut enempää paitaa kuin takkiakaan suojaksi viileältä talvi-ilmalta.

Isä kysyi häneltä: "Missä sinun vaatteesi ovat? Miksi olet ulkona iltasella tuolla tavalla paljain rinnoin?"

Mejda vastasi kuin lapsi: "Näin vanhan miehen makaavan kadulla. Hän hytisi, eikä hänellä ollut kuin repaleisia ryysyjä yllään. Ajattelin itsekseni: 'Meillä on tarpeeksi rahaa suojataksemme itsemme kylmältä, mutta tällä köyhällä miehellä ei ole mitään. Hän on avuton, eikä hänellä ole paikkaa minne mennä.' Niinpä annoin hänelle vaatteeni. Ja onhan minulla nyt ollut myös tilaisuus kokea, miltä muista tuntuu, joilla ei ole keinoja pitää itsensä lämpimänä!"

Isä halusi torua Mejdaa, mutta hän pidättäytyi antamaan käytännöllisen ehdotuksen: "Hyvä on. Olisit voinut antaa miehelle vain paitasi ja takkisi, eikö niin. Ei sinun olisi tarvinnut antaa hänelle myös *ganjiasi*.[5] Mitäs sitten, jos nyt vilustuit?"

Mejda vakuutti isälle hymyillen: "Minulle ei käy kuinkaan. Kaikki on hyvin, kiitos sinun siunauksesi."

Isä tajusi, että antaisipa hän minkä neuvon tahansa, Mejdalla olisi vastaukseksi looginen vastaväite, joten hän sanoi ovelasti: "Teit oikein hyvin. Mutta ei ole viisasta seistä täällä kylmässä nyt. Mene laittamaan jotain lämmintä yllesi."

"RAMA HEI!" – HERRAN NIMEN LAUSUMINEN TURHAAN

Muutamat toisesta osavaltiosta olevat kyläläiset työskentelivät Kalkutan kuuromykkien koulussa taloamme vastapäätä. He ottivat tavakseen juhlia *shyama-pujan* ja *holi*-juhlan välisiä vapaapäiviä veisaamalla joka ilta Herra Raman nimeä. Vaikka heillä ei ollut mitään musiikillista koulutusta, he tekivät parhaansa viedäkseen voiton ammattilaisista. Bengalilaisessa *kirtan*-tyylilajissa[6] johtaja yleensä laulaa kertosäkeen ja sitten muut ryhmäläiset toistavat sen hänen perässään rumpujen, symbaalien ja tamburiinien säestyksellä. Heidän vartalonsa huojuivat edestakaisin laulamisen rytmin mukana. Laulajat yrittivät lyödä laudalta soittajat, ja jälkimmäiset taas koettivat kaikin voimin peittää laulajat kuulumattomiin.

Heidän "*kirtaninsa*" kestivät usein puolille öin. He eivät lainkaan ajatelleet naapurustolle koituvaa häiriötä, vaan heidän intonsa vain kiihtyi jokaisen kotona valmistetun viinapullollisen myötä. Heidän "jumalinen" laulunsa muuttui epäsointuiseksi meteliksi. Luonnoltaan yksinkertaisina he eivät käsittäneet, miksi kukaan vastustaisi Herran nimen laulamista.

5 Aluspaita.

6 Antaumuksellisten laulujen esittäminen ryhmässä.

He kuittasivat kaikki valitukset vastauksella: "Pitäkää huolta omista asioistanne. Me pidämme huolta omistamme." Koulun asuntolan väestä ei tosin kukaan valittanut. Kerrankin oli pelkkä siunaus olla kuuro!

Juhlat lähestyivät. Nuo "jumaluuden juovuttamat" pidensivät juhlamielen yllyttäminä hillitöntä veisuutaan läpi yön kestäviksi sessioiksi. Kukaan ei saanut unta lähikortteleissa. Työlääntyneenä muuan vanhahko naapuri otti Mejdan mukaansa ja lähti tapaamaan laulajia. "Teidän jokaöinen Herra Ramalle laulamisenne aiheuttaa meille kaikille suurta haittaa", hän sanoi. "Teidän pitäisi lopettaa puolilta öin. Muuten, mikähän Herra Raman pakottava vaade panee teidät jatkamaan kaiken yötä?"

Yksi laulajista vastasi: "Ihmisiä kuolee tässä valtavassa kaupungissa joka minuutti. Kun he eivät ole löytäneet pelastusta, heidän henkensä vaivaavat meitä öisin. Me pelastamme itsemme heiltä laulamalla Herran nimeä."

Ohi kulkeva toinen naapuri huomautti kuivasti: "Oikeassa olet, ystäväiseni. Teidän laulunne tosiaan herättää kuolleetkin!" Kun kylälaulajat olivat puolustelleet toimiaan ja kiiruhtaneet pois, Mejda huudahti: "Nyt keksin sen! Nyt keksin sen!"

Juuri paikalle saapunut naapuri kysyi: "Mitä sinä puhut? Mitä olet keksinyt?"

"He ovat taikauskoisia. He pelkäävät vainajahenkiä. Pyytäisitkö Anupia (ohikulkijan poikaa) tulemaan kotiini heti."

Mejda piti salaisen kokouksen kaikkien naapuruston poikien kanssa. Se pidettiin suljettujen ovien takana, ja tilaisuuden päätteeksi tarjottiin karamelleja. Pojat hajaantuivat iloisina luvaten kerääntyä kotiimme illalla puoli kymmenen aikaan.

Keskiyöllä "Rama hei!" -laulua jyskyteltiin raikuvalla poljennolla, kun rummut, symbaalit ja tamburiinit yltyivät pauhaamaan pysäkseen tasoissa karjuvien hoilaajien kanssa. Naapuruston pojat kiipesivät helposti koulun matalan aidan yli ja lähestyivät vaivihkaa *kirtania*. Meillä kaikilla oli tinapannut ja emalilusikat. Mejdalla oli laatikollinen isoja sähikäisiä.

Kun olimme noin viiden metrin päässä miehistä, aloimme paukuttaa tinapannujamme ja päästää ilmoille mystistä meteliä nauraen, huutaen, voihkien, ulvoen ja naukuen. Ylimaallinen huutomme säikäytti laulajat. He lopettivat laulunsa siihen paikkaan. Niin teimme mekin, ja tuli täysin hiljaista. Mikään ei liikahtanutkaan pimeyden keskellä sinne tänne syöksähtelevien tulikärpästen valjuja valoja lukuun ottamatta. Kuului vain sirkkojen siritystä. Yksi miehistä huusi väräjävällä äänellä: "Kuka... kuka... kuka siellä on?"
Vain pimeä hiljaisuus laskeutui painostavana jännittyneen joukon ylle. Miehet alkoivat kuiskia toisilleen. Lopulta johtomies sanoi ääni täristen: "Yksi teistä menköön katsomaan, mitä siellä on." Mutta yksikään pelon lamauttamista miehistä ei saanut itseään liikkeelle.

Mejda odotti juuri tätä hetkeä. Hän heitti täydellisesti ajoittaen ja tähdäten ison sähikäisen pienelle aukiolle, jonka ympärille miehet olivat asettuneet. Sen räjähdys räväytti yöhön säkenöivän leimauksen. Me hakkasimme tinapannujamme ja ulvoimme kimeällä äänellä. Miehet pakenivat heti kaikkiin suuntiin, jokainen huutaen äänekkäästi Herra Ramalta pelastusta varmalta tuholta.

Uutinen Mejdan kepposesta tuli laulajien tietoon seuraavana päivänä. He valittivat kiivaasti koulun johtajalle. "Me emme häirinneet ketään ja lopetimme aina laulamisen iltakymmeneltä", laulajat väittivät. Rehtori lähetti hakemaan Mejdan paikalle. Kun Mejda pääsi laulajien kanssa kasvotusten rehtorin kansliassa, hän sanoi vain: "Te ette ole puhuneet totta!" Hän katsoi heitä niin terävästi, että he rupesivat änkyttämään.

"Niin, no vaikka me emme aina lopettaneetkaan kymmeneltä, me emme *koskaan* jatkaneet keskiyön yli", miesten johtaja sanoi puolustelevasti.

Nyt rehtori ymmärsi, mitä oli tapahtunut. Hän johdatteli laulajia sanomalla: "Mutta miksi te lopetitte keskiyöllä? Sellaisen jumalisen laulannanhan olisi pitänyt jatkua aamunkoittoon asti."

Johtaja vastasi: "Voi, kyllähän meistäkin tuntui siltä. Usein lauloimmekin läpi yön. Jos useammat teidän kaltaisenne kunnioitetut henkilöt arvostaisivat sitä mitä teemme, yhä enemmän palvojia liittyisi meihin."

"Kuunnelkaapa nyt hyvin huolellisesti, kaikki te", rehtori sanoi lujasti. "Jos vielä kerrankin saan valituksen, että olette häirinneet näitä naapureita laulullanne, karkotan teidät välittömästi. Saatte mennä!"

Lannistetut "muusikot" lähtivät rehtorin kansliasta masennuksen vallassa. Kuinka heidän hurskas pyrintönsä saattoi päättyä näin tylysti?

LUKU 9

Mejda tutkii mielen ja hengen maailmoja

SAMADHI DAKSHINESWARISSA

Mejda, Manomohan, Jitendra Nath Mazumdar, jota Mejda kutsui Jitendaksi, sekä minä vierailimme usein Kalin pyhässä temppelissä Dakshineswarissa ja vietimme päivän meditoiden. Menimme sinne tavallisesti hevosen vetämillä vaunuilla. Erään kerran matkustimme veneellä Gangesia ylös Ahiritolla Ghatista, mutta sinä päivänä palasimme kotiin hyvin myöhään. Venettä ei voitu soutaa virtausta vastaan, joten meidän oli odotettava pakovettä. Isä nuhteli Mejdaa ankarasti minun pitämisestäni ulkona niin myöhään.

Aina Dakshineswariin mennessämme vastaanotimme ensimmäiseksi *darshanin*[1] kauniilta Äiti Kalin patsaalta. Sitten meditoimme pylväskäytävässä temppelin edustalla. Seuraavaksi tapasimme mietiskellä Sri Ramakrishna Paramahansan huoneessa. Sitten Mejda saattoi viettää tunteja meditoiden ulkona ison banianpuun oksien suojissa *panchavatissa*,[2] missä Sri Ramakrishna koki valaistumisen. Toisinaan Mejda myös istui *bel*-puun alla temppelin itäpuolella, toisessa Ramakrishnan suosimassa mietiskelypaikassa. Uppouduimme ajattelemaan Jumalaa, ja istuimme hiljakseen virtaavan Gangesin partaalla näillä pyhillä paikoilla. On vaikea kuvata pyhiinvaellusmatkojemme rauhaa ja iloa. Auringon laskiessa temppelissä

---

1 Siunauksen saaminen pyhän kuvan, paikan tai henkilön näkemisestä.
2 Viiden pyhänä pidetyn puun ryhmä: *amalakin, ashvatthan, belin, ashokan* ja *vatan* (banianin).

suoritettiin *arati* Kalin kuvan edessä. Liityttyämme seremoniaan nautimme yleensä *prasadin* ja palasimme sen jälkeen kotiin.

Eräänä iltana menimme kutsumaan Mejdaa meditointipaikalta *panchavati*-puun alta, koska oli *aratin* aika. Hiljainen ehtoo oli kietonut Mejdan mietiskelyopen syviin varjoihin. Lähestyessämme näimme pehmeän valon muodostaman sädekehän ympäröivän Mejdan kehoa. Hänen kaulansa ympärille oli kiertynyt käärme! Toinen lepäsi hänen sylissään. Näkymä halvaannutti meidät hetkeksi. Sitten huusin: "Mejda! Mejda!" Kun hän ei ensin reagoinut mitenkään, Manomohan ja Jitendakin kutsuivat häntä.

Vähän päästä Mejda liikahti hieman. Sitten hän taputti lempeästi käsiään, ja käärmeet pujahtivat ääneti puuta ympäröivän tiheän aluskasvillisuuden suojiin. Kun myöhemmin mainitsimme Mejdalle tapauksesta, hän puhui siitä huolettomasti ja sanoi, ettei se ollut mitään.

Tätä nykyä *panchavatin* ympärillä ei enää ole sankkaa aluskasvillisuutta. Alue on raivattu ja varustettu suoja-aidalla estämään kiihkeitä palvojia riipimästä pyhän banianin lehtiä ja oksia.

Epäaidot ja todelliset pyhimykset

Aina kun Mejda kuuli jonkun pyhimyksen olevan alueella, hän etsi tämän käsiinsä. Hän otti usein minut ja muita mukaansa. Eräänä päivänä hän kuuli, että muuan sadhu oli tullut Kalighatiin ja majaili puun alla lähellä Adi-Gangaa, Gangesjoen vanhaa uomaa. Tietäjä oli 105 vuoden ikäinen, oli Mejdan tietolähde kertonut, ja hän oli kuulemma parantanut monia ihmisiä. Manomohan, Jitenda ja minä lähdimme Mejdan mukaan.

Kun pääsimme Kalighatiin, löysimme ison väkijoukon, joka oli kerääntynyt tuon harmaapäisen tietäjän ympärille. Jollain tavalla me onnistuimme raivaamaan tiemme paikkaan, joka oli suoraan hänen leiritulensa edessä. Hänen tukkansa oli eräiden sadhujen perinteen mukaisesti takkuinen ja roikkui pitkinä suortuvina. Hänellä oli huomiota herättävän puoleensavetävät kasvot. Mejda istuutui lähelle pyhimystä ja me Mejdan taakse. Keskusteltuaan lyhyesti kunnianarvoisan persoonallisuuden kanssa Mejda nousi lähteäkseen ja viittasi meitä seuraamaan. Me emme olleet kuulleet keskustelua ja ihmettelimme, mitä oli tapahtunut. Mejda oli vaitonainen, ja me pujottauduimme väen läpi taka-alalle. Hän ei esittänyt mitään arviota pyhimyksestä ajaessamme raitiovaunulla kotiin.

Vasta kotiin päästyämme hän lopulta sanoi: "Olen juuri nähnyt kauniin, valkeaksi kalkitun haudan!"

"Mitä sinä tarkoitat?" Hänen toteamuksensa tuntui kummallisen sopimattomalta.

"Hauta näyttää niin kauniilta ulkoapäin. Se on joko kalkittu valkeaksi tai päällystetty marmorilla ja koristettu kukkasin. Mutta mitä se sisältää? Ei mitään muuta kuin mätänevää lihaa ja luuta. Tuo sadhukin näytti ulkoapäin rakastettavalta, mutta keskustelumme pohjalta huomasin hänet hengellisesti kuolleeksi ja sisäisesti mädäksi."

Olen kiitollinen siitä, että kulkemalla Mejdan seurassa tapasin useita todellisia pyhimyksiä. Kotimme lähistöllä Circular Roadilla asui kunnioitettu Sri Nagendranath Bhaduri, "levitoiva pyhimys", josta Mejda on kirjoittanut *Joogin omaelämäkerrassa*. Mejda vieraili usein Sri Bhadurin luona. Hänellä oli kolmikerroksinen talo, ja useat hänen oppilaansa pitivät hänestä huolta.

Mejda vei minut eräänä iltana käymään tämän viisaan luona. Talo oli pimeä ja hiljainen: näytti kuin ei ketään olisi ollut kotona. Sri Bhaduri oli kutsunut Mejdan tulemaan mihin aikaan tahansa, joten menimme sisään ja nousimme yläkertaan Bhaduri Mahasayan huoneeseen. Avasimme ääneti oven. Sisään tuli ikkunaluukkujen läpi kadun kaasuvaloista vähäistä kajoa, joka vaivoin valaisi huonetta. Ensin en nähnyt enkä kuullut mitään. Mutta kun silmäni tottuivat pimeyteen, näin hämmästyksekseni pyhimyksen istuvan korkealla ilmassa vuoteensa yläpuolella. Ajattelin, että häntä kannattamassa täytyi olla jonkinlainen kohotettava jalusta tai lava, mutta en nähnyt sellaista. Turhaan pidättelemäni yskähdys havahdutti Bhaduri Mahasayan. Hänen painoton ruumiinsa heilahteli keveästi ja laskeutui hitaasti vuoteelle.

Sitten Bhaduri Mahasaya puhui sointuvalla ja hiljaisella äänellä: "Tervetuloa, Mukunda. Kauanko olet ollut täällä? Sytytä lamppu."

Keskustelimme Nagendranath Bhadurin kanssa jonkin aikaa. Sitten hän antoi meille makeisia, sillä hän ei koskaan sallinut kenenkään kävijän lähteä osoittamatta hänelle tällaista vieraanvaraisuutta.

En milloinkaan elämässäni unohda, mitä minulla oli tuona päivänä onni olla todistamassa.

MEJDA LÖYTÄÄ MIELEN VOIMAT

Mielen valta aineen yli on rajaton. Mejda löysi varhain *sadhanassaan* meditaation myötä ihmeellisiä mielen voimia ja tutki niiden käyttöä. Hän huomasi, että pystyi ylittämään ajan ja paikan saadakseen tietoa erityisistä tapahtumista ja seuduista. Hän kykeni myös tarkasti ennustamaan ihmisen tulevaisuuden. Yksi menetelmä sen suorittamisessa oli käyttää "välikappaletta", joten hän tarvitsi toisen osapuolen palveluja – minun! Niitä tarvittiin avuksi osoittamaan hänen sielunvoimiaan.

Muistan hyvin ensimmäisen kerran, kun hän pyysi apuani. Nuorin setämme oli asunut jonkin aikaa talossamme ja oli sairastunut kroonisen tautiin. Eräänä päivänä Mejda kutsui minut rukoushuoneeseensa ja pyysi minua istuutumaan jalat ristissä häneen päin kääntyneenä. Hän veti hitaasti kätensä pääni ja kehoni yli. Tunsin rauhoittavan, rentouttavan tunteen leviävän jokaisen soluni läpi. Juttelimme muutaman minuutin tavallisista asioista, kunnes Mejda kysyi minulta setämme terveydentilasta. "Sedän tila on mitä vakavin", minä vastasin. Sitten huomautin asiayhteydestä poiketen: "Joku kutsuu sinua hetken päästä."

Ovelta kuuluva koputus keskeytti meidät melkein heti. Mejdalle kerrottiin, että joku oli pääovella alakerrassa ja halusi nähdä hänet.

Bengalipoika Sunil, jonka Mejda oli tavannut Benaresissa, tuli vähän tuon istuntomme jälkeen luoksemme muutamaksi päiväksi. Sunil selitti, ettei hänellä ollut sukulaisia Kalkutassa. "Muutamat päivät" venyivät viikoiksi, mutta Sunil ei osoittanut merkkiäkään lähtöaikeista. Mejda huolestui, sillä hän oli kuullut Benaresissa, että Sunil oli kyseenalainen henkilö, ja nyt hän oli usein huomannut Sunilin ahneesti silmäilevän korkeakauluksista silkkitakkia, jonka isämme oli pojalleen antanut. Mejda ei silti saanut pyydetyksi Sunilia lähtemään.

Takki oli Mejdalle hyvin merkityksellinen, koska äitimme oli antanut sen isälle. Isä oli aina pukeutunut mitä tavallisimpiin vaatteisiin, myös sukulaisissa käydessä. Äiti oli saanut monia valituksia, ettei isä pukeutunut asemaansa sopivalla tavalla. Niinpä hän osti takin, joskin vastoin isän toivomusta. Isä käytti takkia vain pari kolme kertaa. Kun Mejda oli äidin kuoleman jälkeen kasvanut niin, että takki sopi hänelle, isä antoi tuon hienon vaatekappaleen Mejdalle.

Mejda kertoi Sunilia koskevasta huolestaan Jitendalle, joka suostui auttamaan rikollisen vieraan silmälläpidossa.

Eräänä iltana palasimme myöhään vierailulta sukulaistemme luota. Mejda jätti takin alakerran huoneeseen, sen sijaan että olisi vienyt sen tavalliseen säilytyspaikkaan yläkertaan. Seuraavana päivänä isä pyysi Mejdaa viemään minut College Streetin kenkäkauppaan ja ostamaan minulle sandaaleja. Mejda, Jitenda, Sunil ja minä lähdimme asioille illalla. Kun Mejdan takki oli mukavasti käsillä, Sunil otti sen ripustimesta ja puki yllensä. Mejda esitti laimean vastalauseen mutta tunsi sen kuulostaneen itsekkäältä. Niinpä hän antoi asian olla.

Matkallamme College Streetille Mejda pysähtyi hetkeksi tapaamaan kolmatta sisartamme Nalinia, joka oli tuolloin mennyt naimisiin. Ennen sisälle menoaan hän kutsui Jitendan sivummalle ja pyysi tätä pitämään tarkasti silmällä Sunilia. Mejda palasi muutaman minuutin päästä, ja jatkoimme kulkuamme College Streetille. Kun saavuimme Cornwallis Streetin ja Keshab Sen Streetin risteykseen, Sunil hyppäsi äkkiä liikkuvaan raitiovaunuun. Jitenda oli valppaana ja tarttui seuraavan vaunun oveen heilauttaen itsensä sisään. Sunil tiesi, että Jitenda nappaisi hänet, joten hän hyppäsi ulos seuraavassa ruuhkaisessa liittymässä ja katosi illan väentungokseen.

Etsimme alueelta pitkän aikaa mutta ilman tulosta. Perin masentuneina ostimme sandaalit ja palasimme kotiin. Mejda vaihtoi vaatteita ja vei sitten minut rukoushuoneeseensa ja istutti minut eteensä. Hän käytti taas samaa menetelmää, jota oli soveltanut saadakseen tietoa sedän sairaudesta. Pian koin rauhoittavan rentouden laskeutuvan ylleni. Mejda tiedusteli minulta Sunilin olinpaikkaa. Minä kuvailin talon, johon hän oli mennyt, ja annoin Mejdalle osoitteen. Mutta koska oli jo myöhäinen ilta, päätimme odottaa aamuun ennen sinne lähtöä.

Vähän auringonnousun jälkeen Mejda, Jitenda ja minä lähdimme siihen osoitteeseen, jonka Mejda oli kirjoittanut muistiin. Oven avasi ystävällisen näköinen herrasmies. Mejda kysyi häneltä, tiesikö hän Sunilista, ja esitti hänelle kuvauksen tämän ulkonäöstä. Mies oli pojan kaukainen sukulainen. Hän sanoi, että Sunil oli viettänyt yönsä siellä mutta oli lähtenyt ennen auringonnousua. Hän kysyi, miksi me etsimme häntä. Silloin Mejda kertoi hänelle Sunilin tapaamisesta Benaresissa, epäilyksistään hänen käyttäytymisensä suhteen ja takin varastamisesta.

Mies sanoi: "Teidän olisi pitänyt tulla illalla. Me olisimme saaneet hänet kiinni verekseltään. Tiedän, että tuo poika on varas. Hän varasti tänä aamuna vaimoltani rahaa ennen lähtöään. Kirjoitan hänen sukulaisilleen Benaresiin ja varmistan, että takkisi palautetaan."

"Hän luultavasti myy sen", Jitenda keskeytti synkästi.

Silloin mies kutsui meidät sisään ja tarjoutui korvaamaan osan Mejdan takista. "Minä majoitin tuota varasta kodissani, joten minulle lankeaa vastuuta varastetusta takistasi."

"Voi ei", Mejda torjui. "Miksi te maksaisitte jonkun toisen vääristä teoista?"

Mejda kertoi koko jutun isälle, joka oli iloinen siitä mitä olimme tehneet. Emme enää koskaan kuulleet takista, ja jätimme koko asian sikseen.

Sitten Mejda kokeili spiritismiä. Hän käytti minua meediona ottaakseen yhteyttä kuolleisiin sieluihin. Erään kerran muuan sielu otti haltuunsa passiivisen mieleni ja kehoni ja oli vastahakoinen luopumaan vasta hankitusta asunnostaan. Hän sanoi, että hänet oli murhattu Talla-sillan lähellä ja että hän epätoivoisesti halusi toisen fyysisen kehon. Hän oli päättänyt pitää minun kehoni!

Mejda yritti huonolla menestyksellä ajaa ei-toivottua henkeä ulos kehostani. Lopulta hän otti Lahiri Mahasayan pyhän valokuvan, jonka suuri mestari oli antanut vanhemmillemme, ja uhkasi vaeltavaa sielua: "Lähde nyt. Lähde heti, tai kosketan sinua tällä pyhäinjäännöksellä." Mejda toisti tämän kaksi tai kolme kertaa. Epäpyhä henki lähti vastahakoisesti.

Mejda kykeni myös puhumaan äitimme kanssa astraalimaailmassa käyttäen minua välittäjänä. Kun sukulaisemme kuulivat Mejdan yliluonnollisista voimista, he tulivat joukolla katsomaan esitystä. Mejda aloitti kertomalla heille minun välityksellani, mitä he ajattelivat. Kun oli serkku Lalit Mohan Mitran vaimon, Ranga-Boudin, vuoro, muut sukulaiset huomauttivat: "Jos pystyt lukemaan *hänen* mieltään, silloin uskomme voimaasi."

Mejda epäröi ja sanoi: "Miksi yritätte nolata häntä?"

"Me emme usko, ennen kuin kerrot meille, mitä hän ajattelee. Jopa Jumalan on vaikea tietää, mitä hänellä on mielessään!"

Kohdistaen sanansa Ranga-Boudille Mejda sanoi pahoitellen: "Annathan anteeksi minulle sen että luen ajatuksiasi. Sukulaisemme eivät epäile vain minua, vaan he epäilevät yhtä hyvin Jumalaanikin."

Hän tuijotti naista läpitunkevasti. Tämä näytti paheksuvalta. Mejda tuntui hieman hämmentyneeltä, mutta sanoi minulle hetken päästä: "Mitä Ranga-Boudi kaipaa tällä hetkellä?"

"Lasillisen jääkylmää vettä", minä vastasin.

Muut sukulaiset nauroivat makeasti. Ranga-Boudi punastui ja kielsi asian. "Miten typerää! Tämä on hölynpölyä", hän sanoi.

Mutta Mejda intti: "Kerro minulle, olenko oikeassa vai enkö ole." Viimein Ranga-Boudi myönsi nyökkäämällä aavistuksen verran.

Mejda ja minä lähdimme erään kerran ystävämme Upendranath Mitran kotiin. Hän asui Garpar Roadilla, ei kaukanakaan meiltä. Seurasimme heidän perhettään olohuoneeseen. Mejda pyysi Upenia valitsemaan sattumanvaraisen kirjan hyllystä takaani. Upen otti kirjan ja piteli sitä selkäni takana, niin etten nähnyt sitä. Sanoin kuuluvalla äänellä kirjan nimen, sen tekijän, julkaisijan, painopaikan sekä hinnan. Sitten Mejda pyysi Upenia avaamaan kirjan jonkin sivun kohdalta. Minä mainitsin sivun numeron ja kerroin koko sivun sisällön sanasta sanaan. Upendranathin perhe oli ymmärrettävästi ällikällä lyöty.

Viikon päästä eräät Kalkutan kuuromykkien koulun virkailijat pyysivät Mejdaa esittelemään heille sielunvoimiaan. Mejda ei voinut kieltäytyä, koska he olivat olleet niin hyviä ystäviämme. Sijoitettuaan minut heidän eteensä Mejda ojensi minulle savikokkareen ja pyysi minua syömään sen. "Eikös se olekin hyvää? Eikö se maistukin mitä herkullisimmalta?" hän kysyi.

Aloin nauttia kokkaretta ahnaasti ja sanoin: "Se on herkullista!"

Sitten Mejda teki rajun vastavedon: "Sehän on kamalan likaista ja vastenmielisen makuista."

Oksensin välittömästi kaiken, mitä olin juuri syönyt.

Pian tämän jälkeen Mejda ja minä olimme juuri lähteneet ulos, kun kenkäni sisään pujahti kivi. Nojauduin toisella kädellä naapuritalon seinää vasten tasapainottelemaan yhdellä jalalla seisten ja poistin kiven toisella kädellä. Mejda sanoi: "Voi voi, sinun kätesi on juuttunut seinään kiinni."

Hän oli täysin oikeassa! Yritin kaikin voimin, mutten saanut vedetyksi kättäni irti seinästä. Mitä enemmän ponnistelin, sitä lujemmin käteni kiinnittyi naapuritaloon! Mejda sanoi: "Hetkinen. Tulen pian takaisin." Hän meni taloon sisälle, mutta palasi kohta. "Selvä on", hän sanoi, "lähdetään." Käteni vapautui hetkessä, ja jatkoimme matkaamme asioille.

Kun isä kuuli, että Mejda käytti minua välikappaleena sielunvoimiensa esittelyssä, hän sanoi Mejdalle: "Sinä et saa koskaan käyttää Goraa sellaiseen. Sekä hänen kehonsa että mielensä heikkenisivät aikaa myöten." Siitä päivästä lähtien Mejda ei milloinkaan enää pyytänyt minua tulemaan mentaaliseksi koevälineekseen.

Panchudi[3] auttoi monesti huolehtimaan meistä äidittömistä lapsista. Hän tuli eräänä sunnuntaipäivänä Mejdan puheille. "Mukun, joku on ottanut 25 rupiaa kassalippaastani. Epäilen Kanu Thakuria, sillä kukaan muu ei mene siihen huoneeseen, missä pidän lipasta."

Mejda kuulusteli Kanua tarkoin, mutta tämä kielsi tietävänsä mitään varkaudesta. Silloin Mejda pyysi häntä istuutumaan olohuoneen lattialle. Mejda veti kätensä kevyesti Kanun kasvojen ja kehon yli. Kanu makasi lattialla silmät kiinni, täysin vajonneena hypnoottiseen tilaan. Panchudi, Ranga Mama (enomme), Binu (toiseksi vanhimman sisaremme nuorin poika) ja minä seisoimme joukolla Kanun ympärillä. Mejda kysyi häneltä:

"Otitko sinä ne rahat?"

"Kyllä minä otin."

"Mihin kätkit ne?"

---

[3] Panchudi oli isän enon tytär. Kun hän leskeytyi nuorella iällä, hänet otettiin meidän perhepiiriimme. Hänellä oli hyvin hengellinen luonne, ja vaikka hän oli melkoisesti Mejdaa vanhempi, hänestä tuli Mejdan oppilas.

"Pohjoisenpuoleisen portaikon tiilen alle."

Kun rahat oli saatu takaisin, Mejda yritti saada Kanun taas tajuihinsa, mutta tuloksetta. Mejda oli aina kyennyt herättämään minut hetkessä, mutta jostain syystä hän ei saanut Kanua hereille. Yritimme jopa pirskottaa vettä hänen kasvoilleen, mutta sekään ei auttanut.

Binu oli tällä välin lähtenyt hakemaan isää. Kun isä tuli olohuoneeseen, hän sanoi: "Mukunda, mitä oletkaan tehnyt? Enkö ole kieltänyt sinua tekemästä tällaista?"

Sitten isä istuutui Kanun yhä liikkumattoman kehon viereen. Hän painoi sormensa Kanun kulmakarvojen väliin ja harjoitti *pranayamaa*. Sen jälkeen hän veti kätensä kevyesti Kanun pään ja vartalon yli. Kanun silmät värisivät ja avautuivat sitten kokonaan. Hän nousi istumaan ja tuijotti meitä ihmeissään.

Mejda otti vaarin isän tiukasta vaatimuksesta ja luopui hypnotismin harjoituksestaan.

Huoleton "nagasadhu"

Mejda heräsi joka aamu ennen auringonnousua, peseytyi ja istuutui sitten meditoimaan. Mietiskeltyään hän käveli toisinaan Gangesille kylpemään. Hän kulki hiljaisia katuja varhaisessa aamun kajossa laulaen antaumuksellisia lauluja. Pyysin joskus päästä mukaan, ja hän salli sen.

Muistan yhden sellaisen tilanteen. Mejda oli silloin kymmenennellä luokalla. Kun matkasimme Gangesille, aamutähti kimmersi yhä kirkkaana läntisellä taivaalla. Kullanväriset pilvet itäisen taivaanrannan yllä enteilivät hienokseltaan auringon nousua. Jumalan kauneus kutsui hiljaa nukkuvan maan heräämään yöllisestä levostaan.

Kalkutta ei ollut noihin aikoihin vielä yhtä ruuhkainen kuin nykyään. Siellä oli laajoja vapaita alueita, joita peittivät vihreiden puiden ja pensaiden tiheät lehvästöt. Ne luovuttivat syvät varjonsa idän aamunkoitolle. Heleänväriset linnut kutsuivat oksiston lomasta musiikillaan nukkuvia perheitä heräämään rukoukseen, riemuitsemaan Jumalan kauneudesta ja jakamaan Hänen rakkautensa kaikkien kanssa tänä uutena päivänä. Sitten ne levittivät siipensä ja lensivät sinitaivaan avaruuteen livertäen suloisilla lauluillaan lupauksen, että palaisivat jälleen illalla.

Mejda rakasti lintuja ja puhui usein siitä, miten ne palvelevat meitä: Niiden laulu muistuttaa meitä Jumalan ilosta. Ne havahduttavat meidät aamuvarhaisella siihen, että meidän tulisi iloita Jumalan luomakunnan kauneudesta aamunkoiton ensi hetkestä lähtien. Kun ne lentävät taivaalle, ne kertovat meille, että tämä maailma on katoavainen. Meidän tulee vapautua maallisista siteistä ja lentää kaikkiallisuudessa vapauden siivin. Olemme viettäneet päivämme maallisen harhan lumoissa, muistamatta Jumalaa, ainoaa todellisuutta, joka on kätkeytynyt moniin luonnon muotoihin. Oivalla Hänen läsnäolonsa ja laula Hänen kunniaansa! Aika kuluu nopeasti. Aloita matkasi nyt, ja ota muita mukaasi, kun lennät taivaallisiin asuntoihin!

Tällä tavoin lumoutuneena Mejda saapui Gangesin partaalle. Jumalallisen Äidin nimeen hän kastautui virtaan. Ja hiljaa soljuvassa vedessä seisten hän sitten antautui täysin Jumalalle rukoillen ja laulaen. Kun katselin häntä – vain hänen päänsä oli väreilevän veden yläpuolella – hän näytti Hengen ruumiillistumalta, joka oli tullut määräajaksi asumaan harhaan joutuneen ihmissuvun keskelle.

Aamun kirkkaat hetket kuluivat ohi. Hän oli yhä kastautuneena jokeen, ja hänen laulaessaan rakkaudestaan Jumalalle mukaan tuli palavia rukouksia ihmiskunnan pelastuksen puolesta.

Aurinko oli jo ohittanut lakipisteensä, kun hän nousi vedestä. Jumalyhteyden ilon juovuttamana hän oli tietämätön ympäristöstään lähtiessään kulkemaan joentöyräältä kujaa pitkin. Tänä päivänä hän ei ajatellut lainkaan vaatetusta – tai sen puuttumista! Minulla ei ollut rohkeutta häiritä häntä. Mutta ohikulkijat eivät näyttäneet piittaavan: tämän nuoren "*naga-sadhun*"⁴ laulu hurmasi heidän mielensä.

Mejda ei kuitenkaan ennättänyt pitkälle, ennen kuin yksi tädeistämme sattui lähestymään häntä. Nähdessään Mejdan alastomana täti synkistyi. "Miten häpeällistä, Mukunda! En tiennytkään, että sinä Jumalan nimissä antaudut tällaiseen säädyttömyyteen. Etkö näe, että monet äidit ja sisaret kävelevät tätä tietä pitkin? Oletko menettänyt järkesi?"

Mejda ei tunnistanut, kuka puhuja oli. Hän kysyi kaukaisella äänellä: "Mitä sinä tarkoitat?"

Vimmastunut tätimme antoi hänelle terävän korvatillikan. "Vai et ymmärrä, mitä minä sanon? Katso itseäsi! Missä ovat vaatteesi? Mikä paha poika sinä oletkaan, kun kuljet kadulla tuommoisena. Olet häpeäksi suvullemme!"

Mejda oli havahtunut jumaltietoisuutensa riemukkaasta tilasta. Hän palasi värähtäen kaksinaisuuden maailmaan, joka on pitkälti sidoksissa yhteisön kieltoihin. Hän tajusi jättäneensä vaatteensa joen penkereelle. Mutta tädillemme hän sanoi tyynen autuaallisesti hymyillen: "'Paha' on *sinun* mielessäsi."

Mejdan välinpitämättömyys raivostutti tätiä. On ihme, ettei tädin tulinen tuijotus polttanut Mejdaa elävältä poroksi.

Mejdaan ei kuitenkaan vaikuttanut vähimmässäkään määrin enempää ankara nuhtelu kuin oman alastomuuden äkkinäinen tajuaminen. Hän kääntyi rauhallisesti ja lähti joen äyräälle noutamaan vaatteitaan.

Näky Herra Krishnasta

Kerran Mejda oli juttelemassa luokkatoverilleen. Hän yritti aina kohottaa muissa samaa innostusta, jota hän itse tunsi Jumalan puoleen. Tuo ystävä oli ilmeisen kiinnostunut mutta epäilevä. Mejda vakuutti hänelle, että Jumala lähestyisi

---

4 Askeettien ryhmä, joka ei käytä vaatteita. He kunnioittavat näin Herraa, joka ei omista mitään – ja omistaa kaiken. Tiettyjä Shivan lahkoja, jotka eivät pidä vaatteita, kutsutaan nimellä *digambara*, taivaaseen puettu, kuten on itse Herrakin.

jokaista, joka oli vilpitön ja tarpeeksi sinnikäs. Ystävä halusi jakaa Mejdan uskon ja tulikin puoliväliin häntä vastaan: "No, ehkä joskus tulevaisuudessa – tai seuraavassa inkarnaatiossa – pääsen ymmärtämään todeksi sen mitä sanot."

"Miksi puhua tulevaisuudesta? Miksi et etsisi Häntä nyt?" Mejda tivasi. "Jos etsijä rukoilee kokosydämisesti: 'Herra, sinun *täytyy* saapua luokseni' – Hän *tulee* ilmestymään. Kun palvojan rukous levittää sydämen vilpittömän kaipuun universumin joka ikiseen atomiin, mihin Jumala voisi silloin kätkeytyä? Hänen on paljastettava itsensä."

Mejdan usko oli tarttuvaa. Hän näki uskonsa kipunoiden sytyttävän liekin myös ystävänsä mieleen, joten hän jatkoi: "Jos me tänä iltana yritämme tosissamme nähdä Jumalan Herra Krishnana, Hän ilmestyy siinä muodossa."

Mejdan luokkatoverin mielestä ajatus Krishnan näkemisestä juuri sinä yönä tuntui äkkiä enemmän kuin mahdolliselta. Se tuntui jännittävän todennäköiseltä. Nuo kaksi päättivät tavata sinä iltana Mejdan kotona. He meditoisivat, kunnes Krishna tulisi heidän luokseen.

Lähestyvän yön varjot peittivät maan, kun nuo kaksi päättäväistä ystävää astuivat Mejdan mietiskelyhuoneeseen. He salpasivat oven sisäpuolelta, istuutuivat jalat ristissä *kusha*-ruohoisille *asanoille* (mietiskelymatoille) ja alkoivat jumaluuden innoittamina laulaa ja rukoilla sekä meditoida.

Bhagavan Krishna edustaa hurskaalle hindulle Jumalan korkeinta inkarnaatiota, jolle hänen palvojansa ovat antaneet 108 nimitystä. Muinaisen Intian suurena kuninkaana Krishna ilmentää ylivertaisella tavalla viisautta, oikeudenmukaisuutta ja rakkautta, joiden tulisi ollakin ihmisten johtajan ominaisuuksia. Kun hänen oppilaansa Arjuna oli vastentahtoinen kamppailemaan oikeuden puolesta Kurukshetran taistelussa, Krishna kehotti häntä koko ihmiskunnan vertauskuvana tekemään jumalallisesti asetetun velvollisuutensa ja täyttämään hengellisen kohtalonsa. Bhagavadgita sisältää suurenmoista opetusta, jota Krishna antoi Arjunalle Kurukshetran taistelun aikana. Se on materiaalisesti ja hengellisesti verrattoman kaunis ja viisas kirjoitus.

Aikakausien saatossa Krishnasta on tullut "kaikille kaikkea", ja hänen palvojansa ovat lähestyneet häntä suurimpana jumalallisena Ystävänä ja luomakunnan Rakastajana, viattoman Suojelijana, pahan Tuhoajana ja luomisen, kaitselmuksen ja hävityksen Herrana. Hän on monille jumalallinen Paimen, nuori Gopal, jonka taivaallinen huilu kutsuu hairahtuneita sieluja takaisin Hengen luo. Kaikissa muodoissaan Hän on vastannut palvoville uskovilleen.

Yliluonnollinen rauha sulki meditoivat pojat piiriinsä. Mejdan kasvot säteilivät havaittavaa hehkua, kun hän lauloi lauluja ja esitti rukouksia Herra Krishnalle. Hiljaisina hetkinä hartaat palvojat harjoittivat *pranayama*-meditaatiota. Heidän kehonsa ja mielensä hiljenivät, kun he kärsivällisesti ja sinnikkäästi uhrasivat sisäisiä rukouksia Bhagavanille. Pimeä huone sai jumalallista valaistusta heidän palavuudestaan. Ilo täytti heidän odotuksensa. Kun muu kaupunki nukkui, nuoret pojat säilyttivät hurskaan kaipuunsa valppauden. Yön mittaan nuo kaksi halajavaa sielua sulautuivat yhdeksi lauluissaan ja Herralle osoitetuissa rakkauden rukouksissaan. Mutta aamua kohti väsymys ja epäilys alkoivat vallata Mejdan kumppania.

"Mukunda, olemme kenties erehtyneet. Jumala ei tule niin helposti."

"Meidän ei pidä antaa periksi. Keskity syvällisemmin. Hän *tulee* vastaamaan sielujemme kutsuun."

Uuden yrityksen jälkeen Mejdan ystävä huokaisi alistuneesti. "Toivoa ei ole, Mukunda. On jo melkein aamu. Lähdetään nukkumaan."

"Sinä voit lähteä, jos haluat. Minä en aio antaa periksi", Mejda sanoi lujasti. "Vaikka kuolisin täällä istuessani, en liikahdakaan, ennen kuin Jumala saapuu."

Äkkiä Mejdan hengitys salpautui. Hänen kehonsa jäykistyi ilmestyksen hurmiossa. Hänen kasvonsa hehkuivat lumoavan

Mejda oppikoulua käyvänä nuorena; tekijän maalauksesta

suloista hymyä. Hän huudahti: "Minä näen hänet! Minä näen Krishnan!"

Mejdan ystävältä puuttui sekä hengellistä näkökykyä että päättäväisyyttä. "Missä hän on, Mukunda? En näe häntä." Mejda ojensi kätensä ja asetti sen epäilevän ystävänsä sydämen päälle. Mejdan magneettinen kosketus välitti autuaallisen näyn.

"Ooh! Minä näen Krishnan. Näen hänet, Mukunda!"

Kyyneleet valuivat hänen silmistään. Molemmat pojat kumarsivat nöyrästi Bhagavanille.

"Rakastettu Krishna", Mejda rukoili, "kärsivä ihmissuku ei enää kuule huilusi suloista säveltä, jota soitetaan Yamuna-joen partailla. Valloittava jumalallisen rakkauden sävelesi hurmasi kaikki: linnut, eläimet ja ihmiskunnan. Soitathan taivaallista musiikkiasi ihmiskunnan sydämiin jälleen kerran, jotta he näkisivät pelastuksesi valon. Siunattu olkoon *sadhanani*! Ota vastaan rakkauteni! Kumarran sinulle!"

Bhagavan Krishna hymyili ja kohotti kätensä siunaukseen. Sitten hän sulautui nousevan auringon säteisiin.

Hengellisen näyn siirtäminen

Mikään ei ole mahdotonta sille, joka yhdistää tahdonvoimansa Jumalan rajattomaan tahtoon. Mejdalla oli täysi usko tähän. Hän pystyi helposti osoittamaan mielen voiman, ja hänellä oli kyky siirtää omat hengelliset kokemuksensa toisiin pelkän kosketuksen tai suggestion avulla.

Mejda, Manomohan, Atulya (etäinen sukulainen) ja minä vietimme kerran iltapäivän ja illan puistossa lähellä Fort Williamia. Istuimme ääneti, kun tähdet alkoivat ilmestyä kuin läpäisten valopilkkuina iltataivaan. Äkkiä Mejda huudahti yhtä tähteä osoittaen: "Katsokaa, Herra Krishna diadeemineen!"

Hätkähdimme ihmetyksestä, ja hiljaisuutemme tyyneys oli tiessään. Manomohan katsoi tarkasti mutta ei nähnyt tuota ihanaa hahmoa. Atulya huusi: "Siellä hän on! Etkö näe häntä?" Manomohan katsoi uudestaan, mutta turhaan. Hän oli hyvin lannistunut. Hän oli ollut pitkään Mejdan läheinen kumppani ja oli jakanut tämän hengelliset pyrkimykset. Kuitenkin juuri Atulyaa, eikä häntä, siunattiin näyllä, vaikka Atulya rukoili harvoin eikä meditoinut milloinkaan. Minustakin tuntui ikävältä, etten kyennyt näkemään Herra Krishnaa.

Manomohan kääntyi Mejdan puoleen ja sanoi: "Veljeni, en ole arvollinen hengelliseksi kumppaniksesi enkä vastaanottamaan opastustasi. On parempi, että annat aikaasi Atulyalle. Vaivannäkösi on minun suhteeni hukkaan heitettyä."

Vähän tämän jälkeen Mejda, Manomohan ja minä olimme yhdessä Kalkutan kuuromykkien koulun kentällä. Mejda oli pyytänyt minua tuomaan mukanani öljyllä hierotun betelinlehden. Hän ojensi lehden Manomohanille ja sanoi: "Katso tarkasti tätä betelin lehteä. Heitä kaikki muu mielestäsi ja ajattele kiinteästi jotakuta, joka on toisessa maailmassa. Tulet näkemään hänen kasvonsa tällä lehdellä."

Manomohan keskittyi jonkin aikaa lehden öljyiseen pintaan ja huudahti sitten: "Näen kauniin sinertävän hahmon — Krishnan?"

Mejda sanoi: "Kysy häneltä, kuinka edistynyt olet hengellisesti."

En tiedä Manomohanin saamaa vastausta enkä sitä, mitä hän kertoi Mejdalle. Kokemus näytti kuitenkin täysin tyydyttäneen aiemmin lannistuneen Manomohanin.

Kohta tämän tapahtuman jälkeen me kolme menimme yhdessä Narikeldangan yksinäiselle hautausmaalle. Olimme juuri saapuneet, kun Mejda sanoi: "Kumartakaamme kaikki, sillä ehkä täällä on joku hyveellinen sielu." Heittäydyimme välittömästi maahan Mejdan esimerkkiä seuraten. Me emme sen enempää kyseenalaistaneet sitä kuin ihmetelleetkään. En voi myöskään sanoa, tunsinko minkäänlaista pelkoa. Mutta sen tiedän, että Mejdan seurassa rupesin yhä enemmän kiinnostumaan tavallisuuden ylittävistä asioista: opin uskomaan metafyysiseen maailmaan. Ja mikä tärkeää: opin ymmärtämään, että ihmisen suurin herääminen on hänen omien

Shastri Mahasaya (svami Kebalananda)
Mejdan sanskritinopettaja

mahdollisuuksiensa oivaltaminen. Mikä tahansa saavutus on mahdollinen, kun ihminen oikealla tavalla yhdistää tahdon, älyn, tietoisuuden ja oikean toiminnan.

ÄIDIN ASTRAALIRUUMIIN NÄYTTÄYTYMINEN

Seurasin Mejdaa kuin varjo. Hän rakasti minua ja minne menikin, antoi minun usein seurata mukana. Kerran vierailimme koulutalossa Amherst Street 50:ssä, äitimme kuolinpaikassa. Kun katselin pahoin aavistuksin paikkaa, joka oli ollut tämän tragedian näyttämönä, sanoin Mejdalle: "Äiti kuoli tässä talossa."

"Nyt täällä asuu suuri viisas", Mejda lohdutti. "Hänen nimensä on Sri Mahendra Gupta. Hän on tämän koulun rehtori ja on kirjoittanut teoksen *The Gospel of Sri Ramakrishna*. Vaikka monet eivät sitä tiedä, hän on ylevä Jumalallisen Äidin palvoja." Mejda oli ollut täällä ennenkin ja halusi minun tapaavan pyhimyksen.

Olimme saapuneet illalla. Mestari Mahasaya, kuten häntä myöhemmin puhuttelimme, oli meditoimassa rukoushuoneessaan. Kun kumarruimme hänen eteensä, hän syleili meitä rakastavasti. Hänen hellä rakkautensa sai meidät kokemaan kuin olisimme aina tunteneet hänet. Hän pyysi ystävällisesti meitä istuutumaan. Hän tiedusteli, kuka minä olin ja millä luokalla olin. Tunsin olevani suuresti siunattu saadessani olla hänen pyhässä seurassaan.

Hänen meditaatiohuoneensa alttaria koristi kiinanruusuilla seppelöity Äiti Kalin iso valokuva. Kun saavuimme myöhemmillä käynneillämme hänen meditaatioidensa aikana, tapasimme pysytellä hiljaa taustalla tai hänen rinnallaan, sulautuneena siihen antaumuksen auraan, joka kyllästi huoneen ilmapiirin.

Eräänä päivänä kysyin häneltä, oliko hän sitä mieltä, että tässä talossa kummitteli. Kerroimme hänelle äidin ennakkoaavistuksesta hänen saavuttuaan ensi kertaa taloon ja siitä, kuinka äitimme ja serkkumme olivat kuolleet täällä koleraan

Mejda tutkii mielen ja hengen maailmoja 133

veljemme häiden kynnyksellä. Myöhemmin saimme kuulla, että tässä talossa oli sattunut muulloinkin samantapaista: Huoneisto oli vuokrattu hääjuhlia varten. Häiden jälkeisenä päivänä sulhanen ja hänen isänsä kuolivat koleraan. Ja vielä eräässä hätkähdyttävässä tapauksessa sulhanen kuoli hääpäivänään sen lehväkatoksen alle, jossa rituaali oli määrä pitää. Näiden murhenäytelmien jälkeen kukaan ei enää halunnut vuokrata taloa. Siellä uskottiin kummittelevan.

Mestari Mahasaya sanoi meille: "Talo oli tyhjillään, joten hankin sen koululleni. Minä olen Jumalallisen Äidin palvoja; mikä paha voisi minua kohdata? Minä en pelkää pahantahtoisia henkiä. On totta, että itsemurhan tehneen miehen sureva henki kummitteli tässä talossa. Niinpä tämä talo veti puoleensa noita tragedioita, joiden oli määrä käydä toteen joka tapauksessa. Minuakin henki yritti pelotella. Mutta koska olen Äidin siunattu poika, hän ei pystynyt vahingoittamaan minua. Sen sijaan hän anoi minulta vapautusta ahdingostaan. Minä rukoilin Äitiä vapauttamaan hänen maahan sidotun henkensä ja suoritin monia uhreja hänen puolestaan. Hän vapautui, ja siitä lähtien talossa on ollut ainoastaan rauhaisia värähtelyjä."

Kun eräänä päivänä istuimme vaitonaisina mestari Mahasayan takana hänen mietiskelynsä aikana, hänen edessään olleessa Äiti Kalin kuvassa Kalin silmät liikkuivat. Kun näimme tämän ihmeen, Mejda ja minä katsoimme ääneti toisiamme äärimmäisen hämmästyksen vallassa. Samassa mestari Mahasaya sanoi, vaikka oli selin meihin nähden: "Mitä te näette?" Hän tiesi, että meitä oli siunattu Äidin elävien silmien näkemisellä.

Toisella kertaa kysyimme häneltä, voisiko hän kutsua äitimme ilmestymään meille astraalimaailmasta. Ensin hän kieltäytyi, mutta me olimme sinnikkäitä. Lopulta hän myöntyi. "Tulkaa tiistai-iltana. Mutta teidän on luvattava, että istutte hyvin hiljaa ettekä pidättele häntä pitkään." Me lupasimme auliisti.

Sovittuna iltana mestari Mahasaya oli syvässä meditaatiossa. Me istuimme hänen takanaan hievahtamatta. Suuri pyhimys mietiskeli lähes kaksi tuntia. Sitten hän kääntymättä sanoi hiljaa: "Katsokaa taaksenne, niin näette, kuka seisoo ovella." Käännyimme ja näimme rakkaan äitimme hymyilevän meille. Hänen kätensä lepäsivät oviaukon sivuilla. Me huudahdimme: "Äiti! Äiti!" Halusimme rynnätä hänen luokseen, mutta mestari Mahasaya käski meitä olemaan liikkumatta.

"Voitte puhua hänelle, jos haluatte", hän sanoi.

"Äiti, muistatko meidät?" me kysyimme.

Hän vastasi hellästi ja selkeästi: "Minä tarkkailen teitä kaikkia jatkuvasti. Jumalallinen Äiti varjelee teitä." Tämän sanottuaan hän katosi.

Salasimme tämän ihmeellisen tapahtuman muilta paitsi isältä. Hän nuhteli meitä lempeästi: "Sielulle on vaikeaa, kun hänelle esitetään sellaisia vaatimuksia." Siitä lähtien näin usein äidin unissa, mutta en enää koskaan nähnyt hänestä ilmestystä niin kuin tuona päivänä Amherst Street 50:n talossa.

Kali – Jumalallisen Äidin – symbolien tulkintaa

Mejda oli palvonut Jumalaa lapsuudestaan lähtien Jumalallisena Äitinä. Nuoruudessaan Mejda palvoi Häntä jumalatar Kalin muodossa. Vaikka kristityt yleensä kutsuvat Jumalaa Isäksi, hinduille on syntynyt myös Jumalallisen Äidin käsite.[5] Ihmiselämässämme tunnemme tavallisesti erityistä läheisyyttä äitiä kohtaan, sillä hän antaa auliisti anteeksi ja rakastaa meitä pyyteettömästi. Hän vastaa heti lapsensa tarpeisiin, riippumatta siitä "ansaitseeko" lapsi sen.

Haluaisin selittää nyt jumalatar Kalin symboleja. Tässä yhteydessä haluan esittää kiitollisuuteni arvostetun tuttavani Sri Mahanam Brata Brahmacharin antamasta avusta.

Kali edustaa ilmentymättömän Hengen *shaktia*, energian luomisvoimaa. Hän symboloi kaikkea, mitä on ollut, mitä on nyt ja mitä on tulevaisuudessa. Luominen, ylläpitäminen

---

5 Paramahansa Yogananda selitti, että Jumalan suurimmat ilmenemismuodot lapsilleen ovat Isä, Äiti, Ystävä ja Rakastettu. (*Julkaisijan huomautus*)

ja tuhoaminen ovat hänen ilmentyneitä voimiaan. Tuhoava ominaisuus ei ole kielteinen. Aivan kuten siemenet "kuolevat" tuottaakseen taimen ja nuori "kuolee" kypsyäkseen aikuiseksi, Jumalan luomisvoiman hävittävä ominaisuus uudistaa katoamattoman Hengen ulkoiset ilmenemismuodot jatkuvaan ilmaisuun ja kehitykseen. Tässä uudistumisessa on nähtävissä Hengen luovan voiman viisaus, kauneus ja myötätunto. Henki on ylitse muiden hyvä ja armollinen. Meidän tulee aina muistaa, että luova voima tuhoaa vanhoja ja hyödyttömiä muotoja vain luodakseen uutta ja pitääkseen yllä universumin järjestystä. Niinpä Kalin kaksinainen luonne on tarkka kuvaus Luonnosta. Hänen kosminen hahmonsa paljastuu meditaatiossa.[6]

Kalilla on neljä kättä. Hänen kaksi oikeaa kättänsä edustavat Hänen voimaansa luoda universumeja ja suoda siunauksia ja pelastuksen palvojilleen. Hänen kahdesta vasemmasta kädestään toinen pitelee sapelia ja toinen katkaistua päätä. Nämä edustavat Hänen voimaansa ylläpitää kosmosta ja saada aikaan sen sulautuminen Henkeen, kun Hänen luomisen tanssinsa on päättynyt. Tässä kuvastossa meillä on kaunis synteesi Luonnon vastakkaisista voimista. Mikään muu symboli ei paremmin esitä sekä Jumalan ehdotonta rakkautta että luomakunnan kovia lakeja.

Kali on seppelöity viidenkymmenen ihmispään köynnöksellä. Päät edustavat yleisesti tiedon valtaa ja erityisesti viittäkymmentä äännettä, jotka muodostavat sanskritin kielen. Intian rishit näkivät tuon muinaisen kielen juuren alkuperäisessä äänessä, joka on *Aum*, kosminen "Sana" eli luova värähtely. Tästä äänen värähtelyjen tieteestä he kehittivät *mantrat* (oikein intonoidut sanskritin sanat) aikaansaamaan luomakunnassa kaivattuja, lainmukaisia muutoksia. Ihmispäinen seppele edustaa siis sitä tietämystä ja voimaa, joka sisältyy luomakuntaan.

6 Teoksessa *Whispers from Eternity* (Kuiskauksia ikuisuudesta), kokoelmassa "Näen Sinut luomisen, säilyttämisen ja tuhon tanssissasi", Paramahansa Yogananda kuvaa näkyään Kalista, Jumalallisesta Äidistä, kosmisen luomisen tanssissa. (*Julkaisijan huomautus*)

Jumalattaren aaltoilevat hiukset muistuttavat verhoa, *"mayan* (harhan, dualismin) kaihdinta", jonka taakse kätkeytyy yhdistävä Äly, Hengen olemus. Kalin väri on musta. Luomakunta sai alkunsa "valottoman valon ja pimeydettömän pimeyden" valtakunnassa. Koska Kali edustaa alkuperäistä luovaa voimaa, Hänen luonnollinen värinsä on musta. Alussa luomakunnalla ei ollut muotoa. Musta edustaa muodottomuutta. Musta on myös värien poissaoloa ja sen vuoksi moninaisuuden puuttumista. Totuuden, kaiken tiedon ja kaikkien uskontojen moninaiset eri puolet ovat siis täysin sulautuneet ja yhdistyneet kaikkitietävässä, kaiken täyttävässä Äidissä, joka on musta.

Hänen vaatettamaton muotonsa edustaa äärettömyyttä. Hänen uumansa on vyötetty ihmiskäsillä. Tämä symboloi ihmisen loputtomia, halun tuottamien jälleensyntymien kiertoja, jotka ovat tulosta harhan vaikutuksen alaisena suoritetuista teoista. Ihmisen kaipuu aistimukselliseen täyttymykseen pakottaa hänet palaamaan jopa kuoleman porttien takaa yhä uudelleen aineelliseen olemassaoloon. Täten ääretöntä Äitiä ympäröi ihmissuvun tietämättömyydestä johtuva harhainen toiminta.

Kalilla on kolme silmää, jotka edustavat aurinkoa, kuuta ja tulta, pimeyden hävittävän valon lähteitä. Kaikkialla luomakunnassa läsnä olevana Äiti katsoo kolmella silmällään menneisyyteen, nykyisyyteen ja tulevaisuuteen. Näiden silmien tietämättömyyttä tuhoavalla valolla hän heijastaa ihmisen nähtäväksi kauneutta, totuutta ja onnea.

Äidin rinta ruokkii luomakuntaa sitä ylläpitävällä kosmisen energian makealla maidolla. Ja Äiti antaa Jumalaa etsiville lapsilleen autuaan läsnäolonsa tunnon.

Jumalatar puree hohtavan valkeilla hampaillaan punaista kieltään. Punainen on Luonnon aktivoivan ominaisuuden, *rajasin*, väri. Valkoinen edustaa *sattvaa*, Luonnon erittelevää, puhdistavaa ja kohottavaa ominaisuuttaan. Erittelevän viisauden tulee ohjata aktivoivaa virikettä.

Kiitävässä luomisen tanssissa kosmisen Äidin toinen jalka polkee nukkuvan Shivan (Hengen) rintaa. Tämä lepää Hänen jaloissaan. Luomisen kuluessa Henki – suhteellisesti puhuen – alistuu luonnon lakien alle. Kali hallitsee kaiken muun yläpuolella. Mutta sillä hetkellä kun Luonto koskettaa Henkeä, Luonto on voitettu.[7]

Äitiä palvotaan usein polttohautauspaikoilla. Hän majailee siellä ottaakseen vastaan ne, jotka tulevat Hänen lepoonsa. Kuolemaa pidetään Hänen kirkastavana kosketuksenaan, joka poistaa kivun, surun ja ahdistuksen sekä antaa vapauden ja rauhan.

Vaikka Kalin hahmo näyttää kauhistuttavalta – koska Hänen voimansa ei tee myönnytyksiä pahalle – Hänen hymynsä ilmentää sydäntä, joka on armon olemusta. Hengen luovana energiana Hän on maailmankaikkeuden ja kaikkien ihmisolentojen Äiti. Hänen voimansa on voittamaton. Ja Hänen rakkautensa, joka on pehmeä kuin kukkanen, suo kaikille hyväntahtoista äidillisyyttä.

Korkeinta olentoa Äitinä palvovat hindut eivät ajattele Häntä vain kosmisena hahmona, vaan universaalina inhimillisenä äidillisyytenä. Kun näemme Hänet kaikissa äideissä kaikkien yhteisenä Äitinä, jokaisesta ihmisolennosta tulee veljemme. Palvojat uhraavat mitättömän itsekkyyden Hänen jalkojensa juureen ja elävät veljeyden ihanteiden mukaisesti. Kun itsensä tyydyttämisen halu muuttuu Äidin rakastamisen myötä jumalalliseksi rakkaudeksi, tuloksena on ihmisten keskeinen yhteys. Ja tämä on nykypäivänä suurin tarpeemme.

---

[7] Paramahansa Yogananda kirjoittaa teoksessaan *Whispers From Eternity* (Kuiskauksia ikuisuudesta): "Shiva eli Ääretön on transsendentti (ilmiömaailmoissa toimimaton). Hän on siirtänyt 'puolisolleen' Kalille kaikki luomisen, säilyttämisen ja tuhoamisen voimat. Muinaisissa hinduteksteissä universumin sanotaan häviävän, kun 'Kalin liehuva jalka koskettaa Shivan rintaa'. Kun siis äärellinen kohtaa Ääretöntä, ilmiöiden maailma sulautuu Todellisuuteen." (*Julkaisijan huomautus*)

Mejdan viimeinen Kali-puja

Meditaation syventyessä Mejda piankin ylitti hengellisessä kasvussa Jumalallisen Äidin kuvan kunnioittamisen osana palvontamenoja. Hän etsi Korkeinta ulkonaisen muodon ja rituaalin tuolta puolen. Muistan auttaneeni häntä Garparin kodissamme, kun hän teki viimeistä kuvapatsastaan vuosittaiseen Kali-*puja*-juhlaan. Samoin kuin äitimme oli tehnyt, Mejda käytti olkea ja puuta peruskehikon luomiseen. Sitten hän päällysti sen huolellisesti savella muotoillen sen Kali-jumalattaren kuvaksi. Kun kuivuvaan saveen ilmaantui muutaman päivän päästä halkeamia, hän verhosi kuvapatsaan märällä kankaalla saven kostuttamiseksi ja säröjen täyttämiseksi. Patsaan hiukset valmistettiin juutista. Kuidun hankkimisessa oli jonkin verran töitä. Juuttipaaleja kuljetettiin Upper Circular Roadia pitkin härkävankkureilla. Mejda pani minut seisomaan Sukia Streetin suulle, kun taas hän itse meni Manicktalan risteykseen. Kun vankkurinkuljettajat olivat keskittyneet liikenteeseen, pystyimme sieppaamaan muutamia juuttitukkoja, joita törrötti paaleista vankkureiden perässä. Sitten värjäsimme juutin mustaksi. Se näytti aivan tukalta.

Auttaessani tällä tavoin Mejdaa opin saven muotoilemisen taidon. Kun Mejda oli lopettanut *pujan* viettämisen, Nalini ja minä jatkoimme noin viiden vuoden ajan Kalin patsaiden tekemistä ja Jumalallisen Äidin palvomista tässä muodossa.

Nalini oli tuohon aikaan avioitunut maineikkaan tohtorin Sri Panchanon Bosen kanssa. Nalini ja Mejda rakastivat toisiaan hellästi. Nalini vaivihkaa auttoi Mejdaa rahoittamaan monia uskonnollisia tilaisuuksia, joita tämä järjesti kotiimme. En ollut perillä, kuinka Nalini sai toimitetuksi rahat Mejdalle, ennen kuin tämä erään kerran lähetti minut Nalinin kotiin viestin kera: "Saisinko lainaksi kaunista harmonianne." Uteliaana näkemään soittimen avasin laatikon ja huomasin siinä Sejdin antamat rahat.

Mejda käytti usein tätä keinoa, ja Nalini oli hyvin iloinen voidessaan olla avuksi kaikissa hänen hengellisissä hankkeissaan. Nalinin miehen praktiikka tuotti riittävästi tuloja. Sitä paitsi tri Bose oli ihmisystävällinen henkilö. Hän kieltäytyi usein ottamasta palkkiota köyhiltä ja sen sijaan antoi näille rahaa lääkkeiden ja ruoan ostoon. Sukulaisemme olivat tervetulleita hänen autettavikseen ilman korvausta.

MUKUNDA OTTAA SELKOA TANTRISISTA PALVONTAMENOISTA

Mejda ei jättänyt kiveäkään kääntämättä hengellisissä etsinnöissään. Hän meni usein Nimtalan polttohautauspaikalle. Äitimme ruumis oli tuhkattu juuri siellä. Hän mietiskeli kuoleman vahvassa ilmapiirissä katoavaiseen ruumiiseen ja sen loputtomiin vaatimuksiin kiinnittäytymisen hyödyttömyyttä. Aluksi olin hänen seuranaan. Mejda uppoutui siellä helposti meditaatioihinsa, mutta minua tuo ympäristö vain pelotti. Lakkasin lähtemästä hänen mukaansa. Vähän myöhemmin huomasin, että tummanpunaisiin vaatteisiin pukeutunut, takkutukkainen askeetti tuli usein Mejdan kanssa kotiin. He menivät suoraan hänen ullakkohuoneeseensa. Minä pelkäsin sadhua, sillä hänen silmänsä olivat aina punaiset. Hänen otsassaan oli pitkä syvänpunainen merkki.

Kun nuo kaksi olivat eräänä päivänä lähteneet talosta, pujahdin salaa mietiskelyhuoneeseen. Haukoin henkeäni nähdessäni ihmisen pääkallon ja kaksi luuta asetettuina ristikkäin puiselle telineelle. Pääkallossa oli samanlainen sinertävänpunainen merkki kuin sadhulla. Juoksin takaisin alakertaan minkä jaloistani pääsin. Kun isä palasi illalla toimistolta, kerroin hänelle Mejdan vierailuista Nimtalaan ja mainitsin myös sadhusta ja ihmisen luista. Isä jutteli Mejdalle hiljaa. Hän selitti sitä vahinkoa, joka voisi seurata *tantrisista* harjoituksista.[8]

8 *Tantra* käsittelee pääasiassa ritualistista palvontaa ja *mantrojen* käyttöä. Tarkoituksena on saavuttaa *mayan* voimien tuntemus ja niiden hallinta sekä näin yhdistää yksilön sielu Henkeen, mutta vain muutamat valaistuneet ymmärtävät hindukirjoitusten puhtaan *tantran.* Yleisemmin tavataan sen monia turmeltuneita haaroja, joiden seuraajat etsivät ilmiömaailmaan kuuluvia voimia ja kokemuksia. (*Julkaisijan huomautus*)

Mejda sisäisti isän sanat, ja sadhu tuli pian tämän jälkeen noutamaan pois ihmisen kallon ja luut. Mejda ei enää koskaan suorittanut *tantroissa* määrättyjä riittejä, ja hän neuvoi myös muita pysyttelemään niistä erillään.

PILAANTUNUTTA VILJAA VAI RIISIPUUROA?

Jotkut Intian sadhut tapaavat yhdistellä erilaisia ruokia, jotka eivät yleensä ole maittavia keskenään sekoitettuina. He lisäävät seokseensa yhteen sopimattomia höysteitä, mausteita, sokeria ja suolaa. Tarkoituksena on tehdä yksittäisistä mauista erottumattomia ja siten auttaa askeettia pääsemään makuaistillisten mieltymysten ja vastenmielisyyksien yli.

Mejda kokeili innokkaasti jokaista teoriaa, jonka ajatteli ehkä edistävän hengellistä kehitystä. Hän valmisti oman sekoituksensa, joka oli maustettu vahvasti sekä suolalla että sokerilla, niin että oli käytännöllisesti katsoen mahdotonta tunnistaa, mitä oli syömässä. Se oli kamalaa! Hän ei viiteen tai kuuteen päivään syönyt muuta kuin tuota sekasotkua.

Mejda, Surenda ja minä olimme kerran kävelemässä Upper Circular Roadia kohti Sealdahia. Äkkiä meidän suuntaamme kantautui pilaantuneen riisin inhottava haju. Aloimme voida pahoin. Pidimme nenäliinoja kasvoillamme, mutta emme välttyneet tuolta mädäntyneen lemulta. Edellämme kulkeva lehmä sai hajusta vainun ja muutti äkisti kulkusuuntansa kadun toiselle puolelle. Useat lähistöllä kulkevat ihmiset huudahtivat inhosta ja jouduttivat askeleitaan puolijuoksuksi. Liikenne pysähtyi, kun hämmästyneet ajurit kyselivät löyhkästä.

Mutta Mejda ei ollut milläänkään. Hän asteli eteenpäin välinpitämättömän oloisena, ikään kuin mikään ei olisi vialla. "Etkö sinä haista tätä mädäntyneen jätteen hajua?" me kysyimme häneltä. Hän hymyili ja jatkoi huoletonta kulkuaan. Meidän ei auttanut muu kuin kävellä hänen kanssaan. Hänen silmissään oli kaukainen katse; hänen mielensä oli vetäytynyt sisäänpäin.

"Mukunda, siirrytään toiselle puolelle katua! Tämä matoinen riisi on täynnä ryömiviä kärpäsiä. Niitä parveilee kaikkialla ympärillämme. Jopa tyhmällä lehmälläkin oli järkeä vältellä sitä."

"Tietämätön eläin ei käsitä, että Jumala on läsnä kaikessa, jopa niin vastenmielisessä kuin läjässä pilaantuvaa riisiä", Mejda vastasi. "Mutta *minä* ymmärrän, että Jumala on läsnä kaikessa. Siksi tiedän, että voisin syödä tuota riisiä, eikä siitä koituisi mitään vahinkoa."

"Jos sinä pystyt syömään tuota mätää törkyä, niin kyllä minäkin", Surenda pilkkasi varmana siitä, ettei Mejda ikimaailmassa tekisi mitään niin hurjaa. Surendan kasvoilla näkyi järkytys, kun Mejda kumartui kauhaisemaan kourallisen iljettävää sotkua. Hän söi sen ikään kuin se olisi ollut erittäin huolella maitoon valmistettua ja makeutettua ruokaa.

Surenda juoksi kadun vastakkaiselle puolelle kuin olisi nähnyt aaveen. Mejda kaapaisi toisen kourallisen riisiä ja säntäsi pakenevan uhrinsa perään. Hän tarttui tähän ja tunki riisin hänen suuhunsa. Minä huusin vastalauseen, mutta oli liian myöhäistä. Surenda oksensi heti inhon vallassa ja näytti olevan pyörtymäisillään kaatuessaan henkeä haukkoen maahan. Pojan mielikuvituksessani välähti pelko, ettei hän toipuisikaan ja että poliisi nappaisi meidät. Aloin itkeä. Mejda hieroi Surendan rintaa ja hymyili kaiken aikaa. Kohta Surenda nousi pystyyn täysin toipuneena ja sanoi Mejdalle: "Tunnustan tappioni! Mietin sataan kertaan ennen kuin taas haastan sinut!"

Minua hämmästytti, ettei Mejdalle tullut mitään huonoja seurauksia. En voinut olla ajattelematta, että kenties Valo, joka huojentaa Jumalan palvojien ja *sadhakien*[9] kivut, oli yhtä lailla poistanut pahan hajun ja maun pilaantuneesta riisistä, ennen kuin se joutui Mejdan suuhun. Nyt tiedän, että Mejda oli kokonaan Jumalan valtaama ja tietoinen vain Hänen läsnäolostaan. Fyysiset aistimukset ylittäen hän maistoi vain sen Herran

9 Ne jotka noudattavat hengellistä kurinalaisuutta oivaltaakseen Jumalan.

suloisuutta, joka kätkeytyy kaikkiin luomakunnan muotoihin. Mejdan hämmästyttävä voimannäyte osoitti tuona päivänä, että hän oli epäilemättä oivaltanut Jumalan kaikessa.

SADHANA-MANDIRIN JA SARASVATIN KIRJASTON PERUSTAMINEN

Mejda perusti ensimmäisen ashraminsa luultavasti vuoden 1908 tienoilla. Hänen ja hengellisesti suuntautuneiden ystävien oli usein hankalaa yrittää meditoida yhdessä ja harjoittaa *sadhanaa* meidän Garparin kodissamme. Niinpä hän oli jo jonkin aikaa etsinyt sopivampaa paikkaa kokoontumisillemme. Pulin[10] löysi läheltä kotiaan Bagmarista, Kalkutan Kankurgachin alueelta, pienen yhden huoneen majan, jossa oli viuhkapalmun lehvistä tehty katto. Mejda vuokrasi sen 1,25 rupian kuukausimaksusta ja nimesi sen "Sadhana-mandiriksi" (Hengellisten harjoitusten temppeliksi). Mejda oli hyvin ylpeä ashramistaan, ja vietimme hänen kanssaan siellä paljon aikaa. Kokoonnuimme säännöllisesti, ja Mejda tapasi lukea *slokia* kirjoituksista ja johdattaa meitä kaikkia *kirtanissa* ja meditaatiossa.

Joka iltamyöhällä perheen vetäydyttyä levolle Thamu päästi Mejdan hiljaa ulos olohuoneen keskiovesta pohjakerroksessa ja avasi oven hänelle taas ennen aamunkoittoa. Hän vietti öitään Sadhana-mandirissa. Kukaan muu Thamua lukuun ottamatta ei tiennyt hänen menemisistään.

Mejda tutustui näihin aikoihin kuuluisaan urheilijaan Purna Chandraan. Tämäkin tuli silloin tällöin kokoontumisiin. Sellaisten nuorten, hengellisesti suuntautuneiden poikien vetämä ashram herätti paljon huomiota ja toi kävijöitä. Sadhana-mandirin lähellä oli kaunis puutarha, nimeltään *Panchavati*. Mejda istuskeli toisinaan tässä puutarhassa joukkoineen meditoimassa.

Sadhana-mandir sijaitsi tässä paikassa noin vuoden päivät. Se oli kuitenkin kovin pieni tarkoituksiimme ja matkojen päässä meistä kaikista. Tässä vaiheessa tapasimme Tulsi

---

10 Pulin Bihari Das, josta tuli myöhemmin askeetti svami Sivananda.

Narayan Bosen, taidekoulun rehtorin Sri Harinarayan Bosen pojan.

Tulsi tarjosi Mejdalle perheensä omistamaa tiilikattoista savitiilirakennusta heidän talonsa lähellä sijaitsevalta tontilta. Rakennuksessa oli useita pieniä huoneita. Me muutimme Sadhana-mandirin Kankurgachista tähän osoitteeseen: Pitambar Bhattacharya Lane 17/1, Kalkutta. Kiinteistölle johtava pikku kuja antoi Garpar Roadille. Perustimme sinne pienen kirjaston, jolle Mejda antoi nimen "Sarasvatin kirjasto".[11] Hän varusti sen monin kirjoin, aikakauslehdin ja sanomalehdin. Kalustuksena oli pöytä ja muutama tuoli kodistamme. Uusi poika nimeltään Prokas Chandra Das oli Tulsin läheinen ystävä. Hän kiinnostui toiminnastamme ja liittyi meihin.

Tulsi ja Prokas olivat Mejdan kanssa eri mieltä siitä, kuinka kirjastoa olisi kehitettävä ja hoidettava. Kun he eivät kiinnittäneet huomiota hänen ideoihinsa eikä sopua saatu aikaan, Mejda päätti perustaa Sarasvatin kirjaston uudelleen muualle. Onneksi Mejda tutustui tuolloin naapuriimme Upen Mitraan. Mejdan kertomuksen kuultuaan hän sanoi: "Älä huoli. Katson, voitteko käyttää Sri Hari Nagin talon olohuonetta kirjastonne tarkoituksiin."

Kun huone oli valmis, Tulsi ja Prokas eivät halunneet antaa Mejdan viedä ashramista yhtään kirjoja tai lehtiä. Mutta se ei Mejdaa lannistanut. "Gora", hän sanoi, "me perustamme uuden kirjaston!" Hän keräsi parin muun pojan avustuksella innoissaan monia kirjoja kulkemalla ovelta ovelle lähiseudulla ja perusti uuden Sarasvatin kirjaston.[12] Tämä kirjasto on olemassa yhä tänäkin päivänä. Se toimi vuosikausia Nagin kodissa. Sri Hari Nagin kuoleman jälkeen kirjoja säilytettiin jonkin aikaa varastossa. Sarasvatin kirjasto avattiin 9. toukokuuta 1978 taas uudessa rakennuksessa Garpar Road 69:ssä, Sri Nagin taloa vastapäätä.

11 Sarasvati, oppimisen jumalatar.
12 Sarasvatin kirjaston vuosikirjoissa mainittu perustamispäivä on 10. tammikuuta 1910.

Mejda oli vuosina 1910–1915 yliopistossa ja Seramporessa gurunsa Swami Sri Yukteswar Girin luona. Vuonna 1916 Mejda alkoi uudelleen rakentaa ashramia Tulsin taloon. Siihen mennessä Mejdasta oli tullut svami Yogananda. Vanha Sadhana-mandir oli kunnostettu. Siihen kuuluivat kokoussali, keittiö ja huone Shastri Mahasayalle. Alue oli maisemoitu monin kasvein.

Kokoontumisia pidettiin säännöllisin välein, ja niihin kuului kirjoitusten luentaa, hurskaita lauluja ja *kirtaneita*, hengellisiä esitelmiä ja *kriya*-joogameditointia. Kokousten lopuksi kaikille jaettiin hedelmiä ja makeisia.

Sri Netaji Subhash Chandra Bose[13] vieraili mandirissamme erään kokouksen aikana. Meditoinnin jälkeen hän käveli ashramin ja puutarhan läpi. "Työ, joka minun on vielä tehtävä ajallisessa maailmassa, on minun meditointiani", hän kertoi meille. "Nyt meditointi suljetuin silmin ei ole minua varten."

Kaksi nuorta poikaa asui ashramissa, ja useita muita tuli päivittäin hengelliseen koulutukseen. Mejda muutti vuonna 1917 ashraminsa ja poikien koulun Dihikaan ja sitten vuonna 1918 Ranchiin. Aina hän kuitenkin muisteli lämpimästi Tulsin ashramin päiviään. Vuosia myöhemmin hän lähetti Amerikasta rahaa ostaakseen tuon saman kiinteistön ja rakennutti sinne uuden Yogoda Satsangan keskuksen, joka käsitti kokoussalin ja alttarin sekä asuintilat. Se tunnetaan nykyisin Yogoda Satsanga Garpar Centerinä.

---

13 Mahatma Gandhin varhainen oppilas, joka myöhemmin toisen maailmansodan aikana luettiin Intian suuriin isänmaanystäviin.

LUKU 10

Mejdan guru ja yliopistovuodet

Mejda kohtaa gurudevansa, Swami Sri Yukteswarin

Mejda läpäisi Hindu Schoolin pääsytutkintonsa[1] kesäkuussa 1909. Hän oli luvannut isälle vievänsä loppuun lukion opintonsa. Tämä lupaus oli täytetty. Kun hän muutaman kuukauden sisällä ilmoitti aikovansa luopua maailmasta ja etsiä ainoastaan Jumalaa, hänen oikeuttaan tähän ei voitu enää kieltää. Jitendra Nath Mazumdar (Jitenda) oli ottanut vihkimyksen Shastri Mahasayalta ja mennyt Bharat Dharma Mahamandalin ashramiin Benaresiin. Mejda suunnitteli liittyvänsä mukaan. Isän vastahakoisen luvan saatuaan hän lähti muinaiseen pyhään kaupunkiin.

Mejda jatkoi meditaatioharjoituksia Mahamandalin ashramissa. Muut ashramin asukit, jotka eivät jakaneet Mejdan palavaa intoa meditointiin, virnuilivat tälle tuntien viettämisestä yksinäisyydessä. He sälyttivät hänelle epäreilusti enemmän kuin osansa luostarin velvollisuuksista. Mejda kesti kaiken tämän hiljaa.

[1] Vuonna 1909 oli läpäistävä kaksi tutkintoa ennen korkeakouluun pääsyä. Ensimmäinen oli pääsytutkinto, jonka järjesti Bengalin opetusministeriö. Näihin kokeisiin kaikkien kymmenesluokkalaisten oli osallistuttava kymmenennen luokkansa lopussa. Tarkoituksena oli osoittaa, että he olivat onnistuneesti vieneet loppuun koulunkäyntinsä. Niiden, jotka läpäisivät tämän tutkinnon ja halusivat päästä yliopistoon tai johonkin sen haarakorkeakouluun, oli sitten suoritettava ylioppilastutkinto, jonka järjesti Kalkutan yliopisto. Pääsytutkinto oli voimassa viimeisen kerran vuonna 1909. Vuodesta 1910 lähtien yliopistoon pyrkiville järjestettiin vain ylioppilastutkinto. Silloin kymmenluokkalaisten oppilaiden katsottiin olevan ylioppilastutkintotasolla koulussa. (*Julkaisijan huomautus*)

Isä lähetti jatkuvasti Mejdalle pienen avustuksen henkilökohtaisiin tarpeisiin. Kun luostarin johtaja, svami Dayananda kuuli siitä, hän pyysi Mejdaa palauttamaan rahat. Mejda sanoi isälle, ettei tämä enää jatkaisi avustuksia. Lisävaikeutta Mejdalle toi ruokailun epätavallinen ajoitus: päivän ensimmäinen ateria tarjottiin vasta kahdeltatoista. Mejda oli kotona aina nauttinut varhaisen aamiaisen.

Svami Dayananda oli kerran poissa luostarista viisitoista päivää. Mejda paastosi hänen paluutaan edeltävän päivän ja vaimensi näläntunteensa vakuutuksilla, että pidättyvyys palkittaisiin runsain mitoin yltäkylläisellä aterialla puolen päivän aikaan seuraavana päivänä, jolloin Dayanandajin odotettiin saapuvan. Mejda odotti innokkaasti luvattua hetkeä, mutta svamin juna oli myöhässä. Kunnioituksesta johtajaansa kohtaan koko ashram odotti juhla-aterian tarjoamista vasta kun Dayanandaji olisi päässyt ashramiin ja kylpenyt sekä meditoinut. Mejda oli varma, ettei kestäisi viivytystä. Miten hyvin hän muistikaan sen rakastavan huolenpidon, jota oli saanut "vanhoina hyvinä päivinä" kotona! Kutsu aterialle annettiin lopulta yhdeksältä illalla.

Svami osoittautui todelliseksi kieltäytyjäksi, joka oli äärimmilleen irrottautunut kehonsa tarpeista. "Yksin Jumalan voima pitää yllä elämää", hän kertoi Mejdalle. "Hän tietää tarpeemme ja tyydyttää ne kaikki. Ruoka ja raha ovat pelkkiä välikappaleita; ne eivät ole jumalallista elämää. Niin kauan kuin ihminen ei ole katkaissut riippuvuuttaan näistä välikappaleista, hän ei pysty käsittämään elämän suurta tarkoitusta."

Mejda oli sydänjuuria myöten kosketettu, sillä hän tahtoi ennemmin kuin mitään muuta löytää Jumalan. Hän päätti karttaa kaikkea ylimääräistä aineellista omaisuutta. Kun hän kävi läpi laatikkoaan valikoidakseen omaisuuttaan, hän huomasi, että hopeinen amuletti oli kadonnut. Hän muisti ennustuksen, jonka pyhimys oli kertonut äidille: "Kun amuletti on täyttänyt tarkoituksensa, se katoaa."

Mejda oli murheissaan siitä, ettei näyttänyt ollenkaan edistyvän Jumalan oivaltamisessa. Pian tämän jälkeen hän oli eräänä aamuna meditoimassa ja kuuli yliaistisen äänen puhuvan: "Mestarisi tulee tänään."

Sitten Mejda pyydettiin torille ostoksille ashramin erään nuoren papin kanssa. Asioilla käynti vei heidät pienen kujan ohi, jonka toisessa päässä seisoi jalon näköinen viisas yllään okranvärinen kaapu. Pyhimyksellä oli uljas ja suora vartalo. Pitkä, lainehtiva tukka ja pujoparta kehystivät pehmeästi hänen voimakkaita kasvojaan. Häntä silmäillessään Mejdasta tuntui kuin olisi nähnyt hänet aikaisemmin, ja Mejda halusi pysähtyä puhumaan hänelle. Mutta Mejdan ja hänen toverinsa oli määrä kiiruhtaa takaisin luostariin, joten hän kääntyi jatkamaan matkaansa. Jonkin ajan päästä hänen jalkansa kuitenkin alkoivat käydä raskaiksi. Ne tuntuivat juuttuvan kiinni maahan. Mejda ymmärsi, että pyhimys veti häntä magneettisesti puoleensa. Hän pudotti paketit hämmästyneen toverinsa käsiin ja juoksi takaisin pyhimyksen luo.

Mejda polvistui nöyrästi ja kosketti sadhun jalkoja: "Gurudeva!" Tämä oli se pyhimys, jonka kasvot olivat ilmestyneet moniin hänen uniinsa ja meditaatioihinsa. Ne olivat edustaneet lupausta, jota hän ei ollut täysin käsittänyt tähän hetkeen saakka. "Olen etsinyt teitä vuosikausia. Tiedän, että te ja vain te voitte viedä minut Jumalan luo."

Sri Yukteswar tervehti iloisena Mejdaa. "Oi omani, olet tullut luokseni! Kuinka monta vuotta olenkaan sinua odottanut!" Hän otti Mejdaa kädestä ja johdatti tämän Gangesin varrella sijaitsevaan taloon Benaresin Rana Mahalin kaupunginosaan. Se oli pyhimyksen äidin koti, jossa hän oli vierailulla. Kun he istuivat parvekkeella, josta oli näköala virralle, hän sanoi Mejdalle: "Annan sinulle ashramini ja kaiken omaisuuteni."

Mutta Mejda vastasi: "Kaipaan vain Jumalaa. Millään muulla rikkaudella ei ole minulle merkitystä."

Silloin Sri Yukteswar lupasi hänelle: "Annan sinulle ehdottoman rakkauteni."

Kun he olivat menneet sisälle syömään, pyhimys sanoi: "Amuletti on hävinnyt, koska sen tarkoitus on täyttynyt. Sinun ei tarvitse enää viipyä Benaresin luostarissa. Haluaisin sinun palaavan kotiisi Kalkuttaan. Miksi jättää sukulaisesi ihmiskuntaa kohtaan tuntemasi rakkauden ulkopuolelle? Viisautta on parempi etsiä todelliselta gurulta kuin Himalajan metsistä."

Mejda ei voinut olla muistamatta Anantan huomautusta, jonka tämä oli esittänyt juuri ennen Benaresiin lähtöä: "Lennelköön linnunpoika hengellisten pyrkimysten taivailla. Raskas ilma väsyttää sen siivet. Silloin se palaa pesäänsä. Maailman laki on tällainen. Pesässään lepäämään tottunut lintu palaa aina tuohon pesään." Mejda ei halunnut päästää Anantaa sanomaan: "Minähän sanoin." Niinpä hän kieltäytyi seuraamasta juuri löytämänsä gurun toivetta, että hän palaisi Kalkuttaan. Sen sijaan hän kysyi pyhimyksen nimeä ja tämän ashramin osoitetta.

"Nimeni on Swami Sri Yukteswar Giri. Pääashramini on Seramporessa, Rai Ghat Lanellä."

Vaikka Mejda sanoi, ettei palaisi kotiin, Sri Yukteswar väitti hänen palaavan kolmenkymmenen päivän sisällä. Mejda oli peräänantamaton. Sri Yukteswar sanoi hänelle: "Sinun täytyy alistua tiukkaan kuriini täydellisen tottelevaisena."

Jälkeenpäin Mejda ihmetteli kosmista leikkiä. Hän oli ollut valmis lähtemään maan ääriin löytääkseen gurunsa, ja Sri Yukteswar oli ollut kaiken aikaa läheisessä Seramporessa, aivan Kalkutan laitamilla!

Seuraavista viikoista Mahamandalin luostarissa tuli aina vain tuskallisempia. Svami Dayananda oli jonkin aikaa Bombayssa. Mejdaa syytettiin ashramin vieraanvaraisuuden nauttimisesta tekemättä osaansa kustannusten peittämiseksi. Tällä tarkoitettiin, että vaikka hän oli hyväosainen, hän ei koskaan antanut paisaakaan luostarille. Mejda toivoi, ettei olisi tehnyt svami Dayanandan neuvon mukaan ja palauttanut isän rahoja. Hän sanoi Jitendalle syvästi loukkaantuneena: "Minä aion lähteä. Ole hyvä ja välitä *pranamini* ja anteeksipyyntöni Dayanandajille. Olen tavannut suuren pyhimyksen, joka asuu Seramporessa. Lähden sinne, hänen ashramiinsa."

"Minä tulen mukaasi, Mukunda", Jitenda sanoi. "Minullakaan ei ole täällä tilaisuutta meditoida niin paljon kuin haluaisin."

Vastustusta yliopistokoulutusta kohtaan

Kun Mejda saapui Swami Sri Yukteswarin ashramiin Seramporeen, hän polvistui gurun jalkojen juureen. Hänen sielunsa oli huojentunut: hän riemuitsi ajatellessaan viettävänsä tästä lähtien päivänsä *Jnanavatarin*[2] pyhässä seurassa. Sen sijaan hänen gurunsa sanoi, että hänen piti palata Kalkuttaan jatkamaan opintojaan. "Jonain päivänä lähdet länteen. Ihmiset ovat siellä vastaanottavaisempia Intian muinaiselle viisaudelle, jos oudolla hinduopettajalla on yliopistotutkinto."

Mejda ei ehkä ollut kovin iloinen kotiinpaluustaan, mutta me olimme ylen onnellisia saadessamme hänet takaisin!

Mejdalla oli terävä intuitiivinen äly ja huomattavan hyvä muisti. Hänestä olisi voinut tulla suuri tiedemies, ellei oteta lukuun sitä tosiasiaa, että hän vain harvakseltaan tutki kirjojaan. Vain pitääkseen isälle antamansa lupauksen hän jatkoi sinnikkäästi sen verran että valmistui Hindu Schoolista. Sitten perhe painosti häntä jatkamaan opintojaan jollain erikoisalalla, jotta hänellä olisi mahdollisuus hankkia oma toimeentulonsa. Pääasiassa he yrittivät hillitä sitä, minkä katsoivat olevan liian kiihkeää innostusta hengellisiin asioihin. Mejda oli vastahakoisesti kirjoittautunut Pohjois-Biharissa sijaitsevaan Sabour Agricultural Collegeen. Maatalous ei kuitenkaan kuulunut Jumalan suunnitelmiin Mejdan tulevaisuuden varalta. Mejda lähti opinahjosta lyhyen ajan kuluttua. Hän ei ollut viihtynyt tuossa ympäristössä, koska ei ollut löytänyt sieltä tovereita, joilla olisi ollut samanlaisia hengellisiä pyrintöjä kuin hänellä. Hän palasi kotiin mukanaan iso kaalinpää – hänen ainoa satonsa maataloudellisesta "sivistyksestä".

Kalkuttaan palattuaan Mejda oli vielä lyhyemmän ajan kiinnostunut lääkärin pätevyyden hankkimisesta. Hän

---
2 Viisauden inkarnaatio.

kirjoittautui Metropolitan Instituten (nykyisin Vidyasagar College) keskiasteen tiedekurssille. Hän täytti kotimme hyllyköt kirjavuorilla ja oheismateriaalilla – ja sitten hän hylkäsi ne kaikki saman tien kun kadotti kiinnostuksensa lääketieteeseen. En usko hänen käyneen edes yhdellä luennolla. Hän oli lähtenyt Kalkutasta Mahamandalin luostariin Benaresiin. Hän oli lopultakin ja iäksi vapaa koulukirjojen armottomasta ahdistelusta – näin hän ajatteli. Mutta hänen juuri löytämänsä guru sanoi hänelle nyt, että yliopistollinen loppututkinto oli tärkeä hänen tulevalle elämäntehtävälleen. Rakastavan tottelevaisena mutta murheellisen vastahakoisena Mejda tuli Kalkutan Scottish Church Collegeen elokuussa tai syyskuussa 1910.

Mejda vietti edelleen enemmän aikaa *sadhanansa* parissa ja gurunsa luona Seramporessa kuin kirjojensa ääressä. Hän oli vain nimellisesti yliopiston opiskelija. Toisen opintovuotensa lopulla hänen oli määrä osallistua intermediate arts -tutkintoihin. Hän sairastui pahasti eikä päässyt niihin. Hänen oli odotettava useita kuukausia, kunnes ne järjestettiin uudestaan seuraavana vuonna, 1913. Hän läpäisi nuo tutkinnot ja sai I.A.-tutkintotodistuksen.[3] Nyt hän uskoi olleensa kyllin pitkään yliopistossa. Hän lähti gurunsa luo Seramporeen mukanaan diplominsa ja päätös lopettaa opiskelu. "Totta puhuakseni, mestari, haluan keskeyttää opintoni kokonaan. Todellinen toiveeni on olla teidän lähellänne koko ajan", Mejda sanoi gurulleen.

Sri Yukteswar rypisti kulmiaan paheksuvasti. "Sinun tulee muistaa, Mukunda, että kun jonain päivänä lähdet länteen, niin huomaat yliopistotutkinnon hyödylliseksi."

"Te välttelette pyyntöäni olla teidän lähellänne *kaiken* aikaa", Mejda väitti.

3 Kahden vuoden menestykselliset yliopisto-opinnot tuottavat Intiassa intermediate arts -loppututkinnon. Kandidaatin arvon saavuttamiseksi vaaditaan toiset kaksi vuotta. Koska Mejdan sairaus viivytti hänen opiskeluaan, hän pääsi vasta syksyllä 1913 Serampore Collegeen aloittamaan viimeiset kaksi vuotta akateemisista opinnoistaan. Niinpä hän suoritti A.B.-tutkinnon vuonna 1915.

Sri Yukteswar mietti vähän aikaa ja sanoi sitten: "Pyri Serampore Collegeen."

Mejda katsoi guruaan hämmentyneenä. Eikö tämä tiennyt, että Serampore oli vain keskiasteen college? Seramporesta tuli kuitenkin jo vähän ajan kuluttua täysivaltainen yliopisto Kalkutan yliopiston sivuhaarana. Mejda pystyi kuin pystyikin jatkamaan kandidaatin tutkintoon tähtääviä opintojaan ja silti olemaan lähellä Sri Yukteswarin ashramia. Mejda tunnetusti läpäisi tutkinnot ja saavutti oppiarvonsa pelkästään Sri Yukteswarin siunausten turvin. Kun Mejdaa ahdistivat epäilykset, pystyisikö hän läpäisemään, hänen gurunsa lohdutti häntä: "Mukunda, on todennäköisempää, että aurinko ja kuu vaihtavat paikkaa kuin että sinä et läpäise tutkintoa!"

Valmistumispäivänään Mejda polvistui gurunsa jalkojen juureen kiitollisena. "Nouse ylös, Mukunda", Sri Yukteswar sanoi. "Herrasta nyt oli vain yksinkertaisempaa saada sinut valmistumaan kuin vaihtaa auringon ja kuun paikkaa!"

MEJDAN ENSIMMÄINEN JULKINEN PUHE

Mejda opiskeli ensimmäistä vuotta Kalkutan Scottish Church Collegessa, kun hänet kutsuttiin pitämään luento paikallisen koulun juhlassa. Pyytäjä oli tuttava, Sri Atul Nandi, joka oli Atheneum Institutionin perustaja ja rehtori. Mejda epäröi ensin mutta suostui sitten. Hän kertoi meille myöhemmin: "En ollut koskaan aikaisemmin puhunut yleisölle, joten olin luonnollisesti häkeltynyt. Kun mietin asiaa tyynemmin, sisäinen ääni lausui: 'Sinulla ei ole mitään pelättävää; rukoile Jumalaa, niin kaikki menee hyvin.'"

Sinä iltapäivänä, jona Mejdan oli määrä puhua, useat ystävät seurasivat häntä koululle, mukana olivat Manomohan, Jitenda ja minä. Olimme osanottavaisia, sillä tiesimme, että hänen täytyi olla hermostunut. Kulkiessamme Mejdan tavallisesti hymyilevät kasvot olivat vakavat. Vaikka en muista hänen luentonsa aihetta, muistan hyvin muutamia hänen esittämiään ajatuksia – ne tekivät minuun suuren vaikutuksen:

"Jokainen ihminen etsii onnellisuutta: Jotkut etsivät sitä juomisesta, toiset seksistä ja aistinautinnoista, jotkut muut avioliitosta ja perhe-elämästä lapsineen. Ja on niitäkin, jotka etsivät onnea luopumalla maailmasta ja kaikesta omaisuudesta. Heidän asunaan on vain pieni lannevaate, ja he meditoivat Himalajan luolissa oivaltaakseen kaiken onnellisuuden lähteen.

"Aistien kautta saatu tyydytys ei tuo onnellisuutta. Aistinautinto on tilapäistä ja johtaa lopulta kurjuuteen. Aistinautintoja takaa ajava on kuin yöperhonen, joka tuhoaa itsensä kynttilän palavaan liekkiin.

"*Maya* eli tietämättömyys vetää ihmisiä maailmallisen elämän pariin. Tästä vetovoimasta seuraavat halu ja väärät teot. Nämä tuottavat vaihdellen tilapäistä tyydytystä ja sitä seuraavaa murhetta."

Kaikki kuuntelivat Mejdan puhetta tarkkaavaisesti. Rehtori ja muut järjestelyistä vastuussa olevat paikalliset henkilöt ylistivät häntä jälkeenpäin. Panin merkille, että hymy oli palannut Mejdan kasvoille.

"KUOLEMAN VARJON LAAKSOSSA"

Mejdalla oli jo vuosien ajan ollut tapana livahtaa talosta kertomatta kenellekään, mihin oli menossa. Hän ei edes pyytänyt isältä vapaalippua juniin, jottei tämä olisi estänyt hänen suunnitelmiaan. Mejda kuitenkin kutsui poikkeuksetta joitakin ystäviä seurakseen. Hänen matkojensa tarkoituksena oli etsiä pyhimyksiä ja temppeleitä sekä yksinäisiä paikkoja mietiskelyä varten. Aluksi Mejdan keskittyminen hengellisiin asioihin herätti perheenjäsenissä voimakasta arvostelua ja vastustusta. He vaativat isää tekemään jotakin. Mutta vähitellen Mejdan itsenäisyys hyväksyttiin osaksi perheen normaalia elämää. Ei ollut myöskään harvinaista, että Mejda sulkeutui huoneeseensa, lukitsi itsensä pois perheen ja taloustöiden piiristä ja vaipui pitkiksi ajoiksi meditoimaan. Nuo hetket

Swami Sri Yukteswar Giri (1855–1936)
Mejdan guru

Serampore College, missä Mejda suoritti A.B.-tutkintonsa

Serampore Collegen sisäänkäynti

Sarada-sedän Seramporen talon huone, jossa Mejda toisinaan majaili opiskeluvuosinaan. Sarada-sedän poika Prabhas Chandra Ghosh teki huoneesta meditaatiopyhätön, jonka nimesi *Anandalokaksi* ("Autuuden paikaksi").

pitenivät jopa kolmeenkymmeneen tuntiin tai kahteen vuorokauteen, sen jälkeen kun hän oli kohdannut gurunsa Swami Sri Yukteswarin.

Istuuduimme kaikki erään kerran kesäloman aikana lounastamaan yhdessä. Mejda oli juuri palannut yhdeltä pitkältä meditoinniltaan. Emme olleet nähneet häntä kahteen päivään. Hän oli kuoreensa vetäytynyt ja hiljainen. Kun hän hajamielisesti söi vähän riisiä lautaseltaan, tuntui kuin hän ei olisi ollut tietoinen kenestäkään tai mistään paitsi Jumalan läsnäolosta, jota hän koki sisäisesti. Panchudi tutki vaivihkaa Mejdan käyttäytymistä. Hetken päästä huomasin väläyksen Mejdan silmässä ja ajattelin: "Hän aikoo järjestää vähän hauskaa."

Äkkiä Mejda kaatui tiedottomana taaksepäin. Panchudi huudahti: "Mitä tapahtui? Etkö voi hyvin?" Huomasimme, ettei Mejda hengittänyt. Panchudi kokeili hänen sykettään. Mejdan sydän oli pysähtynyt!

Yksi sukulaisista voihki: "Se johtuu tästä joogasta, jota hän harjoittaa. Tiesin koko ajan, ettei se ollut hyväksi hänen terveydelleen. Hänen päänsä on varmaan pimenemässä."

Kutsuttiin lääkäri. Hän käski meidän viedä Mejda vuoteeseen. Sitten hän tutki Mejdan tarkasti. Kun ei pitkään aikaan löytänyt mitään elonmerkkejä, hän pudisti päätään ja lähti huoneesta.

Syvä suru levisi huonekunnan keskuuteen. Nuorimmat itkivät ja huusivat Mejdalle: "Nouse ylös! Nouse ylös!" Myös vanhemmat itkivät lohduttomasti. He ravistelivat Mejdaa: "Moko, Moko, puhu meille!"

Kotihengettäremme Jhima oli Mejdan innokkain kannattaja. Hän tuli juosten huoneeseen. Kuultuaan tapahtuneesta hän otti Mejdan hengettömän ruumiin käsivarsilleen. Hän keinui edestakaisin ja itki: "Missä olet, Mukun? Voi rakas Jumala, älä ota häntä pois. Vannon, etten enää koskaan toru häntä enkä sano hänelle pahaa sanaa. Hän on niin hyvä poika. Ole hyvä ja tuo hänet takaisin."

Emme olleet koskaan kuulleet Jhiman itkevän tällä tavalla. Hän oli aina Mejdan kimpussa syystä tai toisesta: Mejda vietti liikaa aikaa ystäviensä kanssa; hän hukkasi elämänsä eikä kohoaisi mihinkään asemaan; hän törsäsi isänsä kovalla työllä hankkimat rahat. Jhima ei pitänyt siitä, että Mejda toi ystäviään syömään taloon – mitä tämä teki koko ajan – ja he kinastelivat tästä jatkuvasti.

Mejda kavahti pystyyn yhtä äkkinäisesti kuin oli vajonnut tiedottomaksi ja tärisi naurusta. "No niin, Jhima, sinähän et enää koskaan toru minua?"

Jhiman oli iäkkyytensä vuoksi käytettävä kävelykeppiä. Raivostuneena hän kohotti kepin kuin lyödäkseen Mejdaa. "Tuhma poika! Tiesinhän minä, että vain näyttelit. Tiesin sen! Luuletko, että pystyisit narraamaan minua? Minäpä sinulle näytän. Jonain päivänä minäkin istun ja tieten tahtoen poistun tästä ruumiista."[4]

Jhiman ja Mejdan sanasota palautti välittömästi kotipiiriin tavanomaisen tunnelman. Murheelliset nyyhkytykset vaihtuivat naurunremahduksiin. Tuska oli poistunut sisimmästämme.

Mejda kertoi minulle myöhemmin, että meditointi ja *pranayama*-jooga tekevät ihmisen kykeneväksi hallitsemaan kaikkia ruumiintoimintoja, jopa tunteja yhteen menoon. Lääkärimme oli ihmeissään. Hän tuskin uskoi tapahtunutta todeksi eikä kyennyt myöntämään oppineisuutensa rajoituksia tällaisissa tilanteissa.

Mejda sai kunnon moitteet vanhemmilta, mutta he olivat selvästikin nauttineet tästä ilveilystä.

MEJDA ESITTELEE SAMADHIN TILAN

Kuuntelin usein Mejdan ja Manomohanin keskusteluja *samadhista* (hurmioituneesta yhdistymisestä Henkeen). Kun olin kerran kahdestaan Mejdan kanssa, kysyin häneltä, mitä *samadhi* oli ja voisinko nähdä hänet siinä tilassa. Ensin hän empi ja sanoi: "Sinä olet liian nuori. Et ymmärtäisi." Sitten

---

4 Tämä ennustus toteutui.

hän oli hetken vaiti ja sanoi: "Olkoon menneeksi, tule huoneeseeni puolen yön jälkeen." Minulla oli ikävä lapsuusiän taipumus kastella vuoteeni yöllä, joten isä tapasi herättää minut tuohon aikaan ja lähettää minut käymälään. Mejda käski minua varmistamaan, että isä oli mennyt takaisin levolle, ennen kuin tulisin hänen huoneeseensa.

Innoissani minun ei ollut vaikeaa pysytellä valveilla tuona yönä. (Bishnu, Thamu ja minä nukuimme isän huoneen lattialla, kun taas isä nukkui puulavitsalla. Nalini oli naimisissa ja asui miehensä kanssa appensa talossa. Mejda nukkui keskimmäisessä makuuhuoneessa.) Isä oli lähettänyt minut käymälään ja oli uudelleen sikeässä unessa, kun kello löi kaksitoista. Nousin ääneti ja hiivin Mejdan huoneeseen. Hän istui vuoteellaan meditoimassa. Vuoteen eteen lattialle oli levitetty valmiiksi matto. Hän pyysi minua istuutumaan matolle ja kertoi sitten:

"*Samadhi* on mielen erottamista kehosta ja sen sulauttamista Jumalaan keskittymismenetelmän avulla. *Samadhin* välityksellä saavutetaan pelastus tästä *mayan* maailmasta. Kun kilvoittelijan mieli täysin sulautuu ääneen, joka kohoaa *anahata-chakrasta*, sydänkeskuksen kaksitoistaterälehtisestä lootuskukasta, tunteiden keskuksesta,[5] silloin *buddhi* eli ymmärrys *ajna-chakrassa*[6] puhdistuu ja kiinnittyy Jumalaan. Kaikki kehon liike lakkaa. Tätä mielen sisäistämisen ja kehon hiljaisuuden tilaa sekä sen tuloksena olevaa Jumalan sisäistä tuntemista kutsutaan *joogaksi* (yhdistymiseksi). Kilvoittelija oivaltaa, että hän ei ole kuolevainen ruumis. Hän on kuolematon Henki, joka on tullut kehoksi. Tämä kokemus vapauttaa hänet kaikesta

---

5 Neljänneksi korkein seitsemästä aivot–selkäydin-akselilla sijaitsevasta hengellisen tietoisuuden joogakeskuksesta. *Anahata* on selkärangassa vastapäätä sydäntä. Kukin keskus lähettää luonteenomaista ääntä, *Aumin* eli kosmisen luovan värähtelyn ilmausta, kun se toimii tuossa keskuksessa ihmisen ruumiin ja mielen elävöittämiseksi.

6 Kuudes joogakeskus, kulmakarvojen välisessä kohdassa. Edistyneen joogin tietoisuus pysyy jatkuvasti *anahatan* ja *ajna-chakran* välillä. Täten äly ja tunne ohjaavat puhtaassa, henkistyneessä muodossaan kaikkia hänen tekojaan, havaintojaan ja ymmärrystään.

murheesta. Hän oivaltaa, että hän on Hengen tavoin iäti olevainen, iäti tietoinen, iäti uusi ilo."

Tämän sanottuaan Mejda alkoi laulaa bengaliksi:

Nahi Surya, nahi jyoti, nahi shashanka sundara
Bhase byome chhayasama chhabi viswa charachara
Asfuta man-akashe, jagat-sangsar bhase
Othe bhase dobe punoh ahang-strote nirantara.
Dhire dhire chayadal, mahalaye probeshiio
Bahe matro "a me" "a me" – ei dhara anukshan
Se dharao baddhwa halo, shunye shunyo milaiio
"Abangmanasogocharam", bojhe – pran bojhe jara.

Sanat merkitsevät käännettyinä:

Katso! Aurinkoa ei ole eikä suloista kuuta,
kaikki valo on sammunut; avaruuden suuressa tyhjiössä
kelluu universumi, varjomainen, kuviteltu.
Mielen kierteisen tyhjiössä leijuu
universumi, ohikiitävä, nousee ja ajelehtii,
vajoaa jälleen lakkaamatta, "minän" virrassa.
Hitaasti, hitaasti, varjoinen paljous
antautui alkukehtoon, ja taukoamatta vuoti,
ainoa virta, "Minä olen", "Minä olen".
Katso! Se on pysähtynyt, ei tuo virtakaan enää solju,
tyhjyys sulautui tyhjyyteen – puheen ja mielen tuolla
  puolen!
Jonka sydän ymmärtää, hän totisesti ymmärtää.[7]

Lopetettuaan laulamisen Mejda istui täysin liikkumatta. Kello löi yksi. Kun hän ei ollut liikahtanutkaan vielä puoli kolmeen mennessä, aloin huolestua. Kosketin häntä kevyesti ja kutsuin häntä nimeltä, mutta hän ei reagoinut mitenkään. Pidin kättäni hänen sieraintensa edessä, mutta hengityksestä

---

7 En ollut kuullut laulua ennen, ja olin pahoillani, etten kirjoittanut sitä tuolloin muistiin. Etsittyäni sanoja uutterasti löysin ne kirjoitettuina vanhimman sisaremme päiväkirjasta. [Laulu on Swami Vivekanandan "Samadhin hymni", joka on julkaistu teoksessa *The Complete Works of Vivekananda*, osa IV.]

Swami Sri Yukteswar
Mejda nimesi tämän kuvan "Bengalin Leijonaksi".

Rai Ghat -kylpypaikka Gangesin varrella Seramporessa. Täällä Sri Yukteswar usein kylpi ja täällä hän kohtasi Mahavatar Babajin (kuten kuvataan Mejdan *Joogin omaelämäkerrassa*).

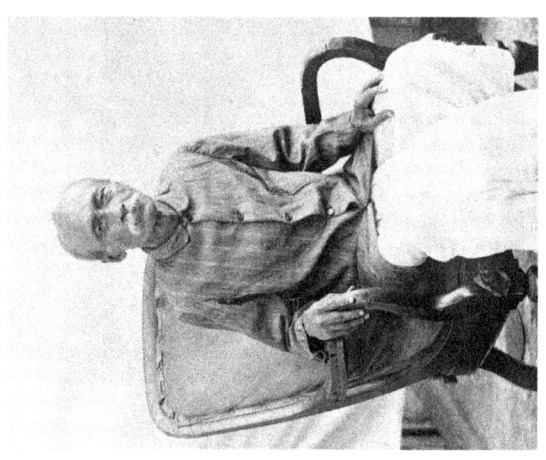

Mejdan passikuva Japanin matkaa varten 1916. Tämä on lapsuuden jälkeen ainut kerta, kun hänellä on lyhyt tukka.

Isä istuu Mejdan tekemässä tuolissa. Mejda otti myös valokuvan.

ei ollut merkkiäkään. Tunnustelin hänen rintaansa, mutta se ei liikkunut. Silloin ravistin häntä lujasti hartioista ja huusin hänelle kovempaa. Ei mitään vastausta. Nyt olin jo suunniltani. Onneksi isä heräsi tapansa mukaan kolmelta. Nähtyään, että en ollut vuoteessa, hän tuli Mejdan huoneeseen. Kerroin kyynelehtien, mitä oli tapahtunut.

Isä istuutui Mejdan sängyn laidalle ja harjoitti *pranayamaa*. Sitten hän kosketti Mejdan rintaa toisella kädellä ja lauloi hänen korvaansa hienovaraisesti "*Aum*". Tätä hän jatkoi hyvinkin puoli tuntia. Lopulta Mejdan keho liikahti hieman, ja jonkin ajan päästä hän avasi silmänsä. Mutta hänen tajuntansa pysyi poisvetäytyneenä. Isä hieroi Mejdan vartaloa jonkin aikaa kevyesti. Oli jo melkein aamu, ennen kuin Mejda heräsi täyteen tietoisuuteen. Isä pyysi minua avaamaan ikkunat. Mejda tuntui hyvin ujolta nähtyään isän vierellään. Mitään ei puhuttu. Isä palasi ääneti omaan huoneeseensa, ja minä menin perässä. Olin pian sikeässä unessa.

Luokkatoverista tulee Mejdan oppilas

Mejdan ympärillä oli aina hengenystäviä. Aivan kuin hunaja vetää puoleensa mehiläisiä, samoin ylevämieliset pojat valitsivat Mejdan johtajakseen.

Mejda tapasi ensimmäisenä opiskeluvuotenaan lahjakkaan, älykkään ja uskonnollismielisen nuorukaisen, Basukumar Bagchin. Kun heidän ystävyytensä syveni, Basu uskoutui Mejdalle: "Mukunda, minusta on vaikeaa meditoida kotona. On mahdotonta löytää paikkaa, missä minulla olisi tarvitsemaani yksityisyyttä."

Vähän ajan kuluttua Mejda kutsui Basun taloomme asumaan. "Kun me molemmat vaellamme samaa polkua sydämin ja sieluin", Mejda sanoi, "me löydämme keinon järjestää asiat."

Aluksi Mejda piti Basudan meillä asumisen isältä salassa. Basuda majaili Mejdan ullakolla olevassa mietiskelyhuoneessa ja jakoi Mejdan ruoat. Hän tuli alakertaan vain isän ollessa toimistolla. Mutta aikaa myöten hänen meillä oleskelunsa tuli tietysti ilmi, ja Basuda hyväksyttiin yhdeksi perheenjäseneksi. Mejdan pelkäämän arvostelun asemesta isä kiitteli Mejdaa tämän jalomielisyydestä ja avarasydämisyydestä.

Basuda oli noihin aikoihin Mejdan läheinen seuralainen ja palava seuraaja kaikissa hengellisissä asioissa. Hän tuli myöhempinä vuosina tunnetuksi svami Dhiranandana.

Eräänä päivänä Mejda sai yliopistolta odottamattoman seuraajan. Kun opiskelijat olivat päivän ensimmäisellä oppitunnilla, Mejda kuuli ikään kuin äänen kuiskaavan korvaansa: "Mukunda, ota vieressäsi istuva nuorukainen oppilaaksesi. Valaise hänelle pelastuksen tie."

Ääni pelästytti Mejdan. "Kuka puhui?" hän ihmetteli. Hän katsahti kurssitoveriaan, mutta tämä vain hymyili. Mejda epäili, ettei ollut kuullutkaan mitään, ja kiinnitti huomionsa huoneen etualalla seisovaan opettajaan. Opettaja esitti kysymyksiä vuoron perään kullekin pojista, mutta jostain syystä hän jätti Mejdan väliin. Jälleen Mejda kuuli kauniin äänen toistavan saman kehotuksen. Hän kumartui puhumaan pojalle, mutta tämä rypisti kulmiaan. "Ole hiljaa, minä kuuntelen opettajaa."

Mejda vastasi: "Minä olen sinun gurusi. Sinun tulisi kuunnella minua."

Poika raivostui Mejdan itsevarmoista sanoista. "Senkin häpeämätön poika!" hän tiuskaisi juuri sen verran hillityllä äänellä, ettei opettaja kuullut. "Jos puhut vielä kerrankin tuollaisia, läimäytän sinua korville!" Mejda väläytti tietäväisen hymyn.

Seuraavana päivänä poika lähti hyvin varhain koululle ja odotti sisäänkäynnillä tavatakseen varmasti Mejdan, kun tämä saapuisi. Kuten tavallista, Mejdakin tuli aikaisin. Hän näki jo kaukaa, että kaveri odotti portilla. Mejda piiloutui pylvään taakse näkymättömiin. Kun muitakin opiskelijoita alkoi saapua, he kysyivät, miksi Mejda piileskeli.

"Älkää kysykö minulta nyt", Mejda sanoi vaimealla äänellä. "Olkaa minulle mieliksi. Ympäröikää minut, niin että kun menemme luokkaan, portilla seisova ystäväni ei näe minua. Aion järjestää pienen kepposen."

Mejdan guru ja yliopistovuodet 163

Mejdan kurssitoverit olivat aina valmiita kujeeseen, mutta he olivat myös uteliaita.

"Mitä yrität tehdä?" yksi heistä kysyi.

"Odottakaa, kunnes pääsemme sisälle. Sitten kerron."

Mejda jotenkin tiesi, että pojalle oli näytetty unessa tuon merkittävän sanoman olleen tosiaankin totta. Pojan sydän oli täyttynyt ilolla. Hän myös katui sitä, että torjui Mejdan edellispäivänä. Hän oli tullut koululle aikaisin nähdäkseen vasta löytämänsä gurun ennen luentoja. Nyt oli Mejdan vuoro olla "vaikeasti löydettävissä". Hän leikki kuurupiiloa nuoren oppilaansa kanssa, aivan niin kuin itse Jumalakin leikkii kuurupiiloa häntä tavoittelevien kanssa.

Mejda valokuvaajana ja taiteilijana

Mejda osti ensimmäisen yliopistovuotensa aikana laatikkokameran. Se oli noihin aikoihin merkittävä väline ja maksoi vain kahdeksan rupiaa. Sillä pystyi ottamaan kuusi kuvaa peräjälkeen kamerassa olevien kuuden neljännestuumaisen valokuvauslevyn ansiosta. Pimensimme alakerran olohuoneen kameraa ladattaessa, ja käytimme samaa huonetta laboratoriona kehittäessämme ja kuivatessamme negatiivit. Kuivauskehikkona palveli puinen laatikko.

Mejda järjesti myös "studion" olohuoneeseen. Isä poseerasi istuen tuolilla, jonka Mejda oli itse kyhännyt joistakin rikkinäisistä hylkyosista. Seuraavaksi tulivat muut sukulaiset ja ystävät. Mejda nautti harrastuksestaan jonkin aikaa. Nähtyään sitten minun innostukseni valokuvaukseen hän lahjoitti laatikkokameran minulle.

Muutamia vuosia myöhemmin Mejda lähetti minulle Amerikasta syvyyskameran. Ystäväni Nagendra Nath Das opetti minulle, kuinka kameraa käytettiin ja kehitettiin filmi. Oikea negatiivi vedostettiin vasemmanpuoleiseksi kuvaksi, ja vasen negatiivi tuli oikeanpuoleiseksi kuvaksi. Saimme katsella kahta kuvaa yhtenä valokuvana erityisestä laatikosta, joka oli varustettu pohjalasilla. Olimme lumoutuneita kuvien kolmiulotteisesta vaikutelmasta. Minusta tuli vuosien mittaan ammattivalokuvaaja. Olen Mejdalle kiitollinen siitä, että hän antoi minulle tuon kameran. Nagen Dasille olen kiitollinen hänen antamastaan ensiopetuksesta.

Olen jo maininnut äidiltä perimäni taiteellisen taipumuksen. Myös Mejda oli luonnostaan taiteellisesti lahjakas. Nähtyään minun Krishnasta maalaamani kuvan hänkin päätti maalata yhden. Siitä tuli täysin omaleimainen, ja se poikkesi monista stereotyyppisistä kuvista. Sitten hän maalasi muidenkin jumalten kuvia ja ilmensi samaa luovaa omaleimaisuutta. Maalauksia katselleet olivat todella hämmästyneitä, koska hän ei ollut saanut mitään muodollista opetusta. Hänen lahjansa oli suuren sielun luontainen kyky ammentaa luovuutta sisältäpäin. Kadun syvästi sitä, että hänen maalauksensa ajan myötä katosivat huolimattomuuden vuoksi, eikä niitä ole enää nykyään mahdollista näyttää.

Mejdalle moottoripyörä

Kirjoittautuessaan vuonna 1911 Scottish Church Collegeen Mejda matkusti päivittäin junalla Kalkutasta Seramporeen tapaamaan Sri Yukteswarjia. Matkaan kului arvokasta aikaa, jonka olisi voinut käyttää paremmin gurun seurassa. Kun Mejda valitteli tätä, Sri Yukteswar ehdotti, että Mejda hankkisi moottoripyörän, jolloin hän voisi tulla Seramporeen "lentäen kuin lintu".

Mejdan puhuttua asiasta isälle tämä vastasi luonteenomaisella tavallaan: "Nuoruusikäni elinolot eivät ole sinulle tuntemattomia. Olen usein kertonut sinulle, miten köyhä perheemme oli. Olen sanomattomalla kärsivällisyydellä ja loputtomalla sinnikkyydellä luonut jonkin verran taloudellista turvallisuutta perheellemme."

Mejda vastasi: "Mutta eihän pojillasi ole köyhää isää!" Isä antoi periksi ja ojensi Mejdalle rahat moottoripyörän ostoon. Mejda osti sivuvaunullisen Triumphin. Kalkutan ainoa moottoripyöriä myyvä kauppaedustaja oli noihin aikoihin M/s. T. Thomson. Mejda pestasi heidän henkilökuntaansa kuuluvan miehen opettamaan hänelle moottoripyörällä ajoa. Myöhemmin hän palkkasi Suren-nimisen mekaanikon pitämään pyörän täydellisessä ajokunnossa. Kun Mejda ajeli Seramporeen, Suren istui usein sivuvaunussa.

Mejdan ostettua moottoripyörän hän lähti kuukauden päästä muutamaksi päiväksi Darjeelingiin. Pyörä oli käyttämättömänä kotona, lukuun ottamatta Surenin Mejdan ohjeiden mukaan tekemiä satunnaisia matkoja. Mejdan läheinen ystävä Nagen Das asui Pitambar Bhattacharya Lanellä, ei kaukanakaan meiltä. Hän suoritti tuolloin keskiasteen tutkintoa. Mejda oli pyytänyt Surenia ajamaan Nagenin tutkintopaikalle joka päivä moottoripyörällä ja tuomaan hänet takaisin kuulustelujen jälkeen.

Bishnu ja minä käytimme hyväksemme Mejdan poissaoloa ja pyysimme Surenia kyyditsemään meitäkin. Valitettavasti Suren joutui onnettomuuteen. Hän kaatui pyörällä Manicktala Bridgellä, kun Bishnu istui sivuvaunussa. Bishnu loukkasi päänsä, mutta ei vakavasti. Säästyäkseen isän ankarilta nuhteilta Suren palautti moottoripyörän vaivihkaa meille ja lähti sitten karkuun.

Seuraavana päivänä Nagen tuli kyyditettäväksi. Hän odotti Surenia, kunnes ei ollut enää aikaa ehtiä bussilla tai raitiovaunullakaan. Kun ei muitakaan vaihtoehtoja ollut, hän kysyi minulta: "Tiedätkö sinä, miten moottoripyörällä ajataan?"

"Tiedän", minä vastasin, mutten aivan ilman pelon kouraisua. Itse asiassa en ollut koskaan ennen ajanut moottoripyörällä. Olin vain tarkasti seurannut Mejdaa ja Surenia aina kun istuin sivuvaunussa. Minusta tuntui, että voisin jäljitellä heidän taitojaan. Kokosin kaiken itseluottamukseni ja pyysin Nagenia käymään sivuvaunuun. Sitten käynnistin pyörän hermostuneena. Sitä en tiedä, kuinka sen tein, mutta ajoin hänet turvallisesti koko matkan yliopistolle saakka. Ooh, mikä menestyksen ilo! Ostin gallonan polttoainetta ja kutsuin ikäiseni naapurin pojan ajelulle. Ajoimme Dakshineswariin ja takaisin. Iltapäivällä menin hakemaan Nagenin kotiin. Näin jatkoin kuljetuspalveluani siihen asti, kunnes Mejda palasi Darjeelingistä parin kolmen päivän kuluttua.

Nagen kertoi hänelle kaiken. Vaikka Mejda näytti päällisin puolin olevan minulle vihainen, hän oli tosiasiassa hyvillään siitä, että olin ollut tarpeeksi taitava ajaakseni moottoripyörällä. "Tule", hän sanoi, "minä istun sivuvaunussa ja opetan sinua."

Otin kaiken irti tuosta odottamattomasta tilaisuudesta. Tämän jälkeen ajoin toisinaan Mejdan Sri Yukteswarin ashramiin. Joskus Mejda ja minä istuimme pyörän selässä ja Sri Yukteswar sivuvaunussa. Kadun molemmilta puolilta kaikki kääntyivät katsomaan meitä! Joskus toimme Sri Yukteswarin kotiimme. Kun sain enemmän kokemusta, minulle annettiin toisinaan etuoikeus ajaa. Kerran Sri Yukteswar sanoi Mejdalle: "Nuorempi veljesi ajaa paremmin kuin sinä." Kyllä olin ylpeä!

Ystävämme Nagendra Nath Das eteni opinnoissaan, sai lääketieteen tohtorin arvon ja saavutti laajalti arvostusta. Hän luennoi monissa seminaareissa Euroopassa ja Amerikassa. Hän puhui yliopistojen huomattavien tiedemiesten edessä ja esitteli uusia teorioita. Hän oli saanut koulutuksensa osittain maineikkaan Sri Jagadish Chandra Bosen johdolla Basu Vijnana Mandirissa (Bose-instituutissa). Hän palveli useita vuosia, aina kuolemaansa asti, jäsenenä Mejdan Yogoda Satsanga Societyn johtokunnassa. Hän sai Ghoshin matkustusstipendin ulkomaille neurofysiologian ja EEG:n jatkotutkimuksia varten. Hän oli ollut vuoden Michiganin yliopistossa, kun hänellä oli syksyllä 1950 tilaisuus vierailla Mejdan luona Self-Realization Fellowshipin tiloissa Kaliforniassa. Intiaan palattuaan tri Das nousi Kalkutan Science Collegen käytännöllisen psykologian osaston johtajaksi.

Ensimmäinen darshanini Swami Sri Yukteswarin kanssa

Käydessäni oppikoulua Kalkutassa keskityin enemmänkin urheiluun kuin opintoihini. Kun Mejda muutti Seramporeen opiskelemaan kahta viimeistä yliopistovuottaan, hän järjesti – isän suostumuksella – minut Serampore Union Schoolin

Mejdan guru ja yliopistovuodet 167

kymmenennelle luokalle. Asuin setämme Sarada Prasadin luona ja majoituin siihen huoneeseen, jota Mejda oli aikaisemmin käyttänyt Seramporeen tultuaan.[8] Koska setämme jatkuvasti moitti Mejdaa siitä, että tämä palasi niin myöhään yöllä Sri Yukteswarin ashramista, Mejda oli muuttanut Panthiin, opiskelijoiden täysihoitolaan Gangesin rannalle, lähelle Rai Ghat Laneä. Sedän talo, Panthi'n hostelli ja Sri Yukteswarin ashram sijaitsivat kaikki vain lyhyen matkan päässä toisistaan. Mejda tuli usein hakemaan minua Sri Yukteswarin ashramiin.

Muistan ensimmäisen kerran, jona Mejda vei minut gurunsa luo. Asuimme tuolloin vielä Kalkutassa. Oli sunnuntaiaamu, ja kello oli noin yhdeksän. Saavuimme isoon vanhaan taloon, Sri Yukteswarin suvun perintöpaikkaan. Sisäpiha ja hartaudenharjoitukseen omistettu sali kaunistivat kiinteistöä. Talon takana oli laaja puutarha. Rakennuksen seinille oli ripustettu koristeellisia kynttelikköjä, kilpiä ja miekkoja. Vietimme koko päivän Sri Yukteswarin seurassa. Se oli mahdollista joka sunnuntai ja lomapäivinä. Kuultuaan minua kutsuttavan "Goraksi" Sri Yukteswar tiedusteli, mitä se merkitsi. Mejda selitti, että se oli lyhenne "Gorakhnathista" ja että pyhimyksen nimen valinta johtui minun synnyinpaikastani, Gorakhpurista.

Sri Yukteswarin ashramissa käynteihin sisältyi aina pitkät meditointijaksot eristetyssä huoneessa. Sitten tapasimme istua gurun jalkojen juuressa kuuntelemassa hänen syvällisiä esitelmiään, jotka täyttivät sisimpämme suloudellaan. Hän tulkitsi usein Bhagavadgitan säkeitä. Kun palasin huoneeseeni sedän kotiin, kirjoitin ylös kaiken muistamani.

Eräällä vierailullamme Sri Yukteswar antoi minulle vihkimyksen *kriya*-joogaan. Aiemmin olin saanut vihkimyksen Shastri Mahasayalta[9] Garpar Roadin kodissamme.

8 Kun Paramahansajin rakastettu serkku Prabhas Chandra Ghosh vuosia myöhemmin asui Sarada-sedän kodissa, hän teki tuosta huoneesta pyhätön Yogirajin muistoksi ja nimesi sen Anandalokaksi (Taivaallisen autuuden paikaksi).

9 Svami Kebalananda. Ks. "Svami Kebalananda, Mejdan sanskritin opettaja", luku 8.

Olin kuitenkin silloin kovin nuori ja enemmän kiinnostunut urheilusta kuin meditaatiosta, joten en ollut keskittynyt hengellisiin harjoituksiin. Edistyin huomattavasti Sri Yukteswarin vaikutuksesta. Valmistuin Union Schoolista ja pääsin Serampore Collegeen. Mutta toisena opintovuotenani sairastuin vakavasti punatautiin. Isä siirrätti minut Kalkutan City Collegeen, jotta pystyisin olemaan kotona, missä hän voisi hoitaa minua.

Sedän luona Seramporessa asuessani sain tietää jotain Sri Yukteswarin menneisyydestä. Hänen sukunsa oli ollut varakkaita maanomistajia, mikä oli selityksenä eräille hänen kotinsa kalusteille. Perhe sai huomattavat tulot laajojen maittensa vuokraviljelijöiltä. Sri Yukteswar peri nuo maat. Vaikka hänen sanotaan nauttineen aineellisista mukavuuksista, hänet tunnettiin myös ihmisystävällisyydestään ja anteliaisuudestaan. Hän säilytti mielentyyneytensä liiketoimia hoitaessaan ja häntä kunnioitettiin laajalti noilla seuduilla. Hän oli ystävällinen, huomaavainen ja reilu kaikille palkkalaisilleen.

Kuulin sedältä, että Sri Yukteswar oli tavannut äidinpuoleisen isoisämme Govinda Chandra Bosen, joka oli ollut jonkin aikaa Seramporessa varapoliisipäällikkönä. Sri Yukteswar oli tutustunut myös toiseen enoomme, Shiva Chandra Boseen. Tämä toimi Seramporen poliisitarkastajana. He ratsastelivat usein yhdessä Gangesin varren poluilla.

Kun Sri Yukteswarin vaimo oli kuollut ja hän oli tavannut Lahiri Mahasayan, hän omaksui askeetin elämän. Hän myi maat vuokralaisilleen nimellisestä hinnasta ja sijoitti tuoton hallituksen obligaatioihin turvatakseen itselleen vaatimattoman toimeentulon vanhuusvuosikseen. Hän perusti Puriin ashramin ja vietti siellä kesäkuukaudet.

Muistiinpanoja Swami Sri Yukteswarin esitelmistä

Esitän seuraavassa muutamia tiivistelmiä, joita merkitsin muistiin Swami Sri Yukteswarin selittäessä joogaa koskevia kirjoituksia.

Jnanam yogatmakam viddhi yogaschashtanga samyutah
Samyogo yoga utyukto jivatma paramatmanoh
Yoga-yajnavalkya 1:44

"Tosi tieto, jonka löytää joogasta eli yksilön sielun yhtymisestä Henkeen, on saavutettavissa (harjoittamalla) joogan kahdeksaa askelmaa."

Jnana-jooga (viisauden polku) on itsessään *jnana* (viisaus). On olemassa kahdeksan *yogangaa* (porrasta tai joogan osaa): *yama* (pidättyminen), *niyama* (sääntöjen noudattaminen), *asana* (asento kehon rauhoittamista varten), *pranayama* (hengityksen rauhoittaminen), *pratyahara* (mielen rauhoittaminen), *dharana* (mielen keskittäminen), *dhyana* (meditaatio), *samadhi* (yhtyminen, lopullinen tyyntyminen).

Esteinä joogan harjoittamiselle ovat *kama*, himo, *krodha*, viha, *lobha*, ahneus, *moha*, halu, *mada*, ylpeys, *matsarya*, kateus. Kun nämä esteet on poistettu kahdeksan *yogangan* uskollisen harjoituksen avulla, on tietämys saavutettu. Jooga on *jivatman* (sielun) yhtymistä *Paramatmaan* (Henkeen). Ilman joogan harjoittamista on mahdotonta saavuttaa levottoman mielen hallintaa tai saavuttaa tosi tietoa. Sen sijaan joogan hallitsemisen turvin mikään ei ole mahdotonta saavuttaa.

Nahi jnanena sadrisham
Pavitram iha vidyate
Tat svayam yogasamsiddhah
Kalena 'tmani vindati
Bhagavadgita IV:38

Maailmasta ei löydy parempaa puhdistuskeinoa kuin viisaus. Se, joka tulee täydelliseksi joogan hallitsemisessa, oivaltaa tämän itse ajan mittaan."

Itse-oivallus (joogan avulla) on suurin *sadhana*. Ihminen voi torjua synnin liekin *karma upasanalla* (suorittamalla jaloja tekoja). Hyvät teot eivät kuitenkaan yksistään välttämättä hävitä tietämättömyyttä, pahojen tekojen *syytä*. Jää siis jäljelle mahdollisuus, että ihminen tekee uudelleen syntiä. Monet edistyneet ja hyvään pyrkivät kilvoittelijat ovatkin langenneet, koska tietämättömyydellä on niin voimakas vaikutus. Ihminen ei voi tuntea Jumalaa ilman *jnanaa*, todellista tietoa, joka tuhoaa tietämättömyyden.

Jnana ei kuitenkaan ole riippumaton *karmasta* (teosta) sen enempää kuin teko voi olla riippumaton *jnanasta*. *Karma*-joogassa edistyminen on myös tarpeen Itse-oivalluksen saavuttamiseksi. *Karma*-jooga on toimintaa, jota suoritetaan ilman maallista kiinnittäytymistä ja tietoisuus keskittyneenä *kutasthaan* (kulmakarvojen välissä sijaitsevaan viisauden ja jumaltietouden tyyssijaan), niin että *jnana* herää itsestään (ja ohjaa ihmisen toimia).

Kun todellinen tieto on paljastunut *sadhakalle*, hän nauttii *Brahma-sthitistä* (jumaltietoisuuden autuaallisesta tilasta).

> *Yam labdhva cha param labham*
> *Manyate na dhikam tatah*
> *Yasmin sthito na duhkhena*
> *Guruna pi vichalyate*
> *Tam vidyad duhkhasamyoga*
> *Viyogam yogasamjnitam*
> *Sa nishchayena yoktavyo*
> *Yogo 'nirvinnachetasa*
> Bhagavadgita VI:22, 23

"Saavuttaessaan sen, minkä jälkeen joogilla ei ole enää mitään ylevämpää saavutettavaa, tilan, jossa häntä ei enää järkytä syvinkään suru – –

Tämä (tila) on jooga – ihminen vapautuu samaistumisesta kärsimykseen. Joogan harjoittamisessa on sen vuoksi noudatettava päättäväisyyttä ja sydämen rohkeutta."

> *Sarvadharman parityajya*
> *mam ekam sharanam vraja*
> *Aham tva sarvapapebhyo*
> *Mokshayishyami ma shuchah*
> Bhagavadgita XVIII:66

Mejdan guru ja yliopistovuodet 171

"Jätä kaikki muut velvollisuudet, etsi turvaa yksin Minusta. Älä murehdi, sillä Minä vapautan sinut kaikesta synnistä."

Giriji Maharaj[10] sanoi, että tätä säkeistöä on tulkittu eri tavoin. Sri Krishna ei tarkoittanut, että vain palvoisimme häntä ja hylkäisimme kaikki velvollisuutemme ja vastuumme. Säkeistön syvempi merkitys on, että selkärangan *chakroissa* ilmenee kaiken luodun perustavat alkutekijät: *kshiti*, maa, *ap*, vesi, *tejas*, tuli, *marut*, ilma, ja *vyoma*, eetteri.[11] Keho koostuu näistä ainesosista. Kuoleman jälkeen keho palaa näihin ainesosiin. Kehon viisi aistia (haju, maku, näkö, tunto ja kuulo) ilmenevät näiden ainesosien takia ja johtavat mielen ulospäin kehoon. Seurauksena on, että mieli muuttuu äärimmäisen muistamattomaksi sisäistä Itseä kohtaan. Niinpä "synti" on sitä, mikä pitää mielen kiinnittyneenä aistikokemuksiin ja aistien kohteisiin. Sellainen kiinnittyminen luo levottomuutta, joka hämärtää sielun oivalluskykyä.

Sielu on aina puhdas, tahraton, tosi ja ikuinen. Sitä ei koskaan tahraa mikään maallinen kokemus. Sitä voisi verrata pölyn päällystämään peiliin. Kun pölyn pyyhkii pois, peili hohtaa kirkkaana ja selkeänä. Tällä tavoin sielukin on mielen levottomuuden peittämä. Sen vuoksi ihminen ei tunne tai koe sielua.

Se, joka jää näiden alkutekijöiden ominaisuuksille alttiiksi, kohtaa tuskan ja mielihyvän vuoroittaisina aaltoina. Siksipä Jumala käskee meitä etsimään iankaikkisen suojan Hänessä harjoittamalla *kriya*-joogaa, jolla tietoisuus kohotetaan alempien *chakrojen* ainesosien häiritsevien vaikutusten yläpuolelle ja se vakaantuu *ajna-chakraan* (*kutasthaan*). Tässä tilassa kilvoittelija

10 *Giri*, vuori, on svamien sääntökunnan haara, johon Sri Yukteswar kuului. Hänen täydellinen nimensä ja arvonsa oli täten Swami Sri Yukteswar Giri. Lisäys *ji* nimen perässä tuo kunnioittavan lisämerkityksen. *Maharaj*, kirjaimellisesti "suuri kuningas", on myös kunnianimitys, jota voidaan käyttää pyhän ihmisen nimen tilalla tai jälkeen. (*Julkaisijan huomautus*)

11 Muita käytettyjä termejä ovat *prithivi* (maa), *vayu* (ilma) ja *akasha* (eetteri).

muistaa antaumuksella Jumalaa jatkuvasti, toisin sanoen tulee ankkuroiduksi Häneen.

Tätä siis tarkoittaa Jumalan sanoma, että Hän vapauttaa joogin kaikesta synnistä. Vakiinnuttuaan Jumalaan ihmisestä tulee *jivanmukta*, elämässään vapaa. Mutta vaikka Jumala on antanut tällaisen lupauksen, ihmiskunta on edelleen enimmäkseen sidoksissa aisteihin ja elää näin ollen tietämättömyydessä.

MOSKIITTOJA JA LIHATTOMIA RUOKIA SERAMPOREN ASHRAMISSA

Vierailin Swami Sri Yukteswarin ashramissa Mejdan kanssa lähes joka ilta niin kauan kuin viivyin Seramporessa. Ensi käynnilläni Giriji Maharaj kehotti meitä menemään yläkertaan meditoimaan. Hämärtyvä huone olikin jo varattu: täynnä isoja moskiittoja! Oli mahdotonta istua hiljaa, sillä niiden vihaisten hyökkäysten torjumisessa oli täysi työ. Sri Yukteswar ilmestyi keskelle "taistelun" tuiverrusta.

"Miten te pystytte meditoimaan, jos liikehditte niin paljon? Tehän keskitytte hyttysiin ettekä Jumalaan. Pitäytykää *titikshaan* (mielentyyneyden säilyttämiseen) ja itsenne hallintaan. Älkää kiinnittäkö huomiota sääskiin, niin ette tunne niiden pistämistä." Suureksi hämmästykseksemme moskiitot eivät tulleet siitä hetkestä lähtien lähellemme. Ja aina kun me sen jälkeen meditoimme siellä iltaisin, nuo kaikkialla häärivät hyönteiset eivät häirinneet meitä.

Monet kiinnostuneet tulivat Swami Sri Yukteswarin luo keskustelemaan hengellisistä asioista ja kuuntelemaan hänen luentojaan. Muuan mies sattui kerran mainitsemaan, että hän kovasti inhosi kypsennettyjä vihreitä banaaneja. Hän oli muutaman päivän päästä ashramissa päivällisvieraana. Kun oli tarjottu useita ruokalajeja, kaikki Sri Yukteswarin valmistamia, vieras ylisti ateriaa ylenpalttisesti.

"Tiedättekö, mitä olette juuri syönyt?" Giriji kysyi.

"En. Mutta sen tiedän, että se oli herkullista!"

"Jokainen ruokalaji oli valmistettu vihreistä banaaneista."

Mies lähti ashramista hyvin tyytyväisenä Sri Yukteswarin keittotaitoihin – ja viisaampana hänen viisaudestaan.

Sri Yukteswar valmisti usein ateriat ashramin vieraille itse. Hän myös valvoi sen ruoan valmistusta, jota tarjoiltiin hänen pitämillään uskonnollisilla juhlilla läpi vuoden. Kaikki nauttivat hänen ruoanlaittotaidostaan. Ja juuri Sri Yukteswarilta Mejdakin hankki kulinaariset kykynsä.

Kun vietettiin uskonnollisia juhlia – kuten Lahiri Mahasayan syntymäpäivää tai syyspäiväntasausta – Sri Yukteswarin ashram koristeltiin päiviä etukäteen kukin ja lehväköynnöksin. Juhlapäivän koittaessa *kirtan*-ryhmä marssi kulkueena katuja pitkin. Kalkutan Rammohan Library Hallilla pidettiin julkinen tilaisuus, johon osallistui monia tunnettuja arvohenkilöitä ja tiedemiehiä. Menot päättyivät juhla-ateriaan, joka usein tarjottiin Garpar Road 3:n katolla, vastapäätä meidän taloamme.

Kun Mejda oli oppinut ruoanvalmistusta Sri Yukteswarilta, hän kehitteli monia omia herkullisia reseptejään. Hän teki usein erityisissä tilaisuuksissa näitä ruokia meille kotona ja näytti meille, miten niitä valmistettiin. Kaikki lajit olivat tietysti kasvisruokia. Muistan etenkin *luchin*, herkullisen kohotetun happamattoman leivän, perunacurryn (Mejdan oma suosikki), *pelaun*, maustetun riisin, "vihanneslihan", vihannes-munacurryn, "vihanneskalanpään", ja oli muitakin lihaa muistuttavia ruokalajeja. Aterioiden jälkeen tarjoiltiin aina makeisia (enimmäkseen maidosta ja sokerista tehtyjä konvehteja).

Muutamat Mejdan ruokaohjeet olivat seuraavanlaisia:

Vihannesmuna: Ensimmäiseksi *channa* (juoksettuneesta maidosta tehty pehmeä juusto) leikattiin ja muotoiltiin isoiksi, pyöreiksi "muniksi". Sitten pieni annos *channaa* värjättiin keltaiseksi sahramilla ja pantiin "munan" "valkuaisen" sisään. Ne paistettiin ja lisättiin currymuhennokseen.

Vihanneskalanpää:[12] Iso kaalinpää leikattiin neljään osaan. Kukin pala sidottiin nuoralla ja keitettiin herkullisessa maustekastikkeessa.

Vihanneskyljykset: Peruna ja mausteet keitettiin banaanin kukkapalkojen kera. Pehmennyt seos soseutettiin ja muotoiltiin kyljyksiksi. Kyljykset liotettiin arrowjuuriliuoksessa ja päällystettiin sitten leivänmuruilla sekä paistettiin.

Vihannesliha: 1) Jauhoja sekoitettiin veteen löysäksi taikinaksi. Sitten taikinaa vaivattiin ja huuhdottiin vedellä, kunnes oli jäljellä vain gluteeni, vehnän ydinaines. Perunat leikattiin pituussuunnassa ja gluteeni levitettiin perunaviipaleiden ympärille. Maustettuna ja paistettuna valmiste maistuu hyvin paljon lihalta.[13]

2) Intianleipäpuun hedelmästä saa leikattuna ja oikein valmistettuna kiinteän, lihanmakuisen ruokalajin.

3) *Guchi* (iso musta sienilajike) valmistettuna *gramin* (garbanzopapujen tapaisen palkokasvin) kanssa antaa niin ikään tulokseksi lihan maun.

MEJDA AUTTAA MINUA VOITTAMAAN HUONON TAVAN

Kun opiskelin Seramporen yliopistossa, antauduin eräiden ystävieni vaikutuspiiriin ja miellyin kovasti savukkeisiin. Intiassa pidetään epäkohteliaana tupakoida vanhempien tai esimiesten läsnä ollessa, joten sukulaisemme eivät tienneet,

---

12 Kalanpäitä pidetään herkullisina monissa lihaa syövissä bengalilaisissa talouksissa.

13 Gluteenista tehdyt lihan korvikkeet ovat hyvin suosittuja nykyään länsimaiden kasvissyöjien parissa. Useat yhtiöt valmistavat näistä tuotteista erilaisia muunnoksia. Paramahansaji oli ensimmäinen, joka teki "gluteenipihvejä" Amerikassa. (*Julkaisijan huomautus*)

että olin omaksunut tuon epäterveellisen tavan. Huomasin piankin, että olin tupakan orja, joten yritin moneen kertaan lopettaa. Mutta tuo tapa piti minua tuhoisassa otteessaan, enkä pystynyt luopumaan siitä.

Olen varma, että Mejda tiesi sisäisestä kamppailustani. Kun erään kerran odotimme Sri Yukteswaria ashramin isossa aulassa, Mejda sanoi yhtäkkiä: "Sinun tulisi ymmärtää, Gora, että jokainen, joka saa jotain suurta aikaan elämässään, tekee sen vain tahdonvoimansa avulla. Mielen piilevä voima on rajaton. Se pystyy mihin vain. Ne, jotka ovat riippuvaisia haitallisista tottumuksista, kuten tupakoinnista, betelinlehtien pureskelusta tupakan kera, nuuskaamisesta tai juopottelusta, eivät käytä riittävästi tahtoaan sen lopettamiseksi. Jos ihminen käyttää mielensä voimaa pienten tottumusten hallitsemiseen, hänelle kertyy lisää voimaa suurempien tehtävien suorittamiseen."

Hänen sanansa säväyttivät mieltäni syvältä. Tajusin, että hän yritti auttaa minua murtamaan salatupakointini tottumuksen. "Jos en kykene edes hillitsemään tupakanhimoani", mietin, "kuinka pystyisin saavuttamaan elämässä mitään arvokasta?" Lupasin tuona päivänä itselleni, etten koskaan enää tupakoisi, en vaikka kuolisin. Vaikeaahan se oli. Vieroitusoireet olivat tuskallisia. Kärsin useita päiviä ruoansulatusvaivoista. Kulaus soodavettä ja eräät vatsalääkkeet auttoivat. Ja sitten muutaman päivän kuluttua tiesin, että tottumus oli voitettu. Kun näin Mejdan seuraavan kerran, kumarruin hänen jalkojensa juureen. Hän vain hymyili eikä sanonut mitään. Ymmärsimme toisiamme.

Samoihin aikoihin minulla oli myös tapana syödä lihaa[14] ja kalaa. Minusta tuntui käsittämättömältä, että kasvissyöjiä yleensä oli olemassa – paitsi Mejda, joka olikin kaikessa poikkeuksellinen! Olin jo luopunut tupakoinnista. Päätin kokeilla, selviäisinkö ilman lihaa. Jälleen koin alkuvaikeuksia. Pahinta

---

14 Tavallisesti vuohta, lammasta tai siipikarjan lihaa. Perinteisesti hindut eivät syö naudan- tai sianlihaa.

oli syödä pelkkiä vihanneksia palattuani kotiin Kalkuttaan, kun nuorempi veljeni ja sisareni nauttivat lihaa ja kalaa. Olin kuitenkin päättänyt lujittaa tahtoani. Vaikka vein ystäviäni ulos syömään ja ostin heille liharuokia, pitäydyin itse tiukasti kasvisdieetillä. Jatkoin näin kokonaisen vuoden, kunnes olin todistanut itselleni, että pystyin elämään ilman lihaa kaipaamatta sitä. Kun olin saavuttanut tavoitteen, söin taas silloin tällöin lihaa muiden seurassa.

Mejdan arvokkaat neuvot tahdonvoiman tärkeydestä ovat olleet minulle suureksi siunaukseksi yrittäessäni päästä eroon huonoista tottumuksistani.

LUKU 11

Sannyas ja maailmanlaajuinen missio

MEJDA TORJUU TYÖPAIKAN JA MORSIAMEN

Mejda suoritti kesäkuussa 1915 tutkinnot Kalkutan yliopistossa ja sai kandidaatin arvon. Isä toivoi, että Mejda ottaisi nyt vastaan Bengal-Nagpurin rautatieyhtiöltä työn, jota pääjohtaja Godfrey tarjosi. Johtaja oli sanonut isälle: "Bhagabati, teidän yhtiölle suorittamanne palvelun vuoksi tarjoan pojallenne hyvin tavoiteltua apulaisliikennejohtajan paikkaa. Tavallisen käytännön mukaan tälle paikalle olisi nimitetty vain englantilainen. Vaikka peräti varakuvernööri olisi suositellut intialaista, sitä olisi tuskin hyväksytty. Poikanne ei pitäisi jättää tarttumatta tähän tilaisuuteen."

Serkkumme Prabhas Chandra Ghoshin oli määrä suorittaa kandidaatintutkintonsa seuraavana vuonna. Mejda vaati isää pyytämään Godfreytä, että tämä antaisi paikan Prabhasille, mutta isä halusi Mejdan ottavan sen. Mejda ei halunnut työpaikkaa! Hän jatkoi isän painostamista. Hän käveli joka päivä isän kanssa osan matkaa tämän toimistolle ja tuli häntä vastaan taas paluumatkalla kotiin, esittäen asiaansa. Lopulta isä antoi periksi ja vei Prabhasin tapaamaan Godfreytä. Prabhas sai nimityksen.

Sukulaisemme näkivät kovasti vaivaa pitääkseen Mejdan suvussa. Olin monesti ollut vanhempien sisareni seuralaisena etsimässä Mejdalle sopivaa morsianta. Viimein löytyi yksi, ja Mejdan häitä järjesteltiin. Tosiasiassa perhe oli tehnyt jo kaksi epäonnistunutta yritystä; tämä oli heidän viimeinen toivonsa. "Jos hän menee kihloihin, hän luopuu ajatuksesta ruveta munkiksi", he neuvoivat isää. Isä kuunteli vaitonaisena, mutta en tullut koskaan tietämään hänen henkilökohtaisia ajatuksiaan asiasta.

Kun Mejda kuuli järjestelyistä, hän meni suoraa päätä isän luo: "Mikä minun naittamiseni tarkoitus on? Tehdä *teidät* onnelliseksi? Jos luulette, että *minä* olisin onnellinen, olette erehtynyt. Minä en *koskaan* tule olemaan onnellinen avioliitossa. Kukaan ei tiedä sitä paremmin kuin te."

Isä tuijotti Mejdan kiihkeitä silmiä tovin. Sitten hän sanoi: "Hyvä on. Minä olen onnellinen vain sinun onnestasi." Mejdan avioitumissuunnitelmat peruttiin.[1] Hän oli vapaa tulemaan *sannyasiksi*, mikä oli jo pitkään ollut hänen päätöksensä.

Mejdan sairaus vuonna 1912 oli hyvin vakava. Se myös siirsi hänen osallistumistaan keskiasteen tutkintoihin. Hänellä oli punatauti ja muita heikentäviä oireita. Sairaus kesti vain lyhyen ajan, mutta sen vakavuus jätti hänet hyvin heikoksi. Vaikka hänen terveydentilansa oli yhä epävakaa, hän päätti aloittaa uskonnollisen askeesin valmistautuakseen munkin elämään. Hän luopui kaikesta ylelliseksi katsomastaan ollakseen varma, että voisi luottaa itseensä. Hän alkoi kulkea paljasjaloin viikkoa ennen *janmashtamia* (Krishnan syntymäpäivää). *Janmashtamina* hän paastosi koko päivän. Hän vei sinä iltana Basun, Sishirin, Manomohanin, Pulinin ja minut "Yoga-Uddyanin" puutarhoille Kankurgachiin. Oli jo yömyöhä, kun etsimme hiljaisen, yksinäisen paikan meditointia varten läheltä sitä, mikä nyt tunnetaan uutena kanavana. Uudessa osassaan noviisimunkkina hänen oli soveliasta ottaa munkinnimi. Hän antoi itselleen nimen "Yogeshwara" pyrkimyksensä mukaisesti löytää Jumala (Ishwara) joogan avulla. Vain harvat tiesivät tuosta nimestä.

Minun oma kohtaloni sinetöityi, kun olin kuudentoista ja kävin Hindu Schoolin yhdeksättä luokkaa. Koska olin Mejdan alituinen kumppani, perheemme pelkäsi, että haluaisin seurata hänen jälkiinsä. He päättivät kiinnittää minut turvallisesti

---

[1] Morsianehdokas annettiin sen sijaan serkullemme Prabhasille, joka sai myös Mejdalle alkuaan tarkoitetun Bengal-Nagpurin rautateiden viran.

sukupuuhun. Sukulaisemme järjestivät kihlajaiseni. Minulla ei ollut enempää Mejdan lujuutta kuin tarkoitusperääkään vastustaakseni perheen mielipidettä, joten menin 14. toukokuuta 1914 naimisiin kälymme sisarentyttären kanssa.[2]

Rakas äitimme oli aina ennakolta iloinnut siitä, että poikien häätilaisuuksista tehtäisiin komeita ja loisteliaita. Hän kuitenkin kuoli ennen kuin kukaan pojista avioitui, joten Mejda halusi täyttää tämän toiveen hänen puolestaan ja tehdä minun häistäni huolella valmistellut. Järjestettiin suuret juhlat: värivaloja aseteltiin kaikkialle, palkattiin soittokunta ja laitettiin herkullisia ruokia. Minua kuljetettiin kantotuolissa sukulaisten ja ystävien pitkässä juhlasaatossa. Mejda itse johti kulkuetta yli seitsemän kilometrin matkan morsiamen kotiin, lyöden riemukkaasti kotilonkuorta. Hän nautti intialaisten häiden juhlamenoista – kunhan häät olivat jonkun toisen!

ANANTAN KUOLEMA

Mejdan valmistuttua kandidaatiksi ajateltiin, että hän lähtisi Amerikkaan opiskelemaan suorittaakseen siellä filosofian tohtorin tutkinnon. Mutta sekä Englannin että Amerikan osallistuessa ensimmäiseen maailmansotaan niiden hallitukset eivät myöntäneet passeja tai viisumeita Intiasta Yhdysvaltoihin. Mejda ajatteli, että jos pääsisi Japaniin, sieltä voisi kenties saada viisumin länteen.

Isä oli matkustamista vastaan. Hän oli vastahakoisesti myöntynyt Mejdan munkiksi ryhtymiseen, mutta hän ei voinut sietää ajatusta Mejdan asumisesta edes lyhyttäkään aikaa vieraassa maassa. Hän pyysi Mejdaa seurakseen tapaamaan Anantaa Gorakhpuriin. Hän toivoi salaa, että Anantan onnistuisi taivutella Mejdaa luopumaan matkastaan. Mutta oli mahdotonta saada Mejdaa luopumaan päätöksestään. Anantan sairauteenkaan vetoaminen ei auttanut. Isän oli taas nieltävä

2 Intian silloisten tapojen mukaan kihloihin mentiin toisinaan nuorella iällä, mutta morsian ja sulhanen asuivat erillään, kunnes tulivat täysi-ikäisiksi.

tappionsa. Mejda purjehti Kalkutasta Japaniin elokuun lopulla 1916.

Mejda palasi marraskuun alussa, paljon odotettua pikemmin. Matka oli ollut hänen ensimmäinen vierailunsa Intian ulkopuolelle. Hän sanoi, että ympäristö oli liian levoton ja liiaksi suuntautunut ulkoisiin aineellisiin saavutuksiin. Eikä myöskään Japanin hallitus myöntänyt hänelle viisumia Amerikkaan.

Ennen kuin Mejda palasi Kalkuttaan, vastaanotimme häneltä valtavan paketillisen lahjoja. Mukana oli bamburasia Anantalle. Rasian sisällä oli outo kirjoitus: "Rakkaalle Anantalleni, joka on nyt poissa." Olimme ihmeissämme, sillä emme olleet kertoneet Mejdalle Anantan kuolemasta. Tapasin Mejdan talomme portilla samana päivänä, jolloin hän palasi Japanista. Hän sanoi itkien: "Vanhin veljemme on kuollut. Vaikka Bishnu kertoi minulle satamassa, tiesin hänen poismenostaan jo matkalla Japanista kotiin."

"Mutta miten sinä pystyit tietämään?" minä kysyin kummissani.

"Muistathan käyntimme Anantan luona Gorakhpurissa? Ollessamme siellä toista päivää minulle tuli oivallus, ettei Ananta eläisi kauaa. Tuntemustani vahvisti näky, jonka näin tuona samana aamuna kälystämme: hän valmisti lounasta, kun äkkiä näin hänet lesken asussa.

"Olin niin murheissani, etten saattanut jäädä sinne pitemmäksi aikaa. En voinut sanoa Anantalle tai isälle sanaakaan. Ja siihen nähden, miten he perustelivat, ettei minun pitäisi lähteä Japaniin, päättäväisyyteni täytyi näyttää naurettavalta. Bardan lähestyvä kuolema olikin todellinen syy, miksi pidin kiinni matkastani. En pystynyt kestämään sen seuraamista, että hänet otettaisiin meiltä pois.

"Paluumatkalla kotiin Japanista olin Shanghaissa valitsemassa lahjoja teille kaikille. Olin valinnut Anantalle taidokkaasti kaiverretun bamburasian. Se luiskahti kädestäni, putosi lattialle ja meni rikki. Kun kumarruin ottamaan sitä, näin sen sisällä Anantan kasvot. Silloin tiesin, että hän oli kuollut. Ojensin rasian kauppiaalle surun murtamana. Hän luuli suruni johtuvan rasian rikkoutumisesta ja sanoi ystävällisesti, että antaisi minulle uuden. Mutta minä kerroin hänelle suruni syyn: olin ostanut rasian veljeäni varten, joka oli juuri kuollut Kalkutassa."

Mejdan kertomus jätti minut sanattomaksi. Kun toinnuin, kerroin hänelle yksityiskohdat Anantan kuolemasta.

"Vanhempi veljemme sairastui vakavasti heti kun olit lähtenyt Japaniin. Gorakhpurin lääkärit määrittivät hänen sairautensa malariaksi, koska hänellä oli kaikki sen oireet. Hänen tilansa huononi nopeasti. Yksi hoitavista lääkäreistä, tri Binay Roy[3] – Netaji Subhash Chandra Bosen lanko – ehdotti isälle ja Anantan apelle, että paras menettelytapa olisi viedä Ananta Kalkuttaan spesialistien hoidettavaksi. Niinpä he veivät tri Royn avustuksella hänet Garpariin. Me asetimme hänet toisen kerroksen keskushuoneeseen.

"Isä pyysi everstiluutnantti, tri J. T. Calvertia, Kalkutan Medical Collegen päämiestä, katsomaan Anantaa. Tri Calvert oli raivoissaan Gorakhpurin lääkäreille. Anantan sairaus oli diagnostisoitu väärin ja sitä oli hoidettu väärin. Anantalla oli itse asiassa lavantauti. Nyt oli enää vähän tehtävissä, koska sairaus oli edennyt niin pitkälle.

"Ananta oli kriittisessä tilassa seitsemän päivää. Manomohan oli täällä sinä aikana. Hän auttoi rakastavasti kaikin tavoin huojentaakseen Anantan oloa. Hän piteli jääpussia veljen pään päällä laskeakseen kuumetta, kun taas minä pitelin happiletkua Anantan hengityksen helpottamiseksi.

"Ananta sanoi minulle loppuviikosta: 'Kutsu kälysi. Pyydä häntä tulemaan heti.'

"Kun Boudi tuli huoneeseen, Ananta sanoi: 'Minun aikani on koittanut. Olen pahoillani, että joudun tekemään sinusta lesken.'

"Enempää Ananta ei kyennyt sanomaan. Hänen hourailunsa lisääntyi päivän ja illan mittaan aina keskiyöhön saakka.

---

3 On myös mainittava, että tri Roy oli Rai Bahadur Yagneswar Royn poika. Tämä vanhempi Roy oli kirurgi ja serkkumme aviomies.

Lähdin noin kahdelta yöllä hakemaan lisää jääpaloja pussiin. Palattuani näin hänen makaavan täysin hiljaa. Hän oli vaipunut ikuiseen uneen. Manomohan istui hänen vierellään pää painettuna."

YOGODA SATSANGA BRAHMACHARYA VIDYALAYAN PERUSTAMINEN

Vähän sen jälkeen kun Mejda valmistui yliopistosta, Swami Sri Yukteswar vihki hänet *sannyasiksi* ja hänestä tuli svami Yogananda. Giriji Maharaj kannusti häntä aloittamaan järjestötyön. Kuten on jo mainittukin, hän aloitti vuonna 1916 ashramin pienessä rakennuksessa Tulsi Bosen tilan mailla. Kaksi nuorta poikaa asui siellä saamassa opetusta, ja muita tuli säännöllisesti vierailulle. Poikien oli lähdettävä ashramista akateemisesti koulutettaviksi, joten Mejda halusi käynnistää sisäoppilaitoksen.

Mejda oli pitkään tuntenut modernin koulutuksen piirissä vallitsevan moraalisten ja hengellisten arvojen puutteen. Hän toivoi voivansa perustaa koulun, joka saattaisi akateemiset opinnot tasapainoon hengellisen harjoituksen kanssa. Hän keskusteli ideastaan monien kanssa, mutta kukaan ei lähtenyt auttamaan käytännössä. Lopulta hän tapasi maharadža Manindra Chandra Nundyn, joka riemastui Mejdan ajatuksista. "Olet tullut luokseni Jumalan sanansaattajana", hän huudahti. "Vasta eilen ajattelin, kuinka surullista on, että koulutusjärjestelmästämme puuttuu sellainen opetus."

Opetusohjelma luonnosteltiin pikaisesti ja laadittiin suunnitelmia koulun perustamisesta. Mejda aloitti maaliskuussa 1917 seitsemän pojan kanssa pienessä maharadžalle kuuluvassa talossa Länsi-Bengalin Dihikassa.

Nopeasti kasvava koulu tarvitsi vuoden kuluttua isommat majoitustilat. Maharadža tarjosi käyttöön erästä kiinteistöään muutaman kilometrin päässä hänen Kasimbazarin palatsistaan Bengalissa. Seutu oli kuitenkin malarian vaivaamaa, ja jo muutaman päivän sisällä useimmat opettajat ja opiskelijat olivat

Sannyas ja maailmanlaajuinen missio 183

sairastuneet. Koulu siirrettiin tilapäisesti palatsin avarille maille vierastaloon, mutta malariatartunnat jatkuivat. Sitten maharadža tarjosi kesäpalatsiaan Biharin Ranchista. Koulu muutti tuohon paikkaan vuonna 1918. Maharadža ei antanut Mejdalle vain maan ja rakennusten käyttöoikeutta, vaan myös kuukausittaisen kahden tuhannen rupian avustuksen koulun kuluihin.

Kymmenen hehtaarin tila tarjosi täydellisen tyyssijan Mejdan Brahmacharya Vidyalayalle. Tila oli loistava paikka mehevine hedelmätarhoineen, jotka yhdessä avarien niittyjen ja terveellisen ilmaston kanssa soivat koululle seesteisen, metsäisen ilmapiirin. Se sopi ihanteellisesti nuorten mielen ja ruumiin kehittämiseen. Vidyalayan esikuvina olivat muinaiset intialaiset ashramit, joissa lapsia oli aikoinaan opetettu ulkosalla, luonnon helmassa. Heille opetettiin aineita, jotka tukivat heidän kaikinpuolista kehon, mielen ja sielun kehitystään – eikä vain akateemisia aineita. Sellaisia kasvatuksellisia laitoksia näkee harvoin.

Ensin aloitettiin sisäoppilaitos, jossa oli tilaa sadan oppilaan majoittamiseen. Koulun korkea akateeminen ja hengellinen taso toi pian niin suosiollista julkisuutta, että paikan hakijat ylittivät majoitusmahdollisuuden kymmenkertaisesti. Koulun jokainen mahdollinen kolo ja soppi otettiin käyttöön. Maharadža Nundy oli riemuissaan koulun menestyksestä ja antoi Mejdalle Ranchin laitamalta toisen, kuuden hehtaarin tontin, jolla oli iso talo – "Madhukam House". Siellä Mejda avasi koulun *adivasi*-opiskelijoille (alkuperäisväestölle). Alakoulu aloitti viiden oppilaan ja yhden opettajan voimin, mutta se laajeni kahdessa vuodessa sadan oppilaan ja viiden opettajan oppikouluksi. Sri Yukteswarin Purin ashramissa käynnistyi myös poikakoulu. Akateemista opinto-ohjelmaa ja hengellisiä harjoituksia tasapainottivat kaikissa näissä kouluissa harrastukset, urheilu ja piknikit sekä patikkaretket lähistön luonnonkauniille paikoille.

Kaikki, jotka tulivat Mejdan kanssa tekemisiin, tiesivät, että hän ei tinkinyt hengellisistä ihanteistaan eikä oikeudenmukaisuuden vaatimuksista. Mutta hänen käyttäytymisensä oli niin viehättävää ja sydämensä niin rakastava, ettei kukaan kokenut itseään torjutuksi tai vaivautuneeksi. Hänen valloittava hymynsä oli aina näkyvillä. Kaikkien sydän ja mieli sulivat sen hehkuvassa lämmössä. Kun Mejda toisaalta päätti käydä asian pohjia myöten läpi tai tehdä jonkin ratkaisun, hänen näkemystensä tarkkuutta ei voitu kieltää. Hänen tutkintansa oli todella tuimaa.

Ranchin ashramkoulun käytännöt ja säännöt olivat tiukat. Noustuaan aamuviideltä pojat järjestyivät ulos riviin laulamaan rukouksia. Kylvyn ja huoneiden siivouksen jälkeen he kokoontuivat taas kuudelta harjoituksiin ja meditaatioon. Mejda itse opetti kehittyneitä meditointimenetelmiä yli 12-vuotiaille pojille.

Tuntui siltä, että koulun jatkuvana ongelmana olisi vain vaivoin selvitä rahoituksellisista velvoitteista. Maharadžan kuukausiavustus ja oppilaiden asunnosta ja täysihoidosta maksamat nimelliset maksut riittivät juuri ja juuri menoihin. Kaikki perustarpeet kuitenkin tyydytettiin. Oppilaat käyttivät kyläläisten yksinkertaisia, karkeasti kudottuja vaatteita. Vaatetus pidettiin tahrattoman puhtaana, samoin makuutilat ja ashramin alue.

Ashram kukoisti Mejdan tarkkaavan silmän alaisena mallikkaasti. Häneltä ei jäänyt huomaamatta mikään kuriton käytös, mutta hän suhtautui kaikkiin selkkauksiin rakastavasti ja ymmärtävästi. Hän vei vikapään syrjään ja selitti tälle selkeästi väärän teon seuraukset. Hän oli kurinpidossaan niin myötätuntoinen ja ymmärtävä, että oppilaita kannusti hyvyyteen pikemmin hänen rakkautensa kuin rangaistuksen pelko.

Mejda oli pojille kuin isä ja ystävä. Kukaan ei koskaan epäröinyt tulla hänen luokseen henkilökohtaisine ongelmineen tai vaikeuksineen. He tiesivät, että hän olisi aina myötätuntoinen ja auttavainen. Hän otti osaa poikien kaikkiin harrastuksiin, jopa peleihin. Hänen mukanaolonsa oli koulussa pysyvä innoituksen, toivon ja luottamuksen lähde.

Mejdan sana oli kaikille oppilaille ja opettajille kuin Jumalan sanaa. Hän puhui jatkuvasti tarpeesta etsiä Jumalaa sekä yhdistää sydämensä, mielensä ja sielunsa Häneen. Ja hän innosti kaikkia näihin vilpittömiin hengellisiin ponnisteluihin. Kaikki Mejdan kohdanneet tunsivat hänen voimansa avata heidän sisimpänsä pelkällä kosketuksella tai katseella. Heillä oli tapana sanoa, että Mejda pystyi Jeesuksen Kristuksen tavoin valamaan omaa hengellisyyttään oppilaittensa sydämiin – siihen mittaan missä he olivat itse vastaanottavaisia.

Mejda opetti, että hengellisen kehityksen perusta oli oikea käyttäytyminen: moraalikoodi *yama* ja *niyama* perustui ylimuistoiselta ajalta peräisin oleviin uskonnollisiin sääntöihin. Oikean käyttäytymisen ohella hän vaati ruumiin ja mielen tasapainoista kehittämistä. Hän sanoi, että sairas keho haittaa mieltä. Veltto mieli taas tuhoaa sekä terveyden että hengellisen kehityksen. Merkittävän oivallustason saavuttaakseen ihminen tarvitsee terveen mielen terveessä ruumiissa sekä myönteisen henkisen asenteen.

Mejda oli tutustunut Ranchin katolisen kirkon pappiin. He vaihtoivat säännöllisesti näkemyksiään uskonnosta ja löysivät laajan perustan ymmärrykselle ja yksimielisyydelle. Ystävällinen pappi tuli usein kouluun Mejdan kutsumana selittämään pojille Raamattua. Vastaavasti Bhagavadgitaa opetettiin katolisen koulun vertailevilla uskontotunneilla.

Mejda kutsuttiin vuonna 1920 luennoimaan Uskontoliberaalien kansainväliseen konferenssiin Massachusettsin Bostoniin. Hänen gurunsa kehotti häntä lähtemään. Ranchin koulun opettajat ja oppilaat kokivat hänen poissaolonsa katkerana. He laskivat päiviä hänen paluuseensa. Miten he kaipasivatkaan hänen viisauden sanojaan, hänen huolenpitoaan heidän hyvinvoinnistaan ja hänen rakastavaa kosketustaan, joka poisti heidän kärsimyksensä ja murheensa!

Maharadža Manindra Chandra Nundy kuoli vuonna 1929, kun Mejda oli Amerikassa. Tämä jätti Ranchin koulun vaille pääasiallista tulolähdettä. Ystävällinen maharadža oli jatkanut lahjoituksiaan koululle, vaikka oli itse veloissa. Hänen poismenonsa jälkeen velkojat panivat vireille oikeusjutun hänen kiinteistöistään, mutta maharadžan poika, Sri Shrish Chandra

Nundy, oli aiemmin siirtänyt Ranchin kiinteistön vaimonsa nimiin turvatakseen sen pesänhoitajien toimilta.

Tämä vakava tilanne kulminoitui entisestään, kun brittihallinto lopetti vuonna 1930 nimellisen talousapunsa Ranchin koululle, koska monet sen opettajista kannattivat Intian itsenäisyysvaatimuksia. Mejda oli aina edistänyt ajatusta vapaasta, itsenäisestä Intiasta. Parempi olisi köyhtynyt vapaa Intia kuin alistettu kansakunta, jota vieras maa rahoitti. Jos Mejda ei olisi omistanut elämäänsä kokonaan hengelliselle polulle, Intia olisi saanut hänestä yhden eturivin johtajan itsenäisyyspyrkimyksille. Niinpä Ranchin kouluilta lopulta vietiin kaikki ulkopuolinen rahallinen avustus. Madhukam oli lakkautettava. Mejda etsi rahallista tukea monilta ihmisiltä Intiasta, mutta kukaan ei tullut apuun. Vasta vuonna 1935, jolloin Mejda palasi Intiaan Brahmacharya Vidalaya perustettiin jälleen lujalle taloudelliselle pohjalle. Hän oli säästänyt Amerikan luentopalkkioistaan ja kerännyt lahjoituksia sikäläisiltä seuraajiltaan. Näiden tulojen ja isän lahjoituksen turvin hän osti maan Sri Shrish Chandra Nundylta ja varmisti koulun tulevaisuuden rekisteröimällä sen virallisesti.

En koskaan unohda Mejdan paluuta Ranchiin vuonna 1935. Monet hänen aikaisemmista oppilaistaan tulivat toivottamaan hänet tervetulleeksi. Kuinka nuo saattoivat rakastaa ja arvostaa häntä niin syvästi, vaikka eivät olleet hänen sukulaisiaan? He osoittivat rakkautensa niin kokosydämisesti, että liikutuin kyyneliin. Näin vuosien vierivän taaksepäin: hänen kirkastava läsnäolonsa nosti jälleen heidän taakkansa ja uudisti heidän innoituksensa.

Mejda lähtee Amerikkaan

Mejda sai vuonna 1920 kutsun puhumaan Uskontoliberaalien kansainväliseen konferenssiin Bostoniin. Tilaisuuden oli järjestänyt Amerikan unitaarinen yhteisö. Hän oli tuolloin kiireisesti laajentamassa ja kehittämässä Ranchin kouluaan. Mutta hänellä oli suurempi työsarka tehtävänään, ja Sri Yukteswar Giri sanoi hänelle, että hänen oli aika suorittaa tuo missio.

Mejda iloitsi ajatuksesta matkustaa Amerikkaan. Hän koki aina, että Intian ja Amerikan välillä oli jokin erityinen yhteys. Idän hengellisen tietämyksen yhdistäminen lännen teolliseen ja tieteelliseen teknologiaan tarjoaisi maailmalle kultaisen keskitien elämän tasapainottamiseksi. Toisinaan hän mainitsi siitä seikasta, että Kolumbus saapui Amerikkaan, vaikka luuli purjehtivansa Intiaan.

Innostaan huolimatta Mejda oli huolissaan. Hän ei ollut koskaan ennen luennoinut englanniksi. Hän hakeutui Sri Yukteswarin puheille ja kertoi tälle vakavista epäilyistään. "Englanniksi tai ei, länsi on kuuleva sinun sanomasi joogasta", hänen gurudevansa rohkaisi häntä.

Isä oli järkyttynyt, kun Mejda kertoi hänelle suunnitelmistaan. Hän ei voinut ajatella, että hänen poikansa olisi niin kaukana hänestä. Hänen sydämessään oli pelko, ettei hän enää näkisi Mejdaa. Hän kysyi tiukasti: "Kuka kustantaa matkasi?"

Mejda vastasi hymyillen: "Ehkäpä Jumala saa sinut ajattelemaan, että haluat auttaa minua."

"Ei, en ikinä!" isä vastasi surullisen näköisenä.

Niinpä Mejda olikin suuresti hämmästynyt, kun isä seuraavana päivänä antoi hänelle ison rahasumman. "Annan tämän rahan sinulle, en sinun isänäsi, vaan Lahiri Mahasayan oppilaana. Mene länteen ja saarnaa siellä *kriya*-joogan vapauttavaa, yleismaailmallista tiedettä."

Mejda oli syvästi vaikuttunut. "Teen parhaani. En ole koskaan omistanut ajatustakaan muulle kuin Jumalan palvelemiselle. Rukoilen Hänen siunauksiaan matkalleni."

Mejdaa huolestutti lähtö Intian hengellisestä ilmapiiristä lännen materialistiseen ympäristöön. Eräänä aamuna hän itkien rukoili merkkiä Jumalan siunauksesta. Ovelta kuului kolkutus. Oven avattuaan hän hämmästyi nähdessään edessään nuoren askeetin, joka oli pukeutunut vain lannevaatteeseen. Pyhimys astui huoneeseen. Hetkeen ei puhuttu sanaakaan.

Mejda huomasi, että pyhä mies muistutti nuorta Lahiri Mahasayaa, ja hänen sydämensä hypähti oivalluksesta, että tämän täytyi olla suuri Babaji!

"Kyllä, minä olen Babaji", viisas vastasi, vaikkei Mejda ollut sanonut mitään. "Taivaallinen Isämme on kuullut rukouksesi. Hän käskee minun sanoa sinulle: Seuraa gurusi kehotusta ja mene Amerikkaan. Älä pelkää, sinua suojellaan. Sinä olet se, jonka olen valinnut levittämään *kriya*-joogaa länteen. Kauan sitten tapasin gurusi Yukteswarin kumbhamelassa. Sanoin hänelle silloin, että lähettäisin sinut hänelle koulutettavaksi." Mejda oli onnellinen saatuaan henkilökohtaisen rohkaisun kuolemattomalta Mahavatarilta. Babaji antoi hänelle ohjeita ja siunauksia ja lähti sitten yhtä huomaamattomasti kuin oli tullut.

Mejda lähti määräpäivänä elokuussa gurudevansa siunausten ja kaikkien toivotusten saattelemana. Hän purjehti *The City of Sparta* -laivalla, joka oli ensimmäinen maailmansodan jälkeen Amerikkaan kulkenut matkustaja-alus. Minun piti lähteä hänen seurakseen, ja paperinikin olivat kunnossa. Mutta kohtalo puuttui asioihin: odottamaton perheasia vaati minun jäämistäni kotiin.

Mejdan luento aiheesta "Uskonnon tiede" sai innostuneen vastaanoton Bostonin konferenssiin kokoontuneilta suurien ajattelijoiden joukolta ja kaikkien uskontojen hartailta edustajilta. Mejdalle tulvi kutsuja saapua luennoimaan ja puhumaan, ja hänellä oli pian seuraajia Bostonissa. Hän toi kaikissa luennoissaan esille joogan ajan koettelemia, yleismaailmallisia menetelmiä kehon, mielen ja sielun tasapainoiseksi kehittämiseksi. Hän osoitti joogan muinaisen juontumisen Bhagavadgitasta ja sen perustumisen siihen.

Hän matkusteli Bostonista käsin ympäri maata esitelmöimässä. Hänen opetustensa vaikutus levisi vähitellen kaikkialle Amerikkaan. Self-Realization Fellowshipin keskuksia perustettiin suurkaupunkeihin, mukaan luettuina New York, Philadelphia ja Denver. Vuonna 1925 hän perusti maailmanlaajuisen työnsä kansainvälisen päämajan Mount Washingtonin laelle Los Angelesiin. Hänen työnsä menestyksestä kerrottiin laajalti

Sannyas ja maailmanlaajuinen missio 189

Amerikan suurimmissa sanomalehdissä. Se oli Amerikan uskonnollisessa kentässä jotain ilmiömäistä.

Yoganandajin sanoma levisi kansainvälisestä päämajasta aikaa myöten Eurooppaan, Latinalaiseen Amerikkaan, Afrikkaan ja Aasiaan. Hänen elämänikäinen *sadhanansa* oli vastustamattomana voimana hänen sanojensa takana, ja hänen henkensä juurtui syvälle oppilaiden sydämiin kaikkialla maailmassa. Hänen elämänsä ja opetuksensa innoittivat satoja tuhansia ihmisiä.

Mejda uskoi käsitykseen, että kaikki maailman ihmiset ovat saman taivaallisen Isän lapsia, ja sitä hän opetti. Jos ihmiskunta ei unohtaisi tätä kiistämätöntä totuutta, se olisi perustana yleismaailmalliselle veljeydelle ja yhteydelle.

Isä lähetti Mejdalle vuodesta 1920 vuoteen 1930 400 rupiaa kuukaudessa. Oli minun tehtäväni ostaa ja postittaa rahat. Kerran joku arvosteli Amerikassa Mejdaa: "Te tulitte Amerikkaan vain tekemään rahaa."

"Saattaisitte hämmästyä tiedosta", Mejda vastasi, "että en ole näinä vuosina ansainnut mitään itselleni. Tulin tänne vain opettamaan hengellistä totuutta. Työni saama tuki tuli paljolti omasta kodistani."

Isä oli jolloinkin kirjoittanut Mejdalle: "Miten pitkään minun pitäisi lähettää sinulle rahaa?"

Mejda vastasi: "Ole hyvä ja lähetä jatkossakin. Kerron sinulle sitten, kun en enää tarvitse apuasi. Tämän sinulle lupaan: Jokainen rupia tulee takaisin perheesi hyvinvoinnin hyväksi."

LUKU 12

Paluu Intiaan vuonna 1935

Kotiintulo

Mejda palasi rakastamaansa Intiaan ja lukemattomien sikäläisten ystäviensä ja seuraajiensa luo vuonna 1935, mutta vain vuodeksi. Sinä aikana hän matkusti laajalti, levitti Yogodan sanomaa, perusti keskuksia kautta kotimaansa ja pani alulle monia uudistuksia Yogoda-työhön, joka oli pitkään kärsinyt hänen ohjauksensa puutteesta.

Eräänä kirkkaana aamuna sinä vuonna talomme oli tulvillaan juhlamieltä. Monet sukulaiset olivat tulleet Kalkuttaan. Suitsutustikkuja paloi joka huoneessa. Kauniita koristeita riippui runsain mitoin sisäänkäynnin portaikossa. Paksulle riisipaperille maalatut taidekuvat somistivat pylväitä ja seiniä. Kysymyksessä oli Mejdan kotiintulopäivä: *sannyasi*-poika oli palaamassa Amerikasta liittyäkseen sydäntälämmittävästi isänsä seuraan.

Howrahin rautatieasemalle kerääntyi suuri joukko sukulaisia, ystäviä ja oppilaita toivottamaan Mejdan tervetulleeksi. Joukossa nähtiin nuori maharadža Shrish Chandra Nundy, Kasimbazarin maharadžan poika, ja hänen seurueensa. Bombayn postijuna puuskutti hitaasti asemalle ja Mejda nousi vaunustaan. Me seppelöimme hänet runsain mitoin ja johdatimme hänet sitten autolle. Maharadža sijoitettiin hänen viereensä. Muut ystävät ja sukulaiset kiipesivät seuraaviin autoihin. Nuorin veljemme Bishnu Charan kuljetti Mejdaa ja maharadžaa mitä suurimman innostuksen vallitessa. Minä itse ajoin moottoripyörällä kärjessä ja johdin pitkää kulkuetta kuin

Paluu Intiaan vuonna 1935

opas! Saapuessamme isän kotiin[1] paukutettiin kotilonkuoria, Mejdan kulkureitille siroteltiin kukkia ja riisiä ja antaumukselliset sävelet täyttivät talon kirkkaalla, kohottavalla musiikilla.

Sitten Mejda seisoi isän edessä. He syleilivät toisiaan ikään kuin heidän jälleennäkemisensä olisi ollut Jumalan lahja. Kyyneleet virtasivat vuolaasti – väkijoukossa ei ollut yhtään kuivaa silmää. Jopa stoalainen isämmekin pyyhki silloin tällöin silmiään.

Ensimmäinen vierailu Ranchiin

Vietettyään muutaman päivän oppilaittensa luona Kalkutassa ja gurunsa Sri Yukteswarin luona läheisessä Seramporessa Mejda suunnitteli matkustavansa autolla Ranchiin. Hän odotti innokkaasti näkevänsä koulun. Koulua ja ashramia johti svami Satyananda[2]. Mejda ja hän odottivat tapaamistaan niin pitkän eron jälkeen.

Richard Wright oli tullut Mejdan seurassa matkalle Intiaan. Hän kuljetti Mejdaa Ford V8:lla, jonka he olivat tuoneet mukanaan Amerikasta. Vanhin sisaremme Roma, Bishnu ja Tulsida ajoivat heidän kanssaan. Prokas Das (josta tuli myöhemmin svami Atmananda), Himangshu (kansallinen voimistelumestari) ja sisaremme poika Binu matkustivat minun autossani, joka oli kahdeksansylinterinen Buick. Autossani oli uudet renkaat, mutta kaksi mukana olevaa vararengasta olivat käyttökelvottomia. Rukoilin koko matkan Ranchiin, etten joutuisi tarvitsemaan niitä.

Mejda oli ylpeän luottavainen Fordinsa Amerikassa valmistettuihin renkaisiin, joiden sanottiin olevan itsensä paikkaavia, jos niihin tulisi pieniä reikiä, sekä puhkeamattomat. Mutta voi, amerikkalaisille valmistajille ei ollut kerrottu intialaisista teistämme. Yksi rengas puhkesi jo ennen kuin päästiin Burdwaniin. Wright ja minä asensimme vararenkaan paikoilleen. Toinen rengas tyhjeni, kun oli ajettu vähän toistakymmentä kilometriä Asansolista eteenpäin. Puhkeamisen

1 Hän asui tuohon aikaan Ram Mohan Roy Road 4/2:ssa.
2 Aiemmin Manomohan Mazumdar.

aiheutti rautainen hevosenkenkä, joka oli irronnut joltain härältä sen vetäessä vaunuja tietä pitkin. Nyt olimme todellisissa vaikeuksissa, sillä Fordissa ei ollut kuin yksi vararengas.

Mejda ja muut seurueemme jäsenet löysivät tien varrelta puiden alta varjoisan paikan, jossa nauttivat Roman valmistamaa herkullista pikniklounasta. Wright, Bishnu ja minä palasimme Asansoliin minun autollani hakemaan apua Bishnun tuttavalta, jonka nimi oli kuin taivaan lahjana pulpahtanut mieleemme keskustellessamme ongelmasta. Tuo ystävällinen mies kuunteli osaaottavasti tarinamme ja soitti välittömästi paikalliselle kauppiaalle, että tämä toisi kaksi uutta rengasta hänen luokseen. Hän myös hyväntahtoisesti lainasi meille rahaa renkaiden ostoon, koska meillä ei ollut tarpeeksi varoja mukana – lupasimme maksaa rahan takaisin paluumatkallamme.

Ilta oli jo käsillä, kun palasimme raajarikkoisen Fordin luo ja vaihdoimme uudet renkaat. Jatkoimme matkaamme iloisissa tunnelmissa. Oli hyvin myöhä, kun pääsimme Hazaribaghin kukkuloille. Minua alkoi nukuttaa, kun olin herännyt jo aamuvarhaisella. Olimme ostaneet perunacurrya tienvarren kojusta, mutta se oli maustettu niin tulisesti punaisella chilillä, ettemme pystyneet syömään sitä. Sanoin Binulle: "Kun huomaat pääni nyökähtävän, syötä minulle tuota currya." Se oli tehokas piriste! Aina kun tunsin itseni uniseksi, söin vähän lisää currya. Näin selvitimme nousevan ja kiemurtelevan tien kunnialla ja pääsimme Ranchin ylätasangolle. Dick oli jo kaukana edellämme. Kun ajoimme yksin keskellä yötä tuolla viidakkoisella ja asumattomalla seudulla, olin alkanut yhä palavammin rukoilla, että renkaamme kestäisivät. Ja ne kestivät. Lopulta ajoimme kello kolme aamulla sisään Ranchin koulun porteista.

Svami Satyananda ja opettajat sekä oppilaat olivat vaipuneet uneen valvottuaan pitkään ja luovuttuaan jo toivosta, että saapuisimme sinä yönä. Autojen ääni kuitenkin herätti heidät. He ryntäsivät ulos ilonhuutojen ja tervehdysten kajahdellessa. Miten hieno näky tuo iloinen tapaaminen olikaan. Mejda ja Satyananda syleilivät lämpimästi, ja kyyneleet virtasivat heidän poskillaan. Hehän olivat olleet erossa monia vuosia! Vastaanottojuhla kesti niin kauan, että päivä valkeni itäisellä taivaalla.

Luja taloudellinen perusta Ranchin koululle

Ranchissa Mejda sai vastaansa vakavan taloustilanteen, joka uhkasi koulua. Satyanandaji kertoi hänelle, että Ranchin koulun ensimmäisen mesenaatin, maharadža Manindra Chandra Nundyn, kuoltua tuomioistuin oli ottanut hänen tiluksensa haltuunsa. Maharadžan avokätinen kuukausiavustus oli siten automaattisesti lakannut. Maharadžan ottopoika Srish Chandra Nundy oli onneksi siirtänyt Ranchin tiluksien omistusoikeuden vaimonsa nimiin, näin pelastaakseen koulun maat. Satyanandaji jatkoi: "Yrittäessämme turvata koululle tuloja opettajat ja minä muodostimme rekisteröidyn yhdistyksen, niin että pystyimme pyytämään lahjoituksia. Annoimme yhdistykselle nimen 'Brahmacharya Sangha', ja Brahmacharya Vidyalaya on sulautettu siihen. Huolimatta monista uhrauksista olemme vain juuri ja juuri kyenneet keräämään riittävästi varoja koulun pitämiseksi toiminnassa."

"Tämä merkitsee, että koulu on nyt yhdistyksen virkailijoiden hallinnassa, eikä minulla ole enää toimivaltaa", Mejda vastasi. "Lakkauta joka tapauksessa Brahmacharya Sangha. Minä perustan koulun uudestaan."

Satyanandaji myöntyi, mutta toiset opettajat vastustelivat. He eivät halunneet luopua henkilökohtaisista eduistaan. Bishnu ja Himangshu olivat molemmat kansallisia urheilusankareita, ja ilman heidän julman uhkaavaa olemustaan opettajat eivät olisi antaneet periksi. He suostuivat lopulta hyväksymään kompromissina 1200 rupian maksun. Rahat saatuaan he lähtivät Mejdan perustamasta koulusta ja aloittivat oman koulunsa jonkin matkan päässä.

Kalkuttaan palattuaan Mejda puhui maharadža Shrish Chandra Nundyn kanssa. Nuori hallitsija sanoi Mejdalle: "Kuten tiedät, isäni tilukset ovat tuomioistuimen hallinnassa siihen saakka kun velat on maksettu. Vaikka häpeänkin

Sadhana-mandir, Mejdan ensimmäinen ashram

Yogoda Satsanga Brahmacharya Vidyalayan ensimmäinen
toimipiste, perustettu maaliskuussa 1917 Dihikaan,
Länsi-Bengaliin

sanoa tätä, minun täytyy pyytää omaisuudesta 30 000 rupiaa."
(Omaisuuden arvo oli 150 000 rupiaa.) Mejda hyväksyi hinnan. Sitten nousi esiin kysymys, kuinka saada kokoon 30 000 rupiaa. Mejdalla ei ollut muuta vaihtoehtoa kuin pyytää isältä avustusta. "Jos sinä et auta minua, en pysty ostamaan koulun kiinteistöä. Elinikäinen unelmani, jota tämä koulu merkitsee, murskautuisi. Ilmasto on ihanteellinen, ja sinä ja perhe voitte mennä sinne aina silloin tällöin virkistymään."

Isä muisti nuoruuden aikaiset vaikeutensa, ja hän oli erittäin kiinnostunut kasvatuksellisten ja terveydenhoidollisten laitosten tukemisesta. Hän lähetti nimettömästi rahaa monille sellaisille organisaatioille. Hän oli ollut myös Mejdan järjestämien kilpaurheiluohjelmien päämesenaatti aikaisempina vuosina Greer Parkissa; hänen anteliaat lahjoituksensa olivat kattaneet kaikki kustannukset.

Samalla tavalla isä tuki nyt hädän hetkellä Mejdan Yogoda Satsanga Brahmacharya Vidyalayaa Ranchissa. Hän oli ylpeä Mejdan saavutuksista Amerikassa ja siitä hengellisestä ymmärryksestä ja kasvusta, jota tämä oli antanut sadoilletuhansille väsymättömän työnsä avulla. Hän antoi kernaasti Mejdalle kymmenentuhatta rupiaa Ranchin koulukiinteistön ostoa varten.

Mejda oli myös kirjoittanut Self-Realization Fellowship -järjestölleen Amerikkaan. Self-Realizationilla oli noina alkuaikoina hyvin rajallisesti varoja. Mutta lahjoituksia saapui juuri parahiksi. James J. Lynniltä[3] ja muilta seuraajilta Amerikasta tuli puuttuvat 20 000 rupiaa sekä lisävaroja auttamaan koulun vaikean rahoitustilanteen yli tukevalle pohjalle. Maharadža Shrish Chandra Nundy oli todella pahoillaan joutuessaan ottamaan rahat Ranchin tilan lunastamiseksi, mutta hänellä ei ollut vaihtoehtoa. Hän oli pahasti velkaantunut isänsä lainanantajille.

Palasin Ranchiin maharadžan sihteerin kanssa rekisteröimään luovutuksen. Seurassani olivat vaimoni, kaksi pientä poikaamme ja Bishnu. Mejda pyysi minua, etten antaisi Bishnun

---

3 Tästä kunnioitetusta oppilaasta tuli myöhemmin Rajarsi Janakananda, Paramahansa Yoganandan ensimmäinen hengellinen perillinen.

ajaa, koska tämä oli kovin kilpailuhenkinen ja taipuvainen ajamaan holtittomasti. Hän ei ollut koskaan päästänyt Bishnua Fordin rattiin. Kun työ Ranchissa oli suoritettu ja olimme matkalla Kalkuttaan, Bishnu murjotti, koska en antanut hänen ajaa. Niinpä lopulta päästin hänet ohjauspyörän taakse. Kun käännyimme Grand Trunk Roadilta ylittämään Bally Bridgeä, eurooppalaisen ajama auto tuli takaamme ja ohitti meidät reippaalla nopeudella. Bishnu ärsyyntyi ja lähti välittömästi takaa-ajoon. Kaduin, etten ollut noudattanut Mejdan ohjeita. Toistuvissa ohitusyrityksissä vältyimme juuri ja juuri yhteenajolta vastaantulevien autojen kanssa. Maharadžan sihteeri ja minä pyysimme Bishnua hiljentämään, mutta hän ei kiinnittänyt meihin vähintäkään huomiota. Saatoimme vain rukoilla. Lopulta Bishnu sai tilaisuutensa ja ohitti auton Manicktalan ja Upper Circular Roadin liittymässä, ei kaukanakaan kotoamme. Bishnu loi ajajaan päättäväisen uhmakkaan ja voitonriemuisen katseen. Me huokasimme helpotuksesta: Jumala oli pelastanut henkemme! Kun kerroimme Mejdalle tapahtuneesta, hän oli tietysti vihainen, eikä syyttä.

RICHARD WRIGHT

Aiemmin Mejdan Intian matkan ja hänen ensimmäisen Ranchin vierailunsa kumppanina esiin tullut Richard Wright on Sri Daya Matan[4] veli. Hän kuljetti Mejdaa Ford V8:lla Euroopan halki ennen heidän Intiaan saapumistaan ja suoritti suuren osan ajamisista Intiassa – ei mikään vaatimaton suoritus keneltäkään ottaen huomioon tuonaikaiset tiet! Hän hoiti myös lukuisia velvollisuuksia auttaakseen Mejdaa selviytymään raskaasta luentoaikataulusta, kannattajien tapaamisista ja Yogoda-järjestön töistä. Wright esimerkiksi vastaili jokaisen Mejdan luennon jälkeen kyselyihin ja

---

4 Paramahansa Yoganandan hengellisenä perillisenä Daya Mataji oli *Sanghamata* (Yhteisön Äiti) ja Self-Realization Fellowship / Yogoda Satsanga Society of Indian presidentti vuodesta 1955 kuolemaansa vuoteen 2010 asti. Hän oli Paramahansajin oppilas lähes kahdeksankymmentä vuotta, vuodesta 1931 alkaen. Katso luku 13. (*Julkaisijan huomautus*)

kirjoitti muistiin niiden nimet, jotka halusivat päästä Yogoda /Self-Realizationin opetusten piiriin.

Mejdan ollessa kerran luennoimassa Madrasissa Wright ja minä seisoimme salin perällä. Hän kuunteli syventyneesti Mejdan puhetta. Sitten hän huomautti minulle hiljaa: "Hän on kuin eri henkilö, kun hän luennoi." Hän mainitsi tämän, koska Mejda säteili luennoidessaan valtavaa voimaa ja viisautta. Muina aikoina hän oli mutkaton ja iloinen kuin jumalallinen lapsi.

Wright oli tavallisuudesta poikkeava henkilö. En ollut koskaan tavannut niin työteliästä ja kuuliaista nuorta miestä. Jos vaikkapa palasimme myöhään illalla rasittavasta tapaamisesta tai tulimme uupuneina kotiin pitkältä matkalta, hän ei milloinkaan jättänyt käyttämättä yhtään tilaisuutta palvella Mejdaa eikä koskaan laiminlyönyt päiväkirjansa kirjoittamista. Minuun ei tehnyt vaikutusta pelkästään se, miten tunnontarkasti hän suoritti jokaisen työn, vaan oli myös ilo nähdä, että hän pystyi syömään kaikkia tarjottuja intialaisia ruokia ilman haitallisia seurauksia, kuten länsimaalaisille usein sattuu heidän syötyään vahvasti maustettuja ruokalajeja. Hän ei ollut koskaan sairas tai huonovointinen.

Wrightillä oli ihmeellinen, välitön huumorintaju. Kun hän näki minun käyttävän isoa, pitkulaista tyynyä, jollaiset ovat yleisiä Intiassa (ne tukevat mainiosti kättä ja jalkaa kyljellä nukuttaessa), hän kiusoitteli minua: "Ajattelin, että piilottelet jotakuta vuoteessasi. Katsoin tyynyliinan sisään, mutta näin siellä vain pitkän pieluksen." Wright huomasi pian, kuinka mukava sellainen oli, ja sen jälkeen hän usein leikillään yritti siepata minun tyynyni! Meille syntyi luja ystävyys. Olin syvästi liikuttunut, kun hän eräänä päivänä sanoi: "Me pidämme toisistamme hyvin paljon."

Wright oli vaaleaihoinen, pitkä ja hoikka sekä erittäin valpas ja älykäs. Totta puhuakseni olen tavannut hyvin harvoja niin hyväluontoisia ja velvollisuudentuntoisia nuorukaisia kuin hän.

Vein kerran Mejdan Seramporeen. Palatessamme emme löytäneet Wrightiä. Mejda kysyi, missä hän oli, ja hänelle

Brahmacharya Vidyalayan oppilaita ja opettajia Kasimbazar Palacessa, Ranchissa, pian koulun perustamisen jälkeen. (*Istumassa, keskellä vasemmalla*) Shastri Mahasaya, (*keskellä*) maharadža Manindra Chandra Nundy (*koulun suojelija*), (*keskellä oikealla*) Mejda, joka oli silloin svami Yogananda.

kerrottiin, että hän oli mennyt sirkukseen. Mejda pyysi minua hakemaan hänet ja tuomaan hänet heti kotiin. Tuolloin Kalkutassa oli kolme sirkusta, ja kun kerroin Mejdalle, etten tiennyt, mihin niistä hän oli mennyt, Mejda antoi minulle rahaa pääsylippuihin ja sanoi: "Mene jokaiseen vuoron perään, kunnes löydät Dickin."

Ensimmäisessä sirkuksessa etsin katseellani Wrightiä tarkkaavaisesti isosta väkijoukosta, mutta hän ei ollut siellä. Seuraavassa huomasin nopeasti hänen vaaleat kasvonsa avokatsomon väen joukossa. Siirryin hänen vierelleen ja kerroin, että Mejda oli lähettänyt minut hakemaan häntä kotiin. Olen varma, että hän oli pettynyt joutuessaan lähtemään näytöksestä, mutta hän totteli kutsua välittömästi ja kyselemättä.

Kun palasimme kotiin, Mejda torui häntä ankarasti: "Sinä pilaat työn, jota yritän tehdä tällä Intian käynnillä, jos et ole täällä silloin kun sinua tarvitsen." Sitten hän pyysi Wrightiä kirjoittamaan sanelun mukaan jotain tärkeää. Minä menin omaan huoneeseeni. Kun palasin paljon myöhemmin, näin tuon uutteran nuorukaisen edelleen kirjoittavan koneella. Tavallisesti Mejdassa ilmeni lapsen sydän, joka valeli kaikki suloisella, rakastavalla ystävällisyydellä. Mutta se ei yksistään kehitä opetuslapseutta. Mejda osasi olla myös luja kurinpitäjä.

KRIYA-VIHKIMYS KALKUTASSA JA JULKINEN SATSANGA RANCHISSA

Monet kalkutalaiset oppilaat halusivat vastaanottaa *kriya*-joogavihkimyksen Mejdalta. Isämme Ram Mohan Roy 4/2:ssa sijaitsevan talon tontin pohjoislaidalla oleva Bishnun iso ulkoilmavoimailusali katettiin osaksi peltikatolla, jotta saatiin aikaan suojaisa halli. Mejda pyysi oppilaita istumaan suurelle matolle, joka oli levitetty improvisoituun halliin. Hän kutsui minut ja pyysi minua näyttämään, miten minä harjoitin *kriya*-tekniikkaa. Olin usein meditoinut isän kanssa ja havainnoinut hänen *kriya*-harjoitustaan, ja olin ajoittain pyytänyt häntä tarkistamaan *kriyaani*. Kun olin suorittanut *kriyaa* Mejdalle, hän kertoi, että suoritin tekniikkaa oikein. Hän pyysi minua seremonian aikana esittelemään menetelmää uusille vihittäville, kun taas hän henkilökohtaisesti antoi pyhän *dikshan* (vihkimyksen). Minulle tuotti suunnatonta iloa, että Mejda oli tyytyväinen *kriya*-joogaharjoitukseeni.

Eräällä Mejdan Ranchin-vierailulla kävi ilmi, että siellä pidettäisiin paikallisten *rajojen* iso konferenssi. Sinne oli pystytetty valtaisa *pandal*[5], ja alue oli eristetty. Kun Mejda näki järjestelyt – ja muisti Amerikan luennoimiskokemuksensa – hän tarttui tilaisuuteen ja esitti toiveen pitää yleisöluentoja noissa tiloissa heti konferenssin päätyttyä. Samalla kerättäisiin varoja koululle. Lisävetoa piti tuleman Bishnun ja opiskelijoiden voimisteluesityksestä.

Liput ja ohjelmalehtiset oli painettu. Lippuja myytiin 10, 5 ja 2 rupian hinnasta. Sisääntulo (seisomapaikat) maksoi neljä annaa. Mejda oli tuonut Intiaan useita isoja julisteita, jollaisia oli käytetty hänen USA:n luentomatkoillaan. Wright ja minä kiinnitimme julisteita auton eteen ja taakse ja ajoimme hitaasti Ranchin läpi, jakaen ohjelmalehtisiä. Ilmoituksissa julistettiin, että hiljakkoin Amerikasta palannut svami Yogananda luennoisi hindujen uskonnosta. Ja olisi myös verraton voimistelunäytös, jonka järjestäisivät kansallisesti tunnettu liikunta-alan johtaja Bishnu Ghosh opiskelijoineen.

Bishnu saapui seurueineen Kalkutasta päivää aiemmin, ja he nauttivat ashramissa olostaan. Wright ja minä ajoimme sattumalta konferenssikentän ohi seuraavana aamuna, sinä päivänä jona tilaisuutemme oli määrä pitää. Konferenssi oli päättynyt, ja säikähdimme huomatessamme, että *pandal* ja ympäröivä aitaus oli lähes kokonaan poistettu. Kun tiedustelimme, miksi rakennelma oli purettu, urakoitsija sanoi, ettei kukaan ollut tehnyt hänen kanssaan sopimusta jatkovuokrauksesta. Olimme tukalassa kiipelissä. Me vakuutimme, että kaikki varatut istumapaikat oli myyty. Jos ihmiset tulisivat illalla ja löytäisivät vain avoimen kentän, he syyttäisivät meitä huijauksesta.

5 Avoin telttamainen rakennelma.

Lähellä seisova herrasmies kiinnostui vilkkaasta keskustelustamme urakoitsijan kanssa. Hän tuli luoksemme kysymään, mitä asia koski. Kertasimme ongelmamme yksityiskohdat hänelle. Kun hän oli kuunnellut surullisen tarinamme, hän esitteli itsensä Ratun *rajaksi* ja kertoi, että tekisi kaikkensa auttaakseen meitä, koska hän itsekin halusi hyvin mieluusti nähdä svami Yoganandan ja kuulla tämän puhetta. Ystävällinen *raja* kirjoitti kirjeen ja pyysi meitä viemään sen hänen palatsiinsa. Se valtuutti meidät ottamaan hänen varastostaan mitä tahansa materiaalia me tarvitsisimme valmistaaksemme sopivan paikan illan ohjelmaa varten. Hän myös sanoi meille, että järjestäisi heti työntekijöitä auttamaan meitä *pandalin* ja aitauksen rakentamisessa – kaikki hänen omalla kustannuksellaan. Esitimme mitä syvimmän kiitollisuutemme.

Wrightin ja minun oli tehtävä useita matkoja palatsiin noutaaksemme paikalle kaikki tarpeelliset varusteet – matkaa palatsille oli noin yhdeksän kilometriä. Mejdan Amerikasta tuoma Ford osoittautui tähän tarkoitukseen varsin sopivaksi: auton peräosan iso tavaratila avautui sellaisella tavalla, että se tarjosi avaran kuljetusalustan.

Meillä oli vain viiteen asti aikaa saada valmiiksi tarvittavat valmistelut. Teimme töitä kuumeisesti. Noin kolmen maissa pidimme lyhyen tauon hakeaksemme ruokaa läheisestä myyntikojusta. Mutta koska lounasaika oli ohi, heillä ei ollut enää tarjota meille kuin teetä ja keksejä. *Pandal* oli nyt pystyssä, aitaus rakennettu, maapeitteet levitettyinä, tuolit valmiina ja lipputiski paikoillaan sisäänkäynnin luona. Olimme valmiita kello neljältä.

Kun yritimme käynnistää auton lähtiessämme takaisin ashramiin, huomasimme, että uteliaat pojat olivat leikkineet vaihteilla ja saaneet ne epäkuntoon. Tunsin onneksi jonkin verran niiden toimintaa ja korjasin ne paikan päällä. Pääsimme ashramille puoli viideltä. Mejda oli huolissaan ja alkoi moittia meitä siitä, että olimme olleet poissa aamusta lähtien. Meillä ei nimittäin ollut työntouhussa ollut aikaa eikä tilaisuutta lähettää hänelle sanaa kaikesta tapahtuneesta. Kun hän kuuli tarinamme ja näki vaihteiden korjauksessa rasvaan tahriutuneet käteni, hän lohdutti meitä hellästi kaiken sen takia, mitä olimme käyneet läpi, ja pyysi nöyrästi anteeksi nuhteluaan myöhäisen kotiintulomme vuoksi.

ANANDAMOYEE MA VIERAILEE RANCHISSA

Anandamoyee Ma oli syntyisin Nirmala Sundari Bhattacharya, Kheoran kylässä Tripurassa asuvan Vaishnava Brahmin perheen tytär. Hän on saanut ison seuraajajoukon Intiassa. Hän suo tasapuolisesti kaikille Jumalallisen Äidin puhdasta rakkautta. Hän pitää kaikkia uskontoja yhdenvertaisina. Niinpä hänen opetuslapsiinsa kuuluu monien uskontojen edustajia, myös islaminuskoisia. Useiden kansojen arvohenkilöt, yliopistojen rehtorit, opettajat, lääkärit, taiteilijat – mitä erilaisimpien ammattien harjoittajat ja nekin, joilla ei ole ammattia – ovat löytäneet turvan hänen jumalallisesta rakkaudestaan.

Kun Mejda oli Intiassa vuonna 1935, hän halusi tavata tämän suuren naispyhimyksen, sillä hän oli kuullut tästä paljon. Eräällä Kalkutan käynnillään Anandamoyee Ma viivähti Bhawaniporen kaupunginosassa, missä hän osallistui sukulaisensa hääjuhliin. Mejda ja Wright lähtivät tapaamaan häntä.

Minä en lähtenyt mukaan, mutta kun he palasivat myöhään illalla, Mejda soitti minulle ja sanoi: "Anandamoyee Ma on ilmaissut toiveen tulla Ranchiin koulua katsomaan. Hän on jo lähtenyt kohti Jamshedpuria ja aikoo lähteä sieltä suoraan Ranchiin, jos voin järjestää hänelle kuljetuksen. Haluan, että sinä ajat Jamshedpuriin huomenna ja tarjoudut tuomaan hänet Ranchiin seuraavana päivänä. Minä itse matkustan junalla Ranchiin valmistelemaan hänen vierailuaan. Junani pysähtyy hetkeksi Jamshedpurissa huomenna yöllä kello kahdelta. Voit tavata minut asemalla ja kertoa minulle, tuleeko Anandamoyee Ma varmasti Ranchiin niin kuin on suunniteltu.

"Sinun on määrä myös hakea eräs Ramakrishna Missionin sadhu[6] varhain huomenna ja viedä hänet mukanasi Jamshedpuriin. Olen kertonut hänelle, että automme on matkalla ja olisimme iloisia saadessamme antaa hänelle kyydin sinne."

Minulta kului loppuilta siihen, että hain polttoainetta ja huollatin autoa pitkää matkaa varten. Starttasin Ford V8:n heti neljän jälkeen yöllä ja lähdin Lord Sinha Roadia kohti Ramakrishna Missioniin noutamaan matkustajaani. Matka sieltä Jamshedpuriin kesti koko päivän. Pysähdyimme matkan varrella sadhun pyynnöstä Puruliaan joksikin aikaa. Vähän edempänä joki oli katkaissut Purulian ja Jamshedpurin välisen tien. Noihin aikoihin paikalla ei ollut siltaa. Meidän oli ajettava tulvan läpi. Aikaa kului melko lailla yrittäessämme saada ihmisiä työntämään autoa vuolaasti virtaavan joen poikki.

Kun viimein illalla pääsimme Jamshedpuriin, menimme ensimmäiseksi tätini Amiyan luo. Hän oli vanhimman veljemme Anantan tytär. Olin otaksunut, että sadhu olisi kasvissyöjä, ja olin tarjonnut hänelle päivän mittaan pelkkiä kasvisruokia. Kun Amiyan mies Sri Sudhir Bose kutsui meidät päivälliselle ja kysyi sadhulta, söisikö tämä muutakin kuin kasvisruokaa, olin kiusaantunut, koska pidin sellaista epäkohteliaisuutena. Yllätyksekseni sadhu hyväksyikin Sudhirin tarjouksen. Siihen päivään mennessä en ollut tiennyt, etteivät Ramakrishnan ashramin munkit välttämättä ole jyrkkiä vegetariaaneja.

Kerroin päivällisen jälkeen Sudhirille Jamshedpurin-käyntimme tarkoituksesta ja kysyin häneltä, tiesikö hän, missä Anandamoyee Ma majaili. Hän teki tiedusteluja ja sai kuulla, että tämän leiri sijaitsi noin kuuden kilometrin päässä ja että leirin ympärille oli versonut todellinen *mela* (uskonnollinen juhlatilaisuus).

Sudhir ja minä veimme sadhun tämän määräpaikkaan ja lähdimme sitten Anandamoyee Man leirille. Löysimme hänet suuren väkijoukon keskeltä, mutta hän istui hiljaa, Jumalaan

---

6 Pahoittelen, että sadhu Maharajan nimi on kadonnut muististani.

vajonneena. Hänen vieressään ollut oppilas Srimati Bhramar lauloi jatkuvasti Jumalallisen Äidin nimeä. Tapasin Man ohjelmasta vastaavia seuraajia ja kerroin heille hänen keskustelustaan svami Yoganandan kanssa ja siitä, että svami oli nyt matkalla Ranchiin tekemään valmisteluja Man vierailua varten. Olin tullut autolla noutamaan hänet Ranchiin. Selitin heille, että minun oli määrä tavata svami kahdelta yöllä, kun tämän juna pysähtyisi Jamshedpurissa, ja vahvistaa Man seuraavan päivän vierailu Ranchiin.

He neuvottelivat Anandamoyee Man kanssa – ja keskenään – ja kertoivat lopulta minulle, että Äiti lähtisi kanssani Ranchiin aamulla ja että kymmenen tai kaksitoista hänen oppilaistaan seuraisi mukana. Kerroin, että autoon mahtui vain seitsemän matkustajaa, mukaan lukien Sudhir ja minä. Silloin he pyysivät minua tilaamaan taksin. Kyselin uutterasti monilta taksinkuljettajilta, mutta kukaan ei halunnut lähteä matkalle. Kuultuaan tämän Man seuraajat supistivat vastahakoisesti seurueen koon viiteen: Ma, hänen aviomiehensä[7] sekä okraan verhoutunut, eläkkeellä oleva rauhantuomari ja lisäksi Srimati Bhramar ja vielä eräs opetuslapsi. Kun kaikki nämä järjestelyt oli saatu päätökseen, kello oli jo melkein kaksi yöllä. Sudhir ja minä kiiruhdimme rautatieasemalle ja saavuimme juuri ajoissa ehtiäksemme Mejdan junalle. Löysimme hänet syvästä unesta toisen luokan osastosta. Herätimme hänet ja ilmoitimme, että kuljettaisimme Anandamoyee Man ja tämän seurueen Ranchiin aamulla.

Sudhir ja minä lähdimme asemalta takaisin Man leirille viimeistelemään järjestelyjä. Meille kerrottiin, että hän siirtäisi leirinsä aamulla erään herrasmiehen kotiin noin kymmenen kilometrin päähän. Minun oli määrä hakea hänet sieltä, mitä tarkoitusta varten sain ohjeita. Kun Sudhir ja minä palasimme hänen taloonsa, oli jo aamu. Olin viettänyt toisen yön ilman unta! Peseydyimme, söimme aamiaista ja valmistauduimme matkaan. Kun pääsimme herrasmiehen talolle, Man ympärille

---

7 Hänestä oli tullut kunnioitetun Äidin hurskas, selibaatissa elävä opetuslapsi vähän sen jälkeen kun he avioituvat monia vuosia aiemmin.

oli jo kerääntynyt suuri väkijoukko. Hän oli tavalliseen tapaansa vajonnut ekstaasiin, ympäristön unohtaneena. Srimati Bhramar oli hänen vierellään ja lauloi taukoamatta Jumalallisen Äidin nimeä. Meitä pyydettiin odottamaan, kunnes *satsanga* olisi päättynyt. Aamu oli jo pitkällä, kun pääsimme lähtemään Ranchia kohti.

Ajoimme Chaibasan ja Chakradharpurin läpi ja sitten vuoristoista maaseutua: tiet olivat jyrkkiä ja teräviä mutkia oli runsaasti. Varovasti ajaen taival taittui turvallisesti. Bhramar-didi jatkoi suloista "Ma, Ma" -lauluaan koko ajan, mikä loi matkallemme seesteistä iloa. Viimein pystyin kohottamaan vauhdin yli sadankin kilometrin tuntinopeuteen tasaisella osuudella Ranchin ulkopuolella. Siitä huolimatta saavuimme koululle vasta kolmelta iltapäivällä.

Mejda ja opettajat olivat innoissaan odottaneet Anandamoyee Man saapumista. Jätin vieraat kyydistä ja paikoitin auton. Olin niin uupunut unettoman maratonini jälkeen, että nukahdin etuistuimelle, toinen käsi edelleen ohjauspyörää puristaen.

Anandamoyee Ma oli ilahtunut vierailustaan, ja koulupojat piirittivät häntä. Koska itsekin oli jumalallinen lapsi, hän tunsi olevansa kotonaan ashramkoulun luonnonmaisemassa ja hengellisessä ilmapiirissä. Hänessä on aina jumalallisen etäisyyden auraa, mutta Mejdan kanssa hän keskusteli vapaasti. Oli valmistettu yltäkylläinen ateria, joka tarjoiltiin ulkona puiden alla. Mejda tuli myöhemmin autolle ja herätti minut. Äidin seuraajat halusivat palata Jamshedpuriin. Mejda oli toivonut, että Anandamoyee Ma olisi yöpynyt ashramissa, mutta hänen matkakumppaninsa vaativat paluuta sinä päivänä. Aina ekstaattisessa tilassa oleva Ma antaa muiden pitää hänestä huolta ja tehdä kaikki järjestelyt. Mejdan oli siis pakko pyytää minua kuljettamaan Äiti takaisin Jamshedpuriin.

"Mutta enhän minä ole nukkunut kahteen yöhön, ja olen ajanut kaksi viimeistä päivää jatkuvasti", minä muistutin enemmän kuin huolissani. "Voisin joutua onnettomuuteen."

"Gora hyvä, sinun on ajettava. Äidin seuraajista tuntuu siltä, että heidän täytyy palata tänään. Kohteliaisuus pakottaa meidät viemään heidät takaisin Jamshedpuriin. He tulivat minun vakuutettuani heille, että järjestämme kuljetuksen, silloin kun heille sopii. Saat olla varma, ettet joudu onnettomuuteen, kun minä rukoilen Jumalaa ja Anandamoyee Ma on mukana autossa!"

AUTO KULKEE ILMAN BENSIINIÄ

Onnistuin jotenkuten pääsemään ylös. Pesin kasvoni ja noudin sitten vieraamme ja sijoitin heidät autoon. Halusin kovasti ylittää vuoret ennen pimeän tuloa. Jo tiestä oli vaikea selvitä, mutta lisäksi tiikerit ja karhut hiiviskelivät vapaasti tuolla alueella. Ajoimme kovaa tasankojen läpi, mutta pimeys oli jo laskeutunut kun aloimme kulkea vuorisolan läpi. Äkkiä muistin, että olin unohtanut tankata. Olin aikonut pysähtyä Ranchin ulkopuolella täyttämään polttoainesäiliötä, mutta unohdin sen täysin, huolissani ja kiireisenä kun olin. Vilkaisin mittaria. Se näytti tyhjää! Nyt en voinut muuta kuin rukoilla.

Srimati Bhramar oli tullut huonovointiseksi auton liikkeistä vuoristotiellä, joten meidän oli pakko pysähtyä useaan kertaan ja antaa hänen nousta ulos. Sudhir ja minä seisoimme rengasraudoilla aseistautuneina vartiossa mahdollisten villieläinten hyökkäysten varalta. Joka pysäyksen kohdalla pohdin: "Miten auto voi kulkea ilman bensiiniä?" Ja jatkoin rukoilemista!

Tiesin, että oli turvatonta sammuttaa virta ja antaa auton rullata vuorenrinnettä alas vapaalla, sillä silloin ajoneuvoa ei hallitse täydellisesti. Mutta minusta tuntui, ettei ollut muuta vaihtoehtoa. Jokaisen laskun kohdalla vaihdoin auton vapaalle, käänsin virta-avainta ja laskettelin vapaakyydillä. Sudhir puristi käsijarrua ollakseen valmiina hiljentämään vauhtia, jos varsinaiset jarrut pettäisivät. Näin me pääsimme vuoriseudun läpi ja saavuimme Chakradharpuriin, missä pysähdyimme polttoainemittarin viereen. Työnsin mittatikun polttoainesäiliöön: se oli täysin tyhjä ja kuiva. Olin ällistynyt siitä, että olimme pystyneet taittamaan niin pitkän matkan "tyhjällä"

Mejdan paluu Intiaan 1935, Howrahin rautatieasemalla Kalkutassa. *(Vasemmalta oikealle)* maharadža Shrish Chandra Nundy, Mejda, tekijä, Bishnu ja osa kannattajajoukosta, joka tuli toivottamaan Mejdan tervetulleeksi kotiin.

Mejda ja seurue muiden pyhiinvaeltajien parissa Allahabadin kumbhamelassa 1936

Mejda ja seurue 1935 vierailemassa vanhalla kotipaikalla Bareillyssa, missä heidät vastaanottivat hänen lapsuudenystävänsä Dwarka Prasad *(istumassa keskellä, Mejdan vieressä)* ja hänen perheensä. *(Seisomassa keskellä, vasemmalta oikealle)* tekijä, Richard Wright ja Bishnu Ghosh.

Mejda ja seurue 1935 perheen sukutilalla Ichapurissa. Alkuperäisestä maatilasta on jäljellä vain tyhjä kenttä ja yksi puu.

tankilla. Varmastikin tämä ihme oli Herran armoa Mejdan siunausten ja Anandamoyee Man läsnäolon vaikutuksesta.

Lähdimme taas liikkeelle, mutta auto alkoi pian horjua ja luisua puolelta toiselle. Hiljensin vauhtia, mutta se ei vakauttanut autoa. Olin tavattoman huolissani, koska tien molemmin puolin kulkivat syvät ojat. Pysähdyin tarkastamaan takarenkaita ja vajosin nilkkoja myöten mutaan! Ajovalojen keilassa näkyi kaksi poikaa, jotka seisoivat liejun keskellä välissään polkupyörä. Pyörä oli niin mudan peitossa, ettei sitä pystynyt edes työntämään. He pyysivät minulta kyytiä, mutta nähtyään autossa olevan väkimäärän he ymmärsivät, että olivat edelleen "jumissa".

Olin yllättynyt tien kunnosta, sillä vain muutama tunti aikaisemmin se oli ollut kuiva ja kova. Sitten tajusin, että teiden uudelleen päällystykseen käytetty *moram* – jonka liikenne tavallisesti tekee kovaksi – oli kastunut pienen sadekuuron aikana ja muuttunut liukkaaksi saveksi. Puhdistin tahmean *moramin* kengistäni, menin takaisin autoon ja ajoin varovasti tuon petollisen tieosuuden läpi. Loppumatka Jamshedpuriin sujui ilman kommelluksia. Yö oli loppuun kulunut – ja niin minäkin! – päästyämme Anandamoyee Man leirille.

Jätettyämme jäähyväiset Äidille ja hänen seuraajilleen Sudhir ja minä menimme Sudhirin taloon. Aamu oli juuri sarastamassa. Nautin vähän teetä ja välipalaa, ja lähdin sitten heti kohti Kalkuttaa, uskollinen Sudhir yhä vierelläni. Epäilen, olisinko pystynyt ajamaan noita pitkiä välimatkoja nukkumatta ilman hänen apuaan ja tukeaan. Vaikka olin käyttänyt hansikkaita, minulla oli käsissä isoja rakkoja puristettuani ohjauspyörää sangen vaikeilla teillä kolme päivää peräjälkeen. Olin Kalkuttaan päästyäni niin nääntynyt, että minulta meni jopa ääni. Kaaduin sänkyyn unen autuaalliseen virvoitukseen.

Kun Mejda palasi Kalkuttaan, hän osoitti minulle ylenpalttisesti hellyyttä ja arvostusta. En ole sitä koskaan unohtanut. Hän siunasi minua ja lupasi: "Niin kauan kuin elät, sinun ei tarvitse pelätä mitään vaaraa."

Allahabadin kumbhamela

Allahabadissa pidettiin *kumbhamela* sinä aikana, jona Mejda oli Intiassa. *Purna* (täysimääräiset) *kumbhamelat* pidetään joka kahdestoista vuosi Hardwarissa, Allahabadissa, Nasikissa ja Ujjainissa. *Ardha* (puolittaiset) *kumbhat* vietetään näissä paikoissa joka kuudes vuosi. Vuoden 1936 juhla oli *ardha kumbha*. Richard Wright, Bishnu, Prabhasda ja minä lähdimme tammikuussa Mejdan kanssa Allahabadiin katsomaan näitä kiehtovia ja vertaansa vailla olevia uskonnollisia juhlia. Majailimme Prabhasdan vanhemman veljen, edesmenneen Prasad Das Ghoshin, kodissa. Sieltä siirryimme *kumbha*-paikalle varhain aamuisin. Olimme pukeutuneet lämpimästi pitääksemme talven viileyden loitolla, mutta siltikin hytisimme.

Kumbhamela on ainutlaatuinen ja ihmeellinen näky. Sanat eivät riitä kuvaamaan sen tekemää vaikutusta. Se on koettava. Sadhuja varten on pystytetty telttoja laajalle hietikolle lähelle Gangesin ja Yamunan yhtymäkohtaa. Tilapäisiä kojuja on rakennettu tarjoamaan ruokaa ja muita tarvikkeita sadoilletuhansille pyhiinvaeltajille. He tulevat nauttimaan hengellisestä ilmapiiristä ja tapaamaan pyhiä ihmisiä, jotka lähtevät luostareistaan, vuoriluolistaan ja metsäasumuksistaan osallistuakseen juhliin. *Melan* kohokohta on *kumbha*-kaste. Sadhut ja pyhiinvaeltajat suorittavat astrologisesti suotuisina aikoina pyhän kastautumisen *sangamissa* (virtojen yhtymäkohdassa) ja rukoilevat syntien poistamista ja elämänsä pyhittämistä uudelleen Jumalalle.

Tuhansien *melaan* saapuvien sadhujen joukossa ovat *nagat*, pitkä- ja takkutukkaiset askeetit, jotka ovat luopuneet jopa vaatetuksestaankin. He suojaavat jossain määrin itseään kylmältä ja pistävältä auringolta hieromalla kehoonsa tuhkaa. Otollisena kylpemisen päivänä *nagat* ovat ensimmäisiä, jotka astuvat pyhiin vesiin. Kun saavuimme ensimmäisenä aamuna *kumbhaan*, iso *nagojen* kulkue vaelsi juuri virralle. Tien molemmilla puolilla oli eri uskoja tunnustavia askeetteja; useat heistä istuivat pienten seremoniallisten tulien äärellä. *Nagojen* johtaja istui elefantin selässä. Hänen perässään ratsasti muita *nagoja* norsujen ja hevosien selässä – jotkut valtikkaa pidellen. Sadat seurasivat jalan.

Wright otti innoissaan valokuvia, kun muuan tanakka *naga* huusi äkkiä hindiksi, että hän särkisi tämän kameran. Wright kysyi minulta: "Mitä hän sanoo?"

"Hän sanoi, että murskaisi sinun kamerasi", minä kerroin. "On parempi olla ottamatta enempiä valokuvia. Sinullahan on jo muutamia, joten olisi parempi panna kamera joksikin aikaa pois." Sadhut pelkäävät hyväksikäyttöä, jonka uhreiksi he usein joutuvat ymmärtämättömien ulkomaalaisten taholta.

Mejda oli pyytänyt minua toimimaan kukkaronhaltijana matkojemme aikana. Hän sanoi: "Rahat säilyvät Goralla, mutta Bishnu on tuhlari." Pidin tilejämme huolella ja panin jokaisen allekirjoittamaan kuitin nostetuista rahoista. Ja aina merkitsin ylös jokaisen kulungin. Mejda oli hyvillään tehokkuudestani ja tapasi kutsua minua sihteerikseen. Kun *melassa* liikuimme pyhiinvaeltajien aaltoilevan massan keskellä, Mejda yhtäkkiä ojensi minulle muutaman taitetun rupian setelin. "Gora, pidä sinä nämä. Joku tunki ne minun käteeni." Katsoin rahatukkoa: siinä oli viisi sadan rupian seteliä. Kun kerroin Mejdalle, hän sanoi: "Jumala on antanut meille matkarahamme."

Prabhasdan anoppi oli hurskas nainen. Kuulimme hänen olevan *melassa*, ja halusimme löytää hänet. Hänen miesvainajansa oli ollut varakas maanomistaja. Heillä oli kolme tytärtä, kaikki naimisissa. Yksi nai maineikkaan asianajajan, toinen oli mennyt naimisiin Prabhasdan kanssa, ja kolmas avioitui Prabhasdan nuoremman veljen, tri Prakash Ghoshin, kanssa. Aviomiehen kuoltua ennenaikaisesti myös vanhin tytär kuoli äkisti ja jätti jälkeensä pojan ja neljä tytärtä. Näiden kuolemantapausten jälkeen Prabhasdan ja Prakash Ghoshin anoppi antoi kaiken omaisuutensa kahdelle elossa olevalle tyttärelleen ja muutti Brindabaniin, Herra Krishnan synnyinpaikkaan. Hän halusi viettää loppuelämänsä uskonnollisessa askeesissa ja Herralle omistautuneena. Hän vietti aikansa laulaen Jumalan nimeä ja palvoen Häntä Brindabanin temppeleissä. Tyttäret ja näiden miehet vierailivat silloin tällöin hänen luonaan. Minäkin tapasin hänet ollessani kerran Brindabanissa ja ihailin hänen äärimmäisen yksinkertaista elämäänsä; se poikkesi jyrkästi siitä rikkaudesta ja mukavuudesta, josta hän oli nauttinut aviomiehensä elinaikana. Kuka tahansa hänen vävyistään olisi tarjonnut hänelle miellyttävän, jopa ylellisen elannon, mutta hän piti parempana elää kieltäymyksessä ja asua vaatimattomasti erään temppelin pienessä huoneessa.

Tiedustelumme *kumbhamelassa* johdattivat meidät pienelle majalle. Hän istui sisällä, vaatteet ja tukka olivat yhä märkinä hänen kastauduttuaan aamunkoitteessa virtaan. Hän ei ollut kuivannut itseään eikä kääriytynyt lämpimään chuddariin huolimatta purevan kylmästä tuulesta ja majan viileydestä. Hän oli ryhtynyt *melan* muutamaksi suosiolliseksi päiväksi noudattamaan määrättyä uskonnollista askeesia, joka kielsi kuivaamasta itseään pyhään virtaan kastautumisen jälkeen ja joka salli vain yhden yksinkertaisen aterian päivässä. Ateria koostui *gheessä* (puhdistetussa voissa) keitetystä riisistä, joka hänen oli itse valmistettava. Päällysvaatteistamme huolimatta me hytisimme, ja olimme syvästi vaikuttuneita hänen stoalaisesta katumusharjoituksestaan. Vierailun kestettyä jonkin aikaa osoitimme hänelle *pranamimme* ja lähdimme palaamaan asunnollemme. Menimme tavallisesti Prasad Ghoshin kotiin lounaalle. Myöhemmin päivällä palasimme *melaan*.

Valtavien väkijoukkojen kirjavassa vilinässä sadhut ja askeetit esittivät kaikenlaisia hengellisiä harjoituksia. Jotkut makasivat paljaina naula- tai piikkipedeillä. Jotkut lukitsivat itsensä katumusasentoihin, joissa heidän kehonsa oli vääristynyt osoittamatta rasitusta tai ahdistusta. Jotkut istuivat pienien seremoniallisten tulien äärellä pitäen esitelmiä. Mutta me etsimme kaiken aikaa niitä todella yleviä pyhimyksiä, jotka juhlistivat *kumbhamelaa* läsnäolollaan. Äkkiä väkijoukosta ilmestyi muuan mies. Me emme tunteneet häntä. "Tulkaa kanssani, jos haluatte nähdä todellisen pyhimyksen", hän sanoi.

Ylitimme Gangesin ponttonisiltaa pitkin ja jatkoimme väen halki, kunnes olimme jättäneet taaksemme suurimman osan *melaa*. Pysähdyimme oljesta ja savesta tehtyjen majojen luo epämääräisen asumuksen eteen ja kumarruimme ryömimään nelinkontin pienen sisäänkäynnin läpi. Ilta oli laskeutunut, ja kantamamme lyhty valaisi pikku majan sisustaa. Olkikasan päällä istui lootusasennossa säteilevä olento, joka oli pukeutunut vain okranvärisiin puuvillavaatteisiin. Hänen silmänsä loistivat taivaallista hohdetta. Mejda kuiskasi heti minulle: "Katso häntä! Hän on aito pyhimys."

Saimme tietää, että hänen nimensä oli Kara Patri, ja keskustellessamme hän kertoi yksinkertaisesta elämästään. Hän ei kajoa rahaan eikä tuleen (eli ei koskaan laita omaa ruokaansa, mutta syö vain hedelmiä ja hurskaiden tarjoamia yksinkertaisia ruokia). Hän vaeltelee yksin Intian pyhien jokien partailla. Oppaamme kertoi meille, että Kara Patri oli suuri oppinut ja opetti Gitaa ja *Bhagavataa*. Mejda kysyi häneltä: "En näe täällä kirjoja. Kuinka sinä opetat?"

"En minä tarvitse niitä", pyhimys vastasi. "Puhun ulkomuistista niille, jotka haluavat kuunnella tai jotka esittävät kysymyksiä kirjoituksista." Täytyimme hänen Itse-oivalluksensa ilosta. Tänäkin päivänä muistan hänen seesteisinä hehkuvat kasvonsa.

Sitten opas vei meidät Gangesin yli tapaamaan toista merkittävää viisasta, jonka sanottiin parantaneen monia ihmisiä parantumattomista taudeista. Hän oli asettunut kumpareelle seremoniallisen tulen ääreen ja oli oppilaidensa ympäröimänä. Me kiipesimme kummulle ja asetuimme lähelle sadhua. Mejda kysyi häneltä hänen parantavasta voimastaan. Pyhimys vastasi hindiksi: "Mitä epätavallista siinä on? Sinäkin parannat muita samalla voimalla." Mejda pysyi hiljaa. Hetken päästä kumarsimme kunnioittavasti ja lähdimme. Mejda huomautti: "Hänellä todellakin on Jumalan voima."

Kun lepäsimme eräänä iltapäivänä Prasad Ghoshin kodissa, hänen kahdeksan- tai kymmenvuotias toinen tyttärensä Chaya joko leikki taloa ympäröivällä korkealla aidalla tai kiipesi sille poimiakseen hedelmän läheisestä puusta. Hän luiskahti ja putosi päästäen läpitunkevan huudon. Ryntäsimme ulos ja löysimme hänet makaamasta maassa tajuttomana. Hänet kannettiin taloon. Hänen asennostaan ja selkärangan kohdalla lähellä vyötärölinjaa näkyvästä turvotuksesta päätellen oli pelättävissä, että häneltä oli murtunut nikama. He olivat lähdössä viemään häntä kiireesti sairaalaan.

Mejda tuli huoneeseen ja pyysi itkevää äitiä ja sukulaisia astumaan sivummalle. "Antakaa minun nähdä hänen selkänsä." Asetettuaan lapsen kasvot alaspäin hän alkoi rukoilla tai laulaa hiljaa samalla kun ripotteli kylmää vettä tämän selkään. Tätä kesti viisitoista tai kaksikymmentä minuuttia. Sitten hän istuutui liikkumattoman lapsen viereen, asetti kätensä vamman päälle ja meditoi noin puoli tuntia. Me kaikki seisoimme ääneti ympärillä. Äkkiä Mejda nousi ja otti pikkutyttöä kädestä. Hän nosti tämän äkkinäisellä nykäyksellä jaloilleen. "Nouse ylös!" hän sanoi. "Mitään ei ole tapahtunut. Olet kunnossa."

Nyt täysin tointunut Chaya näki kaikkien tuijottavan häntä. Häntä alkoi ujostuttaa, ja hän juoksi äitinsä luo ja hautasi kasvonsa äidin sariin. Mejda lähti hiljaa talosta ja meni autolle palatakseen *mela*-kentälle.

Iloinen matka takaisin Kalkuttaan

Lähdimme Allahabadista seuraavana aamuna neljältä paluumatkalle Kalkuttaan. Olimme suunnitelleet rengasmatkaa Agran, Brindabanin, Delhin, Meerutin (missä vanhin veljemme Ananta oli aikoinaan asunut ja työskennellyt), Bareillyn, Gorakhpurin (lapsuuskotiemme) ja Benaresin kautta.

Minä ajoin sinä aamuna. Tie oli autio ja taivas oli juuri ruvennut valkenemaan, kun auto ajoi yhtäkkiä eteemme tielle ja antoi pysähtymismerkkejä. Kun pysähdyimme, useat nuoret miehet piirittivät automme. Heillä oli turbaanit ja heidän kasvonsa oli peitetty turbaanin hännyksillä. Wright, Bishnu ja minä istuimme edessä. Mejda, Amiya ja Bishnun vaimo ja lapset olivat takapenkillä. Miehet katsoivat meitä hetken ja kääntyivät sitten käsittämättömästi ympäri, nousivat takaisin autoonsa ja kaasuttivat pois.

Huokasimme yhdessä syvään helpotuksesta, ja kaikki alkoivat puhua yhteen ääneen. He olivat ilmeisesti *dacoiteja* (maantierosvoja), joiden tarkoitus oli ollut ryöstää meidät. He olisivat voineet myös vahingoittaa meitä. Kenties Mejdan pyhimyksellinen hahmo sai heidät luopumaan. Tai ehkä ulkomaalaisen läsnäolo autossa hämmensi heidät. Joka tapauksessa me olimme enemmän kuin mihin he olivat valmistautuneet!

Brindabanissa pysähdyimme svami Keshabanandan mainiossa ashramissa. Hän oli Lahiri Mahasayan jalo oppilas. Hän oli pitkä, vahva ja vaikuttava viisas pitkine, takkuisine tukkineen. Otin valokuvan tuosta kunnianarvoisasta pyhimyksestä yhdessä Mejdan ja Wrightin kanssa. Kuva julkaistiin myöhemmin Mejdan teoksessa *Joogin omaelämäkerta*.

Mejda halusi Brindabanissa oltaessa viedä Wrightin muinaisiin temppeleihin. Pääsy oli ulkomaalaisilta kielletty, joten Mejda pyysi minua pukemaan Wrightin ylle jonkin *dhoteistani* ja panemaan seppeleitä hänen kaulaansa. (*Dhoti* on yksinkertainen valkoinen vaate, joka kääritään vyötärön ympäri, laskostetaan jalkojen välistä ja kiinnitetään sitten takaa vyötäisille.) Hän oli niin pitkä, että vaikka *dhoti* normaalisti laskeutuu alas pohkeisiin, se ulottui nyt vain hänen polviinsa asti. Kätkimme hänen hullunkurisen ulkoasunsa kirvoittaman hymymme ja vierailimme vakavina temppeleissä. Kun bramiinipapit esittivät vastalauseensa, Mejda selitti, ettei hra Wrightiä voitu pitää "ulkomaalaisena", koska tämä oli kääntynyt hinduksi. Kohtasimme monia ulkomaisia turisteja temppeleiden lähellä, ja joka kerta he tuijottivat hämmästyneinä Wrightin olemusta. Lopulta hän ei kestänyt enää. Hän painoi päänsä punastuneena ja vaivautuneena ja livahti nopeasti autoon!

Jatkoimme ilman enempiä välikohtauksia Delhiin ja sitten Meerutiin, missä kävimme Anantan aiemmin asuttamassa talossa. Sieltä matkasimme Bareillyyn ja vierailimme Mejdan poikaiän ystävän Dwarka Prasadin luona. Bareillysta lähdettyämme suuntasimme Gorakhpuriin ja sitten edelleen Benaresiin.

Benaresin taipaleella ajoin koko yön. Satoi niin ankarasti, että minun oli pakko turvautua käsikäyttöiseen valonheittimeen nähdäkseni liukkaalle, mutaiselle tielle ja voidakseni lukea liikennemerkit. Ainut tuki, jota sain muilta seurueemme jäseniltä, oli tyytyväisen kuorsauksen ääni. Saavuimme Benaresiin aamutuimaan. Halusimme mennä kuuluisaan Benaresin hinduyliopistoon, mutta en osannut sinne. Kadut olivat yhä autioita aamun varhaisina tunteina. Lopulta löysimme tien yhden Bishnun oppilaan luo. Hän oli Mani Roy, yliopiston liikuntakasvatustieteiden osaston johtaja. Hän vei meidät seuraavana päivänä yliopiston perustajan ja rehtorin Pandit Mahamanya Madan Mohan Malaviyan asunnolle. Tapasimme hänen kodissaan maineikkaan Rama Murtin, joka tunnettiin fyysisestä urheudestaan. Hän oli suorittanut sellaisia urotöitä kuin antanut elefantin seistä rintansa päällä. Mutta eräässä näytöksessä, jonka aikana hänen rintansa poikki vedettiin kahden tonnin telaa, tela lipesi hänen jalalleen ja murskasi sen. Raaja jouduttiin amputoimaan. Sri Malaviya oli ystävällisesti ottanut Rama Murtin omaan kotiinsa.

Benaresissa kävimme Lahiri Mahasayan kodissa, joka oli todella pyhitetty temppeli, ja Herra Vishwanathin temppelissä. Sitten jatkoimme Kalkuttaan.

Swami Sri Yukteswarin mahasamadhi

Mejda halusi lähteä Seramporeen heti palattuamme Kalkuttaan *kumbhamela*-matkaltamme, mutta pettyi saadessaan tietää, että hänen gurudevansa oli jo mennyt Puriin. Pian tämän jälkeen, 8. maaliskuuta, Mejda ja minä olimme isän talossa, kun Mejda kuuli uutisia. Sri Yukteswarin kalkuttalainen oppilas, Atul Chowdhury, oli saanut sinä päivänä sähkösanoman veljesoppilaaltaan Purista. Siinä sanottiin: "Tulkaa heti Puriin." Mejdaa viestin merkitys huolestutti. Mutta sen sijaan että olisimme lähteneet sinä iltana junalla Puriin, hän sanoi, että voisimme saada vapaalippuja isältä ja lähteä seuraavana iltana. En sillä hetkellä ymmärtänyt, miksi.[8] Seuraavana päivänä isän taloon tuli ennen Puriin lähtöämme Atul Chowdhuryn allekirjoittama sähke, joka annettiin Mejdalle: "Tulkaa äkkiä. Giriji Maharaj ei koskaan niin sairas."

Mejda, Richard Wright ja minä lähdimme junalla Kalkutasta sinä iltana, 9. maaliskuuta. Saavuimme Purin asemalle aamulla. Mejda kysyi minulta huolissaan: "Gora, luuletko, että hän on vielä elossa?"

"Varmasti", minä vastasin. "Kun pääsemme ashramiin, tulemme näkemään, että hän on elossa."

"Viime yönä", Mejda jatkoi, "näin kaksi valoa leijumassa edessäni. Tiedän, että Gurudeva on lähtenyt ruumiistaan."[9] Mejdan kyyneleet valuivat tulvimalla ja hän toisti yhä uudelleen: "Minun ei olisi pitänyt viivyttää Puriin lähtöäni."

Kun saavuimme ashramiin ja kuulimme, että pahimmat pelkomme olivat totta, puhkesimme kaikki kyyneliin. Sri Yukteswarin ruumis oli asetettu hänen huoneessaan

8 Paramahansa Yogananda kirjoitti *Joogin omaelämäkerrassa*:
"Olin juuri lähdössä isäni kotoa junalle, kun kuulin jumalallisen äänen sisimmässäni.
'Älä lähde Puriin tänään. Rukouksesi ei voi täyttyä.'
'Herra', sanoin murheen murtamana, 'Sinä et halua käydä kanssani "köydenvetoa" Purissa, missä Sinun täytyisi torjua lakkaamattomat rukoukseni mestarin hengen puolesta. Onko hänen siis nyt pakko lähteä korkeampiin tehtäviin Sinun käskystäsi?'
Tottelin tuota sisäistä kieltoa ja lähdin Puriin vasta seuraavana iltana."
(*Julkaisijan huomautus*)
9 Paramahansaji esittää *Joogin omaelämäkerrassa* täyden selonteon tästä kokemuksesta: "– – junan puuskuttaessa kohti Puria Sri Yukteswar ilmestyi minulle näyssä. Hän istui kasvot hyvin vakavina, ja hänen kummallakin puolellaan loisti valo.
'Onko kaikki ohi?' Kohotin käteni anovasti.
Hän nyökkäsi ja hävisi sitten hitaasti näkyvistä.
Seisoessani Purin asemalaiturilla seuraavana aamuna, yhä toivoen vaikkei toivoa ollut, tuntematon mies käveli luokseni.
'Oletteko kuullut, että mestarinne on poissa?' Mitään muuta sanomatta hän poistui, enkä koskaan saanut tietää, kuka hän oli – – guruni yritti eri tavoin välittää minulle tuon musertavan uutisen." (*Julkaisijan huomautus*)

lootusasentoon ja nojaamaan seinää vasten. Meille tuli vaikutelma, että hän oli syvässä meditaatiossa. Mejda oli lohduton. Saimme kuulla Atulya Babulta, että kun hän valmisteli sähkettä lähetettäväksi Mejdalle, Giriji Maharaj pyysi nähdä sen. Atulin kirjoittamassa viestissä oli käytetty sanontaa "vakavasti sairas". Giriji pyysi häntä muuttamaan sen muotoon "ei koskaan niin sairas". Mejda itki taas ja sanoi, ettei milloinkaan voisi antaa itselleen anteeksi, että oli tullut päivää liian myöhään.

Myöhemmin Mejda pyysi Wrightiä jäämään huoneeseen Sri Yukteswarin ruumiin kanssa, kun taas me menimme läheiselle merenrannalle kylpemään valtameressä ja rukoilemaan ennen hautajaismenoja. Kaikki pyhään Purin kaupunkiin tulevat pyhiinvaeltajat kastautuvat meressä osoittaen täten hurskasta rakkauttaan. Wrightin oli poissa ollessamme ilmeisesti täytynyt lähteä huoneesta hetkeksi. Huomasimme palattuamme, että joku oli irrottanut *navaratnan* (yhdeksän jalokiveä käsittävän renkaan) Sri Yukteswarin kädestä. Mejda moitti nuorta oppilastaan vakavasti siitä, että tämä oli hetkeksi menettänyt valppautensa.

Kaivoimme ashramin puutarhaan ison neliömäisen haudan ja reunustimme sen tiilillä ja laastilla. Sitten päällystimme pohjan puolen metrin suolakerroksella. Mejda suoritti svameja varten laaditut muinaiset juhlalliset hautajaistoimitukset, ja me laskimme Sri Yukteswarin yhä lootusasennossa olevan ruumiin kryptaan, niin että hänen vartalonsa suuntautui kohti Herra Jagannathin [10] temppeliä. Kun hauta oli peitetty, rakensimme paikalle tilapäisen bambuisen *samadhi-mandirin* (pyhätön pyhän henkilön muistoksi).

Wright otti hautajaisten aikana elävää kuvaa, jotta jälkipolville säilyisi viimeinen näky suuren gurun kuolevaisesta ruumiista. Atulya Babu pyysi gurunsa menetyksen ahdistamana

---

10 Herra maailmankaikkeuden Hallitsijana. Muinaista Purin Jagannathin temppeliä pidetään yhtenä Intian pyhimmistä paikoista.

Wrightiltä: "Ole hyvä ja pysäytä kamerasi. Me olemme menettäneet hänet iäksi. Emme näe häntä koskaan enää!"

Ennen Purista lähtöään Mejda kutsui luokseen Sudhirin, Ranchin Brahmacharya Vidyalayan entisen opiskelijan. Tämä oli palvellut Sri Yukteswaria rakastavasti vuosikausia. Mejda vihki hänet *sannyasiksi*. Hän antoi Sudhirille *sannyasin* okranväriset vaatteet ja nimen svami Sevananda, joka merkitsee "taivaallinen autuus epäitsekkään palvelun kautta".

Mejda oli Sri Yukteswarin hengellinen perijä, jonka itse Giriji Maharaj oli sellaiseksi nimittänyt. Kuten Giriji oli Mejdaa opastanut tekemään, tämä otti täyden vastuun Purin ashramista Yogoda Satsanga Society of Indian alaisuudessa. Tämän yhdistyksen Sri Yukteswar oli perustanut ja myöhemmin Mejda oli organisoinut ja rekisteröinyt sen laillisesti. Kun Mejda oli Purissa, hän asetti svami Sevanandan yhdistyksen edustajana Puri Yogoda Ashramin johtoon. Giriji Maharaj oli perustanut ashramin vuosia aiemmin sukunimellään Karar. Mutta kun hän myöhemmin oli jättänyt ashramin perinnöksi Mejdalle ja kun Yogoda Societysta tuli rekisteröity yksikkö, ashram nimettiin Yogoda Ashramiksi. Mejdan ohjeen mukaan svami Sevananda rekisteröidytti ashramin lainvoimaiseksi tällä nimellä.

Mejda palasi Amerikkaan muutama kuukausi Sri Yukteswar Girin *mahasamadhin* jälkeen. Sydämemme murtui hänen jättäessään meidät.

LUKU 13

Viimeiset vuodet ja kehittyvä missio

KALKUTAN YOGODA-KESKUKSEN PERUSTAMINEN

Kun Mejda oli palannut Amerikkaan vuonna 1936, minä matkustin vuonna 1937 Wieniin leikkaukseen, jossa poistettiin pahanlaatuinen kasvain mahalaukustani. Operaatio onnistui, ja palasin perheeni luokse Kalkuttaan. Isä siirtyi tuonpuoleiseen vuonna 1942 talossaan Ram Mohan Roy Road 4/2:ssa. Hänen kuolemansa oli korvaamaton menetys perheellemme. Hän määräsi testamentissaan Ram Mohan Roy Roadin talon Bishnulle. Minulla oli onni saada Garpar Road 4:n talo, jota oli siunattu isämme antaumuksellisella uskolla ja Mejdan alkuaikojen *sadhanalla*. Mejda kirjoitti minulle muutaman vuoden kuluttua Amerikasta ja ehdotti, että aloittaisin siellä meditaatiokeskuksen. Hän kirjoitti kirjeissään näin: "Se on paikka, jossa minä löysin Jumalan" ja jossa "on käynnistynyt maailmanlaajuinen liike, joka kehittyy jatkuvasti".

Aloin pitää säännöllisiä, viikoittaisia tilaisuuksia. Iso joukko Jumalan palvojia otti ne omakseen. Kokoonnuimme joka tiistai-ilta olohuoneessa. Minä luin Bhagavadgitaa ja Mejdan kirjoituksia, ja meillä oli hetkiä meditaatiolle, *bhajanille* ja *kirtanille*. Svami Atmanandalla oli tapana tulla Dakshineswarin Yogoda Mathista seurueineen. Kun keskuksessa oli kokoonnuttu jonkin aikaa, Mejda kirjoitti: "En voi sanoin kertoa, minkä onnen minulle tuottaa se, että olet aloittanut Yogoda Satsanga -keskuksen Garpar 4:ssä. Jos hoidat keskusta kolmen vuoden ajan, pääset matkustamaan Amerikkaan kansainväliseen päämajaamme Los Angelesiin." Mejda suunnitteli tuolloin uutta matkaa Intiaan, mutta noita suunnitelmia oli lykättävä toistuvasti. Ja sitten Mejda siirtyi äkisti pois. Yogoda Garpar -keskuksemme oli toiminut neljä tai viisi vuotta, kun Mejda saavutti *mahasamadhin*. Minulla ei ollut onnea päästä Amerikkaan häntä katsomaan.

Mejda oli ostanut maa-alueen Tulsidasta, Tulsin kodin takaa, varhaisen ashraminsa sijaintipaikalta. Pieni sali rakennettiin tuolle paikalle pian Mejdan *mahasamadhin* jälkeen, ja svami Atmananda siirsi keskuksen Garpar 4:stä tänne uuteen paikkaan. Mejdan oppilas tri Saroj Das asetettiin keskuksen johtoon.[1] Hän oli maineikas filosofian tutkija ja serkkumme Prabhas Ghoshin luokkatoveri. Pidämme siellä meditaatiotilaisuuksia joka lauantai. Avaan ne sanskritinkielisen rukouksen, "Brahmanandamin", resitaatiolla. Meditaation jälkeen luetaan Mejdan kirjoituksia ja Bhagavadgitaa. Minä laulan joitakin jooga-*bhajaneita* (hartaita lauluja). Ja lopetan kokoukset laululla "Namo Namaste" (täydellinen kumartuminen Jumalan eteen) sekä *prasadin*, siunattujen makeisten, jakamisella. Huomioimme myös Mejdan syntymän ja *mahasamadhin* vuosipäivät, Lahiri Mahasayan syntymäpäivän ja syyspäivän tasauksen Sri Yukteswarjin muistoksi. Näihin tilaisuuksiin kokoontuu suuri joukko Jumalan palvojia. Tällä tavoin olemme jatkaneet ja täyttäneet Mejdan toiveen keskuksen perustamisesta Kalkuttaan.

SAMADHI-MANDIR SWAMI SRI YUKTESWARILLE

Mejda kirjoitti minulle vuonna 1950: "Gora, muistatko, kun Intiassa ollessani tapasin kutsua sinua sihteeriksenni? Haluaisin sinun ottavan tehtäväksesi temppelin rakentamisen rakastetun Gurudevani hautapaikalle. Olen hänelle velkaa kaiken. Jos on Jumalan tahto, toivon tuovani monia oppilaita Amerikasta hengelliseen Intiaan. Mutta ennen vierailuamme

---

1 Yogoda Satsanga Society of India ja varsinkin Yogoda Garpar Center kärsivät suuren menetyksen hurskaan ja uskollisen tri Saroj Dasin poismenossa 2. maaliskuuta 1978. (*Julkaisijan huomautus*)

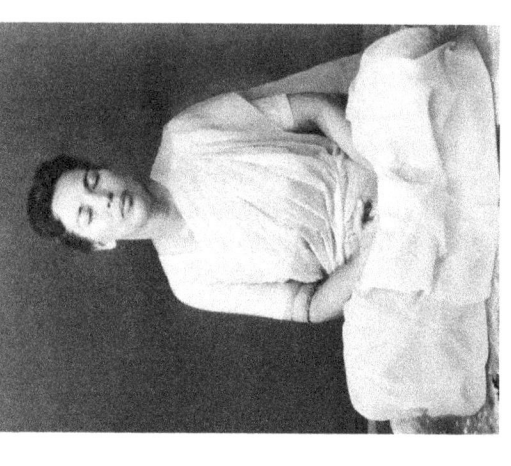 

(Vasemmalla) Sri Sri Daya Mata ja hänen sisarensa Sri Ananda Mata tekijän valokuvaamina heidän Kalkutan-käyntinsä aikana vuonna 1958. Daya Mataji on Mejdan hengellinen perillinen, *Sanghamata* ja Self-Realization Fellowship / Yogoda Satsanga Society of Indian presidentti. Sekä hän että Ananda Mata ovat olleet Paramahansa Yoganandan oppilaita vuodesta 1931. Kun kehitin valokuvan, minulle tuli mieleen: "Kaksi kukkaa yhdessä hengellisessä varressa."
(Oikealla) Daya Mataji meditoimassa.

haluan, että hänen muistokseen rakennetaan kaunis *samadhi-mandir*."

Kun Mejda tuli Intiaan vuonna 1935, hän oli ollut vaikuttunut rakennustöistä, joita olin johtanut Garpar Road 4:ssä. Olin lisännyt rakennukseen kolmannen kerroksen. Mejda pystyi näkemään ihmisen sisään ja oivaltamaan, mitä voimavaroja tällä oli. Hän tajusi, että minulla oli myötäsyntyinen kyky rakentamiseen, joten hän antoi minun tehtäväkseni pystyttää *samadhi-mandir* Swami Sri Yukteswarille.

Vaikka minulla oli silloin vaikeuksia saada rahat riittämään perheeni tarpeisiin ja poikani olivat työttöminä, halusin täyttää Mejdan pyynnön. Jätin Kalkutan taiteilijantyöni ja lähdin Puriin suorittamaan tätä tehtävää. Otin Dhirajdan mukaani. Hän oli järjestyksessä toisen enoni vanhin poika, eläkkeelle jäänyt kirjanpitäjä, joka oli vihkiytynyt *sannayasiksi* ja ottanut nimen svami Dhirananda.[2] Avasimme yhdessä Purin State Bank of Indiaan tilin Mejdan Amerikasta temppelin rakentamiseksi lähettämille varoille. Dhiradja piti tilejä ja minä valvoin rakennustöitä.

Svami Sevanandaji johti ashramia kuten Mejda oli määrännyt. Bramiinipoika Rabinarayan oli tullut Puriin tuberkuloosipotilaana. Kun hän oli parantunut, Sevananda oli sallinut hänen jäädä ashramiin auttamaan satunnaisissa töissä ja asioilla käynneissä. Rabinarayanin oli määrä auttaa minua etsimään muurareita ja temppelin rakennustarpeita. Hän pyysi usein minua kiittämään häntä ja kehumaan hänen työtään kirjeissäni Mejdalle. Kirjoitinkin Mejdalle, miten paljon hän oli auttanut minua ja että hän oli oikein kelpo poika.

Mejda huolehti kovasti suunnitelmien ja työn kaikista yksityiskohdista ja kirjoitti monia kirjeitä, joissa tiedusteli asioista ja esitti ideoitaan. Meillä ei ollut täsmällistä suunnitelmaa, jonka varassa olisimme aloittaneet. Näkemyksemme kehittyi inspiraation varassa työmme edetessä.

2 Ei pidä sekoittaa siihen svami Dhiranandaan, joka oli aiemmin Basukumar Bagchi, Mejdan lapsuudenystävä.

Mejda kirjoitti: "Pidä huolta, että harjalle tulee kultainen lootus, joka on symbolimme." Palasin Kalkuttaan ja laadin erään taiteilijaystävän kanssa suunnitelman noin puolitoista metriä korkeasta lootuksesta, jossa oli erilliset terälehdet ja kehys pitämässä terälehtiä paikoillaan. Veimme suunnitelmat Kansari Paraan, kupariseppien kylään, jossa lootus tehtiin kuparista. Kun temppeli oli valmis, pulttasin kehyksen paikoilleen ja kiinnitin lootuksen terälehdet. Kiinnitin myös tarkkaa huomiota *mandirin* sisäosan valmisteluun. Siihen kuului alttarin rakentaminen, rakastetun *Jnanavatarin* marmorisen reliefin paikalleen sijoittaminen sekä viimeistely koristeellisilla mosaiikkitiilillä. Kun työ oli valmis, lähetin Mejdalle kuvia temppelistä, sen sisätiloista ja kuparista valmistetusta lootuksesta. Liitin mukaan kattavan valikoiman piirroksia, joista näkyi, kuinka lootus oli suunniteltu ja koottu yhteen. Kun Mejda näki kuvat temppelin päälle asetetusta lootuksesta, hän kirjoitti minulle: "Olen sinulle ikuisesti kiitollinen. Minulla on ollut täällä Amerikassa valmistettuja lootuksia, mutta ne eivät ole yhtä hyviä kuin sinun tekemäsi. Sinä olet tehnyt siellä sen, mitä minä en ole pystynyt saamaan aikaan Amerikassa."

Anandamoyee Ma vieraili ashramissaan Purissa, kun me viimeistelimme *mandirin* rakennustöitä. Menin hänen ashramiinsa osoittamaan kunnioitustani. Hän oli kuullut työstämme ja kysyi, voisinko lainata hänelle muurariani auttamaan hänen ashraminsa töissä. Koska meidän urakkamme oli jo lähes valmis, lähetin hänen luokseen päämuurarini. Ma järjesti kiitollisuutensa osoitukseksi meille juhlan ja soi meille ylenmäärin rakastavaa huolenpitoa ja huomiota.

Kun olimme muutaman päivän kuluttua aloittamassa temppeliä ympäröivän terassin lattiatöitä, svami Atmanandalta tuli sähke, jossa sanottiin, että Paramahansaji oli lähtenyt ruumiistaan 7. maaliskuuta. Uutisen musertamana valmistauduin kyynelehtien palaamaan Kalkuttaan. Mejdalta saapui kirje, joka oli kirjoitettu seitsemän päivää ennen hänen *mahasamadhiaan*. Kirjeessä oli minulle eräitä ohjeita. Hän sanoi kirjeen lopussa: "Elämä on alati virtaamassa pois." Tajusin noista sanoista, että hän oli selvästikin tiennyt ennakolta poismenostaan.

Edellinen Mejdan kirje oli kirjoitettu noin kuukautta aiemmin. Siinä pyydettiin, että me sijoittaisimme varoja johonkin kiinteistöön Purissa auttaaksemme saamaan kokoon Purin ashramin kustannuksia; ne oli kokonaan peitetty Mejdan Amerikasta lähettämin varoin sekä Dakshineswarin Yogoda Mathin kuukausiavustuksella. Mejda halusi varmistaa, että pyhää ashramia ja *samadhi-mandiria* hoidettaisiin aina hyvin. Olin yrittänyt ostaa muutamia pieniä taloja muuttaakseni ne vuokrattaviksi, mutta Mejdan yllättävän poismenon jälkeen minulla ei ollut sydäntä jäädä Puriin. Lisäksi perheeni oli joutunut pahoihin talousvaikeuksiin, koska olin ollut sitoutunut Purin hankkeeseen lähes vuoden ajan enkä ollut ansainnut tuloja taiteilijantyöstäni. Palasin Kalkuttaan. Vain aika voisi parantaa tuskani rakkaan Mejdan menetyksestä.

PARAMAHANSA YOGANANDAN MAHASAMADHI

Palattuaan Amerikkaan 1936 Mejda oli omistautunut jopa entistäkin ahkerammin Self-Realization Fellowship / Yogoda Satsanga Societyn työlle levittääkseen maailmanlaajuisesti muinaista ja universaalia *kriya*-joogan sieluntiedettä, kuten Mahavatar Babaji ja hänen gurunsa Swami Sri Yukteswar olivat opastaneet. Mejda rakensi vuonna 1942 kaikkien uskontojen Self-Realization Fellowship -temppelin Kalifornian Hollywoodiin. Sitä seurasi vuonna 1943 toinen temppeli San Diegoon. Vuonna 1947 hän perusti Self-Realizationin temppelin Long Beachille,[3] ja vuonna 1949 hän hankki kauniin tilan Pacific Palisadesista, jonne hän loi Self-Realization Fellowship Lake Shrinen. Hän suunnitteli sinne "seinättömän" temppelin, joka oli omistettu kaikille uskonnoille. Mahatma Gandhin tuhkaa on kätketty temppeliin. Temppeli sijaitsee kauniin

---

3 Kokoontumiset siirrettiin myöhemmin isompaan temppeliin Kalifornian Fullertonin liepeille, jotta kasvava osallistujajoukko mahtuisi mukaan.

Tämän kirjan kirjoittaja Sananda Lal Ghosh
(1898–1979)

Nuorimman sisaren Thamun kanssa vähän
ennen tämän poismenoa

järven rannalla, joka koristaa tätä kiinteistöä. Vuoden 1950 vihkimispalveluksessa Mejda julisti paikan maailmanrauhan muistomerkiksi. Mahatma Gandhista tekemäni isokokoinen maalaus oli palveluksen aikana ripustettuna Gandhin pyhäinjäännösarkun ylle. Mejda sai valmiiksi Hollywoodin temppeliin liittyvän auditorion ja intialaisen kulttuurin keskuksen rakennustyöt vuonna 1951. Vihkimispalvelukseen osallistuivat Kalifornian varakuvernööri Goodwin J. Knight sekä Intian pääkonsuli Sri M. R. Ahuja.

Mejdan kirjoitukset ovat innoittaneet miljoonia ympäri maailman. Hänen hengellinen klassikkonsa, *Joogin omaelämäkerta*, on julkaistu 16 kielellä, ja sitä käytetään kurssikirjana monissa yliopistoissa. Hänen muita huomattavimpia teoksiaan ovat *Man's Eternal Quest* (Mejdan luentoja; Ikuinen etsintä), *The Science of Religion* (Uskonnon tiede), *Whispers from Eternity* (Kuiskauksia ikuisuudesta) ja *Metaphysical Meditations* (Metafyysisiä meditaatioita). Kymmenet tuhannet ovat opiskelleet kotonaan hänen opetuskirjeitään *Self-Realization / Yogoda Lessons.*

Mejda veti viimeisen henkäyksensä osallistuessaan vierailevana puhujana juhlaan, joka oli järjestetty Intian USA:n suurlähettilään Sri Binay Ranjan Senin kunniaksi. Tilaisuus pidettiin 7. maaliskuuta 1952 Los Angelesin Biltmore Hotelissa. Hän päätti puheensa runostaan *My India* (Minun Intiani) otetuilla sanoilla: "Missä Ganges, metsät, Himalajan luolat ja ihmiset uneksivat Jumalasta – minä olen pyhitetty; kehoni on koskettanut tuota mantua." Nostaen katseensa *kutastha*-keskukseen (hengelliseen silmään) hän siirtyi *mahasamadhiin.*

Sri Sri Daya Mata

Mejdalla oli jumalallinen kyky nähdä asioita ennakkoon. Se näkyi varmasti myös hänen valinnassaan nimetä Sri Sri Daya Mata hengelliseksi perillisekseen ja Self-Realization Fellowship / Yogoda Satsanga Society of Indian johtajaksi. Mejda oli kouluttanut häntä tehtävään jo nuoresta pitäen. Jo nimikin on sopiva, sillä hän on todella *dayan*, myötätunnon ja rakkauden, äiti. Hänen mielensä on puhdas kuin lapsen mieli, minkä vertaista en ole koskaan nähnyt. Hän ympäröi kaikki tapaamansa ihmiset jumalallisella ystävyydellä ja rakkaudella. Monien maiden antaumukselliset uskovat, jotka tuntevat hänet tai ovat tulleet pyhiinvaellukselle vierailemaan Mejdan Garpar Roadin kodissa, ovat sanoneet yhteen ääneen: "Hän on todellinen äiti. Paramahansaji elää hänen sydämessään." Olen samaa mieltä. Uskon tosiaan, että Mejda asustaa hänen sisimmässään ja hän on siitä syystä niin suloinen ja ystävällinen sekä aina täynnä Jumalan läsnäoloa. Me emme voi verrata Daya Matajia kehenkään toiseen ihmiseen. Häntä on verrattava vain häneen itseensä.

Daya Mata ja Ananda Mata[4] tulivat vuonna 1958 Intiaan palvelemaan Paramahansajin Yogodan työssä. Daya Ma ja hänen seurueensa vierailivat eräänä päivänä Garpar 4:ssä. Vein heidät katsomaan uskonnollista elokuvaa suuren pyhimyksen Sri Chaitanyan elämästä. Mejdan ja minun serkkumme Prabhasda oli myös kanssamme. Istuimme parvella. Innoittavan elokuvan loppupuolella Sri Chaitanya lauloi ekstaasissa "Krishna, Krishna". Daya Mataji nojautui taaksepäin tuolissaan *samadhissa.* Kun elokuva päättyi, kaikki lähtivät teatterista, mutta Daya Ma jäi tämän maailman unohtaneena syvään meditaatioonsa. Palvelijat tulivat sammuttamaan valoja. Kun he näkivät Matajin ekstaasissa, he jättivät himmeän valon parvelle ja menivät alas odottamaan. Me istuimme hiljaa Daya Man kanssa. Kesti melkein tunnin, ennen kuin hän alkoi siirtyä takaisin haltiotilastaan. Me saattelimme hänet alas. Kun hän näki, että työntekijät olivat joutuneet viipymään, hän pyysi heitä antamaan anteeksi. He osoittivat yksimielisesti *pranaminsa* hänelle ja sanoivat: "Teatterisalimme on ollut tänään siunattu. Onnemme on suuri!"

---

4 Paramahansa Yoganandan uskollinen luostariopetuslapsi vuodesta 1932. Ananda Mata on Self-Realization Fellowship / Yogoda Satsanga Society of Indian toimihenkilö ja johtokunnan jäsen. Hän on myös Sri Sri Daya Matajin sisar. [Ananda Mata kuoli vuonna 2005. (*Julkaisijan huomautus*)]

Viimeiset vuodet ja kehittyvä missio

Mejda jatkaa elämäänsä Daya Matajissa, Self-Realization Fellowship / Yogoda Satsanga Society of Indian työssään ja niiden miljoonien sydämessä, joita hänen siunauksensa ovat koskettaneet.

Kun oma elämäni lähenee loppuaan, mietin Mejdan minulle kirjoittamia sanoja ja rukoilen, että olen elänyt sopusoinnussa niiden kanssa:

"Tämä on Jumalan näytelmä – näyttele murheen tai ilon osasi parhaalla tavalla, johon pystyt. Anna veljenäni elämäsi Jumalan palvelukseen, gurujemme palvelukseen ja YSS:n levittämiseen Intiassa. Olen hyvin ylpeä sinusta – –."

Liitteet

ELÄMÄKERRALLISIA MERKINTÖJÄ MEJDAN VELJISTÄ JA SISARISTA

PERHEEN PÄIVÄKIRJOISTA OTETTUJA TARINOITA MEJDASTA

PARAMAHANSA YOGANANDAN KIRJEITÄ TEKIJÄLLE

OTTEITA PARAMAHANSA YOGANANDAN ESITELMISTÄ

PARAMAHANSAJIN VASTAUKSIA KYSYMYKSIIN

SUKUKAAVIO

Elämäkerrallisia merkintöjä Mejdan veljistä ja sisarista

Vanhemmillemme syntyi kahdeksan lasta, neljä poikaa ja neljä tytärtä. Ananta, pojista vanhin, syntyi Rangoonissa. Vanhin tytär, Roma Shashi (Roma), ja toinen tytär, Uma Shashi (Uma), syntyivät Muzaffarpurissa. Mejda syntyi toisena poikana Gorakhpurissa. Kolmas tytär, Nalini, syntyi Kalkutassa. Minä synnyin kolmantena poikana Gorakhpurissa. Purnamoyee (Thamu), neljäs tytär, ja Bishnu Charan (Bishnu), neljäs poika, syntyivät Lahoressa.

Ananta (Barda: vanhin veli)

Vaikka vanhin veljemme oli usein tiukka ja toisinaan ankara pitäessään meille kuria, hän oli kuitenkin rakastava ja hänellä oli pehmeä ja hyvä sydän. Hän oli hyvin nuori, kun äiti kuoli. Hän tajusi, etteivät nuoremmat veljet ja sisaret saisi enää äidin ohjausta. Hän rakasti meitä kaikesta sydämestään ja yritti aina antaa meille hyvää kasvatusta. Isältä hän peri taipumuksen säästäväisyyteen. Barda suoritti 17. elokuuta 1908 kirjanpitäjän tutkinnon, ja hänestä tuli kirjanpitäjä yleisten töiden ministeriöön. Hänen ensimmäinen työpaikkansa oli Meerutissa, ja sitten tuli muita komennuksia. Hänet siirrettiin vuonna 1909 Gorakhpuriin, missä hän vietti lopun lyhyestä elämästään. Hän tuli joka vuosi loman aikaan vierailulle perheen luo Kalkuttaan.

Bardan kuoltua 31-vuotiaana menin Gorakhpuriin keräämään hänen henkilökohtaiset tavaransa. Niiden joukossa oli hänen päiväkirjansa. Isä ja minä yllätyimme, miten pikkutarkasti hän oli pitänyt henkilökohtaisia tilejään ja merkinnyt muistojaan tuohon päiväkirjaan. Merkintöjen joukossa oli maininta rahalahjoista sisarillemme ja taloudellisesta lisäavusta heille, kun he menivät naimisiin.

Barda piti äärimmäisen hyvää huolta kaikesta omaisuudestaan. Hänen omistuksessaan lähes kaksikymmentä vuotta ollut polkupyörä näytti siltä kuin se olisi tuotu kaupasta vasta päivää aiemmin. Hän piti laulamisesta ja soitti hyvin *esraj'ta*.

Koska Barda oli niin tarkka rahoistaan, häneltä oli jäänyt säästöön hyvänlainen summa palkkarahoja. Isä sijoitti nämä säästöt hallituksen obligaatioihin Bardan leskeä varten. Barda ja isä olivat aina neuvotelleet yhdessä perheen asioista, mukaan luettuina sijoitukset.

Ananta jätti jälkeensä vaimon, poikansa Gagan ja tyttärensä Amiyan.

Roma (Bardi: vanhin sisar)

Vanhimman sisaremme hellyttelynimi oli Tuni. Hän oli meitä kohtaan yhtä rakastava kuin äiti. Itse asiassa ei olisi liikaa kuvailla häntä jumalattareksi. Hänen kasvonsa olivat aina tyynet ja hymyilevät. Hän jätti kaikki surunsa ja kärsimyksensä Jumalan käsiin. Bardi oli antautunut jumalanpalvelija ja muisti aina Herraa taivaallisena Äitinä. Kun asuimme Lahoressa, Bardi meni naimisiin kalkuttalaisen Sri Satish Chandra Bosen kanssa. Hänen appensa, tri Keshab Chandra Bose, oli ateisti. Ja hänen miehensä, vanhin lankomme, kannatti isänsä ateistisia mielipiteitä. Bardi piti Kalin ja Lakshmin kuvia huoneensa nurkassa ja suoritti päivittäin hartaudenharjoituksia näiden kuvien edustamalle Jumalalliselle Äidille. Hänen miehensä pilkkasi jatkuvasti hänen Herran palvontaansa, mistä syystä Bardi etsi Mejdan apua lieventääkseen miehen jyrkkää suhtautumista. Hänen yrityksensä onnistumisesta jumalallisen väliintulon ansiosta kerrotaan Mejdan teoksessa *Joogin omaelämäkerta*.

Minulla ei ole epäilystäkään siitä, että Bardi itse tosiaan seurusteli Jumalallisen Äidin kanssa. Monet kerrat seisoin hänen vierellään, kun hän oli vaipuneena rukoukseen. Hän ei koskaan huomannut minun olevan paikalla, sillä hän oli täysin vajonnut toiseen maailmaan. Kun hänen huuliltaan virtasi hiljaisia sanoja, ilon kyyneleet valuivat hänen poskillaan. Vielä nyt tuon muistaessani kyyneleet kumpuavat omistakin silmistäni.

Bardi asui miehensä kanssa appensa talossa Girish Vidyaratna Lane 4:ssä, ei kaukanakaan Garpar Roadin kodistamme. Koska Bardi oli minulle kuin äiti, menin nuorena usein hänen luokseen iltaisin. Hän opetti minulle yhden suosikkilauluistaan. Minulla oli poikana hyvin kaunis ääni, joten hän tapasi pyytää, että laulaisin laulun hänelle istuessamme talon katolla taivasta katsellen.

> Oi sinä sinitaivas,
> sinisen kantesi alleko
> olet kätkenyt rakkaan Herrani?
> Avaa kantesi,
> anna minun löytää rakas Herrani
> sinun sydäntesi sisimmästä.[1]

Laulaessani hän tuijotti taivaalle. Pian kyyneleet valuivat hänen poskillaan. Hän sanoi minulle: "Katso taivaalle. Näet Jumalan loistavan kuvan kätkössä mahtavan taivaankannen takana. Tuikkivat tähdet ovat pieniä reikiä, joiden kautta Hänen valonsa näkyy."

Hän sanoi minulle usein, että tietoisuus laajenee keskittymällä äärettömään taivaaseen tai meren suunnattomaan mahtavuuteen.

Toinen hänen minulle antamansa elämänohje oli säkeiden muodossa:

> Kerran minulla ei ollut kenkiä, jalkani olivat paljaat.
> Kaipasin niin kovin kenkäparia.
> Mutta eräänä päivänä näin miehen, jolla ei ollut
> jalkoja.
> Kenkien kaipuutani ei enää ollut.

---

1 Nämä sanat on kääntänyt Paramahansa Yogananda alkuperäisessä bengalilaisen laulun mukaelmassaan, ja ne esiintyvät musiikin myötä hänen kokoelmassaan *Cosmic Chants*. (*Julkaisijan huomautus*)

Hän lausui minulle: "Vertaa aina tarpeitasi ja murheitasi toisten suurempiin koettelemuksiin. Silloin omasi eivät tunnu miltään."

Hänen bengalilaisen runon muodossa antamansa opetus elämän alati vaihtuvista onnen ja murheen hetkistä on vahvistanut minua vaikeina aikoina. Se on auttanut minua kestämään kahden pojan menetyksen ja rahaongelmat sekä sietämään muitakin elämäni vaikeuksia:

> Tässä maailmassa
> kiertävässä rytmissä –
> kuin päivä ja yö –
> menestys ja murhe liikkuvat iäti
> ihmisen elämässä.
> Kukaan ei ole iäti onnellinen,
> kukaan ei elä ikuisesti tuskaisena.
>
> Kun olet onnellinen, muista
> olla päästämättä sitä vastuuttoman hillittömäksi.
> Se ilo ei voi elää loputtomiin,
> kärsimys ja murhe täytyy kestää.
> Jopa se, jonka luulet olevan onnellisin,
> hänenkään hiljaisesta surustaan et tiedä –
> kuinka monta yötä hän viettää unettomana,
> kylpien kyynelissään.
>
> Kun
> vaikeuden synkimmälläkään hetkellä
> et menetä rohkeuttasi,
> silloin Jumalan armosta
> kurjuuden yö väistyy
> ja onnen aamunkoitto
> on taas tuleva.

Kun eräänä päivänä saavuin talomme luo Ram Mohan Roy Road 4/2:een, näin hänen poikansa Ramgatin odottavan ulkopuolella vuokravaunuissa. Poika kutsui häntä: "Tule pian, äiti. Kuljettaja ei halua odottaa pitempään." Menin sisälle ja löysin sisareni pienestä varastohuoneesta puhdistamassa isän ja äidin valokuvia pölystä. Kysyin, aikoiko hän viedä ne omaan kotiinsa. "En", hän vastasi herttaisesti. "Näitä valokuvia rakkaista vanhemmistamme, joiden turvin me kaikki saimme hyvät elämän eväät, on laiminlyöty. Puhdistan ne ja ripustan ne sitten sopivaan paikkaan." Hänen sanansa viilsivät sydäntäni, ja olin häpeissäni. Totta tosiaan meillä kaikilla oli hyvin siunattu ja onnellinen elämä vain vanhempiemme rakkauden ja uhrausten ansiosta. Kumarsin pääni ja pyysin häneltä anteeksi, että olimme kohdelleet heidän valokuviaan epäkunnioittavasti. Sitten kerroin, että hänen poikansa pyysi häntä kiirehtimään.

"Antaa hänen vain kutsua", hän vastasi. "Tämä on viimeinen työni tässä talossa, ja minun pitää tehdä se loppuun." En silloin ymmärtänyt, ettei hän tulisi enää koskaan takaisin. Hän lähti ruumiistaan muutaman päivän päästä.

Bardi kutsui kuolinpäivänään Bishnun vaimon ja Bishnun vävyn Buddhan luokseen päivälliselle. He söivät kaikki yhdessä päivällistä ja nauttivat illasta. He lähtivät Bardin luota noin kymmeneltä. Bardi näytti tuolloin aivan terveeltä. Noin puolen yön aikaan saimme Ramgatilta puhelinsoiton kotiimme. Hän sanoi, että hänen äitinsä oli kuollut kello 23.30. Lähdimme heti autolla hänen kotiinsa. Näimme Bardin ruumiin vuoteella, hänen kasvoillaan oli hymy. Hänen molemmat kätensä lepäsivät rinnalla. Toisessa kädessä oli *japamala* (rukousnauha). Toisella kädellään hän puristi Bhagavadgitaa.

Hänen miehensä kertoi meille, että kun hän kävi vuoteeseen, Roma hieroi hänen jalkojaan unensaannin helpottamiseksi – minkä Roma teki usein. Yhtäkkiä Roma sanoi: "Minun on mentävä. Joku kutsuu minua." Hän ryntäsi huoneesta ja meni yläkerran rukoushuoneeseen. Otettuaan rukousnauhansa ja Gitan hän palasi miehensä luo ja kumartui tämän jalkoihin. Seuraavassa hetkessä hän oli siirtynyt pois.

Bardi näytti siltä kuin olisi nukkunut rauhallisesti. Kun vuosia myöhemmin näin kuvan Mejdan onnellisesta hymystä hänen levätessään juhlavuoteella Self-Realizationin kansainvälisessä päämajassa *mahasamadhin* jälkeen, minulle muistui välittömästi mieleen Bardin autuas ilme.

Bardi oli ostanut muutamaa päivää ennen poismenoaan punareunaisen *sarin*, sinooperijauhetta ja "lakkaväriä" (jalkojen maalaamiseen käytettävää punaväriä). Intiassa on tapana pukea kuolleen, naimisissa olevan naisen päälle punareunainen *sari*, värjätä sinooperijauheella täplä hänen otsaansa hengellisen silmän kohdalle sekä sivellä lakkaväriä hänen jalkoihinsa. Bardi antoi nämä tavarat miniälleen, sanoen: "Bouma, pidä nämä itselläsi. Niitä voidaan tarvita äkkiä, ehkä jopa myöhään yöllä." Vaikka miniä vastusteli, Roma vaati häntä pitämään tavarat valmiina.

Emme milloinkaan päässeet tietämään, kuinka Bardi näki ennalta lähtönsä hetken. Kun hän jätti meidät, tuntui kuin olisimme menettäneet äitimme toisen kerran. Vielä näin monen vuoden jälkeen tunne hänen rakkaudestaan on ylenpalttinen. Hän oli aina käytökseltään ja mieleltään tyyni. Harvoin olen kohdannut ketään yhtä hurskasta. Roma jätti jälkeensä aviomiehen, pojan ja neljä tytärtä.

Uma (Mejdi: toiseksi vanhin tytär)

Vanhempamme kutsuivat toista sisartamme Muniksi. Me nuoret sanoimme häntä Mejdiksi, toiseksi vanhimmaksi sisareksemme. Hänellä oli lapsen luonnollisuutta ja kauniit, hymyilevät kasvot. Hän halusi kutsua minua Sontuksi. (Hän ei voinut sanoa minua "Goraksi", koska hänen isoappensa oli Gorachand. Intiassa on epäkunnioittavaa lausua vanhempien etunimeä. Sen sijaan käytetään aina arvostavaa nimeä, kun heille tai heistä puhutaan.)

Uma meni naimisiin Sri Satya Charan Basu Mullickin kanssa, joka oli tunnetun ja varakkaan rakennusurakoitsijan Sri Gorachand Basu Mullickin pojanpoika. Umalta jäi kolme poikaa ja yksi tytär. Hänen toisesta pojastaan, Bijoy Mullickista, tuli maineikas voimistelija ja hengellisten laulujen esittäjä. Hänelle annettiin nimi *Kirtan Sagar*, "*Kirtanin* Meri". Uman kaksi muuta poikaa olivat Bishu, vanhin, ja Binu, nuorin. Hänellä oli myös tytär, Rani.

Nalini (Sejdi: kolmanneksi vanhin sisar)

Nalini syntyi kolme vuotta ennen minua. Koska leikimme usein yhdessä, kutsuin häntä ensin Naliksi, jolla hellyttelynimellä vanhempamme häntä puhuttelivat. Eräänä päivänä isä moitti minua siitä ja pyysi minua puhuttelemaan häntä oikealla ja arvostavalla nimellä Sejdi (kolmanneksi vanhin sisar), koska hän oli minua vanhempi.

Sejdi meni naimisiin tri Panchanon Bosen kanssa. Hääjuhla pidettiin Garparin kodissamme. Kohta häiden jälkeen Nalini sai lähes kuolettavan lavantautikohtauksen Mejdan ollessa Japanin-matkallaan. Kun Mejda palasi, Sejdi oli koomassa ja kuoleman porteilla. Mejda viipyi viikon hänen vuoteensa äärellä ja sovelsi erilaisia parantavia joogamenetelmiä. Lääkärien hämmästykseksi hän toipui, mutta hänen jalkansa pysyivät halvaantuneina. Hän oli sidoksissa pyörätuoliin. Hän itki katkerasti lannistavaa tilaansa. Mejdaa hänen surunsa kosketti syvältä. Mejda kävi hänen luonaan joka ilta usean viikon ajan ja jatkoi parantavien menetelmien käyttöä. Mejda pyysi myös gurultaan Swami Sri Yukteswarilta jumalallista esirukousta. Tämä ennusti, että Sejdi toipuisi kuukauden sisällä. Ja tarkalleen kuukauden päästä hän oli täysin terve. Hänen lääkärimiehensä ja koko perheemme pystyivät tuskin uskomaan hänen ihmeellistä toipumistaan. Sejdistä oli tullut Mejdan uskollinen oppilas muutama vuosi aiemmin, juuri ennen kuin Mejda paransi hänet kroonisesta laihuudesta. Tämän toisen parantumisen jälkeen Sejdi oli omistautunut vielä syvemmin Mejdalle ja seurasi ehdottomasti tämän hengellisiä määräyksiä. Hän lähetti usein salaa rahaa Mejdalle tämän hengellisiä toimia varten ja kätki rahat harmonilaatikkoon, kun Mejda pyysi soitinta lainaksi. Hän antoi myös Bishnulle avokätisesti. Nalinilla oli kaksi tytärtä, Annapurna ja Minu.

Minä, Sananda

Kuten jo edellä on kerrottu, synnyin 13. maaliskuuta 1898 Gorakhpurissa, samassa huoneessa, jossa myös Mejda syntyi.

Minut ristittiin Gorakhnath Ghoshiksi kuuluisan pyhimyksen Gorakhpurin Gorakhnathin mukaan. Lempinimeni oli Gora. Kun minut kirjoitettiin Kalkutan Hindu Schooliin, Ananta nimesi minut isän suostumuksella Sananda Laliksi, jotta meidän vanhempien veljesten nimet olisivat samankaltaisia: Ananta, Mukunda, Sananda. Muistan, kuinka ensimmäisenä koulupäivänä toistelin kotimatkalla: nimeni on Sananda Lal.

Ollessani Hindu Schoolin seitsemännellä luokalla ilmoittauduin taidekurssille. Sain silloin ensimmäisen kerran opetusta piirustuksessa. Äiti oli poikkeuksellinen lahjakkuus, ja minä perin häneltä piirustustaidon ja syvän kiintymykseni taiteeseen. Opettajat ja muut ylistivät kovin maalaamiani kuvia. Yksi Krishnan kuva kehystettiin ja ripustettiin koulun seinälle. Tämä oli ensimmäinen minulle annettu tunnustus taiteilijana.

Mejda antoi minulle laatikkokameransa ollessani noin kahdentoista. Kun menin myöhemmin yliopistoon, ostin ammattimaisemman kameran ja pidin niin paljon kuvaamisesta, että siitä tuli minulle harrastus. Kun taitoni kehittyi ja kuvieni kysyntä kasvoi, päätin tehdä valokuvaamisesta toimeentuloni lähteen. Minulla oli aina ollut sisäinen tarve kulkea tähän suuntaan, joten olin innostunut työstäni. Niinpä minusta tuli ilman enempää taidekoulutusta etevä ammattilainen; tein öljyvärimaalauksia valokuvien mukaan.

Olin Mejdan läheinen kumppani kautta lapsuutemme. Opin hänen sanskritin ohjaajaltaan Shastri Mahasayalta *kriya*-joogan pyhän meditaatiotekniikan. Kun menin Mejdan kanssa Seramporeen, Swami Sri Yukteswar antoi myös minulle vihkimyksen *kriyaan*. Harjoitin sitä kotona. Vuosia myöhemmin, kun isä oli kuollut ja Mejda jo Amerikassa, lähdin Puriin ja otin vihkimyksen korkeampiin *kriyoihin* Sri Bhupendra Nath Sanyalilta, Lahiri Mahasayan viimeiseltä elossa olevalta oppilaalta.

Olen maalannut satoja kuvia Paramahansajista erilaisissa asennoissa. Monet niistä lähetettiin Self-Realizationin keskuksiin ympäri maailman. Koin kunnianosoitukseksi, että Mejda valitsi minun Mahatma Gandhista tekemäni maalauksen asetettavaksi näytteille Mahatma Gandhi World Peace Memorialin vihkiäisiin Self-Realization Fellowship Lake Shrinessä, Kalifornian Pacific Palisadesissa. Silloin myös Mahatman tuhkaa sijoitettiin pyhäinjäännösarkussa seinättömään ulkoilmatemppeliin. Nykyään tuo maalaus on Mejdan Self-Realization Fellowship Ashram Centerin India Hallissa Kalifornian Hollywoodissa.

Maalasin myöhemmin Rabindranath Tagoren muotokuvan, jossa hän esiintyy seisten. Tämä öljyvärimaalaus sai suosiota kautta Intian ja laajalti ulkomailla. Tuo suuri runoilija lähetti minulle ystävällisesti kiitoskirjeen. Olen jatkanut maalaamista tähän päivään asti. Toiveenani on auttaa taiteeni välityksellä levittämään Paramahansajin hengellistä sanomaa ympäri maailman. Pyrin tekemään tätä kuolemaani asti.

Lähiperheestäni ovat elossa vain toinen poikani Sriman Harekrishna Ghosh, ainut tyttäreni Srimati Shephali Mukherjee sekä pojanpoika Sriman Somnath Ghosh. Ensimmäinen poikani kuoli lapsuusiässä. Kolmas poikani Shyamsundar loukkaantui kuolettavasti harhaluodista 24-vuotiaana Kalkutan kansannousun aikana joulukuussa 1946.

Thamu

Minua kolme vuotta nuorempi Thamu syntyi Lahoressa. Kun äitimme kuoli, minä olin kuusivuotias ja Thamu kahden vuoden ikäinen. Hän osoitti jo nuorella iällä huomattavaa pystyvyyttä kotitalousasioissa. Jo kaksitoistavuotiaana hän alkoi palvella isää tämän pikku sihteerinä. Hän oli taloudellinen ja piti tarkasti vaarin kaikista menoista sekä ylläpiti kodinhoidon tilejä isän puolesta. Hän harjasi isän toimistovaatteet päivittäin ja huolehti monista isän tarpeista. Vaikka hän oli niin pieni – ja hiljainen! – hän ulotti palvelualttiutensa meihin kaikkiin.

Thamu meni naimisiin seramporilaisen maisterin Sri Arindam Sarkarin kanssa. Sri Sarkar työskenteli Bengal-Nagpurin rautatieyhtiössä, ja hänestä tuli uutteruutensa ansiosta johtajan henkilökohtainen avustaja. Thamulla ja Arindamilla oli yksi poika ja neljä tytärtä. Arindam oli hyvänsuopa mies ja auttoi usein muita saamaan töitä. Hän oli itse ylennysvuorossa, kun kuoli yhtäkkiä sydänkohtauksen uhrina. Hänen poikansa oli yhä yliopistossa. Perhe oli toivonut, että tämä saisi isänsä avulla työtä B-N:n rautateiltä valmistuttuaan, mutta sallimus päätti toisin. Thamu on yhä elossa, mutta hänen terveytensä ei ole hyvä.[2]

Bishnu

Äiti siirtyi tuonpuoleiseen, kun Bishnu oli vasta kymmenen kuukauden ikäinen. Hänen terveytensä kärsi, koska hän ei saanut ravitsevaa äidinmaitoa eikä liioin tämän rakastavaa hoitoa. Niinpä hän olikin hauras. Kun Mejda myöhemmin perusti Brahmacharya Vidyalayan Ranchiin, hän otti Bishnun kouluun sen ensimmäisenä lukuvuonna, koska Ranchin ilmasto on hyvin terveellinen. Bishnu oppi Mejdalta joogaharjoituksia. Ja Mejdan avulla hän parani täysin heikkoudestaan. Hän palasi Kalkuttaan ja meni Hindu Schooliin.

Olin erinomaisessa kunnossa ja harjoittelin säännöllisesti. Pyysin Bishnua liittymään seurakseni ja valmensin häntä päivittäin. Hän keskittyi tunnollisesti ja loi itselleen aikaa myöten suurenmoisen fysiikan. Hän valmistui yliopistosta luonnontieteiden kandidaatiksi ja suoritti lainopilliset tutkinnot. Hän oli jonkin aikaa asianajajana. Hänen mielenkiintonsa suuntautui kuitenkin ruumiinkulttuuriin ja *hatha*-joogaan. Niinpä hän päätti omistautua sille kokoaikaisesti. Hän avasi koulun, josta monet nuoret kiinnostuivat välittömästi. Hän tuli oppilaineen pian tunnetuksi kautta Intian. He matkustivat jopa Amerikkaan ja Eurooppaan antamaan näytöksiä. Yhdysvalloissa ollessaan Bishnu luennoi Columbian yliopistossa. Lontoossa hän toimi Mr. Universum -kilpailun yhtenä tuomarina. Hän oli ensimmäinen ja ainut intialainen, jolle on suotu tämä kunnia. Myöhemmin hän perusti omaan kotiinsa Kalkuttaan Ghosh

2 Thamu kuoli 25. huhtikuuta 1978 77 vuoden ikäisenä. (*Julkaisijan huomautus*)

College of Physical Educationin. Intialainen erittäin varakas filantrooppi Sri Jugal Kishore Birla oli niin ihastunut hänen työhönsä Intian nuorison parissa, että osti maata Ballyganjista ja rakennutti Bishnulle ison voimistelusalin. Se sai nimekseen Bajrang[3] Gymnasium. Olen tähän päivään asti palvellut sen johtokunnan jäsenenä.

Erään kerran japanilaiset turistit näkivät Bishnun esityksen ja olivat niin vaikuttuneita hänen liikuntakasvatusmenetelmästään, että perustivat Japaniin *hatha*-joogakeskuksen, jossa noudatetaan hänen oppejaan. Nykyään jooga on Japanissa hyvin suosittu ruumiinkulttuurin metodi. Bishnun nuorin tytär Karuna johtaa paraikaa siellä yhtä hänen ruumiinkulttuurin keskustaan.

Bishnu vihittiin Garparin kodissamme avioliittoon Sri Rasik Royn tyttären, Ashalata Royn, kanssa. He saivat yhden pojan, Bishwanathin, ja kaksi tytärtä, Abhan ja Karunan. Bishwanath oli Bishnun parhaita oppilaita. Hän on usein vienyt oman esiintyjäseurueensa Japaniin. Hän voitti eräässä kilpailussa kultaisen pokaalin tuoden näin kunniaa itselleen ja Intialle. Ikävä kyllä Bishnu kuoli äkisti 9. heinäkuuta 1970 eikä ennättänyt nähdä poikansa häikäisevää uraa.

Bishnu teki antaumuksellista työtä opettaakseen ruumiinkulttuuria Intian kadunmiehelle. Hänen asialle omistautumisensa sytytti Intian nuorison innostuksen: hän keräsi laajalti seuraajia ja jätti jälkeensä perinnön, joka elää yhä tänäkin päivänä.

---

[3] Vajranga on Hanumanille, Herra Raman apinaoppilaalle, annettu nimitys. Hanuman oli tunnettu hurskaudestaan ja suurista voimistaan. Nimi juontuu sanasta *Vajra*, Indra-jumalan ase, mikä antaa ymmärtää, että Hanumanin keho on yhtä voimakas kuin *Vajra*. (Bengalilaiset usein translitteroivat sanskritin *v*:n *b*:nä ja jättävät pois mykät tai lähes mykät *a*:t. Siispä Bajrang Vajrangan asemesta. – *Julkaisijan huomautus*)

Perheen päiväkirjoista otettuja tarinoita Mejdasta

Vaimoni Parulin päiväkirjasta:

Parul kirjoitti: "Sinä päivänä kun svami Yogananda lähti Intiasta Amerikkaan vuonna 1920, olin muiden mukana esittämässä hänelle *pranamimme*. Hän siunasi minut sanoen: 'Äiti, älä sure poikasi menetystä. Tulet taas pian äidiksi. Lapsesi on oleva poika, ja hän jää eloon. Mutta aseta tämä *shantitaga* ("rauhanlanka") hänen ylleen heti hänen synnyttyään. Pane se hänen ylleen omin käsin, äläkä poista sitä, ennen kuin hän on kuudentoista ikäinen."

Mejda palasi Amerikasta, kun poikamme oli kuusitoistavuotias. Hän irrotti amuletin omakätisesti.

Olin menettänyt ensimmäisen poikani, koska vaimoni oli vakavasti sairas pitkään lapsen syntymän jälkeen eikä tämä saanut äidinmaitoa. Lapsi oli sairas, eikä terveys palautunut. Hän kuoli ennen toista syntymäpäiväänsä. Mejda oli niihin aikoihin koulullaan Ranchissa. Vaimoni ja minä sekä appeni kirjoitimme kukin Mejdalle ja pyysimme hänen esirukouksiaan. Mejda ei kuitenkaan vastannut. Kun lapsi kuoli, kirjoitin hänelle ja kerroin surullisen uutisen. Silloin Mejda katkaisi hiljaisuuden. Hän kirjoitti: "Tiesin alusta alkaen, että Herra ottaisi poikanne pois. Säästääkseni teidät henkiseltä tuskalta, niin ettei teidän tarvinnut elää tämän ajatuksen kanssa, pidättäydyin kirjoittamasta."

Kysyin myöhemmin Mejdalta, kuinka hän tiesi, ettei lapsi eläisi. Hän sanoi: "Kun olin eräänä päivänä nostamassa kylpyvettä säiliöstä, vanhempi kälymme tuli luokseni ja sanoi: 'Veli, sinusta tulee pian setä.' Tajuamatta, mitä hän vihjaili, kohotin kulmiani kysyvästi. 'Mitä sinä tarkoitat?' kysyin. 'Gorasta tulee pian isä', hän kertoi onnellisena.

Sillä hetkellä näin kuin kuvanauhalta kuolleen lapsen. 'Mutta ei pitkäksi aikaa', sanoin. Kälymme nuhteli minua. 'Kuinka voitkaan lausua tuollaisen huonon ennustuksen? Eihän lapsi ole vielä syntynytkään!' Minä sanoin hänelle: 'Tulet näkemään.'"

Thamun päiväkirjasta:

Me perheen nuorimmaiset rakastimme Mejdaa syvästi. Varsinkin nuorin sisaremme Purnamoyee, jota kutsuimme Thamuksi, kunnioitti Mejdaa ja oli täysin omistautunut hänelle. Ja hän sai Mejdalta osakseen mitä herttaisinta rakkautta ja hellyyttä. Hän kirjoitti päiväkirjaansa, että vaikka Mejda kutsui häntä "Thamoksi" muiden perheenjäsenten kuullen, Mejda sanoi häntä rakastavasi "Mathuksi"[1], kun he olivat kahden kesken.

Thamu kirjoitti: "Minulla oli kerran hyvin korkea kuume, ja koko kehoani särki. Päänsärky oli melkein sietämätöntä. En halunnut huolestuttaa isää, joten en sanonut mitään. Autoin häntä valmistautumaan toimistoon lähtöä varten tavalliseen tapaan: harjasin hänen vaatteensa ja katsoin, että hänellä oli mukana kaikki tarpeellinen. Kun hän oli lähtenyt, jaksoin tuskin laahautua huoneeseeni levolle. Vedin peitteen päälleni ja ristin käteni rinnalleni ja rukoilin Jumalaa, että Hän poistaisi kuumeeni ja kipuni. Pyysin Häntä säästämään isän enemmältä huolelta vuokseni.

"Kuulin Mejdan tulevan alakertaan, ja hän katseli hetken huoneeseeni. Torkahdin jatkaessani hiljaista rukoustani. Äkkiä heräsin, kun otsaani kosketettiin hellästi. Avasin silmäni. Mejda seisoi puoleeni kumartuneena, kasvoillaan suloinen myötätunnon ilme.

'Luulin sinun menneen ulos', minä sanoin. 'Milloin palasit.'

---

[1] "Mathu" oli Paramahansajin muunnos sanasta "Thamu", niin että mukaan tuli hellyttelevä painotus tavussa "Ma" (äiti) pikkusisarta puhutellessa.

'Voi sisareni, sinä kärsit niin kovin. Tiesin, että rukoilit Jumalaa ottamaan kivun pois, niin ettei isän tarvitsisi huolestua. Siksi tulin takaisin. Rupea nyt vain nukkumaan.'

Mejda silitti otsaani. Hänen kosketuksensa oli niin rauhoittava, että tunsin kohta kivun häipyvän pois. Vaivuin uneen. Heräsin vasta iltapäivällä. Kun nousin, huomasin, että kuumeinen ja kipeä olo oli kokonaan hävinnyt."

Toinen ote Thamun päiväkirjasta:

"Roma, Nalini, Anantan vaimo ja minä kuuntelimme kerran, kun Mejda puhui Jumalasta. Äkkiä hän katsahti minuun ja sanoi: 'Sinun ei tarvitse odottaa kovin pitkään.' Hänen tokaisunsa hämmästytti meitä, ja ihmettelimme, mitä hän tarkoitti. Minä mietin: 'Onko minun kuolemani lähellä?'

Luettuaan ajatukseni Mejda purskahti nauruun. Hän taputti minua hellästi selkään ja sanoi: 'Ei, ei sellaista! Olet pian matkalla appesi taloon.' Mitään suunnitelmia naimisiinmenostani ei ollut tehty. Punastuin ja laskin katseeni. Olimme silti kaikki innoissamme, sillä jokainen nuori tyttö odottaa naimisiin menoaan. Me kysyimme häneltä, kuinka pian – kuinka monta päivää. Hän ei vastannut. Mutta minä aloin laskea päiviä. Olin naimisissa kahden kuukauden kuluttua."

Mejdalle omistautumisestaan Thamu kirjoittaa:

"Mejda meditoi joka päivä pienessä ullakkohuoneessa talomme kolmannessa kerroksessa. Eräänä iltana hän kutsui minut mietiskelyhuoneeseensa. Hän opetti minua rukoilemaan Jumalaa, ja hänen siunaavan kosketuksensa myötä näin Herran valon. Aloin siitä hetkestä antautuneesti palvoa Jumalaa. Ja vaikka olin vasta kymmenvuotias, sisarrakkauteeni yhdistyi syvä kunnioitus Yoganandajia kohtaan."

Seuraava sivu Thamun päiväkirjasta:

"Minulla oli kauniit hiukset. Eräänä päivänä Yoganandaji kosketti hiuksiani keveästi ja sanoi: 'Hiuksesi ovat todella kauniit. Olisitko pahoillasi, jos leikkaisin tukkasi kokonaan pois?' Muistan vastanneeni: 'Ei, en tietenkään. Sehän kasvaisi takaisin.' Sitten Yoganandaji kysyi minulta: 'Vetäisitkö tukkasi irti juurineen?' Minä sanoin: 'Vetäisin.' Samassa kiersin joitakin hiuksia käteni ympäri ja aloin vetää kaikin voimin. 'Seis!' Yoganandaji huudahti. 'Sinä läpäisit testini!'"

Thamu myös koki Mejdan harvinaiset sielunvoimat, kuten minäkin. Hän kirjoittaa:

"Yoganandaji kutsui minut eräänä iltana meditaatiohuoneeseensa. Siellä olivat hänen kanssaan Jitenda ja Basuda, jotka olivat hänen ystäviään ja seuraajiaan. Yoganandaji pyysi minut istumaan viereensä. Hän kosketti päätäni ja kehoani, ja menetin yhtäkkiä tietoisen tajuni. Sitten hän kysyi minulta kaikkien niiden poikien nimet ja osoitteet, jotka olivat sillä hetkellä kadun toisella puolen Kalkutan kuuromykkien koulun kentällä jalkapalloa pelaamassa. Kuulin myöhemmin, että olin vastannut yksityiskohdittain oikein."

Toisella sivulla Thamu kirjoitti:

"Muuan poika oli tuolla samalla jalkapallokentällä ripustanut kalliin takkinsa läheisen puun oksaan voidakseen pelata muiden poikien kanssa. Joku otti takin. Poika tuli huolissaan pyytämään Yoganandajilta apua. Yoganandaji pyysi minua sanomaan, mistä takki löytyisi. En tiennyt vastausta, mutta sanoin: 'Garpar Road 7:stä.' Varastettu takki saatiin takaisin siitä talosta."

Roman päiväkirjasta:

"Olin rukoillut Äiti Kalia lapsuudestani lähtien. En tiennyt muista jumalista enkä liioin palvonut heitä. Isällä oli laulukirja, jonka laulut Jumalalliselle Äidille oli kirjoittanut Sri Ram Prasad. Äiti lauloi usein sen kirjan lauluja keskipäivällä ennen levolle menoa. Minä tapasin hänen nukkuessaan lukea kirjaa. Tuloksena oli, että omistautumiseni Kalille kasvoi päivä päivältä. Olin tuolloin vain kuuden tai seitsemän ikäinen, mutta tapanani oli meditoida säännöllisesti äänettömässä ja pimeässä huoneessa.

Toinen veljemme Mukunda (nyt svami Yogananda Giri) oli vasta puolitoistavuotias, kun tämä tapahtui. Hän alkoi puhua jo tuossa iässä. Hänellä oli tapana seurailla ja totella minua, vaikka en tiedä, miksi. Hän rakasti äidin jälkeen minua ja isää kaikista perheenjäsenistä eniten. Kun lauloin Ram Prasadin kirjasta ylistyslauluja Kalille, hän kuunteli täysin syventyneenä. En tiennyt silloin, että kylvin Jumalallisen Äidin rakkauden siemeniä hänen sydämensä antaumukselliseen hedelmälliseen maaperään.

Erään kesäsunnuntain iltapäivänä isä makasi olohuoneessa tavanomaisella lounaan jälkeisellä levollaan. Noustuaan ylös hän näki Mukunin istumassa toiseen kerrokseen johtavassa portaikossa. Tämän pikku jalat sojottivat suoraan eteenpäin ja hänen päänsä oli painuksissa. Mukun lauloi Kalin nimeä kovalla äänellä. Hämmästynyt isä kutsui äidin katsomaan Mukunia, mutta varoitti häntä häiritsemästä pojan keskittyneisyyttä.

'Mistä Mukun on oppinut tämän laulun Kalille?' isä kysyi äidiltä. 'Mehän yleensä laulamme Herra Krishnan nimeä. Kuinka hän on tullut tuntemaan Kalin nimen?' Sitten kaikki menivät askareisiinsa. Tiesin, että minä olin asiasta vastuussa, ja jatkoin Mejdan tarkkailua piilopaikasta. Minua pelotti, kun hän lauloi niin vakavissaan noin kovin nuorella iällä. Vannoin, etten ikinä enää laulaisi hänen läsnä ollessaan."

Paramahansa Yoganandan kirjeitä tekijälle

Seuraavilla sivuilla on aina ensin jäljennös alkuperäisestä kirjeestä, sitten esitetään kirjetekstin käännös, ja milloin käännös on painettu kursiivilla, se koskee alkuperäisen kirjeen bengalinkielistä tekstiä. (*Julkaisijan huomautus*)

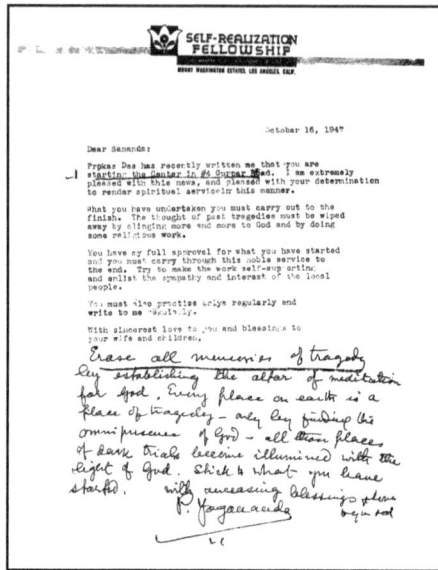

Prokas Das on hiljakkoin kirjoittanut minulle, että olet aloittamassa keskusta Gurpar Road 4:ssä. Olen äärimmäisen hyvilläni tästä uutisesta ja iloissani päätöksestäsi tarjota hengellistä palvelua tässä muodossa. Sinun on vietävä päätökseen se, mihin olet ryhtynyt. Ajatus menneistä tragedioista täytyy pyyhkiä pois kiinnittymällä yhä enemmän Jumalaan ja tekemällä uskonnollista työtä.

Sinulla on täysi hyväksyntäni sille, mitä olet aloittanut, ja sinun tulee viedä tämä jalo palvelutyö päätökseen asti. Yritä tehdä työstä itsensä kannattavaa ja pyri voittamaan puolellesi paikallisten ihmisten myötätunto ja kiinnostus.

Sinun täytyy myös harjoittaa kriyaa jatkuvasti ja kirjoittaa minulle säännöllisesti.

Vilpittömästi sinua rakastaen ja siunaten vaimoasi ja lapsiasi.

Hävitä kaikki tragedian[1] muistot perustamalla meditointialttari Jumalalle. Jokainen maailman paikka on tragedian paikka – vain löytämällä Jumalan kaikkiallisen läsnäolon – kaikista noista synkkien koettelemusten tiloista tulee valoisia Jumalan valon myötä. Pidä kiinni siitä minkä olet aloittanut.

Loputtomin siunauksin ja rakkaudella sinulle ja kaikille

---

1 "Tragedia" viittaa Sanandan pojan Shyamsundarin kuolemaan. Katso sivu 240. (*Julkaisijan huomautus*)

```
                                              3880 San Rafael Avenue
                                              Los Angeles 31, California
                                              Mt. Washington Estates
Sri Sananda lal Ghosh
Yogoda Sat-Sanga Center                       April 6, 1949
4, Gurpar Road
Calcutta, India

Dear Sananda:

    It has been physically impossible to write letters as I wanted
to do.   Really I work fourteen to fifteen hours a day and it doesn't
seem I can catch up with all my work.

    (I am pleased that you liked the pictures of you and your family
and the students .  I am extremely proud of you that you have kept
the name of my guru in the good old Gurpar Road homestead wherein I
was brought up and carried on my spiritual activities first.)

    (Aren't you happy to see that from the very place which you are
occupying now a world-wide movement has started which is continuously
developing.)

    Please keep it confidential that if God wills, by the end of
this year I propose to visit India.

    Please forget the past memories of tragedy.( On the dark back
ground of tragedy God has built through you this wonderful Center
which will immortalize your name and purify you and many generations
behind you and ahead of you with God's and the Guru's blessings.)
    Cling to the skirt of the Divine Mother and to her bosom in a
stronger way no matter how she beats you or tests you .
```

On ollut fyysiseltä kannalta mahdotonta kirjoittaa kirjeitä niin kuin olisin halunnut. Työskentelen tosiaan neljätoista tai viisitoista tuntia päivässä, eikä näytä siltä, että pysyisin töitteni tasalla.

Olen iloinen, että pidit sinun ja perheesi sekä opiskelijoiden kuvista. Olen erittäin ylpeä sinusta, kun olet pitänyt guruni nimeä yllä vanhassa kunnon Gurpar Roadin kotipaikassa, siinä, jossa vartuin ja jossa aluksi harjoitin hengellisiä toimiani.

Etkö olekin iloinen nähdessäsi, että juuri siitä paikasta, jossa sinä nyt asut, on alkanut maailmanlaajuinen liike, joka kehittyy jatkuvasti.

Pidäthän tämän luottamuksellisena: jos Jumala suo, aion tämän vuoden lopulla vierailla Intiassa.

Unohdathan menneet tragedian muistot. Tragedian pimeälle taustalle Jumala on rakentanut sinun välitykselläsi tämän hienon keskuksen, joka tekee nimestäsi kuolemattoman ja puhdistaa sinut ja monta sukupolvea takaasi ja edestäsi Jumalan ja Gurun siunauksilla.

Tarraudu Jumalallisen Äidin helmoihin ja povelle yhä tiukemmin, vaikka hän kuinka ruoskii sinua ja koettelee sinua.

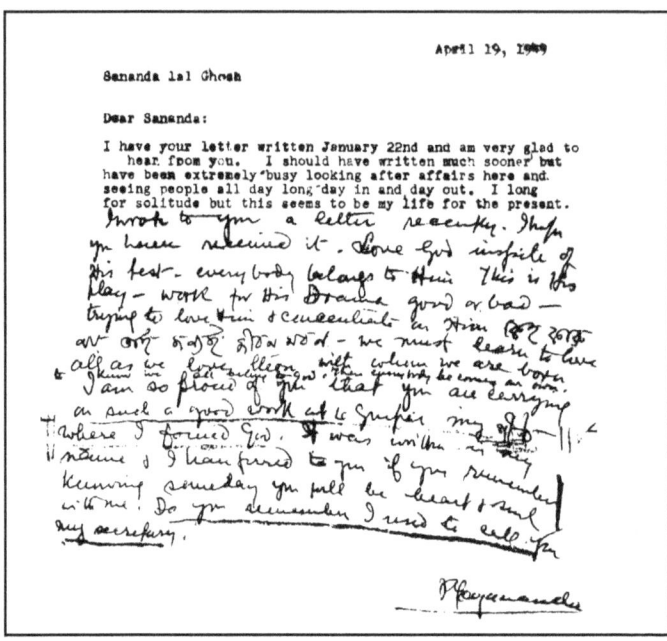

Olen saanut 22. tammikuuta kirjoitetun kirjeesi, ja olen hyvin iloinen kuullessani sinusta. Minun olisi pitänyt kirjoittaa paljon pikemmin, mutta olen ollut äärimmäisen kiireinen täkäläisiä asioita hoitaessani ja tavatessani ihmisiä aamusta iltaan – päivät päästään. Kaipaan yksinäisyyttä, mutta tämä näyttää olevan elämääni nykyään.

Kirjoitin sinulle kirjeen äskettäin. Toivottavasti olet saanut sen. Rakasta Jumalaa Hänen koetuksistaan huolimatta – jokainen kuuluu Hänelle. Tämä on hänen näytelmänsä – tee työtä Hänen näytelmäänsä varten, tuntuipa se hyvältä tai vaikealta – yrittäen rakastaa Häntä ja keskittyä Häneen – *elämä ei ole vain "Mikään ei kuulu kenellekään"* – meidän täytyy oppia rakastamaan kaikkia niin kuin rakastamme niitä, joiden piirissä olemme syntyneet, ja tietää, että me kaikki kuulumme Jumalalle. Silloin joka ikisestä tulee omamme.

Olen hyvin ylpeä sinusta, kun olet tehnyt niin hyvää työtä Gurpar 4:ssä, *pithissäni* [paikassani], jossa löysin Jumalan. Se oli kirjoitettu minun nimiini, ja minä siirsin sen sinulle, jos muistat. Tiesin, että jonain päivänä olisit kanssani sydämin ja sieluin. Muistatko, että tapasin nimittää sinua sihteerikseni?

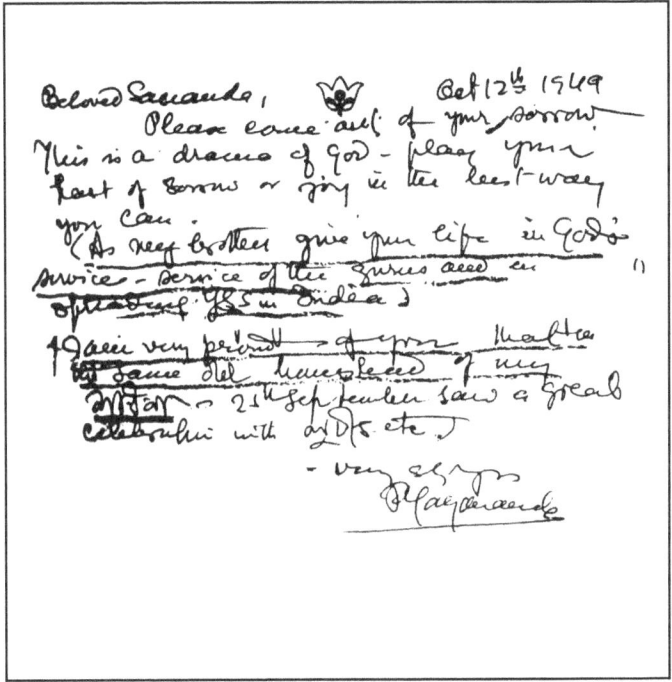

Päästäthän irti surustasi. Tämä on Jumalan näytelmä – näyttele murheen tai ilon osasi parhaalla tavalla, johon pystyt.

Anna veljenäni elämäsi Jumalan palvelukseen – gurujen palvelukseen ja YSS:n levittämiseen Intiassa.

Olen hyvin ylpeä sinusta, että tuossa samassa minun *sadhanani* tyyssijassa nähtiin 25. syyskuuta suuri juhla *luchineen*[2] jne.

Hyvin vilpittömästi sinun

---

2 Kevyt ja pöyheä intialainen leipä, josta Paramahansaji piti paljon. Uskonnollisten erityistilaisuuksien jälkeen osanottajille tarjotaan usein ruokaa. Tästä johtuu Paramahansajin sutkaus juhlista *luchineen.* (*Julkaisijan huomautus*)

> SELF-REALIZATION FELLOWSHIP
> 3880 San Rafael Avenue
> Los Angeles 65, Calif.
> U. S. A.
>
> November 17, 1949
>
> Sananda Lal Ghosh,
> 4, Garpar Road
> Calcutta 9, India
>
> Dear Sananda:
>
> Thank you so much for your letter of October 27th. The sincerity of your words touched me very deeply.
>
> The Board of Reconciliation and Recommendation can act as a great boon in co-ordinating YSS in India. And I was especially pleased to read your interpretation -- to revitalize the entire organization. That is exactly what the new Board of R and R can help greatly to do.
>
> Being on the Board of R and R will give you the greater opportunity to serve our great Universal cause. And I humbly join with you as we turn our minds to God, Babaji, Sri Sri Lahiri Mahasaya and my beloved Guru, Srijukteswar and all the Great Ones who are giving us our renewed energies and inspirations to make our plans and carry them out.
>
> My love and unceasing blessings always,
>
> *[signature]*

Suuret kiitokset sinulle kirjeestäsi, joka oli päivätty 27. lokakuuta. Sanojesi vilpittömyys kosketti minua syvästi.

Sovittelu- ja suositteluvaliokunta[3] voi toimia suurena siunauksena YSS:n koordinoimisessa Intiassa. Ja erityisen mielissäni olin lukiessani näkemyksestäsi – antaa uutta elämää koko organisaatiolle. Tämä on juuri sitä, missä uusi sovittelu- ja suositteluvaliokunta voi olla suuresti apuna.

Sovittelu- ja suositteluvaliokunnassa mukana olosi antaa sinulle paremman mahdollisuuden palvella suurta universaalia asiaamme. Yhdyn nöyrästi sinuun, kun käännämme mielemme Jumalan, Babajin, Sri Sri Lahiri Mahasayan ja rakkaan guruni Sriyukteswarin sekä kaikkien Suurten puoleen, jotka antavat meille uudistuneet energiamme ja innoituksemme suunnitelmien tekemiseen ja toteuttamiseen.

Rakkauteni ja lakkaamattomat siunaukseni aina

---

3 Paramahansajin muodostama hallinnollinen komitea. Se oli toiminnassa vain lyhyen aikaa ja sitten hajotettiin. (*Julkaisijan huomautus*)

Paramahansa Yoganandan kirjeitä tekijälle 255

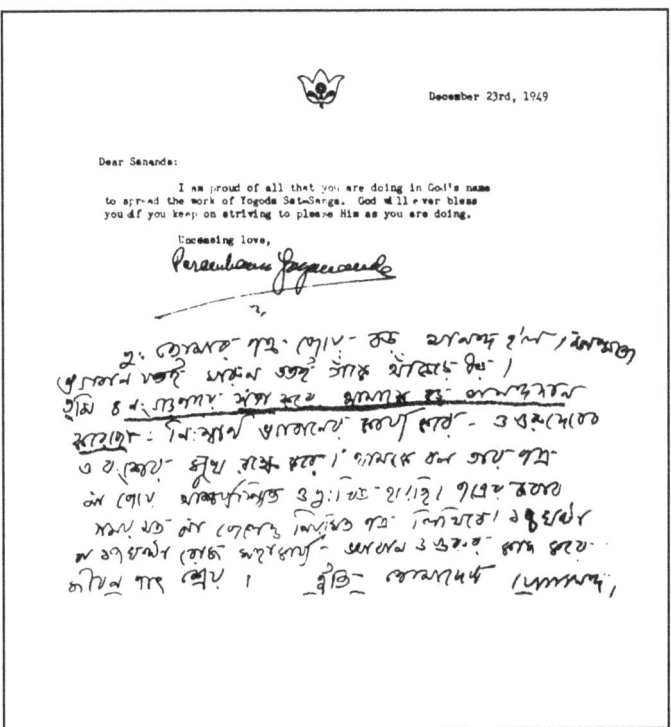

Olen ylpeä kaikesta siitä, mitä teet parastaikaa Jumalan nimeen viedessäsi Yogoda Sat-sangan työtä eteenpäin. Jumala tulee alati siunaamaan sinua, jos jatkat kilvoittelua, kuten teetkin, ollaksesi hänen mielensä mukainen.

Loputtomalla rakkaudella

Olen hyvin iloinen saadessani kirjeesi. Mitä enemmän Jumala sinua kurittaa, sitä enemmän sinun tulisi tarrautua Häneen molemmin käsin. Olet ilahduttanut sydäntäni hyvin paljon pitämällä käynnissä satsangaa Garpar 4:ssä, palvelemalla epäitsekkäästi Jumalan työtä, pitämällä kunniassa Gurudevan [Swami Sri Yukteswarjin] suuruutta ja säilyttämällä perheen arvoa. Kerro Thamulle, että olen hämmästynyt ja loukkaantunut, kun en ole saanut kirjettä häneltä. Kirjoittele edelleen, vaikkapa et saisikaan vastaustani säännöllisesti. Työnteko 14–17 tuntia päivässä Jumalan ja Gurun suuren asian puolesta – tämä on arvokkain tapa uhrata elämänsä.

Olen vastaanottanut kirjeesi, joka on kirjoitettu 28. kesäkuuta, ja olen iloinen saatuani lähettämäsi tiedot. / Olen iloinen, että olet Purissa Nirvananandan kanssa ja viimeinkin valmistelemassa salia (joka jäi Gurujilta viimeistelemättä) sekä luomassa temppeliä hänen hautansa ylle. Tämä tekee minut hyvin onnelliseksi. Toivon, että säilytät lootuksen muotoilun. Haluaisin tietää, milloin rakennuksen on määrä olla valmis.

Nagen Babu on juuri jättänyt tänne ja tuonut mukanaan ne neljä maalausta. Ne ovat mitä hienoimpia ja tulevat riippumaan vastarakennetussa India Housessamme. Olen hyvin ylpeä töistäsi. Kaikki ovat hämmästyneitä kyvystäsi maalata. Sellainen öljyvärimaalaus on todellakin klassinen. Ne tulevat olemaan täällä Amerikassa kuolemattomia India Housessa, joka on rakennettu Los Angelesiin ja jossa on 300 hengen auditorio sekä Indian Cafe[4] — aivan Hollywoodin sydämessä. Meillä on maailmassa 72 keskusta. Uusia on perusteilla koko ajan.

Mitä perheellesi kuuluu ja miten siellä asiat sujuvat? Sinua rakastaen siitä että olet kääntynyt Jumalan puoleen. Jatka kulkuasi Häntä kohti yhä enemmän.

Loppumattomin siunauksin
Aina vilpittömästi sinun

---

[4] Useita Paramahansajin ainutlaatuisia reseptejä soveltanut ravintola lopetettiin vuonna 1969, kun tiloja ja henkilökuntaa tarvittiin laajenevan seurakunnan ja läheisen Self-Realizationin Hollywoodin temppelin käyttöön. (*Julkaisijan huomautus*)

Ananta Lal Ghosh, vanhin veljemme

Roma Shashi, vanhin sisaremme

Satish Chandra Bose, Roman aviomies

Satya Charan Basu Mullick, Uman aviomies

Toinen sisaremme Uma Shashi nuorena tyttönä

Nalini Sundari, kolmas sisaremme

Tri Panchanon Bose, Nalinin aviomies

Purnamoyee (Thamu)
Nuorin sisaremme

Arindam Sarkar, Thamun aviomies

Bishnu Charan Ghosh
Nuorin veljemme

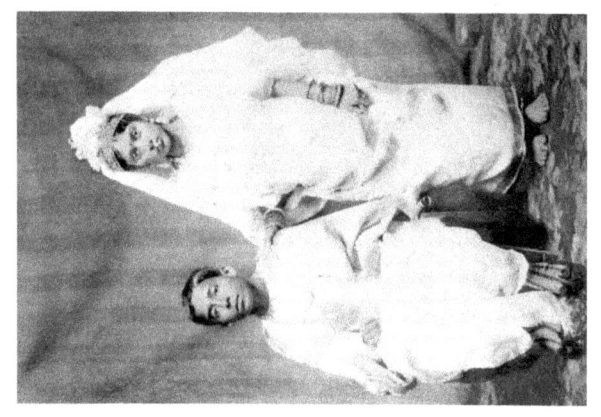

Tekijä ja vaimo Parul
hääseremoniassa 1914

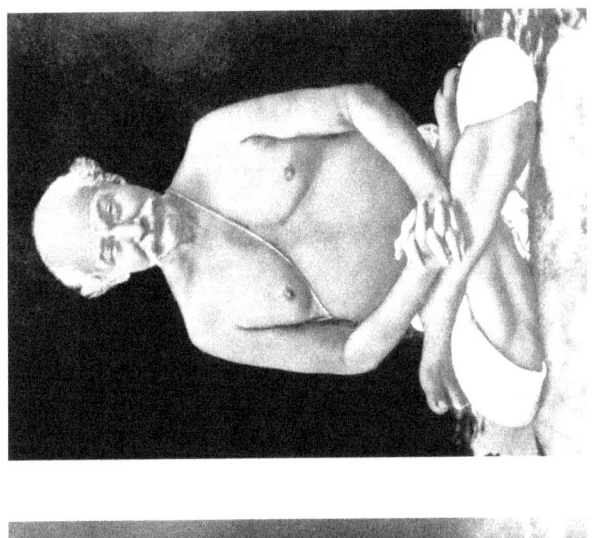
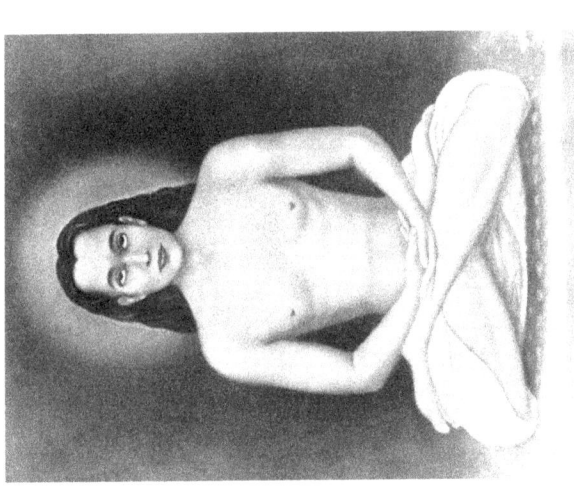

Mahavatar Babaji, Lahiri Mahasayan guru, ja Lahiri Mahasaya (1828–1895); tekijän maalauksista.

Lahiri Mahasaya
nuorena miehenä; osa
maalauksesta

Tincouri Lahiri
Lahiri Mahasayan poika

Ducouri Lahiri
Lahiri Mahasayan poika

Satyacharan Lahiri
Lahiri Mahasayan pojanpoika

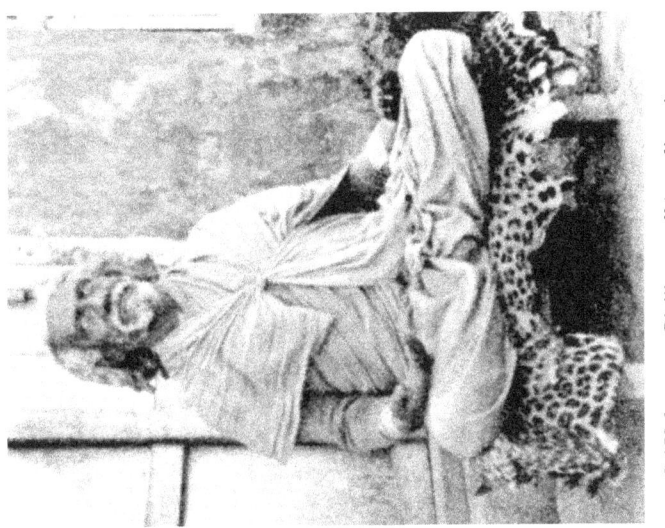

Sri Yukteswar Giriji *samadhi*-meditaatiossa

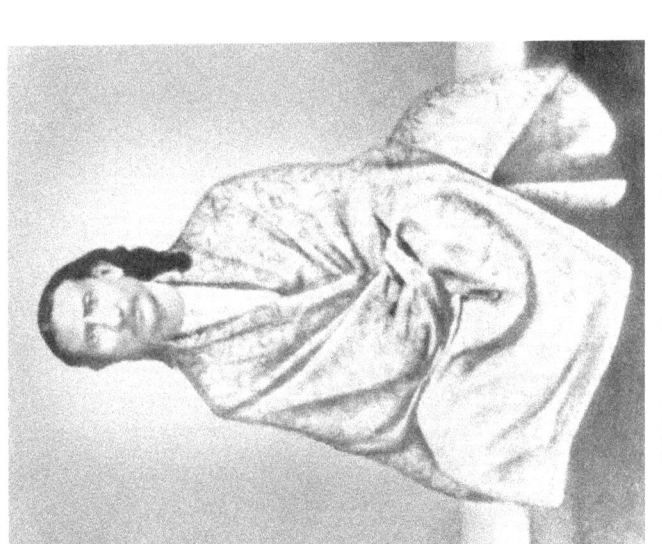

Sri Yukteswarji nuorena miehenä

Lahiri Mahasayalle pyhitetty temppeli, Bhagalpur, Bihar

Bhupendra Nath Sanyal
Lahiri Mahasayan oppilas

Trailanga Swami
Suuri pyhimys, joka hallitsi jooga-*siddhejä*
(jumalallisia voimia); Lahiri Mahasayan aikalainen
ja ystävä

Mejdan ensimmäinen tapaaminen hurmioituneen pyhimyksen Anandamoyee Man ja hänen askeettisen aviomiehensä Bholanathin *(vasemmalla)* kanssa Kalkutassa. Mejda kirjoitti "ilon kyllästämästä Äidistä": "Olipa hän keskellä väkijoukkoa — tai istui hiljaa, hänen silmänsä eivät milloinkaan kääntyneet pois Jumalasta." Pienessä kuvassa on tekijän maalaus.

Mejda kuusivuotiaana; tekijän maalauksesta

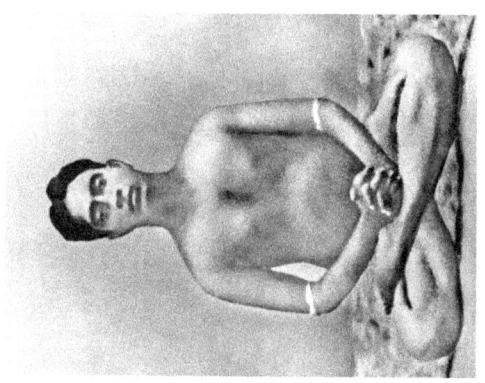

Mejda jooga-asennossa 1916; tekijän maalauksesta

Alttari perheen Ichapurin-kodissa esittelee esi-isien jumalia; jumalatar Chandi (*vas.*) ja Narayania symboloiva pyhä musta kivi (*oik.*)

Mejdan makuuhuone Kalkutan-kodissamme Garpar Road 4:ssä

Oviaukko Mejdan huoneeseen, missä Mahavatar Babaji tuli hänen luokseen siunaamaan hänen lännen missiotaan

Tekemäni laatta, jonka kiinnitin perheemme kodin seinään Mejdan ja hänen maailmanlaajuisen missionsa kunniaksi

Kuvakooste esittää tekijää ajamassa Mejdan moottoripyörää, sivuvaunussa Sri Yukteswarji

Mejda ajaa moottoripyörällä 1916. Hänen takanaan on N. N. Das ja sivuvaunussa Tulsi Bose. (Valitettavasti tämän valokuvamaalauksen rappeutuminen on tuhonnut Mejdan kasvot.)

Tekijän perhe: *(istumassa)* minä ja vaimoni Parul. *(Seisomassa, vasemmalta oikealle)* miniäni Anjali, tyttäreni Shephali ja poikani Harekrishna, Kalkutta 1949

Yogoda Meditation Center Garpar Road 4:ssä, Kalkutta, 1949

Mejdan rakkauden muistoon uppoutuneena viimeistelen tässä maalausta Premavatarista ("Jumalallisen Rakkauden inkarnaatiosta").

Paramahansa Yoganandan kirjeitä tekijälle

> SELF-REALIZATION FELLOWSHIP
> 3880 San Rafael Avenue
> Los Angeles 65, Calif.
> U.S.A.
>
> August 29, 1950
>
> Dear Sananda,
>
> I am very glad of the good work you are doing at Puri. Have you started any work on a Gurpar. I am very glad your daughter was spared from disease.
>
> With boundless love & blessings
> P. Yogananda
>
> P.S. Your picture of Gandhi is most excellent - praised by eminent artists here. It will find its permanent place in our new most gorgeous SR "million dollar" Lake Shrine with ocean lake & mountain donated to us.
> With blessings P. Yogananda

Olen erittäin iloinen siitä hyvästä työstä, jota teet Purissa.
Oletko aloittanut lainkaan töitä Gurparilla?
Iloitsen kovasti siitä, että tyttäresi säästyi sairaudelta.
Rajattomalla rakkaudella ja siunauksin

P.S. Gandhin kuvasi on mitä hienoin – täkäläiset huomattavat taiteilijat ylistävät sitä. Etsin sille pysyvän paikan uudesta, mitä upeimmasta "miljoonan dollarin" SRF Lake Shrinesta, joka on lahjoitettu meille valtameren, järven ja vuoren ääreltä.
Siunauksin

> December 27, 1950
>
> Sananda lal Ghosh
> #4 Gurpar Road
> Calcutta, India
>
> Dear Sananda:
>
> I am so pleased that you are overseeing the work on Master's shrine at Puri. Be sure to put on top the golden lotus, which is our symbol, and write to me how the work is coming along. What about the lotus on top of temple.
> How is your family? Please remember me to them. And how are you getting along?
>
> With love & blessings to you, Prokas, Prabhas & all
>
> P. Yogananda

Olen hyvin mielissäni, että sinä valvot töitä Mestarin pyhäköllä Purissa. Muista varmasti laittaa harjalle kultainen lootus, joka on symbolimme, ja kirjoita minulle, miten työ sujuu. Ja mikä on tilanne temppelin harjalle tulevan lootuksen suhteen.

Kuinka perheesi voi? Ole hyvä ja kerro terveiseni heille. Ja kuinka itse pärjäilet?

Rakkaudella ja siunauksin teille: Prokas, Prabhas ja kaikki.

Hyvin vilpittömästi teidän

Paramahansa Yoganandan kirjeitä tekijälle

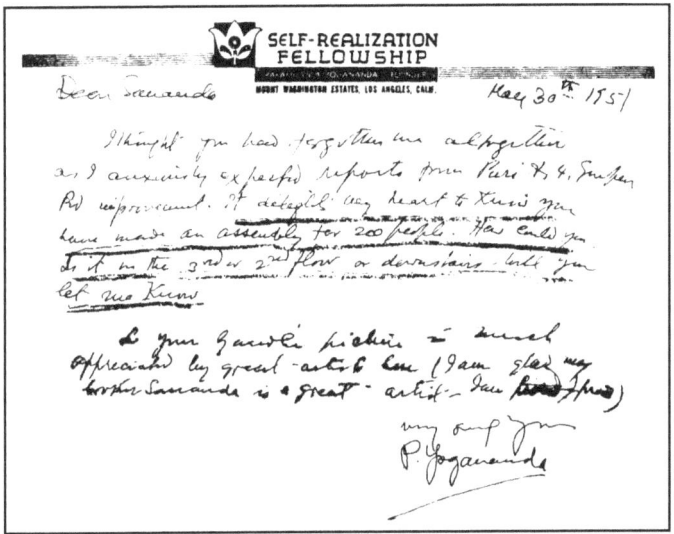

Luulin sinun unohtaneen minut kokonaan, kun malttamattomana odotin raportteja Purin & Gurpar Roadin uudistustöistä. Sydäntäni ilahduttaa saadessani kuulla, että olet tehnyt kokouspaikan 200 hengelle. Miten pystyitkin. Onko se 3. vai 2. kerroksessa vai alakerrassa? Kertoisitko minulle.

Täällä suuret taiteilijat ihailevat kovasti Gandhin kuvaasi (olen iloinen, että veljeni Sananda on suuri taiteilija – olen ylpeä siitä).

Hyvin vilpittömästi sinun

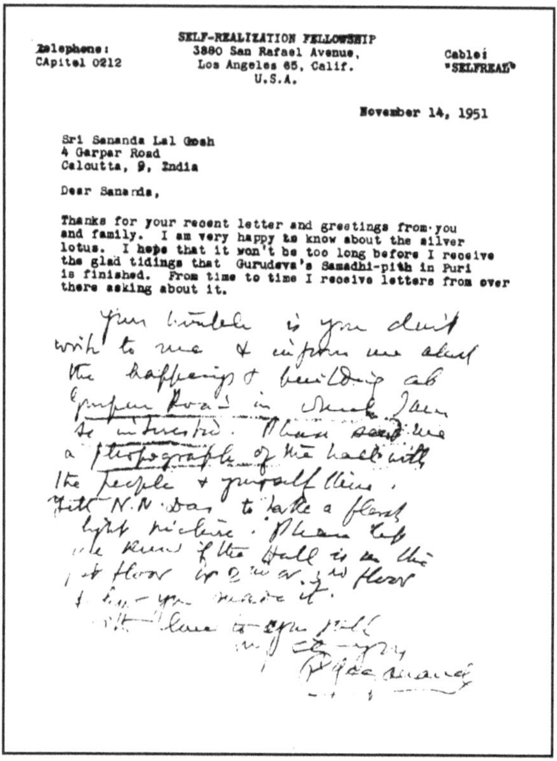

```
Telephone:            SELF-REALIZATION FELLOWSHIP
CApitol 0212             3880 San Rafael Avenue,              Cable:
                         Los Angeles 65, Calif.              "SELFREAL"
                              U.S.A.

                                              November 14, 1951

Sri Sananda Lal Ghosh
4 Garpar Road
Calcutta, 9, India

Dear Sananda,

Thanks for your recent letter and greetings from you
and family. I am very happy to know about the silver
lotus. I hope that it won't be too long before I receive
the glad tidings that Gurudeva's Samadhi-pith in Puri
is finished. From time to time I receive letters from over
there asking about it.
```

[handwritten note]

Kiitos sinulle äskettäisestä kirjeestäsi ja terveisistä sinulta ja perheeltäsi. Olen hyvin iloinen kuultuani hopealootuksesta. Toivoakseni ei kestä kovin kauaa, ennen kuin saan sen iloisen viestin, että Gurudevan Samadhipith on Purissa valmis. Saan ajoittain sieltäpäin kirjeitä, joissa kysellään siitä.

Ikävä puolesi on se, että et kirjoita minulle ja informoi minua tapahtumista ja Gurpar Roadin rakennustöistä, josta olen kovin kiinnostunut. Ole hyvä ja lähetä minulle valokuva salista, kun te ihmiset ja sinä itse olette siinä. Pyydä N. N. Dasia ottamaan kuva salamavalolla. Kerrothan minulle, onko sali 1., 2. vai 3. kerroksessa ja miten sinä sen teit.

Rakkaudella sinulle & kaikille
Hyvin vilpittömästi teidän

Paramahansa Yoganandan kirjeitä tekijälle 277

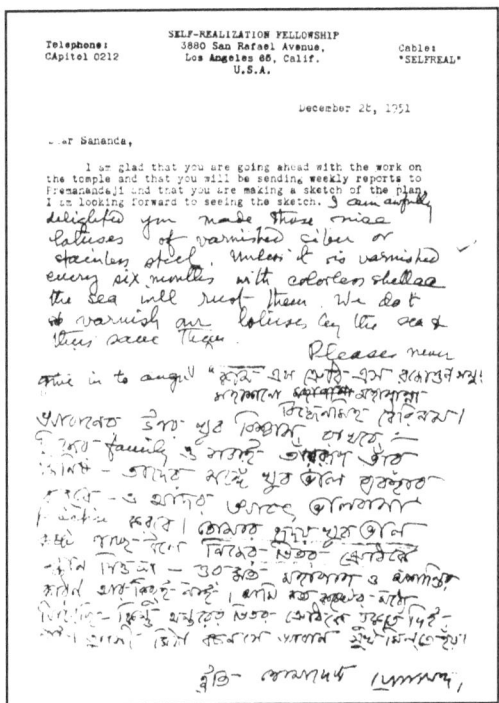

Olen iloinen, että edistyt työssäsi temppelillä ja että aiot lähettää viikoittaisia raportteja Premanandajille ja että olet tekemässä luonnosta suunnitelmasta. Odotan kovasti näkeväni luonnoksen. Olen valtavan ilahtunut, että teit nuo hienot lootukset lakatusta hopeasta tai ruostumattomasta teräksestä. Meri ruostuttaa ne, jollei niitä lakata puolen vuoden välein värittömällä sellakalla. Me lakkaamme meren äärellä olevat lootuksemme ja siten säilytämme ne.

Ethän anna koskaan periksi vihalle. *"Intohimo ja viha muuttuvat suurten sielujen orjiksi"* [sanskritin sloka käännettynä bengaliksi]. *Omaa täydellinen usko Jumalaan. Katso oma perheesi ja kaikki muut Jumalalle kuuluviksi, pidä heitä Hänen omana Itsenään. Kohtele heitä erittäin hyvin ja tunne kunnioitusta ja jumalrakkautta kaikkia kohtaan. Sinä olet hyväsydäminen. Vaikka kärsitkin, älä anna vihalle sijaa sydämessäsi. Mikään ei aiheuttaisi suurempaa onnettomuutta ja olisi synnillisempää kuin se. Olen läpikäynyt monia kärsimyksiä, mutta en ole sallinut vihan pesiytyä sydämeeni. Jumala suo onnen, jos käytät sävyisiä sanoja.*

January 30, 1952

Sananda Lal Ghosh
c/o Puri Ashram
Puri, India

Beloved Sananda:

I have received your recent letters about going to Puri and of the progress of the building of the temple there. I cannot begin to tell you how much this means to me. The work that you all are doing is of utmost importance -- and God will ever bless you for it.

The enclosed letter is for your information. When Prokas comes to Puri, please look into the matter fully and send me complete information about your findings. Please let Robinarayan see the enclosed letter also.

Olen vastaanottanut viimeaikaiset kirjeesi Puriin menosta ja sikäläisen temppelirakennuksen edistymisestä. En pysty edes kertomaan sinulle, kuinka paljon tämä minulle merkitsee. Teidän kaikkien tekemä työ on äärettömän tärkeää – ja Jumala tulee ikuisesti siunaamaan teitä siitä.

Mukana seuraava kirje on tiedoksenne. Kun Prokas tulee Puriin, ota täysi selko asiasta ja lähetä täydelliset tiedot huomioistasi. Näytäthän oheisen kirjeen myös Robinarayanille.

Rakkaudella
Hyvin vilpittömästi sinun

Paramahansa Yoganandan kirjeitä tekijälle

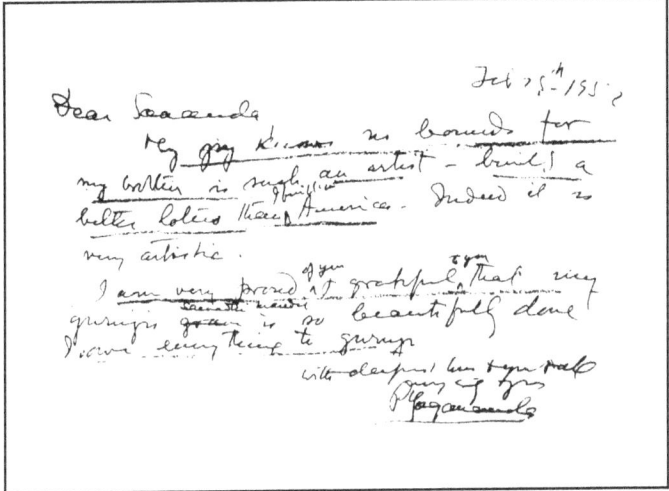

Iloni ei tunne rajoja siitä että veljeni on tällainen taiteilija – tekee paremman lootuksen kuin minkä minä rakensin Amerikassa. Se on todella hyvin taiteellinen.

Olen sinusta hyvin ylpeä ja kiitollinen sinulle, että Gurujini Samadhi Mandir on niin kauniisti tehty. Olen kaiken velkaa Gurujille.

Syvimmällä rakkaudella sinulle ja kaikille
Hyvin vilpittömästi sinun

> Dear one,
>
> Jul 28th, 1952
>
> Thank you for your letter and wonderful photographs. Please send photographs without the building platforms. The lotus is extremely wonderful befitting very artistic brother.
>
> I long for photographs - please take photographs of Yogoda Matt from all sides.
>
> Again say the lotus is beautiful & the temple very wonderful. [...]

Kiitos sinulle kirjeestäsi ja ihanista valokuvista. Ole niin hyvä ja lähetä valokuvia ilman rakennustelineitä. Lootus on äärimmäisen upea, kuten taiteelliselle veljelleni sopiikin.

Kaipaan valokuvia – ole hyvä ja ota valokuvia Yogoda Mathista kaikilta puolilta.

Sanon uudelleen, että lootus on kaunis ja temppeli erittäin hieno. [Lähetän] pian 100 dollaria.

Kun käyttäydyt muita kohtaan hyvin, sinun tulisi käyttäytyä samalla tavoin Parulia ja muita perheenjäseniä kohtaan. Elämä on alati virtaamassa pois – niinpä sinun tulisi ulottaa sydämellinen vilpitön käytös ja herttaiset sanat kaikille.

Siunauksia ja rakkautta

Otteita Paramahansa Yoganandan esitelmistä

*Tein muistiinpanoja monista Mejdan esitelmistä.
Seuraavassa on joitakin hänen korvaamattomia
ohjeitaan.* [1]

MITÄ "NISKAMA-KARMA" ON?

Nishkama-karma on joogien meditaatiossa suorittama *kriya* eli teko aivojen ja selkäytimen *chakroissa muladharasta* (joka sijaitsee selkärangan alaosassa) *ajna-chakraan* saakka (tämän sijainti on ydinjatkeessa eli medullassa ja kulmakarvojen välisessä kohdassa). *Nishkama-karma* on toiminta, joka suoritetaan vapaana halusta ja siksi se ei tuota karmisia seuraamuksia. Mieli puhdistuu tällaisen toiminnan kautta ja näin syntyy *atma-jnanaa*, sielutietoisuutta eli Itse-oivallusta. Ilman Itse-oivallusta kukaan ei pysty saavuttamaan Brahmanin, Hengen, autuutta.

Ihmisellä on oikeus toimia, mutta hänellä ei ole oikeutta tekojensa hedelmiin.[2] Hänen tulee oppia työskentelemään tuloksia kaipaamatta. Sellaista työtä kutsutaan *nishkamaksi*.

Toinen *nishkama-karma*-joogan nimitys on *buddhi*-jooga: yhteys Henkeen *buddhin*, puhtaan tai jumalallisen ymmärryksen, välityksellä. Kyvyttömyys käyttää ymmärrystä aineellisten

---

1 Nämä muistiinpanot Paramahansa Yoganandan esitelmistä Sananda Lal Gosh kirjoitti bengaliksi. Niitä englanniksi käännettäessä on monia sanskritin avainsanoja ja filosofisia termejä säilytetty, niin että lukija voisi jossain määrin nauttia ilmaisun sävystä, joka väritti Paramahansajin Intiassa pitämiä puheita. Sanskritin käännöksiä tai selityksiä on lisätty sulkeissa, jotta länsimainen lukija voisi helpommin ymmärtää tekstin ilman toistuvaa turvautumista alaviitteisiin. (*Julkaisijan huomautus*)

2 "Inhimillinen oikeutesi on toimia, mutta ei ajatella tekojen tuloksena olevaa hedelmää. Älä pidä itseäsi tekojesi hedelmien luojana, mutta älä päästä itseäsi kiintymään toimettomuuteenkaan." (Bhagavadgita II:47.)

velvoitteiden hoitamisessa johtaa epätyydyttäviin tuloksiin. Samoin *buddhia* on sovellettava ihmisen *sadhanaan* (hengellisiin harjoituksiin), tai muuten nuo teot tuottavat vajavaisia tuloksia. Haluamisella täyttyneet ihmiset kantavat halun taakkaa, joka on huoli ja pettymys. Niinpä todellinen jooga on kykyä toimia *buddhin* eli puhtaan ymmärryksen varassa; se pystyy tuottamaan täydellisiä tuloksia ilman noiden tulosten haluamista.

Tarkka keskittyminen jopa jokapäiväisiinkin asioihin opettaa mielen hallintaa. Kehon ja aistikiihotusten luonnolliset häiriöt saadaan pysymään kurissa. Kun mieli keskittyy *sahasraraan* ("tuhatterälehtiseen lootukseen", hengellisen heräämisen korkeimpaan keskukseen aivoissa), tietoisuus ylittää eksyttävät havainnot, joita ihmisillä tavallisesti on maailmankaikkeudesta, ja saavuttaa uudelleen jumaluuden: ykseyden Jumalan eli Kosmisen Tietoisuuden kanssa. Tätä ykseyttä kutsutaan nimellä *nirvikalpa samadhi*. Egotietoisuuden hävittyä ei ole enää "nauttijaa" ottamassa vastaan menneiden ja nykyisten hyvien ja pahojen tekojen seurauksia. Valaistuneen sielun *karma* on siis tuhottu.

Kun *jiva* eli pieni minä sulautuu *Paramatmaniin* eli suureen Minään, ei ole enää kaksinaisuutta, vaan ainoastaan ikuinen Ykseys. Menneestä ja tulevasta tulee alati läsnä oleva Nyt. Kun ihmisen ymmärrys kiinnittyy Jumalaan *samadhissa*, hän saavuttaa *tattva-jnanan* eli oivalluksen universumin todellisesta luonteesta Hengen ilmentymänä. Kun joogi on *samadhin* välityksellä ylittänyt halun kiinnittyä ulkoiseen maailmaan, hän säilyttää aina tietoisuuden siitä, ettei ole eroa luodun ja Luojan välillä, hänen ja Korkeimman välillä, olipa hän valveilla, unennäön tilassa tai syvässä unessa.

JIVANMUKTAN TILA: SIELU ON VAPAUTUNUT JOSKIN YHÄ RUUMIILLISTUNUT

"Hän jonka tietoisuutta ei järkytä koettelemusten ahdistus eikä kiinnittyminen onnellisuuteen suotuisissa oloissa; hän joka on vapaa maallisista rakkauksista, peloista ja vihan tunteista – hän on vakaata arvostelukykyä käyttävä *muni* (se joka pystyy sulauttamaan mielensä Jumalaan)" (Bhagavadgita

II:56). Tällainen valaistunut sielu, joka yhä elää maailmassa mutta ei ole kiinnittynyt maailmaan, ei ole ahdistunut eikä murheellinen, eikä hänellä ole aistinautintojen kaipuuta. Hän on *muni*, ihminen, jonka mieli on sisäistynyt ja ankkuroitunut kaikkitietävään *Paramatmaniin*, Korkeimpaan. Hän oivaltaa, että autuas Brahman läpäisee ja kyllästää kaiken. Niinpä hänessä ei ole sijaa inhimilliselle intohimolle, pelolle eikä vihalle. Tämä tila tunnetaan *jivanmuktina*, "vapautuneena elämän aikana".

Jivanmuktaa eivät kosketa syntymä tai kuolema, ja toisin kuin harhassa elävä ihminen, hän ei pöyhisty voitosta eikä sure menetystä. Häneen ei kaksinaisuuden jatkuva vaihtelu vaikuta.

Ihmisen mielen on oltava sisäänpäin kääntyneenä, jotta hän voisi tuntea sielunsa todellisen luonteen, autuuden. Kun ulospäin aineelliseen maailmaan suuntautuva, aistihavaintoja elävöittävän tietoisuuden ja energian virta käännetään sisäänpäin (joogan avulla), koetaan aistien alkuperä selkäytimen *chakroissa*. Tämä synnyttää erityisen haju-, maku-, tunto-, näkö-, ja kuulonautinnon. Ihminen oivaltaa, että kukin viidestä aistista ilmenee alkuperäisen luovan värähtelyn vaikutuksesta sen toimiessa viidessä alimmassa *chakrassa*. Kun energia ja tietoisuus vedetään selkäytimeen ja ylöspäin *chakrojen* kautta, kukin aisti sulautuu aina sitä seuraavaan astetta korkeammassa keskuksessa, kunnes jää jäljelle vain luova värähtely, *Aum*, aistien alkujuuri. Tämä ääni on Jumalan ilmenemismuoto Luojana, ja äänen vetämänä sielu keskittyy kokonaan *Paramatmaniin*. Kuten pöllö näkee selvästi yöllä mutta ei päiväsaikaan, samoin Brahmanin tuntija näkee vain Jumalan, ja hänen tietoisuuden silmänsä ovat sulkeutuneet luomakunnan harhaisilta aistimuskohteilta. Hän näkee Jumalan kaikkialla ja sen, että kaikki on Jumalaa. Hänelle ei ole olemassa mitään muuta kuin kaikkialla läsnä oleva Henki aineessa ja aineen tuolla puolen. Tämä on oivaltavan sielun perimmäinen kokemus. Se osoittaa *jivanmuktin* tilan saavuttamista.

KIINNITTYMINEN MAALLISEEN

"Aistimuskohteiden hautominen saa aikaan kiinnittymistä niihin. Kiinnittyminen tuottaa ikävöimistä; ikävöiminen tuottaa vihaa. "Viha poikii harhaa; harhan johdosta Itsen muistaminen katoaa. Oikean muistamisen kadotessa arvostelukyky rappeutuu. Siitä seuraa (hengenelämän) tuho." (Bhagavadgita II:62–63.)

Kun mielen taivas on tällä tavoin harhan pimentämä, jumalallisen viisauden valo ei pääse läpäisemään sitä valaistakseen tietoisuutta.

KARMA-JOOGA JA JNANA-JOOGA

Mielen asettaminen *pranaan pramayamaa* harjoitettaessa on (sisäistä) *karma*-joogaa, ja mielen asettaminen mieleen meditaatiossa on (sisäistä) *jnana*-joogaa. Mielen asettaminen *pranaan* merkitsee siis *kriyan* tekemistä. *Kriya*-jooga on sisäistä eli esoteerista *karma*-joogaa; se on *pranayaman* tekemistä ja *pranayama* on Jumalaan yhdistävää elämänenergian hallintaa. Harjoitettaessa *kriyaa* gurun ohjeiden mukaan *prana* (ja sen vuoksi mieli tai tietoisuus) vetäytyy aisteista ja läpäisee aivojen ja selkäytimen *chakrat* noustessaan ylöspäin ja asettuu *sushumnan* yläpäähän. (*Sushumna* on astraalinen selkäydin, joka ulottuu selkärangan alapäästä Hengen portille aivoihin.)

Mielen asettaminen mieleen (joka on sisäistä *jnana*-joogaa) tarkoittaa pyrkimystä tuntea *tattva* (eli saavuttaa oivallus) *shravanan* (kuulemisen), *mananan* (ajattelun) ja *nididhyasanan* (keskittymisen) avulla. Toisin sanoen mieli on kiinnittyneenä *ajna-chakraan* ja "keskittyneenä" *nadan* "kuulemiseen" ja "ajattelemiseen" eli meditointiin; *nada* on *Aum*-ääni, jonka lähde on Brahmassa, *sahasrarassa*.

Kun tietoisuus läpäisee *ajna-chakran* ja tulee kiinnittyneeksi *nishkriya Brahmapadaan* (Brahmanin paikkaan tai tilaan, joka on aktiivisen luomakunnan tuolla puolen), joogi saavuttaa *nishkaman*, halusta vapaan tietoisuuden aktiivitilan, jossa ei ole toimintaa. Niin kauan kuin on olemassa *pranan* liikettä, on olemassa *karmaa* eli toimintaa. Mutta kun joogi on paennut *para-padaan* (tietoisuuden "korkeimpaan paikkaan"), hengitys ja kaikki muut kuolevaisen kehon toiminnot keskeytyvät *samadhin* tilassa. Hänestä tulee *nishkarma-siddha*, ihminen, joka on saavuttanut jumalallisen valaistumisen toimimattomassa tilassa.

Kun mieli *kriyaa* harjoitettaessa hurmautuu kuuntelemaan *nadaa*, *Aum*-ääntä, jumalallisen nektarin kaltainen virta vuotaa *sahasrarasta*. *Kechari-mudran* harjoituksen myötä, kosketettaessa kielen kärjellä kitakielekettä eli "pikkukieltä" (tai vietäessä se nenäonteloon kitakielekkeen taakse), tuo jumalallinen elämänvirta vetää *pranan* aisteista selkäytimeen ja ohjaa sen ylös *chakrojen* kautta *Vaishvanaraan* (universaaliin Henkeen) yhdistäen tietoisuuden Henkeen. Näin koko keho hengellistyy ja energisoituu. Tuloksena on, että kehosta voi huokua havaittavaa hehkua.

Eristyneessä paikassa istuvan joogin tulisi sulkea korvansa käsillään ja harjoittaa *pranayamaa*. Oikealla korvalla kuunnellessaan kilvoittelija kuulee erilaisia ääniä, jotka virtaavat aivojen ja selkäytimen *chakroista*, kun hän kohottaa tietoisuuttaan ylöspäin selkäydintä pitkin. Ensin hän kuulee mehiläisen surinaa muistuttavan äänen, joka lähtee *muladharasta*, sitten huilumaisen *svadhishthanasta* tulevan äänen, ja sen jälkeen harppumaisen soinnun *manipura-chakran* kohdalla. Edistynyt hengellinen herääminen alkaa, kun hän on kohottanut tietoisuutensa kuulemaan selkäkeskuksen äänen, gongimaisen kellon äänen *anahata-chakrassa*. Tähän ääneen keskittymällä vihkiytynyt lopulta kuulee vielä korkeampien *chakrojen* äänen, kunnes ne sulautuvat *Aumin* äärimmäiseen puhtaaseen sointuun. Kun vihkiytynyt jatkaa meditointia, hän erottaa *kutasthan* jumalallisen valon sydämen kaksitoistaterälehtisen lootuksen (*anahata-chakran*) seudulla. Tämä valo on *Parabrahman*, ylimmäinen Herra. Kun joogin mieli virittäytyy Brahmaniin, hän löytää vapautuksen ja on sulautunut Jumalaan.

KARYA JA KARMA

Elämänvirran, *prana prabhavan*, ulosvirtaus pitää mielen aktiivisena aisteissa – havaitsemisessa, kokemisessa ja asioiden haluamisessa. Sitä kutsutaan *karyaksi*. Kun *prana prabhava* virtaa sisäänpäin, aisteista kohti sielua, tätä virtausliikettä kutsutaan *karmaksi*.[3] *Karya* on ulkonainen toiminto; *karma* on sisäinen toiminto.

Selittääksemme *karmaa* on tarpeen kuvata sen kolmea erikoislaatua: *karmaa*, *vikarmaa* ja *akarmaa*.

1) *Karma* on elämänenergian liike aisteista sielua kohti, yhdistäen lopulta *jivatmanin* (sielun) *Paramatmaniin* (Korkeimpaan eli Henkeen).

2) *Vikarma* on teko, joka rikkoo jumalallista kosmista lakia vastaan. Se aiheuttaa sielulle reinkarnaation yhä uudelleen. Se sysää liikkeelle tekoja, joiden seuraamuksia tullaan korjaamaan nykyisessä tai tulevassa elämässä.

3) *Akarma* on toiminnan lopettamista. Tämä tapahtuu, kun egotietoisuus sulautuu Itseen. Se tyyneys, joka seuraa tässä *atma chaitanyan*, sielutietoisuuden, tilassa, on *akarma* eli *nishkarma*. Toisin sanoen *pranan* siirryttyä *idan* ja *pingalan* hermojen kautta ja noustua *sushumnaan* eli astraaliselkäytimeen ja sielun tultua yhdistyneeksi Henkeen on saavutettu *akarman* (liikkumattomuuden) tila. Tässä yhteydessä ei ole egotietoisuutta eikä liioin ole olemassa kaksinaisuuden maailmaa. Tämä on *nirvanan* tila – ei "olemattomuutta", kuten monet ovat sitä virheellisesti tulkinneet, vaan Absoluuttista Tietoisuutta.

Karma auttaa *sadhakaa* (hengellistä kilvoittelijaa) vapautumaan *mayasta* (harhasta) ja vetää häntä kohti sielutietoisuutta.

[3] *Karma* juontuu *kri*-kantasanasta, 'tehdä', ja siten sillä on yleinen merkitys 'teko'. Laajemmassa mielessä se soveltuu myös niihin seurauksiin, joita ihminen korjaa teoistaan. Yllä olevassa kontekstissa se saa toisen erikoismerkityksistään, 'uskonnollinen riitti tai hengellinen teko' vastakohtana 'aineelliselle teolle' eli *karyalle*, joka myös tulee samasta juuresta, *kri*. (*Julkaisijan huomautus*)

Vikarma päinvastoin yrittää vetää häntä ulospäin, kohti aisteja ja aineeseen kiinnittymistä. Kun *kriya*-joogaa harjoitetaan säännöllisesti, *vikarman* voima heikkenee asteittain. Kun karma voimistuu ja *vikarma* menettää voimaansa, koetaan *samadhin* lyhyitä kausia. Näiden kausien kesto pitenee asteittain, kun *vikarma* on voitettu. Kun meditoiva kilvoittelija pystyy jäämään *samadhiin* pitkiksi ajoiksi, egotietoisuus häviää ja sielu juurtuu Henkeen. Vaikka joogi sitten ottaakin osaa ulkopuoliseen toimintaan, hän ei ole *vikarman* vaikutuksen alainen. Hän ei ole enää syyn ja seurauksen lain alainen. Hänen toimintansa vaikuttaa häneen yhtä vähän kuin jos mitään tekoja ei olisi tehtykään. Hänelle ei enää ole erotusta *karman* ja *akarman* välillä. Hän on ei-aktiivisesti aktiivinen ja aktiivisesti ei-aktiivinen. Tämä on *jivanmuktan* tila, sellaisen, joka on vapautunut jo eläessään. *Karma* lakkaa tässä *jnanassa*, puhtaassa tiedossa tai valaistumisessa.

MANAS (MIELI)

Mieli on ylitse aistien. Päättipä mieli mitä tahansa ja johdattipa se mille tielle hyvänsä, aistit seuraavat sitä. Koska aistit tottelevat mieltä, mielen puhdistaminen puhdistaa automaattisesti myös aistit. Jos siis mieli kohotetaan *muladhara-chakrasta sahasraraan* ja se virittäytyy yhteen sielun kanssa, mielen alempiarvoiset ominaisuudet hengellistyvät, ja tämän myötä aistien karkeus vähenee. Ja kun mieli lopulta sulautuu sieluun, mielestä ja aisteista tulee yhtä Brahmanin kanssa. Tämä on luonnon laki. Se tapahtuu itsestään, ilman tietoista ponnistusta, jos uskollisesti harjoitetaan *kriya*-joogan *pranayamaa* ja noudatetaan oikean käyttäytymisen lakeja.

Kun mieli on puhdistettu olemalla yhteydessä sielun kaikkitietävään viisauteen, *sadhaka* voi tietää kaiken mitä on tiedettävissä, suuntaamalla kysymyksensä sisäänpäin, *jnanaan*. Nämä tietoisuuden syvälliset muutokset vapauttavat sielun maallisista siteistä. Muutokset seuraavat *sadhanasta*. Itsensä oivaltaneet sielut antavat *sadhanan*. He tulevat maan päälle innoittaakseen ja opastaakseen Jumalaa etsiviä kilvoittelijoita paljastamalla ulkonaisen takana olevan totuuden. Kun epäilykset on karkotettu (suurien ihmisten viisauden ja henkilökohtaisen totuuden tunnon turvin), *sadhaka* saavuttaa täydellisen tietämyksen. Herra Krishna sanoo Bhagavadgitassa, että Jumala on mielen (*manaksen*) ja ymmärryksen (*buddhin*) tuolla puolen. Jos kilvoittelija yhdistää nämä kaksi Häneen, hänestä tulee yhtä Herran kanssa. Antaumus tulee *karmasta* (oikeamielisestä toiminnasta), ja antaumuksesta syntyy tietämys, oivallus.

KUTASTHA (HENGELLINEN SILMÄ)

Kun joogi suuntaa kahden silmänsä katseen *kutasthaan* (kulmakarvojen väliseen kohtaan) ja keskittyy syvästi, hän näkee valon. Valon keskukseen muodostuu pimeä täplä tai alue, joka tunnetaan nimellä *bhramari guha*.[4] Sitä ympäröivät loistavat säteet (*Aumin* luovan värähtelyn ilmentyminä), ja sitä suojaa kaksi vahvaa voimaa, *avarana* (verhomainen voima)[5] ja *vikshepa* (hajottava voima). Kun kilvoittelija yrittää keskittyä tähän ilmenemismuotoon, se katoaa: *vikshepa* saa hänen katseensa poikkeamaan suunnastaan ja hajottaa hänen tarkkaavaisuutensa, ja *avarana* heittää harhan hunnun hänen havaintokykynsä ylle. *Brahmacharyan* (itsekontrollin) harjoitus, pitäytyminen puhtaaseen ruokavalioon, irrottautuminen maallisista kohteista, mielen tasapainon säilyttäminen ja *kriya*-joogan *pranayama* lisäävät joogin *sattvan* (hengellisen tai elähdyttävän ominaisuuden) voimaa. Tämä luo suuren voiman *kutasthaan*, niin että joogi pystyy läpäisemään suljettujen silmien pimeyden. Kun hän sitten katsoo *bhramari guhaa*,

[4] Sanatarkasti luola (*guha*), joka on täytetty hunajalla (*bhramari*, viitaten tai liittyen mehiläiseen ja *bhramarin* tarkoittaen 'hunajasta tehty'); siten myös *amritan*, kuolemattomuuden jumalallisen nektarin, astia. *Bhramari* on myös Durgan nimi, Herran aspekti Jumalallisena Äitinä. Se merkitsee myös "pyörivä", viitaten tässä yhteydessä hengelliseen silmään, jonka valo näyttää pyörivän, kun se syvenee kullan ja sinisen valoisaan tunneliin, jonka keskuksessa on valkoinen tähti johtamassa Kosmiseen Tietoisuuteen. (*Julkaisijan huomautus*)

[5] *Varana*, sanasta *vri*, peittää, varjostaa, verhota, kätkeä; etuliite *a* merkitsee "verrattuna (huntuun)" tai "kuin (huntu)".

avaranan ja *vikshepan* voimat vähenevät ja "luolan" suu avautuu ammolleen paljastaen sisustan. Kultainen hohde lisääntyy tuhatkertaisesti. Pimeästä alueesta tulee *Kutastha Chaitanyan* (universaalin tietoisuuden, Kristus- tai Krishna-tietoisuuden[6]) loistavaa sinistä. Ja sen keskellä on Kosmisen Tietoisuuden kirkas tähtivalo. (Tämä kolmiyhteinen valo on hengellinen silmä, jonka kautta Henki on oivallettavissa ja jonka läpi tietoisuus kulkee yhdistyäkseen jälleen Jumalaan.) *Avaranan* ja *vikshepan* häviämisen myötä oivalletaan *dharma tattva* (sen Jumalallisen Alkuperusteen todellinen luonto, joka ylläpitää koko luomakuntaa).

Jumalaa ei ole mahdollista saavuttaa antautumatta Hänelle sen tiedon varassa, että Hän yksin on Tekijä. Kun aisteihin sidottu sielu lopulta sulautuu Jumalaan, orjuuttavien aistien elimet pysyvät automaattisesti aisoissa ja menettävät väärän voimansa.

Kun *kriya*-joogaa suoritetaan oikein, tunnetaan autuutta sisäisesti. Kilvoittelija saa suurta täyttymystä ja tyydytystä. Mutta jos *kriya*-joogaa suoritetaan väärin, ei koidu mitään tyydytystä ja etsijässä voi syntyä vastenmielisyyttä tai inhoa. Mutta sellaisen ärsytyksen ja mielenmasennuksen ei pidä sallia saada otetta, sillä ne ovat kilvoittelijan vihollisia ja suuria kompastuskiviä hänen polullaan kohti Itse-oivallusta. Jos hän pysyy lujana kaikista vaikeuksista huolimatta, hän löytää sielulleen tyydytyksen. Silloin mikään kehon tai mielen levottomuus ei voi synnyttää estettä hänen joogaharjoituksilleen.

SVADHARMA JA PARADHARMA

Sva merkitsee "itse". Todellinen minä on *atman*, sielu. Mikä on sielu? Se on *sat-chit-ananda*: ainaisesti oleva, ainaisesti tietoinen, ainaisesti uusi autuus. *Dharma* tarkoittaa ikuisia lakeja tai oikeudenmukaisuuden, olemassaolon, järjestyksen

---

[6] Kristus ja Krishna ovat sellaisen henkilön arvonimiä, joka ilmentää Hengen kaikkialla luomakunnassa läsnä olevaa tietoisuutta. (*Julkaisijan huomautus*)

periaatteita – sekä velvoitusta pitäytyä näihin periaatteisiin. *Svadharma* koostuu täten jumalallisista laeista ja velvoitteista, joita sielu noudattaa.

Para merkitsee "vastakohtaa". *Paradharma* on sitä mikä on vastakkaista *dharmalle*. Kun *dharma* on totuuden ja todellisuuden yhdistelmä, niin *paradharma* on *mayaa*, harhaa, joka peittää sielun todellisen luonnon ja sitoo sen kolmeen *gunaan* ja luomisen kahteenkymmeneenneljään *tattvaan*,[7] synnyttäen sielun autuuden sijaan egotietoisuutta rajallisine aistihavaintoineen.

Sanalla sanoen *svadharma* on sielun tie: ikuinen, autuas totuuden oivaltaminen, ja *paradharma* on sen vastakohta, aistien tie: maallinen tietämättömyys.

Gita sanoo: "On parempi kuolla suorittaen omia velvollisuuksiaan (*svadharmaa*); muiden velvollisuudet (*paradharma*) ovat tulvillaan pelkoa (ja vihaa)" (III:35). On parempi noudattaa sielun lainmukaisia velvollisuuksia, sillä sen myötä tulee pelastus. Jos joku kuolee suoritettuaan aisteihin sidottua toimintaa, hän on toistuvien syntymän ja kuoleman kiertojen alainen.

Arjuna kysyy Gitassa Herra Krishnalta: "Mikä on se voima, joka usein ikään kuin pakottaa tekemään pahaa?" (III:36). Kilvoittelija saattaa panna merkille, että hän suorittaa *kriya*-joogaa hyvin ja että hänen huomionsa on keskittynyt *kutasthaan*. Mutta äkisti mieli suistuu pakonomaisesti keskittyneisyyden tilastaan ja muuttuu levottomaksi. Hän kysyy itseltään: "Miksi tämä tapahtui? Kuka sen teki?"

[7] Kolme *gunaa* (luonnon ominaisuutta): *sattva* (kohottava), *rajas* (aktivoiva), *tamas* (pidättävä tai hajottava). Kaksikymmentäneljä *tattvaa* (näillä tarkoitetaan sitä hienoa "jotain", joka on niiden luomakunnassa olevien vastaavien ilmentymien takana) ovat ego (*ahamkara*), *buddhi* (ymmärrys), *manas* (mieli tai aistitietoisuus), *chitta* (tunne, tietoisuus), viisi aistia eli tietämyksen instrumenttia, viisi toiminnan instrumenttia, viisi alkutekijää (maa, vesi, tuli, ilma, eetteri) ja viisi *pranaa*, kosmista elämänvoimaa (kiteyttävä, aineenvaihdunnallinen, sulauttava, kierrättävä, poistava). (*Julkaisijan huomautus*)

Kama (halu) on toiminnan käyttövoima aineellisessa maailmassa. Kun halu estyy, viha kumpuaa esiin; halusta tulee vihaa. Halu on seurausta *raja-gunasta* (luonnon ulospäin suuntautuvasta aktivoivasta ominaisuudesta), ja koska se on pohjaton, se tuo murhetta. Aineelliseen kohdistuva halu ei koskaan tyydyty, sillä vaikka tuollaiset halut täytettäisiinkin, aistinautinnot eivät ole kestäviä. Niin kauan kuin mieli ei ole ankkuroitunut *ajna-cakraan pranayaman* harjoituksen avulla, *kama* vetää jatkuvasti tietoisuutta kohti aineellisuutta toimien usein niin hienovaraisesti, että kilvoittelija ei tajua "langenneensa". Tässä tietoisuuden alentumisessa *atmasta* tulee *manas* (mielen tietoisuus eli aistitietoisuus), joka on altis levottomuudelle. Kun tietoisuus laskee *anahata-chakran*, sydänkeskuksen, alapuolelle, se keskittyy kolmeen alempaan *chakraan* (*manipuraan, svadhishthanaan* ja *muladharaan*), ja näiden keskusten aisteja kiihottavat toiminnot nostattavat halua. "Kuten tulta ympäröi savu, kuten peiliä peittää tomu ja kuten kohtu suojaa sikiön, niin on se (Itse) halun verhoama – –. Viisaiden jatkuva vihollinen on halun sammumaton liekki, joka peittää viisauden." (Bhagavadgita III:38–39.) Näin vihollinen, pohjaton halu, estää aistien orjuuttamia olentoja saavuttamasta *atma-jnanaa* (jumalallista sielunviisautta).

Perimmäisenä päämääränä on yhdistää tuntija, tunteminen ja Se, mikä on määrä tuntea. Tuntija on *jiva* (tunteva sielu), tunteminen on sielun ymmärtävä voima ja Se, mikä on määrä tuntea, on *Paramatman*, Jumala. Kirjoituksia lukemalla ja palvonnan ulkonaisten muotojen avulla saavutettava Jumalan tunteminen on ulkokohtaista eli epäsuoraa tietämystä. *Layan* avulla eli Itsen sulautumisella Brahmaan joogameditaatiossa saavutettu tunteminen on subjektiivista tietämystä eli suoraa oivaltamista.

Halu on tuntijan ikuinen vihollinen. Se on kuin tuli. Tuli valaisee muita kohteita, mutta se ei itse ole valoa. Tuli ei voi palaa ilman että jokin sytyttää sen ja ruokkii sitä. Tuli jatkaa palamistaan niin kauan kuin sillä on jotain kulutettavaa. Loputonkaan määrä ainetta ei voi tyydyttää sen ruokahalua. Liekit päinvastoin leviävät edelleen. Samoin *kama* piinaa mieltä ja kasvattaa kaipuuta ja kiinnittymistä maallisiin kohteisiin. Mutta samoin kuin tuli sammuu itsestään, kun sitä ruokkivat kohteet ovat kuluneet loppuun, myös halu tukahtuu, kun sitä ei enää ruokita viehtymyksellä aineellisiin asioihin.

Aistit, mieli ja äly – näiden kolmen sanotaan olevan halun tyyssija. Aistien houkuttamana halu hämärtää älyn ja harhauttaa mielen. Meillä on tuntevina olentoina luontainen vetovoima aistien kohteisiin, sillä juuri niiden kaipuu saa meidät jälleensyntymään. Kuten märkä puu ei syty helposti, ei haluilla täyttynyt mieli tai äly valaistu *jnanalla* (puhtaalla tietämyksellä). Mutta kun aistit ovat hallinnassa, halu alkaa kuivettua ja sielun viisaus saa mielen ja älyn hallintaansa.

Vijnana on sitä tietämystä eli Itse-oivallusta, jonka saavat aikaan *shravana* (pyhiin kirjoituksiin sisältyvän totuuden kuuleminen), *manana* (sen mietiskely tai tajuaminen) ja *nididhyasana* (keskittyminen siihen, kunnes tulee yhdeksi tuon totuuden kanssa).

Bhagavan Krishna lausui: "Kieltäymyksen ja viisauden pyhittäminä, keskittyen täysin Minuun ja etsien suojaa Minusta ja hylättyään kiinnittymisen, pelon ja vihan monet saavuttavat Minun luontoni" (Bhagavadgita IV:10).

Jnana eli tosi tietämys on sielun oivallusta: "*Aham Brahmasmi* (Minä olen Brahma)", tai "*Tat tvam asi* (Sinä olet Se)." Ja kun ihminen istuu selkä suorana meditointiasennossa ja suuntaa *pranan* virran *kutasthaan* (kulmakarvojen väliin), tämä on todellista *tapasyaa*, hengellistä kurinalaisuutta tai harjoitusta, jolla hallitaan jumalallista sisäistä voimaa. Monet *jnanan* ja *tapasyan* turvin puhdistuneet sielut luopuvat kaikista maallisista kiinnikkeistä, pelosta ja vihasta ja oivaltavat autuaan Herran.

Kuten ihminen ajattelee, sellainen hän on. Mitä tahansa kilvoittelija ajattelee itsestään – vapaa, kahleissa jne. – tämä on sitä tietoisuutta, jonka kehoon samaistuva sielu omaksuu. Jos kilvoittelija harjoittaa *sadhanaa* vakaasti päättäneenä, että hän on oleva vapaa tässä elämässä, voiko häntä varten olla toinen maailma kuoleman jälkeen? Ei. Henkeen yhdistyneenä kuolemaa ei hänelle ole. Hänestä tulee ikuisesti elävä, kaikkialla läsnä oleva. Seuraa pelotta polkuasi oivaltamiseen. Tuhoa kaikki esteet. Ajattele itseäsi Itsenä.

Jos valkoista kohdetta katsotaan värillisen lasin läpi, kohde näyttää samanväriseltä kuin lasi. Samoin ihmiset arvioivat Jumalan luontoa oman kehitystasonsa mukaan. Huomatessaan, että jotkut ovat onnellisia ja toiset surullisia, viisautta vailla oleva ihminen syyttää Jumalaa epäoikeudenmukaisuudesta. Mutta Jumala ei ole luonut surua ja tuhoa tähän maailmaan. Miten siis vastata kysymykseen: "Mikä on syy?" Kirjoitukset sanovat: *"jivojen* (kehoon samaistuvien sielujen) toiminta." Kaikki tämän maailman erilaisuudet ovat tulosta hyvistä tai pahoista teoista, joita ovat panneet alulle eriluontoiset ihmisolennot. Kuten sadepilvi on yhteinen syy, joka saa erilaiset viljat kasvamaan, samoin Ishvara on kaikkien *devojen* (jumalten) ja ihmisolentojen *sadharan-karana* (yhteinen alkusyy). Mutta kuten pilvi ei tee viljasta hyvää tai huonoa, samoin ihmisolentojen erot johtuvat *asadharan-karanasta*, erityisestä (tai yksilöllisestä) syystä: heidän omista yksilöllisistä teoistaan.

Jos Jumala näyttää osoittavan erityistä suosiota palvojilleen, se ei johdu siitä, että Hän olisi puolueellinen. Hänen palvojiensa antaumuksellinen rakkaus vetää Häntä heidän puoleensa. Ne, jotka näkevät Jumalan kaikissa asioissa, kaikissa ihmisissä, kaikissa olosuhteissa, ja joiden ajatukset ja tunteet ovat kiinnittyneet yksin Häneen ja jotka ovat täynnään antaumuksellista rakkautta Jumalaa kohtaan, pitävät Häntä ainoana kyllin hyvänä. " – – sellaiset kokonaan omistautuneet palvojat ovat Minulle äärimmäisen rakkaita" (Bhagavadgita XII:20). Kun katsomme peiliin, näemme heijastumamme. Jos käännämme kasvomme poispäin peilistä, emme enää näe heijastumaa. Jos käännämme kasvomme poispäin Jumalasta, emme voi odottaa näkevämme Häntä tai vetävämme puoleemme Hänen suosiotaan. Herra Krishna sanoo: "Se, joka näkee Minut kaikessa ja näkee kaiken Minussa, ei kadota Minua näkyvistään, enkä Minä kadota häntä näkyvistäni" (Bhagavadgita VI:30). Ihmisen tilanne tässä elämässä heijastaa hänen edellisten elämiensä tekoja. Ihminen niittää sitä mitä on kylvänyt. Onko hän rikas vai köyhä, hurskas vai tietämätön, riippuu niistä voimista, joita hän itse pani liikkeelle edellisissä inkarnaatioissaan. Jumala pysyy iäti puolueettomana. Hänen armonsa on kaikkien ulottuvilla.

Kriya-joogi kohottaa *pranaa*, elämänenergiaa, selkäydintä ylöspäin sen sisintä kanavaa, *brahmanadia*, pitkin kohti *ajna-chakraa*. Mikäli tietoisuus säilyy tällöin keskittyneenä Jumalaan eikä joudu niiden vähäisempien hengellisten kokemusten lumoihin, joita avautuu *chakroissa*, jumaloivalluksen lisääntyvä autuus himmentää kaikki maalliset halut ja huvit. Mieli keskittyy lopulta lujasti *Taraka*[8] *Brahmaniin* eli Kosmiseen Tietoisuuteen. Joogi saavuttaa voittamattoman rauhan ja ankkuroituu iäksi Brahmaniin. Tiedä, että tämä on totuus, joka ei koskaan petä.

Kirjoitukset sanovat: "Kuinka *Parameshvaralla* (Korkeimmalla Hengellä) voisi olla mitään halua, kun kaikki kuuluu Hänelle. Hän on *apta-kama Purusha* (Olento, jossa kaikki halut ovat täyttyneet)." Jumala ei luonut universumia välttämättömyydestä; se on pelkästään Hänen *lilaansa*, jumalallista leikkiään. Kun *jiva*, tunteva sielu, ymmärtää *atma-tattvan* eli sielun todellisen luonnon, se oivaltaa ykseytensä *Parameshvaran* kanssa ja saavuttaa vapauden.

Mikä aiheuttaa kuoleman?

Pranan ja *apanan* keskukset (*prana* ja *apana* ovat kaksi *vayuta* eli elämänhenkäystä) ovat vastaavasti *ajnassa* (kulmakarvojen välisessä kohdassa) ja *muladharassa* (häntäluussa). *Prana* siirtyy selkäydintä ylöspäin *ajnaan* ja tuo kehoon hengitystä. *Apana* liikkuu selkäydintä alas häntäluuhun ja pakottaa hengityksen ulos. Tavallisessa tajunnantilassa niiden voimat tasapainottavat toisensa, ja sisään- ja uloshengitys pysyvät vakiona.

8 *Taraka*, 'tähti' tai 'silmän pupilli' – viittaus Jumalaan eli Kosmiseen Tietoisuuteen, joka koetaan kilvoittelijan tietoisuuden läpäistessä hengellisen silmän keskustähden. Tämä keskustähti on väylä Kosmiseen Tietoisuuteen. (*Julkaisijan huomautus*)

Mutta kun *apanan* virtaus ylittää *pranan* virtauksen, *apana* vetää hengityksen kehosta pysyvästi, ja seurauksena on kuolema.

"Niin kuin tuli polttaa kaiken puun tuhkaksi, oi Arjuna, niin viisauden tuli kuluttaa pois kaiken *karman*" (Bhagavad-gita IV:37).

Karma on syntymän ja kuoleman objektiivinen aiheuttaja. Karmaa on kolmea lajia, jotka ovat *prarabdha*, *sanchita* ja *kriyamana*.

Prarabdha karma tuottaa hedelmää nykyisessä elämässä, so. kehon ja sen tilat, jotka ovat seurausta menneen elämän teoista.

Sanchita karma on karmaa, jota kerääntyy ihmiseen, mutta se ei tuota hedelmää ennen kuin tulevassa elämässä.

Kriyamana karma merkitsee vastaisuudessa suoritettavaa tekoa eli vielä alkamatonta *karmaa*.

Kuten puu muuttuu tuhkaksi palaessaan, samoin *parabdha karma* ja *sanchita karma* tuhoutuvat, kun kilvoittelija saavuttaa Itse-oivalluksen. Täten tuhoutuneet mennyt ja nykyinen *karma* eivät pysty enää hallitsemaan tai alistamaan pyhittynyttä. Kun hän saavuttaa tämän valaistuneen tilan, *kriyamana karma* (mikä tahansa teko, jonka hän suorittaa sen jälkeen) ei voi vaikuttaa häneen, kuten vesikin virtaa pois lootuksen lehdeltä.

Bhagavan Krishna sanoi: "Vapautuneen olennon mieli on koskematon, viisauden vallassa. Mitään karmaa ei seuraa hänen teoistaan, jotka hän suorittaa vain *yajnana* (uhrimenoina)." (Bhagavadgita IV:23.) Kun joogin toiminta on suuntautunut meditaatiossa sisäänpäin ja hän keskittää elämänvoimansa ja tietoisuutensa aivojen ja selkäytimen keskuksiin (tämä on tosi *yajna* eli uhririitti), hän ylittää egotietoisuuden ja juurtuu Itseen, sieluun. Kaikki *karman* seuraamukset, olivatpa kuinka pahoja tahansa, häviävät täten automaattisesti. Jos ihminen ei hävitä *karmaa* tällä sisäisellä toiminnallaan, häneen kohdistuu hyvien ja pahojen tekojen vaikutukset. Tähän karmiseen sidonnaisuuteen jääminen on synti Itseä kohtaan. Viisaan mieli pysyy kiinnittyneenä *sahasraraan*, joka on kaksinaisuuden tuolla puolen. *Karman* seuraamukset eivät voi koskettaa tuollaista korkeaa olentoa.

Se joka on täynnä uskoa, joka tekee oikeita tekoja ja joka hallitsee aistinsa, saavuttaa todellista tietämystä ja onnea. Tämän *raja-*joogan (kuninkaallisen polun) avulla saavutettu Itse-oivallus on suurinta kaikesta tietämyksestä. Se tuottaa välittömiä hengellistäviä seurauksia: kun ihminen saavuttaa tämän muuttumattoman Itsen tuntemuksen, häneen ei enää vaikuta *parabdha* eikä *kriyamana*. Kun hän on täten vapaa harhan kahleista, hän onnistuu löytämään Jumalan Itse-oivalluksen välityksellä. Tämä ylivertainen tietämys on sen vuoksi parasta ja pyhintäkin pyhempää. "Tämä tietämys on tieteiden kuninkuutta, kuninkaallinen salaisuus, verraton puhdistaja, häviämätön valaistuminen ja *dharman* (ihmisen oikeudenmukaisen velvollisuuden) syvin olemus. (Joogan) keinoin sitä on helppo harjoittaa, ja tämä totuus on tunnettavissa suoran kokemuksen välityksellä." (Bhagavadgita IX:2.)

SAMSHAYA (EPÄILY)

"Tietämätön ja hän, jolta puuttuu antaumus, sekä epäilysten valtaama – he kaikki joutuvat häviöön. Epävakaa ei löydä onnea tässä maailmassa (maallista onnea), eikä seuraavassa (astraalista onnea) eikä korkeinta onnellisuutta (Jumalaa)." (Bhagavadgita IV:40.)

Epäily juontuu tietämättömyydestä. Se on suuri kärsimyksen aiheuttaja ja sen vuoksi se tulee karkottaa! Ihminen pystyy poistamaan epäilyn *purushakarin* (sielun vapaatahtoisen toiminnan) turvin. Ellei kilvoittelija tee tätä yritystä itse, kukaan muukaan ei kykene häntä auttamaan.

Kun *kundalini* on herätetty *raja-*joogan avulla, *shuddha buddhi* (puhdas ymmärrys) tulee esiin. Kaikki arvokas tiedetään välittömästi oivaltaen, ja epäily kukistuu. *Kundalini* on hienoenergiaa, joka piilee uinuvana *muladhara-chakrassa*. *Kundalini* herätetään gurun antaman *sadhanan* avulla, ja se nousee *sushumnaan* vapauttaen tietoisuuden aisteista ja maallisista kiinnikkeistä sekä yhdistäen minuuden Itseen. Tämä kehityskulku tunnetaan *dhyanana*, meditaationa.

MITÄ JOOGA ON?

Oi *sadhaka* (kilvoittelija)! Joogan polkua ei löydy taivaista eikä maan päältä tai maan alta. Polku on sisäinen. Jooga on *jivatmanin* (tuntevan sielun) yhteyttä *Paramatmaniin* (Henkeen), *naran* (ihmisen) yhteyttä *Narayanaan* (Luojaansa). Tämän sisäisen polun kompastuskiviä ovat himo, viha, ahneus, harha, ylimielisyys ja omahyväisyys. Joogi yhdistää sielunsa Jumalaan, kun hän ylittää nämä esteet joogameditaatiota harjoittamalla ja kohoten Itse-oivaltamiseen joogan kahdeksanosaisella polulla, jonka askelmat ovat: *yama*, *niyama* (oikean käyttäytymisen kiellot ja ohjeet), *asana* (asento), *pranayama* (elämänenergian hallinta), *pratyahara* (mielen sisäistäminen), *dharana* (keskittyminen), *dhyana* (meditaatio) ja *samadhi* (yhteys).

"Oi Arjuna, pysyen syventyneenä joogaan suorita kaikki teot hyläten kiintymyksen (niiden hedelmiin). Ole menestyksen ja tappion ulottumattomissa. Sielullista tasapainoa kaikissa toiminnan tiloissa (olipa tulos mikä tahansa) kutsutaan joogaksi." (Bhagavadgita II:48.) Kiinnitä tarkkavaisuutesi *kutasthaan* ja viivy aina *chidakashassa* (tietoisuuden sisäisessä maailmassa). Älä etsi tekojesi tuloksia, älä edes meditaation hengellisten toimien tuloksia. Hengitys muuttuu lopulta (*samadhin* tilassa) tyyneksi ja vihdoin hiljentyy. Myös mielestä tulee puhdasta tietoisuutta, kun se läpäisee *kutan* (otsassa olevan kohdan, joka on hengellisen silmän sijaintipaikka) ja sulautuu *vindu-sarobariin* (mystiseen pisteeseen, hengellisen silmän keskukseen, joka on pääsytie Kosmisen Tietoisuuden jumalalliselle lähteelle *sahasrarassa*). Tämä mielen tasapainotila tunnetaan joogana. Tätä tilaa ei voi määritellä sanoin.

YOGARUDHA

Edistyneen joogin aistit suorittavat toimintojaan hänen kehossaan, mutta hän ei samaistu niihin. Hän ymmärtää todellisen itsensä tahrattomaksi sieluksi. Tässä tietoisuudessa kaikki ruumiilliset ja aineelliset kiinnikkeet häviävät itsestään. Tämä on *yogarudhan* (joogaan kiinnittyneen) tila.

HARJOITA JOOGAA GURUN OHJEIDEN MUKAAN

Istu selkä suorana *kusha*-ruohoisella *asanalla* (meditointialustalla), joka on päällystetty kauriinnahalla ja jonka päälle on asetettu silkkivaate.[9] Tämä *asana* eristää kehon, niin ettei *kriyaa* harjoitettaessa selkäytimessä syntyvä vahva elämänvirta pääse ulos maan magnetismin vetämänä.

Jos yritetään kohottaa elämänvirtaa *chakrojen* avulla epätieteellisten menetelmien mukaan, joita opettavat valaistumattomat opettajat, tuloksena voi olla ruumiillista vahinkoa. Sellaista edistynyttä joogatekniikkaa kuin *kriya* tulisi harjoittaa todellisen gurun ohjeiden siunauksella. Pelkkä kirjatieto *kriyasta* ilman gurun siunausta voi johtaa vaikeuksiin. Mutta gurun antama ja hänen sisäisen johdatuksensa siunaama ohjeistus suo parhaat hyödyt, ihmisen iästä ja terveydentilasta riippumatta.

Joogaharjoituksia, mukaan luettuna *kriya*-jooga, tulisi tehdä hyvin tuuletetussa huoneessa, jonka lämpötila on kohtuullinen. Kovin kylmää tulisi välttää *kriya*-harjoituksessa.

Istu *kriya*-harjoituksen jälkeen pitkään meditoiden ja nauttien *kriyan* tuottamasta rauhasta ja onnesta. Jos nousee ylös heti *kriyan* jälkeen, on sama kuin potkaisisi sangon kumoon ja läikyttäisi maahan juuri lehmästä lypsetyn maidon.

UNITILA VASTAAN VALVETILA

Kirjoitukset kertovat, että niin pitkään kuin olemme maallisten ajatusten ja toimien pauloissa, olemme öin ja päivin "unitilassa". Mutta kun käytämme aikaamme Jumalan ajattelemiseen ja tämän maailman hetkellisyyden miettimiseen, olemme "valvetilassa". "Se, mikä on yötä (unta) kaikille

---

[9] *Kusha*-ruoho ja kauriinnahat ovat yleisiä *asanoita* Intiassa. Paramahansa Yogananda kuitenkin opetti, että silkillä päällystetty villainen huopa tai vaate tarjoaa samanlaisen eristyksen. (*Julkaisijan huomautus*)

luontokappaleille, on (valaistunutta) hereillä oloa itsensä hallitsevalle. Tavallisen ihmisen näennäinen valvetila on viisaan katsannossa todellisuudessa harhaisen unen tilaa." (Bhagavadgita II:69.)

TODELLINEN VAURAUS

Ainut todella varakas ihminen on se, joka on saavuttanut Itse-oivalluksen. Raha ja omaisuus eivät tee ihmistä rikkaaksi, sillä kuollessa ei voi viedä penniäkään mukanaan – kaikki on jätettävä taakse. Niinpä raha ja omaisuus eivät olekaan meidän todellista rikkauttamme. Itse-oivallus on ainut omaisuus, joka jää meille pysyvästi. Itsensä oivaltanutta eivät järkytä menetys, suru, sairaus tai kuolema, koska hänellä on jo Se, mitä ei mikään siihen lisätty tee enää suuremmaksi. Tämä jooga tai jumalayhteys määritellään käsitteellä *chitta vritti nirodha*.[10] Joogaa on harjoitettava horjumattoman sinnikkäästi ja täysin sille omistautuen. Kun tämä tavoite on saavutettu, ei ole enää mitään enempää tavoiteltavissa. Joogi on saavuttanut *kaivalyan*, *nirvanan*, täyden sielun vapauden.

Joogi oivaltaa Brahmanin juuri meditaation kautta. Mikään muu hyöty, ilo tai tietämys ei ylitä sitä, minkä saa Jumala-ykseydestä.

JOOGI

Herra Krishna sanoo Bhagavadgitassa: "Joogi on suurempi kuin kehonsa hallitseva askeetti, jopa suurempi kuin viisauden (*jnana*-joogan) tai teon (*karma*-jooga) polun kulkijat.

10 Patanjalin *Joogasutra* 1:2 "– – määritteli joogan 'tietoisuuden aaltoilun tyynnyttämiseksi' – – mikä voidaan kääntää myös: 'mieliaineksen muutosten lopettaminen'. *Chitta* on kokonaisvaltainen termi ajattelemiselle: siihen sisältyvät *prana* (elämänvoima), *manas* (mieli eli aistitietoisuus), *ahamkara* (ego) ja *buddhi* (intuitiivinen ymmärrys). *Vritti* (kirjaimellisesti 'pyörre') viittaa ihmisen tietoisuudessa koko ajan tapahtuvaan ajatusten ja tunteiden ailahteluun. *Nirodha* tarkoittaa neutraloimista, lopettamista, hallintaa." (Paramahansa Yogananda: *Joogin omaelämäkerta*, "Minusta tulee svamien sääntökunnan munkki". – *Julkaisijan huomautus*)

Rupea sinä, oi Arjuna, joogiksi!" (VI:46.) Niinpä siitä, joka on viisas, tulee joogi.

KUUSI AIVOT–SELKÄYDIN-AKSELILLA OLEVAA CHAKRAA

Aivot–selkäydin-akselilla sijaitsevat hienot elämän ja tietoisuuden keskukset käsittävät viisi *tattvaa* (aineen alkuvoimaista värähtelyä), jotka herätettyinä saavat ihmisen tietoisuuden ilmaisemaan universaalia tietoisuutta. *Prithivi tattva* (maan värähtely) ilmenee häntäluun keskuksessa (*muladhara-chakra*), *apas* (veden värähtely) ristiluun keskuksessa (*svadhishthana-chakra*), *tejas* (tulen värähtely) lantion keskuksessa (*manipura-chakra*), *vayu* (ilman värähtely) selän keskuksessa (*anahata-chakra*), *akasha* (eetterin värähtely) kaulan keskuksessa (*vishuddha-chakra*), *buddhi tattva* (ylieetterin värähtely) – jossa liikkuvat ajatukset ja elämänenergia – medullan ja *kutasthan* keskuksessa (*ajna-chakra*) ja *Samashti* eli *Hiranyagarbha* (Kosminen Olemus eli Brahma, Luoja) tuhatterälehtisessä lootuksessa (*sahasrara-chakra*), luovassa lataajassa, joka elävöittää alempien keskusten kaikki toiminnot.

Luonnon kolme ominaisuutta – *sattva* (kohottava), *rajas* (aktivoiva) ja *tamas* (estävä), joita nimitetään *guniksi* – ilmenevät vaihtelevassa määrin viidessä maan, veden, tulen, ilman ja eetterin perusvärähtelyssä. *Sattva* ilmenee, kun tietoisuus pysyy keskittyneenä hengelliseen silmään. *Rajas* ilmenee, kun mieli on selän keskuksessa, ja *tamas,* kun mieli on keskittynyt kolmeen alempaan keskukseen: lantion, ristiluun ja häntäluun keskuksiin.

MAYA (HARHA)

Herra Krishna sanoo Bhagavadgitassa: "On todella vaikeata ylittää jumalallisen kosmisen taikavoimani (*mayan*) vaikutusta; se on kolmen ominaisuuden kyllästämä. Vain se vapautuu, joka turvautuu Minuun." (VII:14.)

Se, joka palvoo Jumalaa kokosydämisesti antautuen ja turvautuu Häneen avuttoman ainoana apuna, vapautuu *mayasta* Hänen armonsa avulla.

Pelkkä kirjoitusten älyllinen tutkiminen ei luo Itse-oivallusta. Mutta yhdistymällä Jumalaan ehdottoman antaumuksellisesti omistautuen (eli *bhakti*-joogalla) kilvoittelija saavuttaa *niralamba samadhin* (mielen irrottamisen ulkoisesta maailmasta). Kun sielu kohtaa Jumalan, kaikki *mayan* siteet kirpoavat.

Samskara (taipumukset)

Syvä paneutuminen mihin tahansa ajatukseen tai toimeen vaikuttaa mieleen. Näistä vaikutuksista tulee taipumuksia. Ne ilmenevät helposti milloin tahansa ja varsinkin hermopaineen tai mielihyvän aikana. Taipumukset voimistuvat tajunnassa säännöllisesti toistamalla, ja niistä tulee tapoja. Nämä taipumukset hallitsevat paljolti jokapäiväistä käyttäytymistämme. Koska toistettu harjoitus jättää lujan jälkensä mieleen, on viisasta viljellä hyviä tottumuksia. Silloin hyvät tapamme tuovat jopa kuoleman hetkellä ajatuksia Jumalasta ja kohottavat tietoisuuttamme.

Avataarat

Paramartha-tattva (Korkein Olento tai Olemus) on jokaisessa ihmisolennossa, mutta *yogamayan* (harhan) takia näkymättömänä. "Tietämättömät, huomaamatta Minua kaikkien luotujen Luojana, ovat sokeita läsnäolollemi ihmisolennon sisimmässä" (Bhagavadgita IX:11). Tehdäkseen mieliksi puhdashenkisille palvojilleen ja saattaakseen oikeamielisyyden jälleen voimaan syntymätön, muuttumaton Herra myös inkarnoituu maan päälle *avataaroina* (täydellisinä, kokonaan vapautuneina olentoina), sellaisina kuin Rama tai Krishna. Hengellisesti sokea ei tunnista jumaluutta, joka on pukeutunut *avataaran* ihmishahmon *maya*-pukineisiin, eikä siis osaa oikealla tavalla kunnioittaa tuota jumalallista olentoa. Mutta vastaanottavaiset sielut näkevät tässä inkarnaatiossa transsendentin Hengen ja tätä hahmoa palvoen nauttivat ylimaallisesta autuudesta.

Nektaria sahasrarasta

Kun *sadhaka* (kilvoittelija) on *samadhissa, sahasrarasta,* tuhatterälehtisestä lootuksesta, vuotaa jumalallista nektaria, *sudhaa.* Palvojan maistaessa tätä nektaria hänen kehonsa puhdistuu ja täyttyy onnesta. Tämän kokemuksen kestäessä hän kuulee kaikkialle tunkeutuvan *Aum*-äänen (Jumalan luovan ilmentymisen kosmisena intelligenttinä värähtelynä).

Abhyasa-jooga

Herra sanoo: "Jos et kykene pitämään mieltäsi kokonaan Minussa, etsi sitten Minua joogaharjoitusten avulla" (Bhagavadgita XII:9). Jos kilvoittelijan tietoisuus ei menneiden levottomien taipumusten (*samskaroiden*) vuoksi pysy kiinnittyneenä Jumalaan meditaatiossa, hänen tulisi ajatella noiden hajottavien ajatusten arvottomuutta ja yrittää irrottaa itsensä niistä viemällä toistuvasti mielensä takaisin Jumalaan. Tätä toistuvaa ponnistusta keskittää mielensä Jumalaan kutsutaan *abhyasa*-joogaksi.

"Joogan (synnyttämä) viisaus on parempi kuin (mekaaninen) joogaharjoitus. Meditointi on suotavampaa kuin teoreettisen tiedon omistaminen. Tekojen hedelmien hylkääminen (on parempi) kuin (tehoton, hajamielinen) meditointi. Sellaista luopumista (tekojen hedelmistä) seuraa välittömästi rauha". (Bhagavadgita XII:12.) Tällainen kilvoittelija on mielihyvän tai kivun ulottumattomissa. Hänestä tulee iäti armelias, iäti tyytyväinen. Tämä on joogin pysyvä asenne. Hän on päättäväinen ja järkähtämätön, ja hänen mielensä ja arvostelukykynsä ovat alistetut Jumalalle. Hän näkee Itsen kaikessa. Joogin saavutettua tämän tilan *sadhanansa* avulla hänestä tulee Jumalalle rakas. Kirjoitukset sanovat, että tietämys on tarpeen niiden asioiden ymmärtämiseksi, jotka on määrä tuntea. Mutta kun oivallus syntyy, älyllistä tietoa ei voida pitää enää tarpeellisena. Kun Jumala on saavutettu, kilvoittelija ei enää tarvitse polkuja, jotka johtavat Hänen luokseen.

Otteita Paramahansa Yoganandan esitelmistä

Bhakti (antautuva rakkaus)

Mikään *sadhana* ei voi viedä ihmistä Jumalan luo ilman antautuvaa rakkautta. Ihmisille, joiden sydän on vailla antaumusta, Jumala jää kauimmaistakin kauimmaiseksi. Sen sijaan antaumuksellisille sieluille Hän on läheistäkin läheisempi. Kaiken läpäisevänä Hän asuu jokaisen olennon sydämessä. Hän on Absoluutin hiljaisuus ja luomisen liike, niin kaukana ja silti niin lähellä.

Erillään vaikutuksista

Jos olet asettunut tarpeeksi korkealle paikalle, kukaan ei pysty koskettamaan sinua alhaalta käsin. Sitä, joka pysyy koskemattomana, syrjässä *gunien* (luonnon kolmen ominaisuuden) toiminnalta, ei häiritse kaksinaisuuden vaihtelu. Ihmisen voidaan sanoa saavuttaneen *gunatitan* tilan (vapauden gunista tai niiden ulkopuolisuuden), jos hän on järkkymättömästi asettunut Itseen. Häntä eivät kosketa mielihyvä tai kärsimys, hän ei tee erotusta kiven ja kullan välillä, hän ei piittaa ylistyksestä tai moitteesta, hän säilyttää mielentyyneytensä menestyksessä ja tappiossa, ja hän kohtelee ystävää ja vihollista samalla tavalla. Hän on kuin *pankal*-kala. Vaikka se elää mudassa, muta ei tartu siihen.

Sielu

Jiva on Brahmanin yksilöllistetty kuva, kuten kipinä on tulta ja aalto merta. Kun *jiva* voittaa *mayan* Itse-oivalluksella, se saavuttaa jälleen Brahman-tilan. Mutta ilman Itse-oivallusta *jivan* täytyy inkarnoitua uudelleen *mayan* vaikutuksen alaisena, kantaakseen *karmansa* hedelmiä.

"Kun Herra (*jivana*) ottaa itselleen ruumiin, Hän tuo mukanaan mielen ja aistit. Kun Hän lähtee ruumiista, Hän ottaa ne ja menee, aivan kuin tuuli kuljettaa pois tuoksun sijoiltaan (kukista)." (Bhagavadgita XV:8.)

Kun sielu lähtee ruumiista kuolemassa, se jää joksikin aikaa astraalimaailmaan astraalisessa hahmossa. Kun sielu tulee äidin kohtuun syntyäkseen jälleen maan päälle, sen uusi fyysinen keho ei kohdussa hengitä omillaan, vaan äidin hapetetun veren välityksellä. Mutta heti kun lapsi syntyy ja hengittää omien sieraintensa kautta, sisäinen *pranan* virtaus liittyy ulkomaailmaan hengityksen siteen välityksellä. Tietoisuus vetäytyy ulospäin aineellisen maailman vetovoiman vaikutuksesta. Tunteva sielu nauttii silloin aineellisuuden kokemuksista tunnon, maun, näön, kuulon ja hajun avulla.

Aivan kuin käärme peittyy uudella vahvalla nahalla luotuaan yltään vanhan, juuri uudelleen syntyneen *jivan* lapsenkeho täyttyy energialla uutta elämäänsä varten. Sen jälkeen tuon kehon hermojärjestelmä vastaanottaa joka hetki, syntymästä alkaen, ärsykkeitä aisteilta. *Jiva* kokee niiden myötä mielihyvää tai tuskaa.

CHAKROJEN ASTRAALIÄÄNET

Kun mieli on kiinnittyneenä *kutasthaan*, *pranan* vahva virtaus nousee *chakrojen* kautta selkäytimessä ja synnyttää *ajna-chakrassa* ihmeellisen äänen, jota kutsutaan *nadaksi*. Se tunnetaan myös *panchajanyana*,[11] koska se on sekoitus ääniä, jotka viisi aivot–selkäydin-akselilla sijaitsevaa *chakraa* (*muladhara*, *svadhishthana*, *manipura*, *anahata* ja *vishuddha*) tuottavat. Sitä kutsutaan Sri Krishnan kotilonkuoreksi, koska se kuullaan *ajna-chakrassa*, *kutasthan* eli Krishna-tietoisuuden (tai Kristus-tietoisuuden) sijaintipaikassa. *Ajna-chakraan* ilmaantuu valo tämän äänen myötä.

Kun kuullaan *manipura-chakran* ääni yksinään, se on kuin *vinan* ääni (kielisoittimen ääni), jota sanotaan Arjunan *devadatta* (Jumalan antamaksi) -kotilonkuoreksi. Tämä on *tejatattvan* (värähtelevän tulielementin) keskus, joka tunnetaan nimellä *vaishvanara*.

11 *Pancha* tarkoittaa viittä; *janya* syntynyttä tai tuotettua.

"Minä olen elävien luontokappaleiden ruumiissa *vaishvanarana* (tulivoimana), ja *pranan* ja *apanan* välityksellä toimien minä sulatan neljällä tavalla syötyä ruokaa" (Bhagavadgita XV:14). Kun uhraa henkisesti ruokansa Jumalalle, joka asuu tässä keskuksessa nimellä Vaishvanara, välttyy ruoansulatusvaivoilta. (Toisin sanoen virittäytymällä Jumalan voimaan, joka yksin ylläpitää kaikkia kehon ja universumin toimintoja, saadaan ruumiillinen välikappale toimimaan täydellisen sopusointuisesti.)

Portti helvettiin

Himo, viha, ahneus – nämä muodostavat kolminkertaisen helvetin oven, ja niitä on kaikin keinoin vältettävä.

Ruumis on temppeli

Keho tulisi pitää puhtaana, koska se on sielun asumus, temppeli, joka on osa Jumalaa. Kun oivaltaa tämän, ei tee mitään pahaa ruumiillaan eikä mielessä.

Mikä on Ishvara?

Patanjali, joogan suuri edustaja, on määritellyt seuraavasti Ishvaran, Herran universumin hallitsijana: Hän on Persoona mutta eri kuin ihminen, ja jopa enemmän kuin vapautunut sielu. Vaikka Hän luo, nauttii ja on kaikessa läsnä, *maya* ei Häneen kajoa, eivätkä *mayan* tarkoitusperät häntä liikuta. Hän ei ole *karman* tai *samskaran* alainen. Puuseppä valmistaa puisia hevosia, elefantteja ja tiikereitä ja varustaa ne pyörillä (tehden näin karusellin). Ne pyörivät kehässä, kun puuseppä tönäisee niitä. Samoin *jivat* pyörivät jällensyntymisen kierroissa Ishvaran *mayan* vaikutuksen alaisina ja *pravrittinsa* ja *nivrittinsä* (aineellisten ja henkisten toimien) vetäminä. Vaikka katsoisi olevansa kuinkakin vapaa, on silti aina *mahamayan* vaikutuksen alainen ja jää sellaiseksi, kunnes vapautuu.

Gunat: sattva, rajas, tamas

Koko luomakunta – ihminen ja luonto – on kolmen *gunan* vaikutuksen alainen: *sattvan*, kohottavan, *rajasin*, aktivoivan, ja *tamasin*, estävän, inertian. Ihminen painuu *tamasin* (luonnon estävän ominaisuuden) vaikutuksesta tietämättömyyden yhä alemmille tasoille ja kärsii itse luomansa helvetin tuskaa. Mikäli hän ei nosta tietoisuuttaan *tamasin* voimien alta itseään vapauttavilla teoilla, hänellä on uudelleen synnyttyään demonisia taipumuksia – tai hän voi jopa syntyä eläimen ruumiiseen.[12]

Rajas vetää ihmistä perhe-elämään ja suorittamaan yhteiskunnallisia velvollisuuksia. Hän kokee vuorotellen hyvän ja pahan, kivun ja mielihyvän, menestyksen ja tappion, riippuen kulloisistakin toimistaan ja ajatuksistaan.

Sattva-gunan vaikutus kohottaa ihmisen tietoisuutta: hän tuntee vetoa uskonnolliseen toimintaan sekä hengelliseen kilvoitukseen ja lähestyy sitä myötä *mokshaa* (vapautumista).

Käyttäytymistämme ja erilaisia ominaisuuksiamme havainnoimalla pystymme sanomaan, mikä *guna* hallitsee elämässämme. Se, mikä *guna* vallitsee kuoleman hetkellä, ratkaisee jälleensyntymän laadun. Jos henkilö kuolee omaten sattvisen luonnon, hän kohoaa taivaisiin tai jälleensyntyy maan päälle hengelliseen ympäristöön. Jos *rajas* on vallalla, hän jälleensyntyy tavallisena ihmisolentona. Jos taas *tamas* pitää ylivaltaa, hän jälleensyntyy hyvin matalaan ihmiselämään eläimellisine taipumuksineen ja voi syntyä perheeseen, jota hallitsevat eläimelliset ominaisuudet. Jos hän on ollut hyvin paha, hän saattaa jopa saada syntymässä eläinhahmoisen elämän.

Ihminen on vapaa jälleensyntymien kierrosta vain kohotessaan *gunien* vaikutuksen yläpuolelle. Kuten puhdas vesi sekoittuu puhtaaseen veteen ilman merkkiäkään erilaisuudesta tai kuten suolasta tehty esine joutuessaan mereen syvyyttä

---

12 Taantuminen syntymään eläimen hahmoon tarjoaa väärintekijälle tilaisuuden vapautua joltain osin pahasta *karmastaan*, lisäämättä sitä tuona elinaikanaan. Koska eläin toimii vaistonvaraisesti eikä sillä ole vapaata tahtoa, se ei ole vastuussa teoistaan eikä näin ollen hanki *karmaa*.

mittaamaan tulee yhdeksi meren kanssa, samoin *gunat* ylittänyt sielu yhtyy Jumalaan.

Mieltä, joka on täyttynyt kolminkertaisissa *gunissa* syntyneistä haluista, täytyy hallita kohottamalla tietoisuus *nirvikalpa samadhiin*.[13] Palvoja saattaa harjoittaa ankaraa *tapasyaa* (uskonnollista pidättyvyyttä ja katumusharjoituksia) tuhannen vuotta. Hän saattaa ruhjoa kehoaan kivillä tai kävellä polttavalla roviolla tai heittäytyä täynnä nauloja olevaan kuoppaan tai katkoa jäseniään miekalla. Hän voi muistaa ulkoa kaikki *mantrat* ja Shivan ja Vishnun riitit. Hänen surunsa saattaa koskettaa itse taivaan kuningasta, Mahendraa. Tästä kaikesta huolimatta hän ei voi saavuttaa pelastusta, jollei vapauta itseään haluista. Niin kauan kuin hän riippuu kiinni haluissaan, hän tulee siirtymään helvettiin tai taivaaseen ja takaisin maan päälle. *Jiva* ei saavuta kestävää Hyvää ilman haluista vapaata kiinnittymättömyyttä kuolevaisia asioita kohtaan. Päästäkseen vapaaksi haluista ihmisen on tehtävä hengellisiä ponnistuksia Jumalan oivaltamiseksi ja vakiinnutettava itsensä *yogarudhan* tilaan (jossa hän on yhtä transsendentin sielun kanssa).

Kaikki aineelliset houkutukset on köytetty halujemme nuoralla, ja me olemme sotkeutuneet tuohon nuoraan. Kun sen katkaisee, kaikki houkutukset jäävät pois.

Istu *kriya*-harjoituksen jälkeen pitkään meditaatiossa, huomio kiinnittyneenä *kutasthaan*. Tavallisesti ulospäin keho-tietoisuudeksi virtaava sielutietoisuus kääntyy *kriyan* vaikutuksesta sisäänpäin. Silloin ulkonaisten kohteiden vetovoimasta vapaa mieli kokee ihmeellisen, sisäisen Hengen maailman. Kun huomio pysyy kiintyneenä *kutasthaan*, kaikki *gunien* synnyttämät kaksinaisuudet – mielihyvä ja kärsimys, kuuma ja kylmä – häviävät itsestään.

13 *Nirvikalpa samadhissa* joogi lakkauttaa viimeisetkin jäänteet aineellisesta eli maallisesta *karmasta*. Tämä on ylivertainen *samadhin* tila, jossa joogi liikkuu vapaasti maailmassa menettämättä lainkaan Jumala-oivallustaan.

AUM

Yksitavuinen sana *Aum* ilmentää Brahmania tai on sen symboli. Se on sopivin sana, jolla voi laulaa Herran nimeä, sillä se ei ole vain Häntä kuvaava sana; se on hänen ulkoinen ilmentymänsä luomakunnassa.[14] Brahman tulee oivalletuksi *Aumin* välityksellä. *Aumia* kutsutaan myös *pranavaksi* (pyhäksi tavuksi, jolla on värähtelevä tai värisevä sointi). Juuri se poistaa kaikki epäilykset, sillä yhteys *Aumiin* antaa todisteen Jumalan läsnäolosta.

Pranava-japa, *Aumin* vokaalinen tai mentaalinen laulaminen, on ymmärrettävä ja suoritettava asianmukaisesti, jotta se olisi hengellisesti hedelmällistä. Pelkkä sanan toistelu ilman ymmärrystä tai keskittymistä ei tuota tulosta. Oikea *pranava-japan* menetelmä on tosiaan kuulla *nada* (ääni) ja tulla sen kanssa yhdeksi keskittymisen avulla. Tämä täyttää *sadhakan* sisimmän jumalallisella hurmiolla.

Jumalan kolme puolta – Luoja, Ylläpitäjä, Tuhoaja – ja kaikki Hänen ominaisuutensa sisältyvät *Aumin* värähtelyyn. *Aumiin* keskittyminen on varmin keino Brahmanin oivaltamiseen. Kaikki pyhät kirjoitukset – *vedat, upanishadit*, Gita, *Bhagavata* – selittävät, että Jumala tulee tunnetuksi *Aumin* välityksellä.

Aum on paras vertauskuva niille, jotka haluavat palvoa persoonallista Jumalaa. Se on parempi symboli kuin pyhät kuvat, kuten Kalin, Krishnan ja muiden kuvat, koska Jumalan palvominen kuvana rajoittaa Hänet tuohon muotoon. *Sadhakalle* käy vaikeaksi ajatella tuon *ishtan* tuolla puolen olevaa Jumalaa, vaikka Jumala on tosiasiassa Henki. *Aum*-meditaatiossa tajunta laajenee tuon kaikkialla läsnä olevan värähtelyn vaikutuksesta, ja siihen kätkeytyvä Brahmanin henkiluonto

---

14 Värähtelevä Jumalan ilmenemismuoto luomakunnassa; Sana eli Pyhä Henki eli Amen: näkymätön jumalallinen voima, ainut tekijä, ainut liikkeellepaneva ja aktivoiva voima, joka pitää yllä koko luomakuntaa värähtelyn välityksellä. (*Julkaisijan huomautus*)

oivalletaan *Sat-chit-anandana* – ikuisena, aina tietoisena, alati uutena Autuutena.

KRIYA-JOOGA

Kriya-joogan polku vetää puoleensa vain niitä, jotka ovat hankkineet erittäin hyvän *karman* monien inkarnaatioiden hyvien töiden avulla. Siunattuja ovat ne, jotka ovat oppineet tämän tekniikan. Vaaditaan kahdeksan miljoonaa inkarnaatiota alemmissa elämänmuodoissa, ennen kuin sielu saavuttaa syntymän ainutlaatuiseen ihmisruumiiseen. Ja jos tietoisuus muuttuu hyvin eläimelliseksi ja täyttyy pahuudella, se tulee varmasti inkarnoitumaan jälleen eläimen muotoon, vaikkapa olisikin saavuttanut välillä ihmisen hahmon. Mistä sitten sielut tulevat inkarnoitumaan ihmisiksi? He ovat kehittyneet mineraalien, kasvien ja eläinten kautta kulkien alemmista korkeampiin eläinhahmoihin. Ihmissuvun populaatio täydentyy jatkuvasti tästä sielujen ylöspäin suuntautuvasta evoluutiosta. Vain ihmisolento on varustettu kyvyllä ilmentää luontaista jumaluutta. Niinpä onkin pyhäinhäväistys väärinkäyttää tätä sielun inhimillistä välikappaletta. *Kriya* nopeuttaa ihmisen sielun hengellistä heräämistä.

Kriya-jooga tulee oppia todelliselta gurulta, joka on oivaltanut Jumalan *kriyan* kautta. Kun sitä harjoitetaan gurun ohjeiden mukaan ja hänen siunauksellaan, menetelmä kohottaa oppilaan tietoisuuden hienojen aivot–selkäydin-akselilla sijaitsevien *chakrojen* kautta Jumalan oivaltamiseen. Mikäli *sadhaka* ei oivalla Jumalaa *kriya*-joogan kautta yhtenä elinaikanaan, hän vie harjoituksensa hyvät vaikutukset seuraavaan inkarnaatioon ja pääsee uudelleen *kriyan* polulle. Sitä *karmaa*, jonka myötä olemus syntyy, kutsutaan *sahaja-karmaksi*. Niinpä *kriya*-joogien *sahaja-karma* on se hengellinen edistys, jonka he ovat hankkineet pyhän *kriya*-tekniikan harjoituksen turvin edellisessä elämässään, sekä luontainen taipumus edistyä *kriyassa* nopeasti tässä uudessa inkarnaatiossa.

Mejda kysyi kerran minulta: "Luetko Bhagavadgitaa?"

"Silloin tällöin", vastasin, "mutta en täysin ymmärrä sitä."

Hän sanoi minulle: "Kysy gurudevaltani siitä, mitä et ymmärrä, tai tule minun luokseni."

Krishna sanoo Bhagavadgitassa: "Oi Arjuna! Miten ikinä ihmiset Minulle omistautuvatkaan, samalla mitalla (heidän kaipuunsa, heidän ymmärryksen asteensa ja heidän palvontatasonsa mukaan) Minä ilmoitan itseni heille. Kaikki ihmiset etsivät polkua luokseni etsimistavastaan riippumatta". (IV:11.) On monia Jumalan palvomisen tapoja: *namakirtana* (Hänen nimensä laulaminen), *malajapa* (rukouksen esittäminen rukousnauhalla), *abhyasa*-jooga (mielen palauttaminen meditaatioossa yhä uudelleen keskittymiseen), *kriya*-jooga ja niin edelleen. Sri Ramakrishna lausui, että kaikki uskonnot, kaikki todelliset polut johtavat Jumalan luo. Näin todellakin on, mutta jotkin tiet ovat pitkiä, toiset lyhyitä. Jos haluaa Kashmiriin, voi matkata härkävankkureilla, hevosvaunuissa, junalla tai lentokoneella. Lentokone on nopein. Siitä syystä kutsunkin *kriya*-joogaa "lentoreitiksi" Jumalan luo.

Kuinka täynnä maallista levottomuutta hallitsematon mieli onkaan, se voidaan puhdistaa ja saattaa hallintaan *kriya*-joogaharjoituksella. Miksi tämä hallinta on tarpeen? Jumala ei ota vastaan sellaisen uhrin rippeitä, jota on jo maisteltu. Kun palvoja antautuu haluilleen ja sitten uhraa Jumalalle sen pienen antautumisensa, joka on jäljellä, Jumala ei vastaa. Miten *kriya*-jooga sitten puhdistaa mielen, joka on täyttynyt monien inkarnaatioiden aikana kertyneistä haluista? Aivot–selkäydin-akselin keskellä on herkkä *sushumna*-käytävä, joka ulottuu *muladharasta sahasraraan*. *Sushumnan* kummallakin sivulla ovat *nadit* (hienot kanavat), joita sanotaan *idaksi* ja *pingalaksi*. Mieli ja energia ovat valvetietoisuuden aikana suuntautuneet ulos aineen maailmaan. Elämänvirta valuu silloin selkäydintä alas ja *chakrojen* kautta ulos aisteihin ja kehon kaikkiin elimiin ja hermoihin. Tämä ulosvirtaus aiheuttaa vetoa ja kaipuuta aineellisiin asioihin. Gurun antamaa *kriya*-joogatekniikkaa harjoittamalla selkäydin magnetisoituu ja vetää elämänvirran sisään *idaa* ja *pingalaa* myöten ja *sushumnaan*; elämänvirta nousee tätä hienoa kanavaa pitkin kunkin *chakran* kautta, jolloin ihmisessä herää hengellinen tietoisuus. Kaikki ajatukset ja itse tietoisuus sisäistyvät ja keskittyvät Jumalaan. Kilvoittelija kokee kuvaamatonta iloa ja tietämystä.

Himalajan sadhut meditoivat keho paljaana, jäällä istuen. Kuinka he pystyvät siihen? He kykenevät vetämään tietoisuutensa pois kehon aistimuksista. (Isämme kävi läpi tyräleikkauksen ollessaan 80 vuoden ikäinen. Hän kieltäytyi nukutusaineista. Hän pystyi sisäistämään tietoisuutensa ja irrottamaan sen kehosta monivuotisen *kriyan* harjoittamisen ansiosta. – *Tekijän huomautus*)

Gita sanoo: "Eivät todellakaan enempää *devat* (jumalat) kuin *danavatkaan* (jättiläiset) tunne Sinun näyttäytymisesi äärettömiä ilmenemismuotoja."[15] Kohdan on yleensä virheellisesti tulkittu tarkoittavan, että Jumalan tunteminen eli oivaltaminen ylittää kykymme. *On* mahdollista tulla yhdeksi Brahmanin kanssa, ja silloin ihminen tietää sen, mitä Brahman tietää.

Kaikilla äärellisillä asioilla on rajansa, mutta jumalallinen rakkaus on loputonta. Mitä enemmän koet tätä rakkautta, sitä enemmän juovut sen ilosta. Tämä ilo ei tunne rajoja. Se on alati uutta, alati lisääntyvää. Tämä autuus kasvaa hitaasti ja asteittain, kunnes Jumalan oivaltanut sielu viimein sulautuu täysin Häneen *sat-chit-anandan* ekstaasissa: ikuisesti kestävässä, ikuisesti tietoisessa, aina uudessa autuudessa. Sellaisten sielujen ei koskaan enää tarvitse inkarnoitua tähän vaivojen maailmaan. He pysyvät iankaikkisesti vaipuneina suurimpaan onneen.

---

15 X:14.

Paramahansajin vastauksia kysymyksiin

*Muistiinpanoista, joita tein Mejdan
vastauksista erilaisiin kysymyksiin*

Tuovatko rukoukset tuloksia? Jos näin on, miksi niin monet henkilöt eivät kuitenkaan saa vastauksia rukouksiinsa? Mikä on paras tapa rukoilla Jumalan vastauksen saamiseksi?

Jumala ei halua viallisia uhreja. Kun rukoilee mieli täynnä levottomia haluja, on kuin antaisi Jumalalle rippeet antautumisestaan. Rukouksia tulisi esittää *kriyan* harjoittamisen jälkeen, kun sydämen antaumus ja mielen tyyneys yhdistyvät, sekä vapaana halusta. Puhu Jumalalle sielusi kielellä, huuda hänen puoleensa. Silloin löydät Hänet ja saat hänen vastauksensa. Mikä ilo tuleekaan osaksesi! Sieluun virtaa loputonta oivallusta.

AKHANDA MANDALA KARAM
VYAPTAM YENA CHARACHARAM
TATPADAM DARSHITAM YENA
TASMAI SRI GURAVE NAMAH

"Oi Jumala, Sinä olet perimmäinen Syy; Sinä olet Totuus, Sinä olet läsnä kaikkialla ja kaikessa. Sinä olet Luoja ja kaiken elämän Ylläpitäjä ja Se, johon kaikki lopulta taas yhtyy."

["Uttara Khanda", *Skanda Purana*
("Gurugita"), *slokat* 148 ja 182]

On todellakin vaikeaa noudattaa Jumalaan johtavaa *sadhanaa* – kieltäymystä, *brahmacharyaa* (itsehillintää), *pranayamaa*, meditaatiota ja Jumalan oivaltamista *samadhin* avulla – koska ihmisellä on taipumus pyrkiä kohti maallisia kokemuksia. Mutta jos kilvoittelija kestää hengellisellä tiellä täydestä sydämestään, hän saavuttaa lopuksi suurimman tyydytyksen ja ylivertaisen ilon.

Itse-oivalluksen saavuttanut tuntee autuuden, jota ei voi verrata mihinkään tässä maailmassa. Hänen ilonsa ei riipu mistään kohteesta tai aistikokemuksesta. Se on vertaansa vailla olevaa onnellisuutta, jota ei voi sanoin kuvata. Sellainen ilo tunnetaan *sattvik-anandana* (puhtaana autuutena).

Rabindranath Tagore on kirjoittanut: "Sydämeni syvässä turvapaikassa, missä opin tuntemaan Sinut, kaikki on hiljaista, liikkumatonta – sanat eivät voi sitä ilmaista."

Tämä maailma ja kaikki siinä on *asatia*, ei totta, epätodellista. Meille näytetään joka hetki sen tilapäinen luonne: isä menettää ainoan poikansa, vaimo menettää miehensä. Siltikään silmämme eivät aukea. Mielemme askartelee kiireisenä mitä turhimpien asioiden parissa paljastaen, miten matalamielinen ihmisluonto on.

"Oi Bhagavan, poista tietämättömyytemme. Hävitä kaikki maalliset halumme. Osoita meille tie (*sushumnan* joogareitti) pelastukseen. Herätä meidät harhasta kultaisen valtikkasi meitä muuttavalla kosketuksella. Vedä meidät lootusjalkojesi juurelle ikuiseen antaumukseen. Ja ennen kaikkea, vapauta meidät harhan kaikista esteistä: poista lumoavan illuusiosi voima.

"'Taivas, maa ja koko luomakunta ovat tulleet Sinusta, ja Sinun olemukseesi ne jälleen sulautuvat. Herätä meissä tietämys, että Sinä olet Korkein, ainut Todellisuus. Anna meidän alati muistaa tämä.' [*Taittiriya upanishad* 3:1.]

"'Kaikki olennot elävät Sinun armostasi, ja tuon armon turvin jopa sokea voi nähdä, mykkä voi puhua, halvaantunut voi nousta vuorelle. Kumarran Sinulle ja muistan Sinua aina.' [*Bhavishya Purana*.]

"'Aurinko, kuu, tähdet, salamointi, tuli – Sinun säteilysi tekee kaikki nämä kirkkaiksi. Juuri Sinun valosi valaisee koko maailmankaikkeuden, ja elää meissä kaikissa ikuisesti.' [*Katha upanishad* 2:2:15.]

"Sähkö pyörittää raitiovaunuja, junia ja tuulettimia sekä valaisee hehkulampun. Mutta jos virta on poissa päältä, nämä mekanismit lakkaavat toimimasta. Samoin Sinä, tavalliselle ihmiselle näkymätön voima, elävöität meitä. Ilman Sinua ei olisi mitään. Mutta koska Sinä olet, olen minäkin olemassa. Sinä olet elämäni. Pysyköön tämä ylin tieto ainiaan sisimmässäni. Niin kauan kuin tässä ruumiissa on elämää, anna silmäni katsoa Sinua; anna mieleni kääntyä Sinun puoleesi, kuten kompassin neula kääntyy aina kohti Pohjantähteä.

"Poista kaikki harhan esteet, niin että vetäessäni viimeistä henkäystäni tässä elämässä viisauden silmäni voisi olla kiinnittyneenä Sinun valoosi sisimmässäni, mieleni ankkuroituna Sinuun, sieluni tarrautuneena Sinun jalkoihisi."

Omaksu tämä viisaiden joogalaulu:

> Niin kauan kun kehossasi on elämää,
> tee *sadhanasi*, palvo Herraa;
> muutoin, kun kuolema sinua kutsuu,
> et osaa tarttua ajatuksissasi Häneen.

> Jos jätät tämän maailman
> harhaiset ajatukset mielessä,
> ne palaavat kanssasi, sitovat sinua uudessa
> inkarnaatiossa.

> Tee *sadhanasi* nyt,
> tai maalliset halut eivät sinua jätä
> viimeisenä päivänäsi.

Ne ajatukset, jotka ovat vallalla kuoleman koittaessa, voivat tuoda ihmiselle joko pelastuksen – jos ylin kaipuu on Jumalan puoleen – tai jälleensyntymän. Jos on täynnä maallisia haluja, nuo ajatukset tarttuvat astraalikehoon ja vievät sielun takaisin uuteen maanpäälliseen inkarnaatioon. Menneiden tekojen ja täyttymättömien toiveiden kokonaissumma ratkaisee, millaisen ruumiin saa, ja määrää uuden inkarnaation yleisen luonteen. Aivan kuten valtavan bananinpuun hahmo on kätkössä pikkuruisessa siemenessä, joka odottaa suotuisia olosuhteita itääkseen, tai kuten äänilevyn äänet ovat näkymättömissä sen urissa odottaen vain neulan kosketusta tullakseen kuuluviin, niin myös astraalikehon mukana kulkeutuneet menneen elämän taipumukset tulevat ilmi uuden inkarnaation hahmossa.

Kun ruumis on tuhkattu kuoleman jälkeen, ruumiiton sielu ajattelee: "Minne menisin? Missä ovat isä, äiti, veljet ja sisaret?"

Muistakaamme Tagoren sanat:

> Kun jätämme vanhan kehomme asunnon,
> pohdimme pahoin aavistuksin: mikä minua odottaa?
> Me unohdamme, että Sinä olet uudessa
> niin kuin olit vanhassa.
>
> Kun ihminen tuntee Sinut,
> ei ole mitään vierasta;
> esteitä ja pelkoja ei ole.
> Anna minun nähdä Sinut aina –
> Sinut, joka leikit kaikessa.
>
> [*Gitanjali*]

> TVAMEVA MATACHA PITA TVAMEVA
> TVAMEVA BANDHUSHCHA SAKHA TVAMEVA
> TVAMEVA VIDYA DRAVINAM TVAMEVA
> TVAMEVA SARVAM MAMA DEVADEVA
>
> Sinä olet Äitini,
> Sinä olet Isäni.
> Sinä olet Ystäväni,
> Sinä olet viisauteni ja ymmärrykseni –
> Sinä olet kaikkeni.
>
> ["Pandavagita", "Anushasanaparva", *Mahabharata*]

On sanottu, että kun yöperhonen näkee torakan, se täytyy niin suuresta pelosta ja uppoutuu niin kovasti ajattelemaan torakkaa, että se muuttuu seuraavassa elämässä itsekin torakaksi. Samoin mekin keskittämällä ajatuksemme Jumalaan voimme itse tulla muutetuksi Brahmaniksi.

Meidän tulisi aina ajatella:

> AHAMATMA NA CHANYOASMI
> BRAHMAIVAHAM NA SHOKABHAK
> SACHCHIDANANDARUPOAHAM

NITYAMUKTASVABHAVAVAN

"Olen Henki, en mitään muuta.
Olen aina oleva, aina tietoinen, aina uusi ilo; en kärsi enkä murehdi.
Olen luonnostani ikuisesti vapaa."

[Adi Shankaracharya: *Brahmanuchintanum* (Brahmanin meditointia), *sloka* 7]

Tagore lausuu:

Anna minun ottaa jalkojesi tomua; älä lähetä minua pois.
Tarraudun lootusjalkoihisi ikuisesti: elämässä, kuolemassa, ilossa ja surussa.

["Geetabitan", *Puja*, sloka 104]

"Herra, minulla ei ole muita kuin Sinä. Yksin sinä olet turvani. Sinulla on monia palvojia, mutta minulla on vain Sinut. Suo minulle vilpitön kaipaus ja antaumus, joka pitää mieleni alati Sinun jalkojesi juurella. Sinä olet Yksi ja Ainosyntyinen kaikessa. Ota pois jokainen harhan kompastuskivi. Tee minusta *jivanmukti*, vapaa kaikesta synnistä ja harhasta.

"Haluan sulautua Sinuun, kuten suolasta tehty kuva, joka yritti mitata meren syvyyttä ja tuli itse mereksi."

Kun istun harjoittamassa kriya-*joogaa, levottomat ajatukset valtaavat mieleni tehden keskittymisen vaikeaksi. Kuinka voin ylittää tällaisen?*

Mejda pyysi minua tuomaan lasillisen vettä ja vähän multaa puutarhasta. Hän sekoitti mullan veteen ja asetti mutavettä sisältävän lasin eteeni.

"Näethän, että vesi on mutaista", hän sanoi, "mutta näetkö yksittäisiä multahiukkasia?"

"En näe", minä vastasin.

"Odotapa nyt hetki."

Pian näin multahiukkasten asettuvan lasin pohjalle. Vesi oli hitaasti kirkastumassa. Hetken päästä kaikki multa oli laskeutunut ja vedestä oli tullut taas läpinäkyvää.

Sitten Mejda selitti: "Monet ajatukset värähtelevät jatkuvasti tajunnassamme. Kun istuudumme meditoimaan, huomaamme mielen olevan hämärtynyt tästä rauhattomuudesta. Pian yksittäiset ajatukset erottuvat, kuten multahiukkaset laskeutuvat vedessä. Mutta älä luule tulevasi yhä levottomammaksi juuri siitä syystä, että tulet tietoiseksi näistä ajatuksista! Odota kärsivällisesti. Jatka *kriyan* harjoitusta päättäväisesti. Aikanaan nuo ajatukset asettuvat ja tietoisuutesi kirkastuu kaikesta levottomuudesta."

Puhut usein Parama Jyotista *(Korkeimmasta Valosta). Kuinka voimme nähdä tämän valon?*

Kun edistynyt *sadhaka* irrottaa tietoisuuden ja hienot elämänvirrat (*pranan*) aisteista ja keskittää ne *kutasthaan*, Jumalallinen Valo voi tulla näkyviin. Tämä valo on väriltään kuin nouseva aurinko. Sen loisto ja voima vastaavat miljoonia aurinkoja, ja silti sen hohde on kylmää kuin kuun. Tämä valo ilmentää neljättä ulottuvuutta, eikä sitä voi rajoittaa. Onnekkaita ovat ihmiskunnan joukoista ne harvat, joilla on hyvä *karma* vastaanottaa *kriya*-tekniikka. Sen avulla Jumalan valo paljastuu.

Mikä on metafyysisessä mielessä ruoan tehtävä kehossa?

Ruoka on elämänvoiman värähtelyn karkea ilmentymä. Se osuus, joka on liian karkeaa kehon käytettäväksi, muuttuu kuonaksi. Kehon elämänprosessien kanssa sopusoinnussa olevat ruoan värähtelyt ruokkivat kudosten, veren ja luiden soluja. Ruoan hienommat värähtelyt ravitsevat henkistä toimintaa.

Mitä on synti?

Synti majailee pahoissa ajatuksissa ja haluissa eikä yksistään väärissä teoissa. Jos *kriyaa* harjoittaessasi mieleesi nousee epäpyhä ajatus, heitä se välittömästi pois. Sellainen joogi säilyy vapaana synnistä, joka suorittaa *atmadharman* (sielun velvollisuudet) ilman tekojensa hedelmien kaipuuta. Pidä kurissa aistilliset taipumukset; pane syrjään kaksinaiset nautinnon ja kivun, onnen ja surun, hyödyn ja tappion, voiton ja häviön ajatukset. Aistinautintoihin takertuminen pimentää mielen ja sumentaa todellisen Itsen, sielun, valon. Bhagavan Krishna kehottaa Bhagavadgitassa Arjunaa tulemaan *nirdvandvaksi* (vapaaksi kaksinaisuuksista), *nityasattvasthaksi* (alati tasapainoiseksi, *sattvan,* hyvyyden ja hengellisyyden omaksuneeksi), *niryogakshemaksi* (vapaaksi omaisuuden hankkimisesta tai sen säilyttämisestä) ja *atmavaniksi* (kiinnitetyksi Itseen).[1]

Sushumnassa on *brahmanadi,* sisin kanava, jonka kautta tietoisuus nousee Henkeen. *Brahmanadin akasha* eli hieno "tila" on *nityasattva* (puhtain hyvyys tai hengellinen ominaisuus, joka on pysyvä ja muuttumaton). Kun tietoisuus saavuttaa tämän tilan, Jumalan ääretön siunaus on lähellä. Kaksinaiset voimat, kuten kuumuus ja kylmyys, nautinto ja kärsimys, neutraloituvat, ja *jivatmanista* eli *hansasta* (sielusta) tulee *nityasattvastha,* ylimmän hyvyyden omaksunut. Läpäise *kuta* ja asettaudu *sahasraraan* ja ole siten *atmavan,* ainaisesti Itseen liitetty.

Jooga tarkoittaa Saavuttamattoman saavuttamista ja *kshemaa,* sen pitämistä, minkä on saavuttanut. Niinpä *niryogakshema* merkitsee tässä Gitan säkeessä (II:45) sitä, ettei pidä olla kärkäs saamaan sitä, mitä ei ole määrä hankkia, eikä takertua sellaisiin hankintoihin, jotka on jo hankittu.

Krishna lausuu edelleen: "Ole *nistraigunya,* vapaa kolmista luonnon ominaisuuksista, jotka sitovat sielun harhaan." Tämä merkitsee, että pitää peruuttamattomasti asettaa mielensä ja tietoisuutensa Brahmaniin. Kun on vetänyt tietoisuutensa *ajna-chakraan* ja läpäissyt (hengellisen silmän kautta) *kutan,* joka on *sahasraran* portti, *gunien* aktivoiva voima ei enää yllä ihmiseen. Tähän asti uinunut *sahasraran* sielutietoisuus avautuu

1 *Traigunyavishaya veda / nistraigunyo bhava Arjuna / nirdvandvo nityasattvastho / niryogakshema atmavan:* "*Vedat* selittävät *gunien* kolmea universaalia ominaisuutta. Oi Arjuna, vapauta itsesi kolmista universaaleista ominaisuuksista ja kaksista vastakohdista! Aina tyynenä, hautomatta saamisen ja säilyttämisen ajatuksia, asettaudu Itseen." (Bhagavadgita II:45.)

kuin lootus säteillen *jnana-jyotia* (jumalallista valaistumista). Tässä viisauden valossa kaikki – menneet, nykyiset ja tulevat asiat – ovat sielun tiedossa. *Mayan* ylittäneestä *atmanista* tulee yhtä Maheshvaran, Korkeimman Herran, kanssa.

Jalat ja koko keho kangistuvat toisinaan pitkän meditointijakson aikana, kun verenkierto heikkenee. Mitä joogi voi tehdä estääkseen tämän?

Mahamudra on selkärankaa venyttävä *asana*, jota on paikallaan tehdä ennen *kriya*-harjoitusta. Sitä voi suorittaa jälleen pitkän meditaation aikana tai sen jälkeen. *Kriya*-joogan opettamalla tavalla suoritettuna *mahamudra* on *asanan* ja *pranayaman* yhdistelmä. Se piristää verenkiertoa ja selkärankaan suotuisasti vaikuttavana jakaa elämänvoimaa tasaisesti kaikkialle kehoon. Niinpä se vaikuttaa hyvällä tavalla – paremmin kuin muut harjoitukset – hermoihin, verisuoniin, lihaksiin, sydämeen ja niveliin, pitäen kehon täysin elinvoimaisena ja terveenä sekä vahvistaen sen pitkiä meditointijaksoja varten. Muut *asanat* (*hatha*-joogan asennot) eivät ole tähän tarkoitukseen yhtä tehokkaita. Niinpä sitä pidetään *asanoista* parhaana, ja sitä sanotaan *mahamudraksi* (suureksi asennoksi).

Mitä merkitsevät sat *ja* asat?

Sat on todellisuus, olemassaolo; *asat* on sitä, mikä on epätodellista, olemattomuutta. Kaikki aikaan ja paikkaan rajoittuva on *asatia*, olemattomuutta. Jos siis jokin on olemassa täällä mutta ei missään muualla, se on rajoittunut paikkaan. Ja jos jokin on olemassa nyt mutta ei ole olemassa menneisyydessä eikä tule olemaan tulevaisuudessa, sitä mitoittaa aika – niinpä se on *asatia*. Aalto vyöryy valtamereltä ja nauttii tilapäisestä olemassaolostaan hetken, mutta itse valtameri on todellinen substanssi. Samoin ajan ja paikan suhteellisuuksille alttiina oleva luomakunta ei voi olla kaikkialla läsnä oleva tai kuolematon. Siksipä luomakuntaa sanotaan *asatiksi* – olemattomuudeksi. Vain Henki – josta käsin luomakunta ilmenee – on *sat* eli todellinen, sillä vain Henki on olemassa kaikkialla ja kaikkina aikoina.

Miten selittäisit kriya-*harjoituksen hyötyjä?*

Muinaiset viisaat tajusivat intuitiivisesti elämän ja Hengen välisen yhteyden ja kehittivät *kriya-*joogan sieluntieteen. Salli minun esittää yksinkertainen selitys: Jos on jatkuvasti pahan henkilön seurassa, ihmisestä itsestäänkin tulee paha; toisaalta hyvän henkilön seura tekee hyväksi. *Sadhaka* haluaa tulla vapaaksi kaikista haluista, paitsi kaipuusta Jumalaa kohtaan. Millä tavalla voimme sitten oleilla seurassa, jossa ollaan vapaina haluista ja jossa ajatukset keskittyvät Jumalaan?

Syntymän hetkestä aina kuolemaan asti luonto saa meidät suorittamaan *pran-kriyaa* eli hengitystoimintoa. Tämä prosessi ylläpitää elämää ja sitoo sielun ruumiiseen. Se käy automaattisesti, ilman tietoista haluamista. *Kriya-*joogaharjoituksessa liitämme itsemme elämänprosessiin emmekä kehoon: hengityksestä, elämänenergiasta ja tietoisuudesta tulee yhtä. Niinpä yhdistämällä tekniikan jo ennestään automaattiseen hengitystoimintoon *kriya-*harjoituksen avulla vapaudumme vähitellen samaistumisesta kehoon ja sitä myöten haluista. Täytymme äärimmäisestä ilosta. Miksipä siis emme valjastaisi tätä täydellisen luonnollista prosessia Jumalan löytämiseen?

(Kuinka selkeä ja yksinkertainen Mejdan selitys onkaan; se on sellainen, mitä ei voi koskaan unohtaa.)

Mikä merkitys on Aum-*mantralla, jota laulamme jokaisen chakran kohdalla?*

Aum tunnetaan *pranavana* eli pyhänä äänenä, joka on Ishvaran nimi; se on Hänen äänensä ja symboli Hänen läsnäolostaan värähtelevässä luomakunnassa. Absoluutti on luotaamaton ilman jotakin ääntä, kohdetta tai ajatuskulkua Hänen määrittämisekseen. *Aum* on pyhin symboli, joka on käytettävissä Jumalan tuntemiseksi. *Aumin* värähtely sisältää kaikki käsitykset Hänestä ja kaikki Hänen ilmenemismuotonsa. Mikään muu mantra tai vertauskuva ei suo suurempaa tyyneyttä eikä mielen virittäytymistä Jumalaan. Tämän pyhän Nimen laulaminen johtaa Jumalan oivaltamiseen.

Mikä on sielun luonne?

Sielun luonne on autuutta, mutta joku voi kysyä, miksi sitten ihmisellä on niin paljon murhetta. Sielu näyttää olevan kuin sisäisesti ristiriitainen johtuen *avidyasta* (yksilöllisestä harhasta tai tietämättömyydestä). Toisaalta sielun ymmärretään olevan kaksinaisuuden vastakohtien yläpuolella. Sielu on itsesyntyinen mutta se ei kuitenkaan ilmene. Se on ikuisesti vapaa, mutta näennäisesti kahleissa. Eikö sielu olekin kiehtova paradoksi?

Tämä *atman* on valkoista säteilyä, mutta erilaista kuin mikään fyysinen valo. Se ei luovuta lämpöä eikä luo varjoa. Sitä ei kosketa mikään kokemus. Se ei näe eikä kuule, mutta se on silti kaikkitietävä ja kaikkioivaltava kaikkiallisen *kutastha*-tietoisuuden ansiosta.

Atman on *sat-chit-ananda*: aina olevainen, aina tietoinen, aina uusi ilo. *Manas* eli kehoon sidottu tietoisuus on riippuvainen aistinelimistä ja ympäristön ärsykkeistä. Sielu ei käytä näitä hyväkseen. Vaikka sielu näyttää olevan käsityskyvyn ulottumattomissa, on olemassa keino saavuttaa oivallus Itsestä. Kysymyksessä ei ole kirjoitusten lukeminen tai niiden kuunteleminen tai niiden totuuksien älyllinen ymmärtäminen. Sen sijaan joogille, joka palvoo Jumalaa puhtaalla antaumuksella, Herra ilmoittaa itsensä, ja palvoja oivaltaa pienen *atmanin* osaksi *Paramatmania*.

Krishna opettaa Gitassa: "Tämä sielu, pohjimmiltaan Hengen heijastuma, ei koskaan käy läpi kuoleman kauhuja tai syntymän kipuja, ja tunnettuaan kerran olemassaolon, se ei koskaan lakkaa olemasta. Tämä sielu ei syntynyt koskaan; se elää ikuisesti ilman, että muutoksen *maya*-taikavoima vaikuttaisi siihen. Sielu on ikuisesti muuttumaton, vaikka ruumis käy läpi hajoamisen kiertoja."[2] Sielu asuu ruumiissa kuten aurinko hohtaa veteen ja vedessä, mutta kun vesi kuivuu,

---

2 II:20.

aurinko jää ennalleen. Kun oivallamme sielun ykseyden Brahmanin kanssa, saavutamme vapauden niistä kaksinaisuuksista, jotka tuovat nautintoa ja tuskaa.

Kaikella luodulla on alkunsa; ja kolmen *gunan* vaikutuksen alaisena luotu joutuu käymään läpi muutoksia ja kuolemaa. Koska sielu on Hengen olemusta, luonnon ominaisuudet eivät vaikuta siihen ja se on niin muodoin ikuinen ja muuttumaton. Vaikka se majailee ruumiissa, siihen eivät vaikuta keholliset kokemukset. Gita selittää: "Kuten kaikkialle leviävä eetteri on hienoutensa vuoksi tahrautumaton, samoin on Itse ikuisesti tahraton, vaikka onkin sijoittunut kaikkialle ruumiiseen."[3] *Atman* on ainaisesti puhdas Itse. Luonnon toimintoihin sekaantumatta se on silti aineessa, luontokappaleissa, ihmisissä, demoneissa ja *devoissa* asuva intelligenssi ja elämä.

Mitä sielulle tapahtuu, kun ihminen kuolee?

Bhagavan Krishna sanoo Gitassa: "Kuten ihminen, joka hylkää rääsyiset vaatteensa ja pukeutuu uusiin, niin myös kehon kotelossa viipynyt sielu hylkää rappeutuneen fyysisen asunnon ja astuu uuteen ruumiiseen."[4]

Miten sielu ilmenee?

Aineellisessa maailmassa ei ole mitään korkeampaa, jalompaa, puhtaampaa kuin sisimmässä asuva sielu. Se on kehossa loistava ikuinen elämänpuu (jumalallinen valo ja tietoisuus hienoissa aivojen ja selkäytimen keskuksissa). Brahmaniin yhtyneenä *atman* on kaikkiallinen, sanoin kuvaamaton, käsittämätön, rajoittamaton ja muuttumaton, vakaa, korkein ja ääretön.

Olen kuullut, että joogan sadhana *antaa hengellisiä voimia sen harjoittajalle. Mitä nämä voimat ovat?*

[3] XIII:33.
[4] II:22.

Niitä sanotaan *siddheiksi* eli *aishvaryoiksi*, ja niitä on kahdeksan:

1) *Anima:* voima tehdä kehosta (tai mistä tahansa) pienempi, jopa niin pieni kuin atomi.
2) *Mahima:* voima suurentaa keho mihin kokoon tahansa.
3) *Laghima:* voima tehdä kehosta painoltaan kevyempi, jopa painoton.
4) *Garima:* voima tehdä kehosta painava.
5) *Prapti:* voima saavuttaa kaikki toivottu.
6) *Prakamya:* voima tyydyttää kaikki halut tahdonvoimalla.
7) *Isitva:* voima tulla kaiken herraksi.
8) *Vashitva:* voima hallita kaikkea luomakunnassa.

Nämä kahdeksan *siddhiä* saavutetaan joogaa harjoittamalla. Valaistunut joogi saavuttaa nämä voimat, ja hänestä tulee *jivanmukta*, sellainen, joka on vapautunut elämänsä aikana. Vapautuneena sieluna ja kuoleman kukistajana hän pyhittää elämänsä ihmiskunnan ylevöittämiseen. Yhtenä esimerkkinä sellaisesta valaistuneesta olennosta on kuolematon Mahavatar Babaji, joka on antanut *kriya*-joogan *sadhanan* sielujen vapautumiseksi maallisista kahleista. Myös Trailanga Swami ja oma rakas guruni Swami Sri Yukteswar sekä paramguru Lahiri Mahasaya osoittivat hallitsevansa nämä *siddhit.* Patanjali puhuu voimista joogan tuloksina, ei päämäärinä.

Tahtoisitko kertoa Bhagavadgitan loistavuudesta ja siitä, miten sen opiskelu auttaa meitä?

Suuri viisas Vyasadeva [kirjoittanut *Mahabharatan*, josta Gita on yksi osa] on selittänyt: "Kaikki upanishadit ovat lehmiä. Krishna on lypsäjä. Arjuna on vasikka. Ja Gitan ylivertainen nektari on maito. Viisaat juovat tätä nektaria." Kumarrun Herra Krishnan eteen, joka suostui tulemaan Arjunan ajajaksi ja antoi hänelle ja koko ihmiskunnalle Gitan kuolemattoman sanoman. Ne, jotka haluavat ylittää harhan valtameren, voivat tehdä sen turvallisesti Gitan viisauden arkissa. Gita on kaikkien kirjoitusten ydin ja pelastuksen tie kaikille ihmisille. Se sisältää *jnanan, bhaktin* ja *karman* – viisauden, antaumuksen ja oikean toiminnan – perimmäiset käsitteet sekä *Parabrahmanin* käsitteen niin läsnä olevana kuin transsendenttinä.

Gitaa ylistetään eri tavoin [hindulaisissa] kirjoituksissa:

Kylpeminen Gitan vesissä poistaa maailmalliset epäpuhtaudet – –. Se, joka lukee Gitaa pyhässä temppelissä, pyhiinvaelluspaikassa tai pyhän virran rannalla, saa osakseen hyvää onnea – –. Mikään paha ei kohtaa taloa, jossa palvotaan Gitaa – –. Tahalliset tai tietämättömyydestä johtuvat synnit annetaan anteeksi sille, joka lukee Gitaa – –. Joogit, *rishit* ja jumalat suojelevat tässä elämässä ja sen jälkeen ihmistä, joka noudattaa Gitaa – –. Gitan pyhien nimien laulaminen poistaa ihmisen synnit ja suo viisautta ja *siddhejä* (voimia) – –. Kuoleman hetkellä: Jos lausuu luvun tai jopa *slokan* Gitasta, saavuttaa *para-padan* (korkeimman paikan, lopullisen vapautumisen); suurikin syntinen pelastuu, jos lukee tai kuuntelee Gitaa. Gitan kosketus ansaitsee kuolevalle paikan Vaikunthassa (Vishnun taivaassa), Vishnun riemullisessa seurassa. Kuolevan lähelle asetettu Gita varmistaa hänelle hyvän jälleensyntymisen ja uudessa elämässä alttiuden seurata Gitan opetuksia ja löytää pelastus. Pelkkä sanan "Gita" lausuminen tekee kuolevasta hyveellisen – –. Gitan lukeminen *shraddhan* (hautajaisten muistoseremonian) aikana tuo iloa ruumiista poistuneelle sielulle ja kohottaa tuon sielun taivaaseen – –. Jos lukee Gitaa ennen yritykseen ryhtymistä, ponnistuksista tulee hedelmällisiä ja pahalta suojattuja – –. Herra sanoo: "Gita on Minun sydäntäni ja olemustani, Minun muuttumatonta tietämystäni, Minun asumispaikkaani, Minun äärimmäisiä salaisuuksiani ja *dharmaa*, jonka myötä ylläpidän kolmea maailmaa." – – Vedoihin, lahjanantamiseen, pyhiinvaelluksiin ja palvontamenoihin perehtyminen tai luostarilupausten pitäminen ei miellytä Bhagavania siinä määrin kuin Gitan lukeminen – –. Vedoista ja *puranoista* kerätty tietämys muuttuu hedelmälliseksi ainoastaan lukemalla Gitaa antaumuksella.

Kaikki kirjoituksista edellä lainattu on ilmoitusta Gitan totuuden voimasta. Jotta nuo siunaukset toteutuisivat, pitää kuitenkin olla yhteydessä tuohon totuuteen antaumuksella, uskolla ja virittäytymällä siihen sisäisesti. Pelkkä Gitan lukeminen tai kuuleminen tai palvominen on hedelmätöntä ilman vastaavaa sisäistä kokemista. Kirjoitusten lupaukset Gitan siunauksista ovat metaforisia kehotuksia kilvoittelijoille omaksua itse sisimmässään Gitan vuoropuhelu sielun ja Hengen välillä. Tällä tavoin *sadhaka* suorittaa todellista jumalanpalvelusta, vastaanottaa valaistumisen ja sitä myöten saavuttaa pelastuksen.

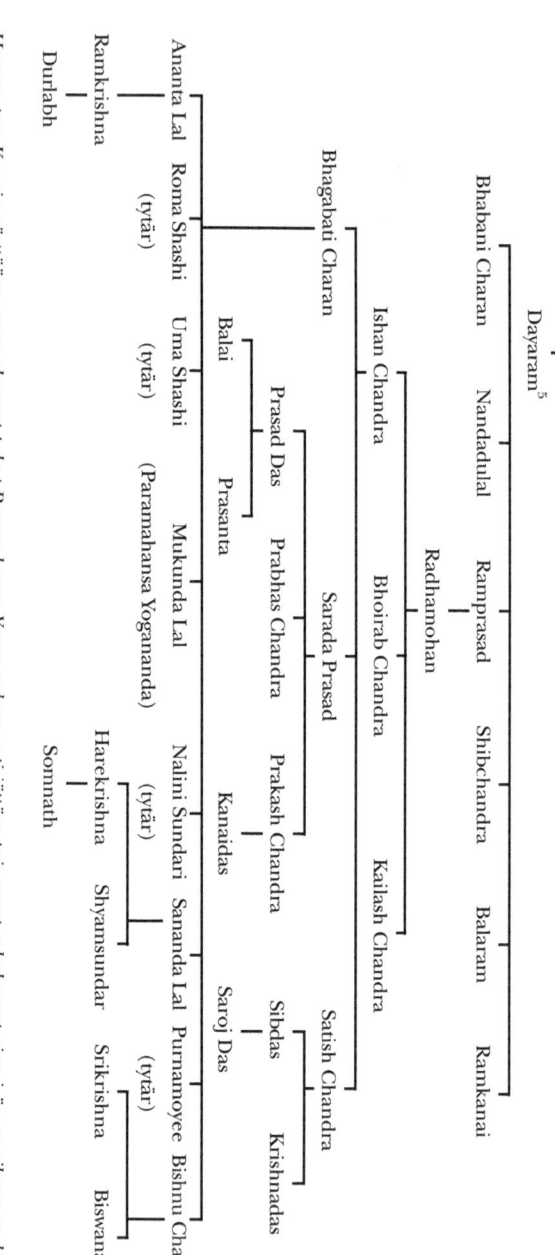

Huomautus: Kaavio näyttää suoraan alenevat polvet Paramahansa Yoganandaan asti jättäen pois muut sukuhaarat aina isämme aikaan saakka. Myös tyttäret on jätetty pois Paramahansajin lähiperhettä lukuun ottamatta, koska heidän jälkeläisensä eivät kanna Ghoshin suvun nimeä.

Yllä numeroitujen viitteiden selitykset annetaan seuraavalla sivulla.

SUKUKAAVIO

Paramahansa Yoganandan (Mukunda Lal Ghoshin) suku
Dakshin Rarhi[1]
Etelä-Rarhin Ghoshin suku

Makaranda[2]
├── Purushottam
└── Subhasita
    └── Bhabanath
        └── Mahadeb
            └── Gabo[3]
                └── Prabhakar
                    ├── Bibhakar
                    │   └── Mandhir
                    │   ├── Purandar
                    │   │   └── Padmanabha
                    │   │   ├── Heramba
                    │   │   │   └── Durjyodhan
                    │   │   │   └── Paramananda
                    │   │   ├── Jagannath
                    │   │   └── Krishna
                    │   ├── Balaram
                    │   │   ├── Alangkar
                    │   │   ├── Kritibas
                    │   │   └── Sarbananda
                    │   ├── Bhanu
                    │   │   ├── Anirudra
                    │   │   └── Sridhar
                    │   ├── Hangsa
                    │   │   ├── Raghunath
                    │   │   └── Bhoirab
                    │   ├── Tapan
                    │   │   └── Kulapati
                    │   ├── Madhu
                    │   └── Madhab
                    └── Nishapati[4]
                        ├── Ushapati
                        └── Prajapati
                            └── Bir

[1] *Dakshin Rarhi* on Ghoshin suvun nimi sekä heidän perintömaansa nimitys. Purushottam Ghosh, Makaranda Ghoshin poika, asettui Etelä-Rarhiin (Lounais-Bengaliin) kuningas Adisurin pojan käskystä. Hänet tunnettiin siitä lähtien *Dakshin Rarhina* (Etelärarhilaisena), ja hänen jälkeläisiään nimitettiin Etelä-Rarhin Ghoshin suvuksi.

[2] Makaranda Ghosh oli Uttar Pradeshin Kannaujin aristokraattisen *Saukalin Gotran* (klaanin) *kshatriya* Pohjois-Intiassa. Hän oli maharishi (suuri tietäjä) Saukalinin jälkeläinen; maharishi oli *Saukalinin* klaanin perustaja. Makaranda itse oli 11. vuosisadan arvostettu tiedemies. Hän asettui Bengalin kuninkaan Adisurin pyynnöstä Bengaliin auttamaan kuningasta alueen hallinnon uudistamisessa ja kansan hyvässä hallinnossa.

[3] Gabo Ghosh oli kuninkaan palveluksessa Saptagramissa Hooghlyn alueella Bengalissa kuningas Vijay Senin hallitessa 11. vuosisadan lopulla.

[4] Nishapati Ghoshille kuningas Ballal Sen soi *kshastriyan* kastissa korkean yhteiskunnallisen arvoaseman, "kulinin" (korkein arvo jossakin kastissa). Nishapati asettui kuninkaan nimittämänä Hooghlyn alueen Arambaghin Balin kylään Bengaliin – jolloinkin vuosien 1122 ja 1139 välillä – tehtävänään yhteiskunnallinen palvelus kuninkaan puolesta. Nishapati Ghoshin perustama yhteisö tunnetaan nimellä "Bali Samaj" (Balin yhteisö).

[5] Dayaram Ghosh asettui kahdeksannentoista vuosisadan puolivälissä Bengalin Ichapuriin – 24-Parganasin piirikuntaan. Tämä oli Ghoshin suvun perintökoti, kunnes brittihallitus otti vuonna 1918 maan haltuunsa lunastaen sen suvulta (Dayaramin kolmannen polven pojilta, mukaan lukien Bhagabati Ghosh, Paramahansa Yoganandan isä) hallituksen asetehtaan laajennuksen tarpeisiin. Siitä eteenpäin nuo Dayaramin jälkeläiset asettuivat vaihtelevasti Kalkuttaan, Seramporeen ja Howrahiin.

KIRJOITTAJASTA

Sananda Lal Gosh (1898–1979) oli Paramahansa Yoganandan veli ja lapsuuden toveri. Hänen syvä uskonnollisuutensa ja luova henkensä sai monipuolisen ilmaisun taiteilijana, valokuvaajana, mekaanikkona, arkkitehtina, muusikkona ja vihdoin kirjailijana. 1950-luvun lopussa hän maalasi kuuluisan Nobel-palkitun runoilijan, Rabindranath Tagoren, muotokuvan, joka saavutti maailmanlaajuista tunnustusta. Vuosien varrella hän tuotti satoja – ehkä tuhansia – valokuvamuotokuvia kunnioitetusta veljestään tämän oppilaille ympäri maailmaa. Samalla väsymättömällä omistautumisella hän työskenteli tämän kirjan käsikirjoituksen parissa; kirja valmistui vähän ennen hänen kuolemaansa vuonna 1979.

PARAMAHANSA YOGANANDA:
Joogin omaelämäkerta
(Autobiography of a Yogi)

Teoksessa esitetty merkittävä elämäkerta on taustana syvälliselle luotaukselle ihmisen olemassaolon perimmäisiin mysteereihin. Kirjoittajan lämpimän inhimillinen kertomus totuuden etsinnästään kietoutuu taidokkaasti yhteen tieteellisten selitysten kanssa. Ne osoittavat, minkälaisten hienojen ja täsmällisten lakien avulla joogit suorittavat ihmeitä ja saavuttavat itsehallinnan.

Ilmestymisvuotensa 1946 jälkeen *Joogin omaelämäkertaa* on ruvettu pitämään hengellisenä klassikkona. Se on julkaistu yli kolmellakymmenellä kielellä, ja sitä käytetään laajalti korkeakouluissa ja yliopistoissa kurssi- ja viitekirjana, ja se on löytänyt tiensä miljoonien lukijoiden sydämiin kaikkialla maailmassa.

"Harvinainen tilitys"

—The New York Times

"Kiehtova ja kokemusaineistoon selkeästi perustuva kuvaus"

—Newsweek

"Kirjalla on sekä ajankohtaista että ajatonta merkitystä"

—W.Y. Evans-Wentz,
orientalisti, M.A., D.Litt., D.Sc., Oxford

"Mitään tällaista joogan esitystä ei ole aikaisemmin julkaistu englanniksi tai millään muullakaan eurooppalaisella kielellä."

—Columbia University Press

PARAMAHANSA YOGANANDA:
joogi elämässä ja kuolemassa

Paramahansa Yogananda siirtyi *mahasamadhiin* (joogin lopullinen, tietoinen poistuminen kehosta) Los Angelesissa maaliskuun seitsemäntenä päivänä vuonna 1952 lopetettuaan puheensa Intian suurlähettilään Binay R. Senin kunniaksi pidetyillä illallisilla.

Suuri maailmanopettaja osoitti joogan (tieteellisten jumalayhteyteen johtavien tekniikoiden) arvon – sekä elämässään että kuolemassaan. Viikkoja hänen poismenonsa jälkeen hänen samanlaisina pysyneet kasvonsa loistivat muuttumatonta jumalallista hohdetta.

Harry T. Rowe, losangelesilaisen Forest Lawn Memorial-Park -hautausmaan johtaja – suuren mestarin ruumis on tilapäisesti sijoitettu tuolle hautausmaalle – lähetti Self-Realization Fellowshipille notaarin vahvistaman kirjeen. Seuraavat otteet ovat siitä:

"Se, että kaikki näkyvät hajoamisen merkit puuttuivat Paramahansa Yoganandan kuolleesta ruumiista, on kokemuksemme mukaan mitä erikoisin tapaus. – – Hänen ruumiissaan ei ollut havaittavissa fyysisen hajoamisen merkkejä edes kahdenkymmenen päivän kuluttua kuolemasta. – – Hänen ihollaan ei ollut merkkejä homeesta, eikä ruumiin kudoksissa tapahtunut havaittavaa kuivumista. Tällainen ruumiin täydellisen ennallaan säilymisen tila on, sikäli kuin me tiedämme, ainutlaatuinen. – – Vastaanottaessaan Yoganandan ruumiin henkilökuntamme odotti näkevänsä arkun lasikannen läpi tavanomaiset ruumiin hajoamisen merkit. Hämmästyksemme kasvoi, kun päiviä kului eikä tarkkailun kohteena olevassa ruumissa tapahtunut mitään muutoksia. Yoganandan ruumis oli selvästikin ilmiömäisessä muuttumattomuuden tilassa. – –

Mitään kehon hajoamisesta aiheutuvaa hajua ei tuntunut missään vaiheessa. – – Yoganandan ulkomuoto maaliskuun 27:ntenä, kun arkun pronssikansi laskettiin paikoilleen, oli sama kuin se oli ollut maaliskuun 7:ntenä. Hän näytti maaliskuun 27:ntenä yhtä raikkaalta ja muuttumattomalta kuin oli ollut kuolemansa iltana. Maaliskuun 27:ntenä ei ollut syytä sanoa, että hänen ruumiissaan olisi tapahtunut minkäänlaista näkyvää hajoamista. Näistä syistä toteamme uudelleen, että Paramahansa Yoganandan tapaus on kokemuksemme mukaan ainutlaatuinen."

Lisää tietoa
PARAMAHANSA YOGANANDAN
kriya-joogaopetuksista

Self-Realization Fellowship on omistautunut auttamaan hengellisiä etsijöitä maailmanlaajuisesti. Jos tahdot tietoja vuosittaisista yleisölle suunnatuista esitelmäsarjoistamme ja kursseistamme, ympäri maailmaa sijaitsevien temppeleidemme ja keskuksiemme meditaatio- ja muista tilaisuuksista, retriittien aikatauluista tai muusta toiminnastamme, pyydämme Sinua tutustumaan www-sivuihimme tai ottamaan yhteyttä kansainväliseen päämajaamme:

www.yogananda-srf.org

Self-Realization Fellowship
3880 San Rafael Avenue
Los Angeles, California 90065-3219 U.S.A.
Puh. +1-323-225-2471

SELF-REALIZATION FELLOWSHIPIN JULKAISUJA

Saatavana kirjakaupoista tai suoraan kustantajalta:

Self-Realization Fellowship
3880 San Rafael Avenue
Los Angeles, California 90065-3219, U.S.A.
Puh +1 323 225-2471 • Fax +1 323 225-5088
www.yogananda-srf.org

PARAMAHANSA YOGANANDAN SUOMEKSI KÄÄNNETTYJÄ KIRJOJA

Joogin omaelämäkerta

Kuinka voit puhua Jumalan kanssa

Metafyysisiä meditaatioita

Miksi Jumala sallii pahuuden ja miten päästä pahan tuolle puolen

Onnistumisen laki

Paramahansa Yoganandan sanontoja

Peloton elämä

Sielun pyhäkössä

Sisäinen rauha

Vahvistavien parannuslauseiden tiede

Voitokas elämä

PARAMAHANSA YOGANANDAN SUOMEKSI KÄÄNNETTYJÄ KIRJOJA

Joogin omaelämäkerta

Kuinka voit puhua Jumalan kanssa

Metafyysisiä meditaatioita

Miksi Jumala sallii pahuuden ja miten päästä pahan tuolle puolen

Onnistumisen laki

Paramahansa Yoganandan sanontoja

Peloton elämä

Sielun pyhäkössä

Sisäinen rauha

Vahvistavien parannuslauseiden tiede

Voitokas elämä

MUITA SUOMEKSI KÄÄNNETTYJÄ SELF-REALIZATION FELLOWSHIPIN KIRJOJA

Swami Sri Yukteswar:
Pyhä tiede

Sri Daya Mata:
Intuitio –
Sielun ohjausta elämän valintoihin

Sananda Lal Ghosh:
"Mejda"
Paramahansa Yoganandan varhaiset vuodet

PARAMAHANSA YOGANANDAN ENGLANNINKIELISIÄ KIRJOJA

Autobiography of a Yogi

The Second Coming of Christ:
The Resurrection of the Christ Within You
Inspiroitu kommentaari Jeesuksen alkuperäisistä opetuksista.

God Talks with Arjuna: The Bhagavad Gita
Uusi käännös ja kommentaari.

Man's Eternal Quest
Paramahansa Yoganandan koottujen luentojen ja puheiden ensimmäinen osa.

The Divine Romance
Paramahansa Yoganandan koottujen luentojen, puheiden ja esseiden toinen osa.

Journey to Self-Realization
Paramahansa Yoganandan koottujen luentojen ja puheiden kolmas osa.

Wine of the Mystic:
The Rubaiyat of Omar Khayyam — A Spiritual Interpretation
Inspiroitu kommentaari, joka tuo päivänvaloon jumalayhteyden mystisen tieteen Rubaijatin arvoituksellisen kuvaston takaa.

Where There Is Light:
Insight and Inspiration for Meeting Life's Challenges
Innoitusta elämän haasteiden ymmärtävään kohtaamiseen.

Whispers from Eternity
Kokoelma Paramahansa Yoganandan rukouksia ja jumalallisia kokemuksia korkeissa meditaatiotiloissa.

The Science of Religion

The Yoga of the Bhagavad Gita:
An Introduction to India's Universal Science of God-Realization

The Yoga of Jesus:
Understanding the Hidden Teachings of the Gospels

In the Sanctuary of the Soul:
A Guide to Effective Prayer

Inner Peace:
How to Be Calmly Active and Actively Calm

To Be Victorious in Life

Why God Permits Evil and How to Rise Above It

Living Fearlessly:
Bringing Out Your Inner Soul Strength

How You Can Talk With God

Metaphysical Meditations
Yli kolmesataa hengellisesti kohottavaa meditaatiota, rukousta ja affirmaatiota.

Scientific Healing Affirmations
Paramahansa Yoganandan perusteellinen selostus vahvistavien parannuslauseiden tieteestä.

Sayings of Paramahansa Yogananda
Kokoelma Paramahansa Yoganandan lausumia ja viisaita neuvoja, hänen vilpittömiä ja rakastavia vastauksiaan niille, jotka tulivat hakemaan häneltä opastusta.

Songs of the Soul
Paramahansa Yoganandan mystistä runoutta.

The Law of Success
Selittää ne dynaamiset periaatteet, joita noudattamalla on mahdollista saavuttaa tavoitteensa elämässä.

Cosmic Chants
Kuudenkymmenen antaumuksellisen laulun sanat ja melodiat. Johdannossa Paramahansa Yogananda selittää, miten hengellinen laulu voi johtaa jumalayhteyteen.

PARAMAHANSA YOGANANDAN ÄÄNITTEITÄ

Beholding the One in All

The Great Light of God

Songs of My Heart

To Make Heaven on Earth

Removing All Sorrow and Suffering

Follow the Path of Christ, Krishna, and the Masters

Awake in the Cosmic Dream

Be a Smile Millionaire

One Life Versus Reincarnation

In the Glory of the Spirit

Self-Realization: The Inner and the Outer Path

MUITA SELF-REALIZATION FELLOWSHIPIN JULKAISUJA

Täydellinen luettelo Self-Realization Fellowshipin julkaisuista on saatavana pyydettäessä.

Swami Sri Yukteswar:
The Holy Science

Sri Daya Mata:
Only Love:
Living the Spiritual Life in a Changing World

Sri Daya Mata:
Finding the Joy Within You:
Personal Counsel for God-Centered Living

Sri Gyanamata:
God Alone:
The Life and Letters of a Saint

Sananda Lal Ghosh:
"Mejda":
The Family and the Early Life of Paramahansa Yogananda

Self-Realization
(Paramahansa Yoganandan vuonna 1925 perustama, neljä kertaa vuodessa ilmestyvä lehti)

SELF-REALIZATION FELLOWSHIPIN OPETUSKIRJEET

Paramahansa Yoganandan opettamia tieteellisiä meditaatiotekniikoita – *kriya*-jooga mukaan lukien – sekä ohjeita tasapainoisen hengellisen elämän kaikille alueille esitetään opetuskirjeissä, Self-Realization Fellowship Lessons. Tarkempaa tietoa löytyy ilmaiseksi saatavasta kirjasesta "Undreamed-of Possibilities", jota on englanniksi, espanjaksi ja saksaksi.

www.ingramcontent.com/pod-product-compliance
Lightning Source LLC
Chambersburg PA
CBHW031612160426
43196CB00006B/107